Mediendidaktik Deutsch

Eine Einführung

von

*Volker Frederking,
Axel Krommer und
Klaus Maiwald*

ERICH SCHMIDT VERLAG

Bibliografische Information der Deutschen Bibliothek
Die Deutsche Bibliothek verzeichnet diese Publikation in der Deutschen
Nationalbibliografie; detaillierte bibliografische Daten sind im Internet
über dnb.ddb.de abrufbar.

Weitere Informationen zu diesem Titel finden Sie im Internet unter
ESV.info/978 3 503 09822 4

ISBN 978 3 503 09822 4

Alle Rechte vorbehalten
© Erich Schmidt Verlag GmbH & Co., Berlin 2008
www.ESV.info

Dieses Papier erfüllt die Frankfurter Forderungen
der Deutschen Bibliothek und der Gesellschaft für das Buch
bezüglich der Alterungsbeständigkeit und entspricht sowohl den
strengen Bestimmungen der US Norm Ansi/Niso Z 39.48-1992
als auch der ISO Norm 9706.

Satz, Druck und Bindung: Danuvia Druckhaus, Neuburg a. d. Donau

Inhaltsverzeichnis

1	**Vorwort**	**9**
2	**Medienbegriffe**	**11**
2.1	Shannon: Das Medium ist ein neutraler Mittler	12
2.2	McLuhan: Das Medium ist die Botschaft	14
2.3	Pross: Primäre, sekundäre und tertiäre Medien	16
2.4	Sandbothe: Medien im weiten, engen und engsten Sinn	18
2.5	Schmidt: ‚Medium' als Kompaktbegriff	20
3	**Mediale Paradigmen. Zur Geschichte der Medien und ihrer Nutzung aus deutschdidaktischer Perspektive**	**25**
3.1	Das orale Paradigma	26
3.2	Das literale Paradigma	29
	3.2.1 Skriptographische Medien	30
	3.2.2 Typographische Medien	35
3.3	Das audio-visuelle Paradigma	40
	3.3.1 Akustisch-auditive Medien	41
	3.3.2 Optisch-visuelle Medien	44
	3.3.3 Audiovisuelle Medien	48
3.4	Das multimediale Paradigma	52
	3.4.1 Computer	52
	3.4.2 Internet	57
4	**Medienpädagogik aus deutschdidaktischer Sicht**	**63**
4.1	Kindheit und Jugend im Zeichen der Medialisierung	63
	4.1.1 Der Begriff ‚Lebenswelt'	63
	4.1.2 Aufwachsen mit Medien	65
4.2	Medien und Erziehung – medienpädagogische Positionen	68
	4.2.1 Pädagogik gegen oder abseits von Medien	68
	4.2.2 Medienkompetenz durch Handlungsorientierung	69
	4.2.3 Medienpädagogik in anthropologischer Perspektive	70
4.3	Zum Verhältnis von Medienpädagogik und Mediendidaktik Deutsch	71
5	**Mediendidaktik Deutsch – Gegenstand, Begründungskontexte, Konzeptionen**	**75**
5.1	Gegenstand und Begründungskontexte	75

Inhaltsverzeichnis

      5.1.1 Medialität und medialer Wandel von Sprache und Literatur . **75**
      5.1.2 (Kinder- und Jugend-)Literatur im Medienverbund **78**
      5.1.3 Mediensozialisation und Deutschunterricht **80**
      5.1.4 Medialisierung, Motivation und Mediendidaktik Deutsch ... **84**
      5.1.5 Identitätsorientierung und Mediendidaktik Deutsch **86**
      5.1.6 Mediendidaktik Deutsch, Kompetenzorientierung und Bildungsstandards **88**
 5.2 Konzeptionen **91**
      5.2.1 (Medien-)Integrativer Deutschunterricht **92**
      5.2.2 Computerunterstützter Deutschunterricht **93**
      5.2.3 Intermedialer Deutschunterricht **95**
      5.2.4 Symmedialer Deutschunterricht **96**

6 Akustisch-auditive Medien 99

 6.1 Definitorische Überlegungen **99**

 6.2 Sachanalytische Zugänge **100**
      6.2.1 Das Radio **100**
      6.2.2 Hörtexte – Hörspiele – Hörbücher **105**

 6.3 Didaktisch-methodische Ansatzpunkte **109**
      6.3.1 Analytisch-intermediale Zugänge **109**
      6.3.2 Handelnd-produktive Zugänge **113**
      6.3.3 Ästhetische Zugänge **114**

 6.4 Beispiele **116**
      6.4.1 Lyrik auditiv **116**
      6.4.2 O-Töne im Deutschunterricht **119**

7 Visuelle Medien 123

 7.1 Definitorische Überlegungen **123**

 7.2 Beispiele und sachanalytische Aspekte **125**
      7.2.1 Fotografie **125**
      7.2.2 Bildgeschichten **126**

 7.3 Didaktische Ansätze **129**
      7.3.1 Medienkritik **129**
      7.3.2 Literarisches Lernen **131**
      7.3.3 Allgemeine ästhetische Erziehung **132**
      7.3.4 Visuelle Medien als Sprech- und Schreibanlässe **133**
      7.3.5 Bilder im Umgang mit literarischen Texten **135**

 7.4 Methodische Zugänge **137**
 7.5 Praktische Beispiele eines integrativen Unterrichts mit visuellen Medien **138**

Inhaltsverzeichnis

    7.5.1 *Mädchen am Meer*: Bild und Geschichte digital und multimedial 138
    7.5.2 Geschichte(n) schreiben in einem integrativen Unterricht ... 139

8 Audiovisuelle Medien 141
  8.1 Definitorische Überlegungen 141
  8.2 Beispiele und sachanalytische Aspekte (1): Film 144
    8.2.1 Entwicklung 144
    8.2.2 Kulturelle Bedeutung 145
    8.2.3 Beispiel: *The Graduate* (deutsch: *Die Reifeprüfung*; Regie: Mike Nichols, USA 1967) 146
  8.3 Beispiele und sachanalytische Aspekte (2): Werbespots 151
    8.3.1 Allgemeines 151
    8.3.2 Beispiele: „Yogurette" (2006) und „Mercedes" (2005) 155
  8.4 Beispiele und sachanalytische Aspekte (3): Musikvideoclips 162
    8.4.1 Allgemeines 162
    8.4.2 Beispiel: *Dieser Weg* (Xavier Naidoo 2005) 163
  8.5 Beispiele und sachanalytische Aspekte (4): Fernsehen 165
    8.5.1 Entwicklung 165
    8.5.2 Kulturelle Bedeutung 167
    8.5.3 Beispiel: *The Simpsons* (Fernsehserie) 169
  8.6 Filmanalyse und „Filmsprache" 173
    8.6.1 Analyse des Visuellen 174
    8.6.2 Analyse des Auditiven 177
    8.6.3 Analyse des Narrativen 178
    8.6.4 „Filmsprache" 181
  8.7 Didaktische Überlegungen 182
    8.7.1 Funktion und Reichweite filmanalytischer Arbeit 182
    8.7.2 Der Stellenwert der Literaturverfilmung 183
    8.7.3 Textauswahl und Kanonfragen 185
    8.7.4 Didaktische Zielbereiche 187
    8.7.5 Fragen der curricularen und unterrichtsorganisatorischen Verankerung 189
  8.8 Methodische Fragen 191
    8.8.1 Textpräsentation 191
    8.8.2 Umgang mit dem Text 192
  8.9 Praktische Beispiele für den Umgang mit audiovisuellen Medien 194
    8.9.1 Film: *Lola* rennt in der Sekundarstufe II 194
    8.9.2 Werbung: Fernsehwerbung in der Primarstufe 195
    8.9.3 Fernsehserie: *The Simpsons* in der Sekundarstufe I 197

Inhaltsverzeichnis

9 Die neuen Symmedien Computer und Internet **201**
- 9.1 Definitorische Überlegungen.................................... 201
- 9.2 Sachanalytische Aspekte.. 203
  - 9.2.1 Computerbasierte Schreib- und Kommunikationsprozesse .. 203
  - 9.2.2 Hypertext(e).. 216
  - 9.2.3 Internetliteratur: Schreiben im Netz und vernetztes Schreiben 223
- 9.3 Didaktisch-methodische Ansatzpunkte........................... 228
  - 9.3.1 Geschichte und derzeitiger Stand der Computernutzung im Deutschunterricht....................................... 228
  - 9.3.2 Fachspezifische Einsatzmöglichkeiten der Symmedien Computer und Internet....................................... 233
  - 9.3.3 Lehr-Lern-Konzepte für den Einsatz von Computer und Internet... 241
- 9.4 Praktische Beispiele 243
  - 9.4.1 Internetkooperationen................................... 243
  - 9.4.2 Virtuelle Theatralik / virtuelle Rollenspiele 247
  - 9.4.3 Reflexion über Sprache am Beispiel von Chat und SMS 250
  - 9.4.4 Gute Seiten, schlechte Seiten: Informationssuche im Internet 254
  - 9.4.5 Grundschüler schreiben ein Hypertext-Abenteuer 258
  - 9.4.6 Goethes *Zauberlehrling* digital, symmedial und synästhetisch. 261

Literaturverzeichnis **269**

Sachregister **299**

Verzeichnis der verwendeten auditiven, audiovisuellen und multimedialen Texte **311**

Verzeichnis der Abbildungen **317**

1. Einleitung

Die vorliegende *Einführung in die Mediendidaktik Deutsch* ist vor allem an Studierende, Referendare und Lehrer gerichtet, die sich in ihren jeweiligen Arbeitsfeldern aus deutschdidaktischer Perspektive mit Medien auseinandersetzen. Diese Aufgabe ist gerade in jüngster Zeit anspruchsvoller und umfassender zugleich geworden, da sich die Lebenswelten der Jugendlichen als immer komplexere Medienwelten erweisen. Das zeigt sich z.B. in der Verfügbarkeit und Verbreitung technischer Geräte, der Bündelung vieler unterschiedlicher Funktionalitäten und einem immer größer werdenden Spektrum an heterogenen Medienangeboten: Das Internet ist fast überall für jeden verfügbar, das Handy ermöglicht neben der reinen Kommunikation verschiedene Informations- und Unterhaltungsaktivitäten, literarische Werke erscheinen fast zeitgleich als Hörfassung, Podcast oder Film- und Fernsehversionen usw. Der stetige Wandel der inhaltlichen, formalen und ästhetischen Gestaltung einzelner Medienangebote und die vielfältigen Veränderungen in den Sozialisations- und Rezeptionsbedingungen bei den Mediennutzern sind weitere wichtige Aspekte, die es im Rahmen einer *Mediendidaktik Deutsch* wissenschaftlich zu problematisieren und in ihren unterrichtspraktischen Konsequenzen zu reflektieren gilt.

Vor diesem Hintergrund wird deutlich, warum die Bedeutung der Mediendidaktik, die neben der Sprachdidaktik (vgl. Steinig/Huneke 2007) und der Literaturdidaktik (vgl. Abraham/Kepser 2005) die dritte Säule der Deutschdidaktik darstellt, in den letzten Jahren erheblich zugenommen hat. Der vorliegende Band gibt einen Überblick über theoretische Grundlagen und praktische Nutzungsmöglichkeiten. **Kapitel 2** klärt zunächst die terminologische Basis, indem verschiedene Medienbegriffe vorgestellt werden, die eine besondere Bedeutung für die fachdidaktische Diskussion besitzen. **Kapitel 3** widmet sich einer geschichtlichen Betrachtung der Medien und ihrer Nutzung und wertet dabei vor allem kommunikationsorientierte, technikgeschichtliche und kulturhistorische Ansätze in deutschdidaktischer Perspektive aus. **Kapitel 4** setzt sich mit der Medienpädagogik auseinander, die insbesondere dann eine wichtige Bezugsdisziplin für die deutschdidaktische Frage nach Lernprozessen im Gegenstandsfeld von Sprache und Literatur darstellt, wenn man von einem anthropologischen Grundverhältnis von Mensch und Medien ausgeht. In **Kapitel 5** werden die spezifischen Aufgaben der Mediendidaktik Deutsch reflektiert und verschiedene Begründungskontexte sowie Konzeptionen für den Einsatz von Medien im Deutschunterricht vorgestellt, die sich innerhalb der Mediendidaktik Deutsch bislang herausgebildet haben.

Im Anschluss an diesen Grundlagenteil werden in den folgenden Kapiteln **mediendidaktische Handlungsfelder** beleuchtet. Dabei konnten Grenzbereiche wie das ‚Menschmedium' Theater oder das Medium Buch aus Raumgründen nicht berück-

1. Einleitung

sichtigt werden. Letzteres ist überdies bereits ausführlich im Rahmen der *Literaturdidaktik Deutsch* (vgl. Abraham/Kepser 2005) behandelt worden. Im Mittelpunkt der vorliegenden *Mediendidaktik Deutsch* stehen vielmehr die mit den elektronischen Medien verbundenen Handlungsfelder. **Kapitel 6** lotet in diesem Sinn die spezifisch deutschdidaktischen Potenziale akustisch-auditiver Medien aus, die die mündliche Kommunikation aus der begrenzten Reichweite einer an einen gemeinsamen Ort gebundenen Sprecher-Hörer-Gemeinschaft befreit und dem gesprochenen Wort Dauer verliehen haben. **Kapitel 7** widmet sich visuellen Medien wie der Fotografie oder der Bildgeschichte, die im Deutschunterricht in ihrer Doppelfunktion als Lerngegenstände und Lernmedien für das Sprechen und Schreiben sowie den Umgang mit literarischen Texten fruchtbar gemacht werden können. Im Mittelpunkt von **Kapitel 8** stehen die audiovisuellen Medien und hier insbesondere der Film und die fiktionalen Angebote des Fernsehens als kulturelle Leitmedien. Dabei werden zum Beispiel fachdidaktische Fragen nach der Funktion und Reichweite filmanalytischer Arbeit, nach dem Stellenwert von Literaturverfilmungen und nach der Textauswahl bzw. der Kanonbildung behandelt. In **Kapitel 9** schließlich rücken die neuen Symmedien Computer und Internet in den Fokus der Betrachtung. Diese sind aus deutschdidaktischer Sicht besonders interessant, weil sie alle medialen Optionen (Text, Bild, Ton, Film etc.) in digitaler Form integrieren und Lese-, Schreib- und Kommunikationsprozesse signifikant verändern.

Die Kapitel zu den einzelnen Handlungsfeldern umfassen neben definitorischen Überlegungen und sachanalytischen Zugängen auch didaktisch-methodische Ansatzpunkte in Form **konkreter Unterrichtsbeispiele.** Auf diese Weise tritt nicht nur die theoretische, sondern auch die praktische Dimension der jeweils behandelten Medien ins Blickfeld. Dass sich an einigen Stellen inhaltliche Redundanzen ergeben – so wird die Entwicklung des Films sowohl in Kapitel 3 (Mediengeschichte) als auch in Kapitel 8 (audiovisuelle Medien) thematisiert, allerdings mit unterschiedlichen Schwerpunkten und Blickrichtungen –, ergibt sich aus der Natur der Sache und aus der vermuteten Nutzung dieses Einführungsbandes. Leitend war der Gedanke, einzelne Kapitel als kompakte Einheiten zu konzipieren, so dass sich ein Leser die für ein Handlungsfeld grundlegenden Informationen nicht aus mehreren Kapiteln zusammensuchen *muss*. Die einzelnen Kapitel sind also in sich verständlich und setzen nicht die Lektüre des gesamten Buches voraus. Wer den vielfältigen Verbindungen zwischen den einzelnen Kapiteln vertiefend nachgehen möchte, kann auf ein umfangreiches Sach- und Personenregister zurückgreifen, das die Navigation im Buch erleichtert.

Wir wünschen allen Lesern und Leserinnen eine erkenntnisreiche und didaktisch fruchtbare Lektüre.

Nürnberg und Augsburg, Januar 2008

Volker Frederking, Axel Krommer und Klaus Maiwald

2. Medienbegriffe

Der Begriff ‚Medium' bereitet uns in der Umgangssprache nur sehr selten Probleme: Ganz selbstverständlich zählen wir zum Beispiel das Buch, die Zeitung, das Radio, das Fernsehen, den Computer und das Internet zu den Medien und ganz selbstverständlich benutzen wir den Ausdruck ‚Medium' in Sätzen wie „Die Massenmedien berichten heute aber sehr einseitig", „Das Handy ist ein nützliches Kommunikationsmedium" oder „Neue Medien gehören in jedes Klassenzimmer."

Unserem alltagssprachlichen Verständnis des Begriffs ‚Medium' widerspricht es in der Regel auch nicht, wenn im Feuilleton behauptet wird, dass Sprache und Schrift Medien des Selbstausdrucks darstellen, dass das Theater ein Medium der ästhetischen Kommunikation ist oder dass sich in den Medien der Kunst, Musik und Literatur tiefe Wahrheiten ausdrücken lassen. Hin und wieder begegnet uns das Wort auch in spezielleren Kontexten, wenn beispielsweise Biologen Nährmedien für Mikroorganismen beschreiben, Physiker Luft und Wasser als Medien untersuchen, in denen sich der Schall unterschiedlich schnell ausbreitet, Linguisten ein bestimmtes Genus indogermanischer Verben als ‚Medium' bezeichnen oder Spiritisten auf der Suche nach einem begabten Medium sind, das mit dem Jenseits Kontakt aufnehmen kann.

Wenn man **Mediendidaktik Deutsch als Wissenschaft** betreiben will, muss man aber möglichst genau (er)klären, wie sich der wissenschaftliche Gebrauch des Ausdrucks ‚Medium' von seiner umgangssprachlichen Verwendungsweise unterscheidet, d.h. man muss den Gegenstandsbereich der Mediendidaktik Deutsch eingrenzen und verdeutlichen können, was innerhalb der scientific community als Medium gilt und – ebenso wichtig! – was *nicht* als Medium gilt.

Eine elegante Lösung solcher terminologischen Probleme besteht darin, unklaren Begriffen durch eine **Definition** eine exakte Bedeutung zu verleihen bzw. neue Begriffe durch eine Definition innerhalb der Wissenschaftssprache zu etablieren (vgl. hierzu z.B. Savigny 1973 und Siegwart 1997). Anstatt stets umständlich von einer Zahl, die nur durch 1 und durch sich selbst teilbar ist, zu reden, führen die Mathematiker beispielsweise den Begriff „Primzahl" ein, und um die Rede von einer zur Abwehr eines gegenwärtigen, rechtswidrigen Angriffs erforderlichen Handlung abzukürzen, sprechen die Juristen von einer „Notwehrhandlung" (vgl. Savigny 1973, S. 26).

Ob sich innerhalb der Medienwissenschaft bzw. Mediendidaktik Deutsch begriffliche Probleme ähnlich wie in der Mathematik oder der Juristerei lösen lassen, ist fraglich. Im Anschluss an Saxer (1997) hat beispielsweise Faulstich (2002a) die in seinem Urteil „bislang am weitesten entwickelte Definition" (Faulstich 2002a, S. 25) des Medienbegriffs vorgelegt. Sie lautet: „Ein Medium ist ein institutionalisiertes System um einen organisierten Kommunikationskanal von spezifischem Leistungsvermögen mit gesellschaftlicher Dominanz." (Faulstich 2002a, S. 26)

2. Medienbegriffe

Doch auch wenn Faulstich selbst der Ansicht ist, dass sich diese Definition „enorm anregend auf die Medienforschung in ihrer ganzen Breite auswirken kann" (2002a, S. 26), bleibt sie ohne zusätzliche Erläuterungen sicher unbefriedigend. Einen sehr kritischen und skeptischen Leser könnte sogar der Verdacht beschleichen, Faulstich (v)erkläre lediglich einen unklaren Begriff („Medium') durch andere, noch weitaus unklarere Begriffe („institutionalisiertes System', „organisierter Kommunikationskanal', „spezifisches Leistungsvermögen', „gesellschaftliche Dominanz').

Und selbst dann, wenn sich die einzelnen Dimensionen des Faulstich'schen Medienbegriffs prinzipiell in überzeugender Weise (er)klären und analytisch anwenden lassen, folgt daraus noch nicht automatisch, dass dieser Definitionsvorschlag auch aus didaktischer Sicht angemessen ist. Denn im Rahmen der Mediendidaktik muss stets zusätzlich die Frage beantwortet werden, ob und wie sich eine bestimmte Mediendefinition für eine Theorie des unterrichtlichen Handelns fruchtbar machen lässt. Ob Faulstichs Ansatz diese Zusatzanforderung erfüllt, ist bestenfalls unklar. Bezeichnenderweise geht Achim Barsch, der in seiner „Mediendidaktik Deutsch" Faulstichs Definition ausführlich diskutiert (vgl. Barsch 2005, S. 13–15), mit keinem Wort darauf ein, welche didaktischen Implikationen dieser Ansatz besitzt.

Das ohnehin schwierige Unterfangen der Definition des Begriffs „Medium' wird daher aus deutschdidaktischer Perspektive noch komplexer und die Wahrscheinlichkeit, dass eine einzige Begriffsbestimmung den Gegenstandsbereich der Medienwissenschaft bzw. der Mediendidaktik scharf begrenzen kann, ist äußerst gering. Angesichts dieser Schwierigkeiten bietet sich ein radikaler Strategiewechsel an: Anstatt weiterhin die aristotelische Traditionslinie der grundlegenden Begriffsbestimmung zu verfolgen (vgl. hierzu Raible 2006, Kap. 1), könnte man mit Leschke die These vertreten, dass Medienwissenschaft auch **ohne einen klar umrissenen Medienbegriff** möglich ist und dass es insbesondere wenig Sinn macht, „einen Medienbegriff auf dem Wege einer Definition schlicht festzuklopfen, um sich damit des Problems per Dekret zu entledigen" (Leschke 2003, S. 11).

Anstatt dem Trugbild der *einen richtigen* Mediendefinition nachzujagen und sich durch die Vorgaben einer Begriffsbestimmung einengen zu lassen, soll im Folgenden daher der Versuch unternommen werden, verschiedene Vorstellungen vom Funktionieren eines Mediums und unterschiedliche Strömungen des medienwissenschaftlichen Diskurses aus spezifisch deutschdidaktischer Perspektive kritisch zu beleuchten. In einem ersten Schritt soll ein Medienbegriff vorgestellt werden, dessen Popularität und intuitive Plausibilität in deutlichem Gegensatz zu seiner kommunikationstheoretischen Angemessenheit steht.

2.1 Shannon: Das Medium ist ein neutraler Mittler

Etymologisch geht der Begriff „Medium' auf das substantivierte Neutrum des lateinischen Adjektivs „medius' zurück, dessen Bedeutungen u.a. mit „in der Mitte stehend" und „vermittelnd" angegeben werden. Auf die Frage, in wessen Mitte ein

2.1 Shannon: Das Medium ist ein neutraler Mittler

Medium steht bzw. zwischen welchen Elementen es vermittelt, gibt es eine einfache Antwort, denn „[a]bstrakt und formal bestimmt sich das Medium als die Mitte, das ‚Zwischen' in der Kommunikation mehrerer Partner" (Meder 1995, S. 8).

Medien haben ihren funktionalen Ort demnach innerhalb von Kommunikationsprozessen, die auch im Deutschunterricht häufig anhand eines populären Modells erläutert werden, das in zahlreichen Varianten mit unterschiedlichen Komplexitätsgraden existiert. Gemeint ist das **„Sender-Empfänger-Modell"**, in dem das Medium lediglich eine Art Kommunikationskanal darstellt.

Interessanterweise haben die Bestandteile des „Sender-Empfänger-Modells" zum ersten Mal im Rahmen der *Mathematical Theory of Communication* des amerikanischen Ingenieurs und Mathematikers Claude E. Shannon fest definierte Bedeutungen erhalten (vgl. Shannon/Weaver 1949). Doch wenn ein Ingenieur eine mathematische Theorie der Kommunikation entwickelt, dann steht zu erwarten, dass er ein anderes Erkenntnisinteresse hat als ein Geisteswissenschaftler. Und tatsächlich geht es Shannon einzig und allein um **technische Probleme der Signalübertragung** – wie z.B. das fälschungssichere Senden und feindsichere Verschlüsseln möglicherweise kriegsentscheidender Informationen (vgl. Kümmel 1997, S. 206) – und nicht um die semantisch-pragmatischen Aspekte bedeutungsvollzwischenmenschlicher Rede. Denn, so formuliert es Shannon sehr deutlich, die „semantic aspects of communication are irrelevant to the engineering problem" (Shannon/Weaver 1949, S. 31).

Im Rahmen dieser Theorie, in der „Geist und Bedeutung [...] keinen Ort" (Kümmel 1997, S. 217) haben, ist ein Medium nichts weiter als ein „channel", der geeignet ist, Signale vom Sender zum Empfänger zu übertragen: „It may be a pair of wires, a coaxial cable, a band of radio frequencies, a beam of light etc." (Shannon/Weaver 1949, S. 34). Das Medium selbst verändert die transportierte Nachricht nicht und bleibt gewissermaßen unsichtbar, solange die Signale störungsfrei übermittelt werden. Möglicherweise verzichtete Shannon auch aus diesem Grund darauf, den Übertragungskanal in der berühmten schematischen Darstellung seines Kommunikationssystems eigens zu benennen (vgl. Abb. 1).

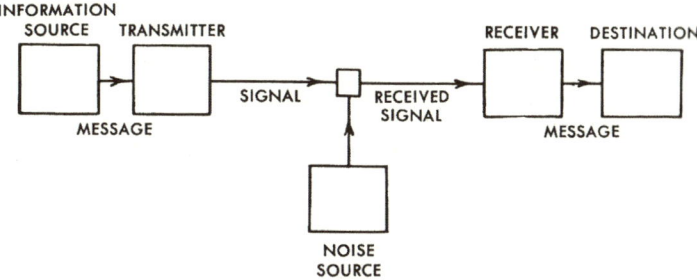

Abb. 1: *Schematische Darstellung eines Kommunikationssystems*

2. Medienbegriffe

Shannons Medienbegriff, der „sowohl die informationstheoretische als auch die kommunikationswissenschaftliche Forschung lange Zeit bestimmt [hat]" (Sandbothe 1996, S. 426), begünstigt die Vorstellung, dass ein Medium lediglich ein **neutraler Übertragungskanal** ist, mit dessen Hilfe sich vorgefertigte Informationspakete wie materielle Güter auf einem Fließband vom Sender zum Empfänger transportieren lassen (vgl. hierzu Sandbothe 1996, S. 426). Der Ansatz, das Medium nahezu vollständig auszublenden und sich auf die Untersuchung der „transportierten" Signale zu konzentrieren, wirkt auch deshalb so überzeugend, weil er unseren gewöhnlichen Umgang mit Medien widerspiegelt. Denn wir „hören nicht Luftschwingungen, sondern den Klang der Glocke; wir lesen nicht Buchstaben, sondern eine Geschichte; wir tauschen im Gespräch nicht Laute aus, sondern Meinungen und Überzeugungen, und der Kinofilm läßt [...] die Projektionsfläche vergessen." (Krämer 2000, S. 74)

Ein Medienkonzept im Sinne Shannons mag zwar unseren Alltagsintuitionen entgegenkommen und auch im Rahmen einer technischen Theorie der Signalübertragung angemessen sein, es stößt jedoch spätestens dann an seine Grenzen, wenn man es auf interpersonale Kommunikationsprozesse anwendet (vgl. hierzu exemplarisch Köck 2000, S. 355–358; Krallmann/Ziemann 2001, S. 31–33; Beisbart/Marenbach 1997, S. 82–84; Staiger 2007, S. 55–58). Warum menschliche Kommunikation nicht auf technische Signalübertragung reduziert werden kann und welche Rolle ein adäquates Verständnis vom Funktionieren eines Mediums in diesem Zusammenhang spielt, soll im folgenden Abschnitt verdeutlicht werden.

2.2 McLuhan: Das Medium ist die Botschaft

Einen wirkmächtigen Medienbegriff, der das bei Shannon etablierte Verhältnis von Medium und transportiertem Inhalt auf den Kopf stellt, hat der kanadische Anglist Herbert Marshall McLuhan geprägt, der in der Sekundärliteratur sehr häufig attackiert wird, weil er seine Überlegungen nicht als konsistente wissenschaftliche Theorie, sondern eher als essayistische Ideensammlung präsentiert hat (vgl. z.B. Faulstich 2002, S. 21–22).

Aus mediendidaktischer Sicht müssen McLuhans Thesen sehr differenziert betrachtet werden. Zum einen ist sein Medienbegriff viel zu weit gefasst, als dass er sinnvoll anzuwenden wäre, denn McLuhan begreift jede „Ausweitung unserer eigenen Person" (McLuhan 1964, S. 21), mit deren Hilfe wir wie der Freudsche „Prothesengott" (vgl. Freud 1930, S. 57) unsere Sinne erweitern und unsere Organe ergänzen, als Medium. Im Rahmen dieser funktionalen Auslegung fallen neben dem gesprochenen Wort, der Telegrafie, dem Kino und dem Radio beispielsweise auch Straßen, Uhren, das Fahrrad und Waffen unter den Begriff ‚Medium' (vgl. McLuhan 1964), dessen theoretischer Nutzen mit größer werdendem Umfang zusehends schwindet.

Zum anderen gebührt McLuhan jedoch das Verdienst, den „Übergang des Erkenntnisinteresses auf die Form von Medien" (Leschke 2003, S. 245) vollzogen und

2.2 McLuhan: Das Medium ist die Botschaft

sentenzenhaft in Form einer einzigen These formuliert zu haben. Die Rede geht vom berühmten Diktum **„Das Medium ist die Botschaft"**, das hier in seinem unmittelbaren Kontext zitiert werden soll. McLuhan schreibt: „In einer Kultur wie der unseren [...] wirkt es fast schockartig, wenn man daran erinnert wird, daß in Funktion und praktischer Anwendung das Medium die Botschaft ist" (McLuhan 1964, S. 21). McLuhans entscheidende Erkenntnis besteht darin, dass „der ‚Inhalt' jedes Mediums der Wesensart des Mediums gegenüber blind macht" (McLuhan 1964, S. 23) und dass insbesondere Shannons Medienverständnis dazu führt, „die Funktion der Form als Form zu übersehen" (McLuhan 1964, S. 406).

Wenn man die **Form eines Mediums** untersucht, dann nimmt man u.a. in den Blick, welche Auswirkungen Medien auf das Denken, das Handeln, Inhalt und Struktur der Kommunikation, soziale Gemeinschaften und die Identität des Einzelnen besitzen. Dass Medien beispielsweise die Auswahl sinnvoller Inhalte drastisch begrenzen können, zeigt bereits die simple Tatsache, dass sich per SMS wohl kaum komplexe philosophische Dialoge führen lassen. Und dass der Chat mehr ist als nur ein technischer Übertragungskanal, lässt sich daran ablesen, dass Menschen im Internet plötzlich neue virtuelle Identitäten konstruieren und unter den medialen Bedingungen eines anonymen Text-Chats häufig schon nach wenigen Minuten mit Fremden in Online-Gemeinschaften hemmungslos über Themen diskutieren, die man in einem Gespräch von Angesicht zu Angesicht schamvoll verschwiegen hätte.

Dass auch unterschiedliche Schreibmedien keinesfalls nur neutrale Vehikel zum Ausdruck fertiger Gedanken sind, macht der amerikanische Wissenschaftsjournalist Steven Johnson deutlich, wenn er seine persönlichen Erlebnisse beim Übergang von der Handschrift zum Verfassen eines Textes per Computer beschreibt:

> „Nach einigen Minuten bemerkte ich einen qualitativen Wandel in der Art und Weise, wie ich mit Sätzen arbeitete: Das Denken und der Prozeß des Schreibens begannen, einander zu überschneiden. [...] Der Computer hatte mir nicht nur das Schreiben einfacher gemacht, sondern auch die Substanz dessen verändert, was ich schrieb, und ich vermute, daß er in dieser Hinsicht auch einen ungeheuren Einfluss auf mein Denken hatte." (Johnson 1997, S. 163/164). Solche Effekte, bei denen das Medium selbst die eigentliche „Botschaft" darstellt, werden erst vor dem Hintergrund des McLuhan'schen Medienverständnisses sichtbar.

Mit folgendem Beispiel versucht Krämer zu erläutern, warum wir der prägenden Form des Mediums in der Regel wenig Beachtung schenken und gewöhnlich nur die jeweiligen Inhalte wahrnehmen: „Medien wirken wie Fensterscheiben: Sie werden ihrer Aufgabe um so besser gerecht, je durchsichtiger sie bleiben, je unauffälliger sie unterhalb der Schwelle unserer Aufmerksamkeit verharren" (Krämer 2000, S. 74). Doch dieser Vergleich ist nur teilweise stimmig, weil er die These der Neutralität eines Mediums implizit stützt: Durch eine Fensterscheibe verändert sich der Blick auf die Wirklichkeit kaum. Typisch für Medien ist jedoch, dass sie Denken, Kommunikation, Sozialität und Identität maßgeblich prägen (vgl. auch Maiwald 2005a, S. 16–19), „Lieferanten für Wirklichkeitsentwürfe" (Merten 1994, S. 158) sind und neue Erfahrungsmuster generieren, „die durch eigene, unvermit-

2. Medienbegriffe

telte Erfahrungen nie abgerufen werden" (Merten 1994, S. 158–159). Sie ähneln daher eher Brillen, deren Existenz wir selten bemerken, obwohl wir sie schon immer tragen. Vor diesem Hintergrund muss aus mediendidaktischer Sicht daran gearbeitet werden, dass die „medialen Brillen" wahrnehmbare Konturen bekommen und selbst in den Mittelpunkt der kritisch-analytischen Aufmerksamkeit rücken, wenn es um die Planung und Gestaltung von Unterricht geht.

Die bisherigen Überlegungen haben ergeben, dass die wohl populärste Vorstellung vom Funktionieren eines Mediums auf die Analyse bedeutungsvoller Kommunikation nicht anwendbar ist und dass der Form eines Mediums mindestens soviel Aufmerksamkeit gebührt wie seinem Inhalt. Eine zufriedenstellende Antwort auf die grundsätzliche Frage „Was ist ein Medium?" steht hingegen weiterhin aus. Da es sich zudem als unwahrscheinlich erwiesen hat, sie auf dem Weg einer exakten Definition zu finden, soll in den folgenden Abschnitten zumindest versucht werden, den amorphen Gegenstandsbereich der Mediendidaktik mithilfe einiger **Medientypologien** zu strukturieren.

2.3 Pross: Primäre, sekundäre und tertiäre Medien

Der deutsche Publizist Harry Pross koppelt den Medienbegriff an den Kommunikationsbegriff und versteht unter einem Medium zunächst schlicht ein Kommunikationsmittel. Kommunizieren bedeutet dann, Medien einzusetzen, also beispielsweise „einen Boten oder Botschafter schicken, ein Erkennungsblümchen ins Knopfloch stecken, einen Brief schreiben, teletippen, zum Telefon greifen" (Beth/Pross 1976, S. 109). Was als Kommunikation gilt bzw. was als Mitteilung verstanden wird, ist jedoch nicht eindeutig zu bestimmen, denn es hängt „von unkalkulierbaren Zufällen und Vereinbarungen ab, was zum Mittel der Mitteilung, zum Kommunikationsmittel wird" (ebd.). Daraus resultiert letztlich eine „Unerschöpflichkeit an Mitteln, die zum Zwecke der Kommunikation vereinbart werden können" (ebd.). Wenn buchstäblich alles durch eine entsprechende Abmachung zum Medium werden kann, läuft einerseits der Medienbegriff Gefahr, innerhalb der Sprache keine unterscheidende Funktion mehr zu erfüllen. Andererseits ist die „Unerschöpflichkeit an Mitteln" im Urteil von Pross aber auch ein Garant für die stete Entwicklung symbolischer Formen innerhalb einer Gesellschaft (vgl. Beth/Pross 1976, S. 109f.).

Obwohl Pross sich recht häufig der irreführenden Transportmetapher bedient, sind Kommunikationsmittel für ihn weit mehr als nur technische Übertragungskanäle. Ausdrücklich weist er z.B. (ähnlich wie McLuhan) darauf hin, dass Medien durch ihre Eigenschaften Mitteilungen formen und daher „als Ursache neuer ‚Wirklichkeit' von Kommunikation, nicht nur als deren intendiertes Mittel" (Beth/Pross 1976, S. 110) gelten müssen. Das Verhältnis von kommunikativen Zwecken und kommunikativen Mitteln wird konsequenterweise als „dialektisch" beschrieben: Zwar gibt es den Fall, dass für einen bestehenden Kommunikationszweck lediglich ein adäquates Mittel gesucht wird, doch die Verfügbarkeit bestimmter

2.3 Pross: Primäre, sekundäre und tertiäre Medien

Mittel relativiert und verändert gleichzeitig auch die Kommunikationszwecke (vgl. Beth/Pross 1976, S. 110). Um ein aktuelles Beispiel zu nehmen: Erst die moderne Mobilfunktechnologie lässt den Wunsch realistisch erscheinen, seiner Liebsten bereits aus dem fahrenden Zug mitzuteilen, dass man sich verspäten werde. Ein Medium (z.b. das Handy) „erzeugt" daher gleichsam einen kommunikativen Zweck (z.b. orts- und zeitunabhängig Mitteilungen zu senden).

Pross unterscheidet **primäre Medien**, denen gemeinsam ist, dass „*kein* Gerät zwischen den Sender und den Empfänger geschaltet ist und die Sinne der Menschen zur Produktion, zum Transport und zum Konsum der Botschaft ausreichen" (Pross 1972, S. 145. Kursivsetzung im Original), **sekundäre Medien**, bei denen auf der Seite der Produktion, nicht aber auf der Seite der Rezeption ein Gerät erforderlich ist, und **tertiäre Medien**, „die auf seiten des Produzenten wie auf der des Konsumenten Geräte voraussetzen" (Beth/Pross 1976, S. 117). Zu den primären Medien zählen z.B. Mimik und Gestik, das Theater, der Muezzin, der zum Gebet ruft, oder das Kratzen des Kleinkindes an der Tür (vgl. Pross 1972, S. 145), unter den Begriff ‚sekundäre Medien' fallen u.a. Bild, Schrift, Druck, Grafik, Brief, Buch und Zeitung. Als tertiäre Medien gelten z.b. die Telegrafie, das Telefon, die Schallplatte, der Film und das Fernsehen.

Der (mediendidaktische) Wert dieser Typologie darf nicht danach bemessen werden, wie genau zwischen einzelnen Medien unterschieden werden kann, denn nach Pross fallen z.B. sowohl der telegrafische Austausch von Nachrichten per Morse-Alphabet als auch die virtuelle Videokonferenz per Internet ganz undifferenziert in den Bereich der tertiären Medien.

Wertvoll ist Pross' Klassifikation jedoch dann, wenn man sie als Folie für die Analyse der vielfältigen Beziehungen zwischen primären, sekundären und tertiären Medien nutzt, die häufig kaum Beachtung finden. Pross deutet z.B. an, dass es zu „Kalamitäten" (Beth/Pross 1976, S. 112) kommen kann, wenn die Medien des menschlichen Elementarkontaktes ins Zeitalter ihrer technischen Reproduzierbarkeit (vgl. Benjamin 1936) eintreten. Und tatsächlich kann man in Walter Benjamins Beschreibung des Unterschieds zwischen Theater und Film Pross' Medientypologie *avant la lettre* erkennen. Benjamin schreibt: „Definitiv wird die Kunstleistung des Bühnenschauspielers dem Publikum durch diesen selbst in eigener Person präsentiert; dagegen wird die Kunstleistung des Filmdarstellers dem Publikum durch eine Apparatur präsentiert" (Benjamin 1936, S. 27). Die These Benjamins, dass beim Übergang vom Theater zum Film die an das Hier und Jetzt gebundene Aura des Schauspielers verloren geht (vgl. Benjamin 1936, S. 29), findet bei Pross ihr Äquivalent in der Erkenntnis, dass die medienspezifischen Qualitäten primärer Medien nicht technisch reproduzierbar und damit auch nicht in sekundäre oder tertiäre Medien übertragbar sind (vgl. Beth/Pross 1976, S. 112ff.).

Erhellend ist Pross' Typologie auch, wenn man im Unterricht die „immer größer werdende Zahl meist unsichtbarer und unbekannter Kräfte" (Pross 1972, S. 128)

2. Medienbegriffe

untersuchen will, die für den Betrieb tertiärer Medien notwendig sind. Hier zeigt sich nämlich beispielsweise, dass und wie „hochspezialisierte Arbeitsgänge" (Beth/Pross 1976, S. 117) beim Fernsehen zu einem erheblichen Teil durch sekundäre Medien (Skripte, Terminpläne etc.) und primäre Medien (Sprache, nonverbale Kommunikation etc.) bestimmt werden (vgl. Beth/Pross 1976, S. 117–118).

Schließlich erlaubt die Pross'sche Klassifikation differenzierte medienhistorische Betrachtungen. So organisiert beispielsweise Faulstich (2002a, 2004a) seine Mediengeschichte implizit an Pross' Kategorien und erweitert diese in Anlehnung an Faßler (1997, S. 146ff.) sogar um die **„Quartärmedien"**, die durch „Technikeinsatz auch bei der digitalen Distribution" (Faulstich 2004a, S. 13) und die „Auflösung der traditionellen Sender-Empfänger-Beziehung" (ebd.) charakterisiert sind. Faßler (1997, S. 147) sieht sie durch „das globale System der Fernanwesenheiten" bestimmt. Zu den Quartärmedien zählt Faulstich – leider ohne erkennbare Systematik – „Computer, Multimedia, E-Mail, das World Wide Web, das [sic!] Chat und das Intranet" (Faulstich 2002a, S. 25). Im Unterricht lassen sich mediale Entwicklungen auch am Zusammenspiel des Verbundes aus primären, sekundären, tertiären und quartären Medien ablesen, deren quantitativer Gebrauch sich verändert, „ohne daß die früheren Medien ganz verschwänden" (Beth/Pross 1976, S. 122). Im Gegenteil: An aktuellen, auch für den Deutschunterricht interessanten Trends, wie zum Beispiel dem Wiederaufleben des primären Mediums Stimme im Rahmen von Poetry Slams (vgl. z.B. Anders 2004) und Live-Literatur (vgl. z.B. Preckwitz 2005) bestätigt sich sehr eindeutig die These von Pross, dass „[a]lle menschliche Kommunikation […] in der *primären* Gruppe [beginnt], in der sich die einzelnen von Angesicht zu Angesicht leiblich und unmittelbar befinden, und alle Kommunikation […] dorthin zurück[kehrt]" (Pross 1972, S. 128).

2.4 Sandbothe: Medien im weiten, engen und engsten Sinn

Eine Medientypologie, die ebenfalls auf einer Dreiteilung beruht, jedoch nicht den materialen Modus eines Mediums, sondern dessen Bedeutung für unsere Vorstellung(en) von Wirklichkeit(en) zum zentralen Aspekt bestimmt, stammt von Mike Sandbothe, einem deutschen Medienphilosophen.

Sandbothe versteht unter **Medien im weiten Sinn** die Anschauungsformen von Raum und Zeit: „Sie fungieren als grundlegende Medien unseres Wahrnehmens und Erkennens, indem sie Gegenstände als identische Entitäten synthetisierbar machen. Diese Einsicht liegt der „kopernikanischen Wende zugrunde, mit der Kant der modernen Philosophie das Fundament bereitet hat" (Sandbothe 1997a, S. 57). Wer bei dem Wort „Medium" zunächst an Radio, Fernsehen und Internet denkt und wer sich in der Erkenntnistheorie nicht auskennt, der wird kaum nachvollziehen können, warum Sandbothe Raum und Zeit zu den Medien zählt. Die Grundidee, die dahintersteckt, ist jedoch recht einfach: Kants „kopernikanische Wende" meint eine grundlegende Revolution unserer Vorstellungen des Zustandekommens bzw. der Möglichkeit von Erfahrung. Anstatt davon auszugehen, dass

2.4 Sandbothe: Medien im weiten, engen und engsten Sinn

wir lediglich Empfänger von Sinnesreizen aus der Außenwelt sind, die in unserem Bewusstsein – wie auf einer Wachstafel – Eindrücke hinterlassen, betont Kant die konstruktive Leistung des Subjekts: Unser Erkenntnisvermögen ist gleichsam mit Blaupausen für mögliche Erfahrungsgegenstände ausgestattet und die gesamte Erfahrung muss sich nach diesen „Vorgaben" richten (vgl. Kant 1787, B XII–XIV und zur näheren Erläuterung Tetens 2006, S. 29ff.). Das Irritierende an dieser bahnbrechenden Idee hat Kleist in einem berühmten Brief aus dem Jahre 1801 auf den Punkt gebracht: „Wenn alle Menschen statt der Augen grüne Gläser hätten, so würden sie urteilen müssen, die Gegenstände, welche sie dadurch erblicken, sind grün – und nie würden sie entscheiden können, ob ihr Auge ihnen die Dinge zeigt, wie sie sind, oder ob es nicht etwas zu ihnen hinzutut, was nicht ihnen, sondern dem Auge gehört." (Kleist 1801, S. 205) Kleists „grüne Gläser", sind bei Kant u.a. die Anschauungsformen von Raum und Zeit. Sie sind Medien im weiten Sinn, weil sie Bedingungen der Möglichkeit von Erfahrung darstellen: Alles, was wir über die Welt erfahren können, wird durch die Anschauungsformen vermittelt und geprägt.

Kant hielt diese grundlegenden Erkenntnisstrukturen für angeboren und unveränderlich. Später wurde jedoch in den verschiedensten Forschungsrichtungen darauf verwiesen, dass „die Stärke dieses Fundaments in seiner Beweglichkeit, Offenheit und Veränderlichkeit liegt" (Sandbothe 1997a, S. 56): Für die Pädagogik ist z.B. die Entwicklungspsychologie Piagets ungeheuer einflussreich geworden, der im Rahmen seiner *Genetischen Erkenntnistheorie* zwar an dem kantischen Gedanken festhält, dass es kognitive Strukturen gibt, die konstitutiv für die Erkenntnis sind, diese jedoch nicht für unveränderlich hält, sondern die „Bildung neuer Strukturen [...], die vorher nicht existierten, weder in der äußeren Welt, noch in der Seele des Subjekts" (Piaget 1988, S. 87), als wesentlich ansieht.

Bei den Medien im weiten Sinn handelt es sich daher keineswegs um kantischstarre Strukturen, sondern um vieldimensional veränderbare Schemata, die vor allem durch die **Medien im engen Sinn** geprägt werden, unter denen Sandbothe Bild, Sprache und Schrift versteht: „Sie haben im zwanzigsten Jahrhundert im Zentrum vieler philosophischer Diskussionen gestanden. Immer ging es dabei darum, eines oder mehrere dieser Medien als verbindliche Grundstruktur menschlichen Wirklichkeitsverständnisses [...] auszuweisen" (Sandbothe 1997a, S. 56). So sind denn auch im Deutschunterricht insbesondere die Fragen, wie Sprache, Denken und Wirklichkeit zusammenhängen bzw. ob die Grammatik den Gedanken formt, stets aktuell (vgl. als jüngstes Beispiel: Tetling 2007). Medien im engen Sinne stellen ebenfalls keine fixen Strukturen dar, sondern sind ihrerseits abhängig von den technischen Verbreitungsmedien wie Fernsehen, Zeitung, Radio, Internet etc., die Sandbothe als **Medien im engsten Sinn** bezeichnet.

Damit ist die Medientypologie Sandbothes begrifflich vollständig. Zu fragen bleibt, ob und wie sich dieses System mediendidaktisch nutzen lässt, denn ähnlich wie Pross liefert auch Sandbothe kein brauchbares Konzept zur trennscharfen Differenzierung zwischen einzelnen Medien und greift zusätzlich auf univer-

19

2. Medienbegriffe

selle philosophische Kategorien wie Raum und Zeit zurück, die dem Schulalltag doch sehr entrückt erscheinen.

Sandbothes Ansatz lenkt jedoch den Blick sehr konsequent auf die **vielfältigen Verflechtungen zwischen Medien im weiten, engen und engsten Sinn**, die gerade für den Deutschunterricht bedeutsam sind, wenn etwa durch neue Medien traditionelle Formen mündlicher und schriftlicher Kommunikation grundlegend verändert werden: So erweisen sich – um nur ein Beispiel zu nennen – die klassischen Charakteristika der Schrift, die noch Fritzsche (1996b) im Rahmen seiner Deutschdidaktik von Wygotski (1934) übernimmt, im Internet-Chat als überholt: Schrift ist dort nicht länger eine isolierende „Monolog-Sprache" (Wygotski 1934, S. 225) oder gar das einsame „Gespräch mit einem weißen Blatt Papier" (ebd.), sondern wird unter computervermittelten Kommunikationsbedingungen plötzlich als verbindendes Medium des interaktiven Dialogs einsetzbar und rückt in die Nähe der gesprochenen Sprache. Ein Medium im engsten Sinn (hier: der Internet-Chat) verändert demnach in signifikanter Weise Medien im engen Sinn (hier: Sprache und Schrift) und damit auch die traditionellen Lernbereiche des Deutschunterrichts.

Die Auswirkungen des Internets lassen auch deutlich werden, warum es sinnvoll ist, universell-abstrakte Kategorien zu berücksichtigen, wenn man intermediale Bezüge untersuchen will. Sandbothe weist beispielsweise darauf hin, dass Internetnutzer „Raum und Zeit als kreativ gestaltbare Konstrukte ihrer narrativen und kooperativen Imagination" (Sandbothe 1997a, S. 66) erfahren, wenn sie in Computerwelten neue Identitäten ausleben und das Netz als virtuelles Theater nutzen. In diesem Sinne sind Veränderungen von Raum- und Zeitvorstellungen auch für die Mediendidaktik Deutsch von Belang. Zahlreiche weitere Beispiele für die hier nur angedeuteten medialen Verflechtungen finden sich in Kapitel 9.

2.5 Schmidt: ‚Medium' als Kompaktbegriff

Abschließend soll der Ansatz Siegfried J. Schmidts vorgestellt werden, der die Komplexität des Medienbegriffs multiperspektivisch angeht und gesellschaftliche „Gesamtmediensysteme" (Schmidt 2003, S. 355) in den Blick nimmt.

Das Medienkonzept Schmidts, das u.a. auf konstruktivistischen und systemtheoretischen Annahmen basiert, lässt in besonderer Weise deutlich werden, dass Überlegungen zu Medien, gesellschaftlichen Wirklichkeitsmodellen und Kulturprogrammen so eng zusammengehören, dass sie nur begrifflich-analytisch getrennt werden können (vgl. hierzu Schmidt 1993, 2000, 2002, 2003). Angesichts dieser Komplexität muss die folgende kurze Darstellung notwendigerweise höchst unvollständig bleiben. Sie erhebt daher lediglich den bescheidenen Anspruch, die Grundidee des Schmidt'schen Medienkonzepts grob zu skizzieren und dessen Relevanz für mediendidaktische Reflexionen anzudeuten.

2.5 Schmidt: ‚Medium' als Kompaktbegriff

Schmidt charakterisiert „Medium" als einen „Kompaktbegriff" (Schmidt 2003, S. 354), der vier Komponenten aufweist: Als **semiotische Kommunikationssysteme** bezeichnet er „alle materialen Gegebenheiten, die zeichenfähig sind und zur gesellschaftlich geregelten, dauerhaften, wiederholbaren und gesellschaftlich relevanten strukturellen Kopplung von Systemen im Sinne je systemspezifischer Sinnproduktion genutzt werden können" (Schmidt 2003, S. 354). Als Kommunikationssysteme in diesem Sinn gelten etwa die gesprochene Sprache, Schrift, Bilder und Töne, deren Gebrauch durch bestimmte Konventionen geregelt ist (vgl. Schmidt 1993, S. 253) und die an bestimmte **technische Dispositive** bzw. **Medientechnologien** „wie Schreib-, Druck-, Film- oder Fernsehtechnologien" (Schmidt 2003, S. 354, vgl. auch Schmidt 2002, S. 27) gebunden sind. Kommunikationsinstrumente sind nicht nur auf Medientechnologien angewiesen, sondern auch von einer **sozialsystemischen Institutionalisierung** abhängig, d.h. an „Organisationen wie Verlage und Fernsehanstalten, aber z.B. auch an Institutionen wie Schulen [gekoppelt]" (Schmidt 2003, S. 255). Diese drei Komponenten prägen schließlich die „Produktion, Distribution, Rezeption und Verarbeitung" (Schmidt 2003, S. 255) von **Medienangeboten** wie Büchern, Radiosendungen, Filmen, Internetseiten usw. Unter „Medium" versteht Schmidt nun das „sich selbst organisierende systemische Zusammenwirken dieser vier Komponenten unter jeweils konkreten sozio-historischen Bedingungen" (Schmidt 2003, S. 355).

Wenn Schmidt explizit hervorhebt, dass „Kommunikationsinstrumente wie Sprachen und Bilder sowie alle Medien seit der Schrift [...] unsere Wahrnehmungsformen [...] kreativ erweitert [haben]" (Schmidt 2002, S. 27), dann wird die gedankliche Nähe zu Sandbothes „Medien im weiten Sinne" sehr deutlich, und wenn Schmidt auf die strukturellen Wirkungen von Medientechnologien hinweist, die „weit über die Kontrollierbarkeit und Erkennbarkeit durch den einzelnen Mediennutzer hinausgehen" (Schmidt 2002, S. 27), dann bezieht er sich ganz ausdrücklich auf McLuhans These, dass das Medium selbst die eigentliche Botschaft darstellt (vgl. ebd.).

Die entscheidende Rolle, die Medien bei der Wirklichkeitskonstruktion zukommt, lässt sich im Unterricht sinnvoll thematisieren, wenn man z.B. die zunächst sehr einleuchtende Unterscheidung zwischen unmittelbaren Primärerfahrungen und medial vermittelten Sekundärerfahrungen problematisiert, auf deren Basis Kulturpessimisten immer wieder vor einem „Verschwinden der Wirklichkeit" (vgl. z.B. von Hentig 1984, 2002) warnen. Tatsächlich würden große Teile der Wirklichkeit jedoch genau dann verschwinden, wenn man auf Medienangebote verzichtete: „Ohne Vermittlung durch die Medien würden wir vieles, was [...] Auswirkungen auf unser Leben und unseren Alltag hat, nicht wahrnehmen. Was nicht im Fernsehen auftaucht, existiert – für uns – nicht" (Wagner 2002, S. 108f.). Schmidts Konzept erlaubt es darüber hinaus auch, einzelne Medienangebote unter verschiedenen Perspektiven zu beleuchten, wenn man zum Beispiel einen Roman als Zeichensystem zum Gegenstand von Sprachreflexion macht, intermediale Bezüge zu anderen Medienangeboten (z.B. einer Verfilmung) verdeutlicht, gestalterische

2. Medienbegriffe

Aspekte untersucht oder der Frage nachgeht, welche institutionellen Bedingungen dazu beitragen, dass sich – wie im Fall von „Harry Potter" – ein Buch zu einem „transnational operierenden Medienverbund" (Maiwald 2005, S. 19) entwickeln kann.

In Anlehnung an die Rede vom *integrativen Deutschunterricht* (vgl. Wermke 1997) bezeichnet Staiger (2007, S. 212ff.) Schmidts Medienkonzept als **integrativen Medienbegriff**, der u.a. das Potenzial besitzt, die „primäre Orientierung des Deutschunterrichts an dem Zeichensystem Schrift und dem Medium Buch" (Staiger 2007, S. 214) zu überwinden und das „Zusammenspiel und die Wechselwirkungen von Medien in allen Dimensionen (semiotisch, technisch, organisatorisch und textuell)" (ebd.) adäquat abzubilden. Für Wagner eröffnet Schmidts mehrdimensionales Konzept die Perspektive, „ein medien- und fächerübergreifendes Gesamtkonzept zur Vermittlung von Medienkompetenz zu entwickeln" (Wagner 2004, S. 54), Maiwald hält es für geeignet „Mediengebrauch zu differenzieren und didaktisches Handeln zu situieren" (Maiwald 2005, S. 18). Kurz: Schmidts Konzept vermag der Mediendidaktik Deutsch wertvolle Impulse zu geben, die auch im Rahmen dieser Einführung aufgegriffen und genutzt werden sollen.

> **Zusammenfassung**
>
> Auf die Frage „Was ist ein Medium?" lässt sich keine zufriedenstellende Antwort in Form einer Definition geben. Die populäre, auf Shannon/Weaver zurückgehende Vorstellung vom Medium als einem neutralen Übertragungskanal, ist ungeeignet, um komplexe Kommunikationsprozesse abzubilden. Der umstrittene Ansatz McLuhans ist aus didaktischer Sicht interessant, weil er verdeutlicht, welchen Einfluss Medien auf das Denken und Handeln nehmen und wie sehr sie Kommunikationsprozesse formen. Medientypologien sind zwar keine Definitionen, können aber helfen, dem unübersichtlichen Forschungsfeld Strukturen zu verleihen. Pross unterscheidet primäre, sekundäre und tertiäre Medien in Abhängigkeit von der für den Kommunikationsprozess notwendigen Technik, Sandbothe setzt philosophisch an und zeigt mithilfe seiner Differenzierung zwischen Medien im weiten, engen und engsten Sinne u.a. wie sich durch das Internet nicht nur Sprache und Schrift, sondern auch Raum- und Zeitvorstellungen wandeln. Schmidt nennt Kommunikationssysteme (z.B. Sprache), Medientechnologien (z.B. Fernsehen), Organisationen (z.B. Verlage) und Medienangebote (z.B. Bücher) als Dimensionen eines Kompaktbegriffs, der es erlaubt Mediengebrauch gezielt zu differenzieren und aus didaktischer Perspektive zu untersuchen.

Weiterführende Literatur: Faßler, Manfred (1997): Was ist Kommunikation? 2. Auflage. München (=UTB 1960). **Faulstich, Werner (2002):** Einführung in die Medienwissenschaft. Probleme-Methoden-Domänen. München (= UTB 2407). **Krämer, Sybille (2000):** Das Medium als Spur

2.5 Schmidt: ‚Medium' als Kompaktbegriff

und als Apparat. In: Krämer, Sybille (Hrsg.): Medien, Computer, Realität. Wirklichkeitsvorstellungen und neue Medien. Frankfurt/Main (= stw 1397), S. 73–94. **Leschke, Rainer (2003):** Einführung in die Medientheorie. München (= UTB 2386). **Spahr, Angela/Kloock, Daniela (1997):** Medientheorien. Eine Einführung. München (= UTB 1986). **Staiger, Michael (2007):** Medienbegriffe, Mediendiskurse, Medienkonzepte. Bausteine einer Deutschdidaktik als Medienkulturdidaktik. Baltmannsweiler.

3. Mediale Paradigmen. Zur Geschichte der Medien und ihrer Nutzung aus deutschdidaktischer Perspektive

Eine geschichtliche Betrachtung der Medien und ihrer Nutzung ist untrennbar mit dem zugrunde liegenden Medienbegriff und dem damit einhergehenden wissenschaftlichen Bezugssystem verbunden. Drei Ansätze lassen sich in dieser Hinsicht unterscheiden: der kommunikationsorientierte, der technikgeschichtliche und der kulturhistorische Ansatz.

Im Horizont eines kommunikationsorientierten Medienbegriffs, wie ihn der Medienwissenschaftler Knut Hickethier vertritt, rückt die gesellschaftlich-kommunikative Funktion der Medien (2003, S. 349ff.) in den Mittelpunkt der Mediengeschichtsschreibung. „Medien und Kommunikation werden", so Hickethier (2003, 20), „in einem engen Zusammenhang gesehen". Entsprechend steht die **Geschichte der technisch-apparativen Massenmedien** und damit die kommunikative Funktion sekundärer und tertiärer Medien (nach Pross 1972; vgl. Kap. 2.1) im Zentrum der Betrachtung, während die vortechnischen primären Medien ausgeblendet bleiben. Dabei schließt eine solche Aufarbeitung der Mediengeschichte die „Geschichte des Redens über Medien" (Kümmel/Scholz/Schuhmacher 2004, S. 9) mit ein. Solche Mediendiskurse lassen sich seit dem ersten für die Ausbildung von Massenmedien bedeutsamen medialen Paradigmenwechsel, der Erfindung des Buchdrucks, nachweisen.

In einem technikgeschichtlichen Grundansatz, wie ihn die Forschergruppe um Hans H. Hiebel (Hiebel/Hiebler/Kogler/Walitsch 1998) entwickelt hat, findet demgegenüber das gesamte Spektrum an Medien Berücksichtigung, d.h. auch der Mediengebrauch vor und mit der Erfindung der Schrift. Medien werden dabei als „Träger und Übermittler von Daten bzw. Informationseinheiten" (Hiebel/Hiebler/Kogler/Walitsch 1998, 12) definiert, die der Speicherung, Übertragung bzw. Bearbeitung von Informationen dienen. Mediengeschichte wird in diesem Sinne als **Medientechnikgeschichte** verstanden. Fünf „Medienparadigmen", d.h. Entwicklungsstadien der Medien, die sowohl technisch als auch historisch Meilensteine darstellen, werden dabei voneinander abgegrenzt: 1. Schrift, Buchdruck; 2. optische Medien; 3. akustische Medien; 4. Übertragungsmedien; 5. Computer (Hiebel/Hiebler/Kogler/Walitsch 1998, S. 25ff.).

Einen dritten mediengeschichtlichen Grundtypus repräsentieren Werner Faulstich (1997) mit seinem medienhistorischen und Wolfgang Raible (2006) mit seinem kulturwissenschaftlich-philologischen Ansatz. Mediengeschichte avanciert hier zur **„Medienkulturgeschichte"** (Faulstich 1997, S. 9) bzw. zur „Medien-Kulturgeschichte" (Raible 2006, S. 1). Diese wird nicht als Abfolge kurzfristig in Erscheinung tretender, außergewöhnlicher Medienerfindungen verstanden, sondern als

3. Mediale Paradigmen. Zur Geschichte der Medien und ihrer Nutzung

kontinuierlicher, medial mitbestimmter kultureller Prozess. Dieser ist in der Diagnose Raibles „nicht wesentlich durch die großen Erfindungen geprägt, mit denen wir sie zu assoziieren pflegen" (2006, S. 51). Denn zum einen sind die Erfindungen selbst meist das Ergebnis längerfristiger Prozesse. Zum anderen bringen sie nie etwas gänzlich Neues hervor, sondern führen lediglich Früheres in neuer medialer Form fort. Faulstich sieht die Besonderheit seines medienkulturgeschichtlichen Ansatzes gegenüber einer an Einzelmedien bzw. Kommunikationsmedien orientierten Mediengeschichtsschreibung darin begründet, dass dieser interdisziplinär bzw. „metawissenschaftlich" alle Einzeldisziplinen in sich vereint und die Geschichte „aller Medien in ihrer Vernetzung, als System" (Faulstich 2002a, S. 9) erfasst.

Diese unterschiedlichen Ansatzpunkte der Mediengeschichtsschreibung, wie sie an den Konzepten von Hickethier, Hiebel et al., Faulstich bzw. Raible veranschaulicht wurden, sollen nachfolgend auf spezifische Weise miteinander verbunden werden. Grundlage ist der von dem Wissenschaftshistoriker Thomas Kuhn geprägte Begriff des ‚Paradigmas'. Ein Paradigma stellt nach Kuhn die Gesamtheit von Annahmen, Grundüberzeugungen, Werten, Methoden, Techniken etc. dar (vgl. 1962, S. 186), die für eine Gruppe, Gesellschaft, Zeitepoche etc. bestimmend ist. Übertragen wir die Kuhn'sche Begrifflichkeit auf medientheoretische Zusammenhänge, so ergibt sich folgende Definition:

> **Definition:** Ein mediales Paradigma umfasst die durch ein Medium bzw. einen Medienverbund maßgeblich geprägte gesellschaftliche, technische, wissenschaftliche und kulturelle Wirklichkeit in einem spezifischen Entwicklungsstadium der Anthropo- bzw. Phylogenese, d.h. der Menschheitsgeschichte.

Vier mediale Paradigmen und die mit ihrer Ausbildung verbundenen tiefgreifenden Umbrüche werden nachfolgend in Grundlinien skizziert und in einem ersten Zugriff mediendidaktisch hinterfragt.

3.1 Das orale Paradigma

Sprache ist keinesfalls mit Schriftsprache gleichzusetzen. Der Ursprung der Sprache ist mündlich. Aus medientheoretischer Sicht ist diese gesprochene Sprache das Ergebnis der spezifischen Aktuierung eines primären akustischen Mediums im Sinne von Pross (1972): des Träger- bzw. Vermittlungsmediums Stimme. Dazu der Medienhistoriker Karl Kogler:

> Sprache existiert ursprünglich nur als gesprochene Sprache, d.h. im akustischen Modus in Form von Schallwellen. Aus einer Vielzahl von theoretisch möglichen Geräuschen und Lauten, die durch bewußte Modulation von Luft entstehen, werden durch gesellschaftliche Konvention bestimmte Sektoren des Lautkontinuums als innerhalb ihres Systems bedeutungsdifferenzierende Zeichen festgelegt (z.B. das Phonem ‚a' im Gegensatz zum Phonem ‚o'). [...] Die untereinander bedeutungsdifferenzierenden Phoneme bilden eine vereinbarte begrenzte Menge von Elementen, den Zeichenvorrat einer Sprache. Mittels codegerechter Aneinanderreihung von bewusst generierten akustischen Sprachzeichen ist die Möglichkeit eröffnet, Materielles

3.1 Das orale Paradigma

oder Immaterielles der Innen- und Außenwelt von Menschen zu ‚bezeichnen' bzw. zu übermitteln. (Kogler 1998, S. 31f.)

Wenn also im Deutschunterricht mündlicher Sprachgebrauch erfolgt oder thematisiert wird, ist dies in gewisser Hinsicht auch mediendidaktisch von Bedeutung. Denn dies geschieht unter Nutzung bzw. Thematisierung der **Stimme als Primärmedium**. Eine weitere Besonderheit gesprochener Sprache, die implizit ebenfalls didaktisch Relevanz besitzt, ist die Natürlichkeit der mit ihr verbundenen Erwerbsprozesse. In einer Mischung aus Nachahmung und unbewusster Regelbildung entsteht die Kompetenz zu mündlichem Sprachgebrauch – und zwar in der Ontogenese wie in der Phylogenese, d.h. in der Entwicklung jedes einzelnen Menschen wie der von Kulturen bzw. Gesellschaften. Der Linguist und Sprachphilosoph Walter Ong verdeutlicht diesen Aspekt:

> Die orale Rede ist in dem Sinn natürlich für den Menschen, daß jeder Mensch in jeder Kultur, sofern er nicht körperlich oder geistig behindert ist, sprechen lernt. Das Sprechen erschafft das bewusste Leben, ins Bewusstsein steigt es aus der Tiefe der unbewußten, obgleich dies natürlich mit bewusster und unbewußter Unterstützung der Gesellschaft geschieht. Grammatische Regeln leben in dem Sinn im Unbewußten, daß man sie benutzen kann, ja neue Regeln bilden kann, ohne in der Lage zu sein, sie genau zu benennen. (Ong 1982, S. 84).

Aus diesem unabhängig von angeleiteten Beschulungsprogrammen und grammatischen Theorien möglichen Erwerb mündlicher Sprachkompetenz mag sich zumindest in Teilen die Geringschätzung erklären, die Gesellschaften bzw. Epochen erfahren haben und immer noch erfahren, die vorliteral sind, d.h. keine Schriftsprache hervorgebracht haben, sondern allein auf mündlichem Sprachgebrauch basieren. Gemeint ist das Stadium der primären Mündlichkeit.

Dass es eine **phylogenetische Phase primärer Mündlichkeit** gegeben hat, ist eine Erkenntnis, die bereits in der römischen Antike tief verwurzelt war – allerdings mit abwertender Tendenz. Die Römer als primär literal geprägte Gesellschaft prägten die Begriffsopposition *litteratus* und *illitteratus* als Synonyme für „gebildet" bzw. „nicht-gebildet", wie der Altphilologe Eric A. Havelock (1982, S. 38ff.) nachgewiesen hat. Umso bahnbrechender ist seine Erkenntnis, dass die griechische Antike in wesentlichen historischen Phasen nicht-literal war, d.h. auf rein mündlichem Sprachgebrauch basierte:

> ‚Illiteral', ‚nichtliteral', ‚präliteral' – Es liegt ein gelinder Schock in der Erkenntnis, daß die Griechen in der manchmal als „Hochklassik" bezeichneten Periode – im Zeitalter des Perikles und der drei griechischen Dramatiker – anscheinend für keinen dieser Begriffe einen Ausdruck hatten. Sie sprachen nur von musikalischen oder unmusikalischen, gebildeten oder ungebildeten Menschen – und das mit gutem Grund. Man spürte, daß Schriftlichkeit und Kultiviertheit nicht notwendigerweise synonym waren. Das griechische Wort *grammatikos* kam erst im vierten Jahrhundert in Gebrauch. Es bezeichnet einen Menschen, der lesen konnte, ohne notwendigerweise zu implizieren, diese Fertigkeit sei mit Bildung synonym. (Eric A. Havelock 1982, S. 38)

Vorliterarische Kulturen sind also keinesfalls ungebildet, roh oder barbarisch, wie dies aus literal geprägtem Blickwinkel bis in die Gegenwart hinein fast unisono angenommen wird. Vielmehr ist das menschheitsgeschichtliche Stadium der pri-

3. Mediale Paradigmen. Zur Geschichte der Medien und ihrer Nutzung

mären Mündlichkeit bzw. primären Oralität, wie Walter Ong (1982, S. 37ff.) jene vorliterale Zeitepoche bezeichnet, Teil der menschlichen Kulturgeschichte. Ong (1982, S. 37) spricht deshalb von **„oralen Kulturen".**

Mit dem Ausdruck „orales Paradigma" soll diese durch primäre Mündlichkeit geprägte Frühphase der kulturellen Entwicklung der Menschheit in mediengeschichtlicher und mediendidaktischer Perspektive bezeichnet werden. Dass bereits dieses vorliterale Stadium der Anthropogenese als Teil der Mediengeschichte zu verstehen ist, stellt eine Erkenntnis dar, die maßgeblich auf Marshall McLuhan und seine in den ‚Magischen Kanälen' kulturgeschichtlich verankerten Überlegungen zur medialen Besonderheit des gesprochenen und des geschriebenen Wortes zurückgeht (1964, S. 122ff.). Ganz ähnlich spricht Wolfgang Raible von der Geschichte des „noch nicht verschriftlichten Mediums Sprache" (2006, S. 70) und sieht Kultur- und Mediengeschichte hier in einer ersten grundlegenden Einheit. Mit Bezug auf die Unterscheidung von Pross (1972) ist von der Phase der so genannten Primärmedien zu sprechen, die keinerlei Technik zur Produktion und Rezeption von Information benötigen. Werner Faulstich (1996, S. 31) schließlich hat die Bezeichnung „Menschmedien" als für diese Phase zentrale medienkulturgeschichtliche Kategorie eingeführt.

Allerdings unterscheidet sich die Medialität der **Mensch-Medien** bzw. des oralen Paradigmas grundsätzlich von derjenigen technisch erzeugter Medien, wie Walter Ong verdeutlicht:

> Wenn man sich ein ‚Medium' der Kommunikation oder ‚Medien' der Kommunikation vorstellt, wird diese zu einer in ‚Röhren'[1] sich vollziehenden Übermittlung von Materialeinheiten, die man ‚Information' nennt [...]. [...] Im Medium-Modell bewegt sich die Botschaft von der Sender-Position zur Empfänger-Position. In der wirklichen menschlichen Kommunikation muß sich der Sender nicht nur in der Sender-Position, sondern ebenso auch in der Empfänger-Position befinden, noch ehe er oder sie irgend etwas senden kann. Um sprechen zu können, muß man jemand anderes oder andere ansprechen. Vernünftige Leute gehen nicht durch den Wald und reden blindlings zu niemandem. Sogar um Selbstgespräche zu halten, ist es nötig, sich in der Doppelrolle vorzustellen. (Ong 1982, S. 173f.)

Diese Besonderheit mündlichen Sprachgebrauchs, die wir aus alltagspraktischen Situationen kennen und verstehen, ist nach Ong spezifisches Kennzeichen aller oralen Kulturen und prägt ihr kollektives Bewusstsein, ihr Paradigma. Tatsächlich waren und sind orale Kulturen allen historischen bzw. kulturanthropologischen Erkenntnissen zufolge Kulturen der Unmittelbarkeit. Sprachlich vermittelte menschliche Kommunikation vollzog und vollzieht sich in ihnen nicht technikbasiert über große Distanzen, sondern durch die menschliche Stimme und damit in der Regel in unmittelbarer Interaktion zeitgleich und an einem Ort. Vortechnische Kommunikationsmedien wie die bei einigen indianischen Stämmen verbreiteten Rauchzeichen oder die in Afrika in einigen Gebieten verwendeten Buschtrommeln erlaubten zwar die Überwindung von Entfernung und stellen in diesem Sinn

---

[1] Vgl. dazu auch Shannons Kommunikationsmodell in Kap. 2.

erste ortsunabhängige, d.h. ubiquitäre Medien dar (vgl. Hiebler 1998, S. 129). Dennoch vermochten sie noch nicht Worte, d.h. stimmlich erzeugte menschliche Sprache, zu übermitteln. Anders verhält es sich bei Sprechrohrverbindungen, die auf Sardinien schon im ersten Jahrtausend v. Chr. Anwendung gefunden haben, oder beim Einsatz von Rufposten, die in Griechenland schon im vierten vorchristlichen Jahrhundert nachgewiesen sind (Hiebler 1998, S. 129; Hiebler/Kogler/Walitsch 1998, S. 193). Allerdings war die Reichweite dieses den **Raum natürlicher Sprecher-Hörer-Interaktionen** überschreitenden mündlichen Sprachgebrauchs sehr begrenzt. Sieht man von diesen spezifischen nicht-technischen Übertragungstechniken und sprachlichen Sonderformen wie kultischen Sprachriten, prophetischen Wendungen oder religiösen Prophezeiungen ab, so findet mündlicher Sprachgebrauch in Kulturen primärer Oralität nicht autonom bzw. unabhängig von einem konkreten Kommunikationsrahmen statt, sondern kontextabhängig und vor allem in unmittelbarer Interaktion zwischen Kommunikationspartnern. Statt einer Einweg-Informationsübertragung im Sinne eines einkanaligen Sender-Empfänger-Modells herrscht in oralen Kulturen Reziprozität vor, d.h. ein unmittelbarer interaktiver Austausch zwischen Sender und Empfänger, Sprechendem und Hörendem (vgl. dazu Ong 1982, S. 174ff.). Eine Behandlung mediengeschichtlicher Zusammenhänge im Deutschunterricht hat Schüler(inne)n diese Besonderheiten des Stadiums primärer Mündlichkeit transparent zu machen, um damit ein Bewusstsein für die Spezifika technisch generierter Oralität zu fördern, die mittlerweile zu den dominierenden Formen der Mediennutzung heutiger Kinder und Jugendlicher gehört.

3.2 Das literale Paradigma

Mit der Erfindung der Schrift ereignet sich der erste mediale Paradigmenwechsel. Walter Ong spricht von der **„Technologisierung des Wortes"** (1982) und der „Technologie des Schreibens" (1982, S. 84), Karl Kogler von der Erfindung eines **„visuellen Speichermediums"** für Daten auf einem materiellen Datenträger (1998, S. 32) und Wolfgang Raible von der Erfindung eines Kultur prägenden „Aufzeichnungssystems" und „Trägermediums" (2006, S. 75). Wenn also im Deutschunterricht Schriftsprache eingeübt, in ihrer strukturellen Besonderheit behandelt oder als Mittel des Selbstausdrucks genutzt wird, wie dies im Rechtschreib-, Grammatik- bzw. Aufsatzunterricht geschieht, werden mediengeschichtlich bzw. mediendidaktisch relevante Aspekte mit berührt und könnten an geeigneten Stellen im Unterrichtsprozess angesprochen werden. Gleiches gilt für den Bereich der Lesedidaktik, die sich in kulturgeschichtlicher Perspektive als sehr viel komplexer erweist, als dies gemeinhin in deutschdidaktischer Literatur anerkannt wird. Ein mediengeschichtlicher Blick auf das ‚literale Pardigma' ist in diesem Sinn sowohl für die Sprach- als auch für die Literaturdidaktik von Bedeutung und kann den Horizont, in dem die Unterrichtsprozesse erfolgen, merklich und fruchtbar erweitern. Dabei lassen sich medienkulturgeschichtlich zwei Stadien unterscheiden: das Stadium der skriptographischen und das der typographischen Medien.

3. Mediale Paradigmen. Zur Geschichte der Medien und ihrer Nutzung

3.2.1 Skriptographische Medien

Die Erfindung der Schrift ist nicht das Resultat gesamtgesellschaftlicher Prozesse in den jeweiligen Bezugskulturen gewesen. Obschon sie nach ihrer Entstehung zumeist sehr rasch weltlichen und künstlerischen Zwecken gedient hat, geht die Entwicklung der Schrift nach Erkenntnissen der modernen Forschung auf sakralreligiöse (vgl. Haarmann 1990, S. 70ff.) oder kultische Motive (vgl. Steinig 2006) zurück. Den Ausgangspunkt bilden Piktogramme, d.h. bildliche Zeichen. Diese vorskriptografischen Bildtechniken finden sich bei den Steinzeitmenschen, den Indianern oder den Atzteken (vgl. Haarmann 1990, S. 21ff.). Die Entstehung der **Schrift als skripturales Sprachzeichensystem** (Kogler 1998, S. 33) hat sich in mehreren kulturgeschichtlichen Entwicklungsstufen und unter Verwendung unterschiedlicher Trägermedien vollzogen. Überblicksartig seien genannt (vgl. Haarmann 1990, S. 70ff.):

- die altbalkanische Schrift der Vinca-Zivilisation auf Ton (ca. 5300 v. Chr.),
- die Keilschrift der Sumerer auf Ton (ca. 4. Jh. v. Chr.),
- die Hieroglyphen der Ägypter auf Baumrinde bzw. Papyrus (ca. 4. Jh. v. Chr.),
- die altkretischen Hieroglyphen auf Ton (ca. 3. Jh. v. Chr.),
- die Zeremonialschrift der Indus-Kultur auf Tierknochen (3. Jh. v.Chr.),
- die Scapulomantik der chinesischen Shang-Dynastie auf Tierknochen (ca. 13. Jh. v. Chr.),
- die zumeist auf Pergament festgehaltenen Alphabete der Phönizier (ca. 17. Jh. v. Chr.),
- der Griechen (ca. 9. Jh. v. Chr.),
- der Hebräer (ca. 9. Jh. v. Chr.),
- der Etrusker (ca. 8. Jh. v. Chr.),
- der Aramäer (ca. 8. Jh. v. Chr.),
- der Römer (7. Jh. v. Chr.),
- der Araber (ca. 6. Jh. n. Chr.).

Mit diesen auch medial konstituierten Geburtsmomenten der Schrift- bzw. Lesekultur vollzog sich ein phylogenetisch zentraler Paradigmenwechsel, der **Übergang von der Oralität zur Literalität**. Allerdings verlief dieser nicht abrupt, in einem besonderen historischen Moment, sondern sukzessive, an vielen Orten und zu verschiedenen Zeiten, wie die oben angeführten Entwicklungsstadien der skripturalen Sprachzeichensysteme verdeutlichen. Doch selbst nach deren Einführung hat es zumeist mehrere Jahrhunderte bzw. Jahrtausende gedauert, ehe das literale Paradigma tatsächlich obsiegt hat. Im Abendland hat es bis ins ausgehende Mittelalter eine Koexistenz von oralen und literalen Kulturen innerhalb einer Gesellschaft gegeben. Die primäre Oralität der vorliteralen Phase wirkt als **sekundäre Oralität** fort. Der Medienhistoriker Michael Giesecke spricht in diesem Zusammenhang von „bimedialen Kommunikationssystemen" (1991, S. 30) und erläutert (1991, S. 33):

3.2 Das literale Paradigma

Die Einführung der Schrift führte weder praktisch noch im Bewusstsein der Zeitgenossen zur Verdrängung der oralen Formen der Abwicklung sozialer Geschäfte. Weiterhin verknüpfte man Wahrheit und Diskurs miteinander, die höchste, ‚erhabenste' Form der Verkündigung göttlicher Weisheit blieb auch nach Thomas von Aquin die Predigt, der ‚Ohren'-Zeuge galt mehr als die Nachschrift, die sensomotorisch gespeicherten Künste verloren wenig von ihrem Ansehen an die Texte, und weiterhin ‚verkündeten' Stimmen der Natur, Gottes und seiner Stellvertreter, was für den Menschen orientierungsrelevant ist.

Dennoch hat die Erfindung der Schrift das Selbst- und Weltverständnis der Menschen grundlegend verändert. Nach Walter Ong entstand eine spezifisch literal geprägte Bewusstseinsform. Denn das „Schreiben ermöglicht das, was man ‚kontextfreie' Sprache oder ‚autonomen' Diskurs nannte, einen Diskurs also, der nicht wie die orale Rede befragt oder angefochten werden kann, weil er sich nämlich von seinem Autor unabhängig gemacht hat." (Ong 1982, S. 109ff.) An die Seite unmittelbarer Kommunikationen in oralen Kulturen treten mit der Schrift autonome Diskurse, d.h. sprachlich vermittelte Interaktionen bzw. Informationsvermittlungen, die unabhängig von räumlicher und zeitlicher Präsenz stattfinden können. Während die mündliche Rede bzw. die mündliche Ansprache in der Regel unmittelbare Reaktionen zur Folge haben, die zu direkten Interaktionen zwischen Sprechendem und Hörendem führen, ist der literale Text von seinem Autor unabhängig. Er kann rezipiert werden, ohne dass der bzw. die Verfasser(in) anwesend ist, und überdauert ihn, solange die materielle Grundlage der Texte – Stein, Holzrinde, Papyros, Pergament, Papier etc. – existiert und die Schriftzeichen lesbar sind.

Dies ist ein entscheidender Grund, warum im Urteil Ongs das Schreiben das menschliche Bewusstsein stärker als jede andere Erfindung verändert hat:

> Die Interaktion zwischen der Oralität, in die alle Menschen hineingeboren sind, und der Technologie des Schreibens, in die niemand hineingeboren wird, reicht bis in die Tiefe der Psyche. Sowohl ontogenetisch als auch phylogenetisch gesehen, ist es das orale Wort, das zuerst das Bewußtsein vermittels artikulierter Sprache erhellt, das zuerst Subjekt und Objekt trennt und sie daraufhin in Beziehung setzt, und das die Menschen zu Gesellschaften zusammenfügt. Das Schreiben führt Trennung und Entfremdung, aber ebenso eine höhere Einheit ein. Es beflügelt das Selbstgefühl und begünstigt eine bewußtere Interaktion zwischen Personen. Schreiben ist Bewußtseinserweiterung (Ong 1982, S. 176).

Schriftkundigkeit wurde elementarer Bestandteil von Gesellschaften, die administrativ wie kulturell auf Schrift basierten. Schon die Sumerer priesen den schreibenden wie lesenden Gebrauch der Schrift als ‚**hohe Kunst'** (Haarmann 1990, S. 13). Diese Wertschätzung durchzieht die gesamte Geschichte der Schriftkulturen. Allerdings hat sich erst im Römischen Reich eine Gleichsetzung von Schriftlichkeit und Bildung etabliert, insofern Schrift- und Lesekultur als wesentliche Merkmale von Hochkultur bzw. Zivilisation verstanden wurden. Diese Sichtweise ist auch heute noch bei vielen Kulturhistorikern verbreitet und in vielen Geschichtsbüchern zu lesen, auch wenn spätestens seit Havelocks Forschungen zu den oralen Wurzeln der griechischen Frühklassik (1963; 1982, S. 77ff.) diese Position unhaltbar geworden ist, wie bereits im vorangegangenen Kapitel ausführlicher erläutert wurde.

31

3. Mediale Paradigmen. Zur Geschichte der Medien und ihrer Nutzung

So kann es auch nicht erstaunen, dass sich mit der Erfindung der Schrift durchaus auch **Widerstand gegen das neue Medium** formierte. Die älteste bekannte Gegenposition stammt von Sokrates, wie ihn Platon in seinen ‚Dialogen' überliefert hat. Im *Phaidros*-Dialog heißt es in Bezug auf die Schrift:

> Diese Erfindung wird den Seelen der Lernenden [...] Vergessenheit einflößen aus Vernachlässigung der Erinnerung, weil sie im Vertrauen auf die Schrift sich nur von außen vermittels fremder Zeichen, nicht aber innerlich sich selbst und unmittelbar erinnern werden; [...] von der Weisheit bringst du deinen Lehrlingen nur den Schein bei, nicht die Sache selbst. (Platon ca. 370–360 v. Chr., S. 55 [Phaidros: 274e–275b])

Denn im Urteil des Sokrates muss man, um die Wahrheit zu sagen, *en idiois logois*, mit seinen eigenen Worten sprechen (Platon 370 v. Chr., S. 104 [Politeia 366e]; vgl. Svenbro 1995, S. 73; 2002, S. 64). Wahrheit ist mit anderen Worten medial an den Bereich des Oralen gebunden. Literal ist lediglich ein begrenzter Zugang möglich. Dabei ist das gesprochene Wort für Sokrates mediale Basis von Weisheit und Erkenntnis in zweifacher Hinsicht: nach außen im Dialog mit anderen als äußere Stimme, und nach innen als *phoné* (Platon 395–390 v. Chr., S. 22 [Apologie 31d]) oder *daímonion* (Platon 395–390 v. Chr., S. 31 [Apologie 41d]), als innere göttliche Stimme, deren Referenzpunkt in letzter Konsequenz metaphysisch ist.

Gleichwohl zeigt schon die Biografie des Sokrates, dass der Siegeszug der Schrift bzw. der schriftbasierten Welt auch in der griechischen Kultur nicht aufzuhalten war. Denn bereits sein Schüler Platon nutzte das neue Medium in großer Virtuosität – paradoxerweise unter anderem auch und gerade, um die Gedanken seines noch ganz im oralen Paradigma verankerten Lehrers der Nachwelt zu überliefern. In der hellenistischen und in der römischen Epoche rückte die Literalität ins Zentrum des kulturellen Selbstverständnisses (vgl. Havelock 1982, S. 148ff.). Im Römischen Reich spielten kulturelle und politische Gründe eine entscheidende Rolle. Denn hier erhielt die Schrift vor allem auch als Basis der Verwaltung und Kommunikation innerhalb des riesigen Herrschaftsgebietes eine zentrale Bedeutung. Gleichzeitig erlangte Schriftkundigkeit in den höheren Gesellschaftskreisen eine exponierte Bedeutung. Literalität wurde zum Inbegriff von **Bildung**, Schreiben und Lesen entwickelten sich zu Alltagskompetenzen der städtischen Oberschicht (vgl. Chartier/Cavallo 1995, S. 26ff.; Cavallo 1995, S. 97ff.) – anders als im nachfolgenden ersten christlich geprägten Jahrtausend, in dem Literalität zumeist dem Klerus vorbehalten blieb. So gab es in der römischen Kaiserzeit sogar Bücher über das Lesen von Büchern – Anzeichen einer recht umfangreichen privaten Lektürepraxis. Dazu Guglielmo Cavallo und Roger Chartier (1995, S. 29):

> Auf griechisch abgefaßte Abhandlungen aus der Kaiserzeit, die verloren sind, von denen man aber Kenntnis hat, darunter ‚*Die Bücher kennen*' von Telephos von Pergamon, oder ‚*Über Erwerb und Auswahl von Büchern*' von Herennius Philon, oder auch ‚*Der Bücherfreund*' von Damophilos von Bithynien zielten offensichtlich darauf ab, dem Leser bei der Auswahl und Sammlung von Büchern Orientierung zu geben. Dies läßt überdies vermuten, daß es sowohl eine verwirrende Buchproduktion gab als auch, spiegelbildlich, ein nicht mehr nur elitäres und deshalb oftmals wenig sachverständiges oder in seinen Entscheidungen unsicheres Publikum.

3.2 Das literale Paradigma

Allerdings blieb neben dem Lesen und dem Schreiben natürlich auch die Redekunst von zentraler Bedeutung – und damit auch die orale Tradition, obschon in abgeschwächter Form (vgl. Ong 1982, S. 109ff. und S. 115ff.; Abb. 1).

Doch nicht nur in der säkularen römischen Gesellschaft hatte die Schriftkultur eine Basis für ihre nachhaltige Verbreitung gefunden. Auch im aufsteigenden Christentum fand die Schriftkultur einen mächtigen Bündnispartner. Dieses stellte auf seine Art, d.h. in religiöser Ausprägung, über die Jahrhunderte sicher, dass Lesen und Schreiben sich zu den Kulturtechniken des Abendlandes entwickeln konnten. Denn im Christentum avancierte **Schriftlichkeit** in ihrer religiösen Überlieferungsfunktion zum **Synonym von Heiligkeit** – wie in den anderen beiden so genannten ‚Buchreligionen' Judentum und Islam auch. Nach christlicher Diktion war die Bibel als ‚Heilige Schrift' zu verstehen, als in schriftliche Form gegossene, lesend zu erschließende göttliche Offenbarung (vgl. Giesecke 1991, S. 244ff.; Wenzel 2000, S. 15ff.).

Abb. 2: *Zwei Schreiber im Skriptorium von Echternach*

Diese medialen Grundlagen des christlichen Selbstverständnisses hatten natürlich mediengeschichtliche Konsequenzen, insofern die Vervielfältigung des Buches der Bücher, als was man die Bibel verstand, ein Kernanliegen christlicher Missionsarbeit darstellte und einen ganz neuen medienspezifischen Berufszweig entstehen ließ: die **Skriptoren** bzw. Kopisten (Abb. 2). Ihre Aufgabe bestand darin, möglichst rasch eine wortgetreue und ansprechende Abschrift der heiligen Schrift und ihrer Auslegungen zu verfassen (vgl. Faulstich 1996, S. 115). Denn Bücher waren in Antike und Mittelalter „Schreibbücher" (vgl. dazu Faulstich 1996, S. 101). Im christlichen Ordo fungierten sie vor allem als Speichermedium religiöser Überlieferung, die in klösterlichen Bibliotheken aufbewahrt und nur dem theologisch Kundigen zugänglich waren. Aber auch Bibelauslegungen und Erörterungen religiöser Fragen erfolgten natürlich auf der Grundlage skriptographischer, d.h. handschriftlicher Texte (Abb. 3). Generell gilt:

> Das Schreibmedium Buch war im Mittelalter in der Teilöffentlichkeit Kloster das wichtigste Speicher- und Bildungsmedium, nur in Ausnahmen und lokal sehr begrenzt auch in der Binnenöffentlichkeit Burg/Hof als Tradierungsmedium wirksam. [...] (Faulstich 1996, S. 127)

33

3. Mediale Paradigmen. Zur Geschichte der Medien und ihrer Nutzung

Diese Verengung des Rezipientenkreises auf den religiös-kirchlichen Bereich spiegelt sich im Bedeutungswandel der Begriffe ‚*litteratus*' und ‚*illiteratus*' wider. Während dieses Begriffspaar in der römischen Antike ein Synonym für den Gegensatz von ‚gebildet' und ‚ungebildet' darstellte, bezeichnete es im christlich geprägten Mittelalter „nicht verschiedene Bildungsgrade, sondern verschiedene Bildungsweisen, ja Bildungswelten, die zugleich mit- und nebeneinander bestehen", wie der Historiker Herbert Grundmann (1958, S. 24) aufgezeigt hat. Ein **litteratus** ist in diesem Sinne ein Kleriker, ein **illiteratus** ein Laie, auch als ‚*idiota*' bezeichnet (vgl. Grundmann 1958, S. 43). Beide bewegen sich in unterschiedlichen Überlieferungstraditionen, die sich aus verschiedenen kultur- und mediengeschichtlichen Wurzeln speisen. Der in den Klöstern vorherrschenden „lateinischen Schrift- und Buchtradition römisch-antiker und biblisch-patristischer Herkunft" stehen die volkssprachlichen „nicht-schriftlichen Überlieferungen in Dichtung, Geschichte und Sage, Recht und Brauch" (Grundmann 1958, S. 14) als bildungs- und kulturprägende säkulare Instanzen der Hof- und Burgwelt gegenüber. Mit anderen Worten: Im Mittelalter existierten eine primär literal geprägte, sich der lateinischen und griechischen Sprache bedienende mönchisch-theologische Kultur und eine primär oral geprägte, im wesentlichen volkssprachig bestimmte höfisch-städtische Kultur neben- und miteinander, ohne sich allerdings zu verbinden.

Abb. 3: *Der hl. Augustinus in lehrhafter Szene mit Buch (8. Jh.)*

Erst die Predigten des dominikanischen Theologen und Mystikers Meister Eckhart leiteten eine Annäherung der beiden Kulturwelten ein. Eckhart ist sprach- und mediengeschichtlich deshalb von besonderer Bedeutung, weil er aufgrund historischer Umstände gezwungen war, erstmals umfassend auf das theologisch eigentlich obligatorische Kirchenlatein zu verzichten und seine Predigten in deutscher Sprache zu halten. Denn im Rahmen der *cura monialium*, der so genannten Frauenseelsorge, die seit 1257 durch päpstliche Anweisung dem Dominikanerorden übertragen worden war, oblag Eckhart auf Beschluss seines Ordens die seelsorgerische Betreuung der in klosterähnlichen Gemeinschaften lebenden Frauen, die als Spätfolge der religiösen Bewegungen des Spätmittelalters in Scharen dem Orden beigetreten waren (vgl. Grundmann 1935, S. 284ff.; Ruh 1984). Da diese zutiefst frommen und nach umfassender religiös-theologischer Unterweisung verlangenden Frauen zumeist des Lateinischen in Wort und Schrift unkundig waren,

3.2 Das literale Paradigma

musste Eckhart in deutscher Sprache predigen. Sprachgeschichtlich hat er damit Pionierarbeit geleistet, weil er viele Begriffe erstmals aus dem Lateinischen ins Deutsche übersetzt hat, mediengeschichtlich hat er einen Brückenschlag zwischen dem lateinisch geprägten theologisch-literalen und dem volkssprachlich dominierten weltlich-oralen Paradigma vollzogen.

3.2.2 Typographische Medien

Mit Luthers Übersetzung der Bibel in die deutsche Sprache hat dieser Prozess seine konsequente Fortsetzung gefunden. Von entscheidender Bedeutung war in diesem Zusammenhang eine mediale Revolution – die Erfindung des Buchdrucks durch Johannes Gensfleisch, genannt Gutenberg. Der Buchdruck leitete den endgültigen Siegeszug des literalen Paradigmas ein und damit die Verdrängung der „Präsenz- und Menschmedienkultur, als einer produktiven Live-Darstellungskultur, hin zu einer Speicher- und Printmedien-Kultur, [...] also von der Dominanz der Oralität zur Dominanz der Literalität" (Faulstich 1996, S. 127). Michael Giesecke spricht plakativ vom Buchdruck als **„High-Tech des 15. Jahrhunderts"** (1991, S. 67). Tatsächlich vollzog sich damit der Übergang von der skriptographischen zur typographischen Buchkultur. An die Stelle individuell handschriftlicher Erzeugung trat die druckmaschinelle Massenfertigung von Büchern, die ‚ars artificialiter scribendi' wurde durch die ‚ars nova ingeniosa' ersetzt (Giesecke 1991, S. 67).[2]

Abb. 4: *Gutenberg-Bibel* (1452–1455)

Damit ging die Epoche des Buches als Schreibmedium zu Ende und zugleich des bimedialen Nebeneinanders von oralen und literalen Bezugssystemen. Denn dem Buchdruck war die **Tendenz zur Monomedialität** eigen. Dies zeigte sich schon beim ersten und berühmtesten Produkt des angebrochenen neuen printmedialen Zeitalters: der Gutenberg-Bibel (vgl. Abb. 4). Diese durchbrach die jahrhundertealte Tradition einer Einheit von textlicher und bildlicher Ebene (vgl. Abb. 5). Der protestantische Bildersturm machte auch und gerade vor der Buchwelt nicht halt. Monomedialität trat an die Stelle der **Bimedialität von Bild und Text**, wie sie für die handschriftlich erzeugten und kunstvoll verzierten skriptographischen Bücher in den christlich geprägten Phasen des Abendlandes bis zur Erfindung des Buchdrucks kennzeichnend war. Die bunte Vielfalt mittelalterlicher Handschriften wich dem ‚schwarz auf weiß' der gedruckten Buchstaben (vgl. dazu Wenzel 2000; Frederking 2003). Doch nicht nur der visuelle

---

2   Die skriptographische Ebene fand allerdings in der sich etablierenden Briefkultur im 18. Jahrhundert als „Jahrhundert des Briefs" (Faulstich 2002b, S. 83) eine spezifische Fortsetzung.

3. Mediale Paradigmen. Zur Geschichte der Medien und ihrer Nutzung

Bereich musste sich literaler Dominanz ergeben, auch die auditiv-orale Ebene verlor sukzessive an Bedeutung. Denn während das Lesen in Antike und Mittelalter fast durchgängig oral begleitet war – wer las, tat dies zumeist *alta voce*, mit lauter Stimme (Chartier/Cavallo 1995, S. 19ff.; Schön 2001, S. 5; Svenbro 2002, S. 55ff.) –, wurde dieses „oralisierte Lesen", das als „Urform des Lesens" gilt (Svenbro 1995, S. 62), mit der Erfindung des Buchdrucks und den printmedial erzeugten Texten Zug um Zug durch das stille Lesen ersetzt, das bis dahin lediglich eine Sonderform dargestellt hatte. Dazu McLuhan: „Der Buchdruck machte allmählich das laute Lesen sinnlos und beschleunigte den Akt des Lesens, bis der Leser sich ‚in den Händen' seines Autors fühlen konnte." (1962, S. 172) Medientheoretisch gesprochen führte die anbrechende **„Gutenberg-Galaxis"** (McLuhan 1962) also zu einem Verlust bimedialer Vielfalt, Monomedialität ersetzte die **„Symmedialität"** (Frederking 2006b) der in Antike und Mittelalter noch verbreiteten medialen Verbünde von Oralität, Piktoralität und Literalität, von gesprochenem Wort, Bild und Schrift. Erst das technische Zeitalter hat, wie zu zeigen sein wird, in seinen beiden medialen Paradigmenwechseln diese vortechnischen Formen symmedialer Bezüge wiederbelebt.

Doch trotz dieser bereits von Zeitgenossen formulierten, danach aber erst Ende des 20. Jahrhunderts wieder zunehmend ins Blickfeld tretenden Verlustrechnungen des printmedialen Siegeszuges (Giesecke 1991, S. 649ff.; Raible 2006, S. 139ff.) sollten die damit einher-

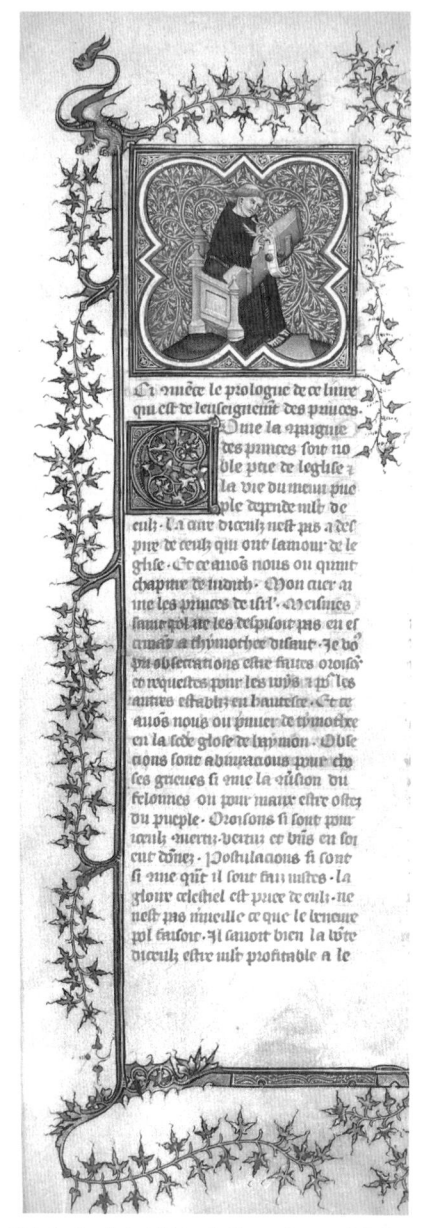

Abb. 5: *Das Autorbild des Guillaume Peyraut (1372)* in ‚De eruditione principium'

3.2 Das literale Paradigma

gehenden Vorzüge nicht Außer acht gelassen werden. Unbestritten nämlich ist, dass das Buchzeitalter eine einzigartige Akkumulation der Informationen und eine radikale Individualisierung der Rezeptionsprozesse eingeleitet hat. Erstere passte gut zu gesamtökonomischen Interessenlagen, insofern die „Wachstums- und Profitansprüche des neuen kapitalistischen Wirtschaftssystems" (Giesecke 1991, S. 660) im prosperierenden und expandierenden printmedialen Informationsfluss einen mächtigen Bündnisgenossen gefunden haben, letztere ermöglichten der aufsteigenden bürgerlichen Gesellschaft eine zunehmende geistige Emanzipation. Denn jeder Leser bzw. jede Leserin konnte sich mit der wachsenden Verbreitung von Büchern sein bzw. ihr eigenes Urteil bilden – sofern die Zensur dem nicht einen Riegel vorschob. Das aufklärerische ‚*sapere aude*' ist sicherlich als eine implizite Konsequenz der mit dem Buchdruck ermöglichten neuen Freiräume des Denkens und eines einsetzenden Individualisierungsschubs auf der Grundlage eigener Schreib- und Leseprozesse zu verstehen. Dazu Marshall McLuhan (1962, S. 163): „Die Schreibkultur kannte weder Autoren noch Leserkreise, wie sie der Buchdruck geschaffen hat." Der Aufschwung der bürgerlichen literarischen Welt tat ihr übriges. Werner Faulstich bezeichnet das 18. Jahrhundert als das **„Jahrhundert der Buchkultur"** (2002b, S. 222). Dieses lässt sich an veränderten Produktionsbedingungen des Autors wie auch an grundlegend gewandelten Rezeptionsbedürfnissen der Leser(innen) festmachen (2002b, S. 177ff.). Beide manifestierten sich auch und gerade in den verschiedenen Phasen der neuzeitlichen Literatur. Mediengeschichtlich betrachtet ist die bürgerliche Literaturproduktion Ende des 18., Anfang des 19. Jahrhunderts in Aufklärung, Empfindsamkeit, Sturm und Drang, Romantik und Klassik auch ein Ergebnis der neuen massenmedialen Drucktechniken. Gleichzeitig lässt sich ein sprunghafter quantitativer Anstieg der Lektürepraxis insbesondere im Zusammenhang mit der nationalsprachigen Literatur festmachen (Schön 2001, S. 19ff.). Die moderne Leseforschung spricht von einer ‚**Leserevolution**' (Wittmann 1995, S. 422), die auch im Deutschunterricht behandelt werden könnte, nicht zuletzt im Zusammenhang mit Ansätzen zur Leseförderung. Während um 1700 im deutschsprachigen Raum die elementare Lesefähigkeit 10–20% betragen haben soll, geht die Leseforschung für das Jahr 1800 immerhin von 50% potentiellen Leser(inne)n im lesefähigen Alter aus (Schön 2001, S. 27). Obschon maximal 10% der lesefähigen Erwachsenen um 1800 zur Gruppe der regelmäßigen Leser(innen) gezählt werden können – zum Vergleich: um 2000 liegt die Zahl bei ca. 40 % – ist das 18. Jahrhundert zentral für die Entstehung eines bürgerlichen Lesepublikums (Schön 2001, S. 24). Leihbibliotheken wie Lesegesellschaften schossen wie Pilze aus dem Boden (Wittmann 1995, S. 447ff.; Faulstich 2002b, S. 215ff.). Lesen wurde zu einem Merkmal des kulturellen Selbstverständnisses bürgerlicher Kreise. Dabei etablierten sich zwei Grundtypen – **das „wilde" und das „gebildete" Lesen** (Wittmann 1995, S. 428ff.) – ein Sachverhalt, der im Zusammenhang mit Fragen der Leseförderung in den Klassen 8 bis 10 als kulturgeschichtliches Phänomen behandelt werden könnte, weil es zum Nachdenken über die eigene Lesepraxis herausfordert. Das wilde Lesen war lustbetont, vorreflexiv, erfolgte zumeist mit lauter Stimme und diente kei-

3. Mediale Paradigmen. Zur Geschichte der Medien und ihrer Nutzung

nen übergeordneten Zielen. Das gebildete Lesen hingegen, im aufsteigenden städtischen Bildungsbürgertum verbreitet, war ein aufklärerisches, religiöses oder sinnstiftendes Lesen, das der moralischen Erziehung, der religiösen Erbauung oder der bürgerlichen Identitätsbildung diente (Schön 2001, S. 43ff.). Dieser zweite Rezeptionstypus differenzierte sich nach 1770 aus. Dem aufklärerisch-rational-distanzierten Lesen trat eine emotional-empathisch-identifikatorische Variante zur Seite. Dieser Lesetypus fand im deutschsprachigen Raum mit Klopstocks biblisch-religiösem Epos *Der Messias*, vor allem aber mit Goethes Sturm- und Drang-Bestseller *Die Leiden des jungen Werthers* große Verbreitung (Wittmann 1995, S. 436f.). Die teilweise extensiven Formen genussorientierten Lesens, die ebenfalls Thema im Deutschunterricht werden sollten – zeitgenössisch ist von Lesesucht und Lese-Exzessen die Rede –, riefen allerdings insbesondere in aufklärerischen und in religiös-moralisierenden Kreisen Kritik hervor. So mahnte Johann Adam Bergk 1799 in seiner Abhandlung *Die Kunst, Bücher zu lesen* aus aufklärerischer Perspektive:

> Ein Buch lesen, um bloß die Zeit zu tödten, ist Hochverrath an der Menschheit, weil man ein Mittel erniedrigt, das zur Erreichung höherer Zwecke bestimmt ist.

Heinrich Zschokke schrieb 1821 in christlich-moralisch ambitioniertem Gestus:

> Die Lesesucht ist eine unmäßige Begierde, seinen eigenen, unthätigen Geist mit den Einbildungen und Vorstellungen Anderer aus deren Schriften vorübergehend zu vergnügen. Man lieset, nicht um sich mit Kenntnissen zu bereichern, sondern um zu lesen; man lieset das Wahre und das Falsche prüfungslos durcheinander, ohne Wißbegier, sondern mit Neugier. [...] Man gefällt sich in diesem behaglichen, geschäftigen Geistesmüßiggang, wie in einem träumenden Zustande.

Besonders Frauen gerieten in den Bannstrahl der Kritik an ‚Lesewuth', ‚Viellesrey' und **„Lesesucht"** (Faulstich 2002b, S. 221). Die weibliche Vorliebe für belletristische Literatur und ihre teilweise sehr intensiven Lesepraktiken erregten Widerstand – vor allem in der Männerwelt (vgl. Schön 1993; Schön 2001, S. 28ff.). Ästhetisch-provokativ wurde weibliche Leselust künstlerisch ins Bild gesetzt (Abb. 6). Die Darstellung ist einerseits geeignet, die von Martyn Lyons für die weiblichen Lesemotive angenommene „Eroberung eines autonomen Raumes" (1995, S. 459) zu illustrieren. Andererseits kann das Bild als Erklärungsfolie dienen für die von Erich Schön (vgl. z.B. 1993) plausibel herausgearbeiteten verdeckten Motive für die männliche Abwehrfront gegen vermeintliche Schundliteratur und lesende Frauen. Denn „Frauen, die lesen, sind gefährlich", so Stefan Bollmann (2005). Tatsächlich mag sich mancher Ehemann gefragt haben, wohin die Gattin während des Lesens in ihren Phantasien entschwebte.

Männer favorisierten demgegenüber schon im 18. und 19. Jahrhundert vor allem Bücher zu Sach- und Fachthemen. Deren Zahl stieg explosionsartig an. Als Beispiel verweist der Leseforscher Erich Schön auf die Sparte ‚Landwirtschaft, Gewerbe'. Gab es 1740 innerhalb dieses Themenspektrums acht Titel, waren es 1800 bereits 220 (Schön 2001, S. 29). Die **Zeitschrift** avanciert – gemeinsam mit der Zeitung (Raible 2006, S. 177ff.) – zum **„Schlüsselmedium der bürgerlichen Gesellschaft"** (Faulstich 2002b, S. 225; vgl. Abb. 7). Gleichzeitig deutet sich mit der Ent-

3.2 Das literale Paradigma

Abb. 6: *Ramon Casas y Carbo: Après le bal, 1895*

stehung der Zeitungs- und Zeitschriftenkultur aber bereits das Ende der monomedialen Engführung des printmedial-literalen Paradigmas an. Denn diese vereinigte in zunehmendem Maße wieder Text- und Bildelemente und knüpfte damit – ohne es in der Regel zu wissen – an symmediale Produktions- und Rezeptionsprinzipien an, wie sie bis zum Mittelalter verbreitet waren. Ähnliches gilt für die zahlreichen Formen von Vorlesen, die in ländlichen Gebieten und in der städtischen Unterschicht verbreitet waren (Lyons 1995, S. 496), und in denen die mündliche Tradition in spezifischer Form überlebte: „als kollektive Erfahrung, eingebettet in eine Kultur der mündlichen Überlieferung" (Lyons 1995, S. 496).

Allerdings gab es daneben auch eine nicht zu vernachlässigende breite bildungsbürgerliche Tradition der geselligen Vorleserunden, in der das Fortleben des oralen im literalen Paradigma einen spezifischen Ausdruck gefunden hat. Ein Textauszug aus Goethes Lebenserinnerungen (1812, S. 469–470) kann dies in besonderer Weise illustrieren: „Die Damen wünschten mich lesen zu hören. [...] Ich war sogleich bereit, nur bat ich um Ruhe und Aufmerksamkeit auf mehrere Stunden. Dies ging man ein, und ich las an einem Abend den ganzen *Hamlet*."

3. Mediale Paradigmen. Zur Geschichte der Medien und ihrer Nutzung

Diese noch Ende des 18., Anfang des 19. Jahrhunderts verbreiteten Formen salonartiger **literarischer Geselligkeit**, die ebenfalls im Deutschunterricht behandelt werden könnten, vor allem wenn es um die metareflexive Diskussion über den Umgang mit Lieblingsliteratur oder selbst geschriebenen Texten geht, sind mit dem Eintritt in das technische Zeitalter aus dem Zentrum kultureller Praktiken verschwunden. Die sich darin manifestierende Durchbrechung der monomedialen Verengungen des literalen Paradigmas nahm gleichwohl in signifi-kanter Weise zu, wie die beiden nachfolgenden Kapitel zeigen werden.

Abb. 7: *Humoristische Darstellung des Zeitschriften-Booms in Wien*

3.3 Das audio-visuelle Paradigma

Im Zuge der industriellen Revolution, die aufgrund der zahlreichen technischen Erfindungen an Dynamik gewann und zu einem regelrechten „**Technikboom**" führte (vgl. Faulstich 2004a, S. 23 ff.), hat die Vorherrschaft des literalen Paradigmas in der zweiten Hälfte des 19. Jahrhunderts ein jähes Ende gefunden. Denn mit den zahlreichen bahnbrechenden Entwicklungen auf auditivem, visuellem und audiovisuellem Gebiet erhielt die Buchwelt mächtige Konkurrenten. Die individuell geprägte bürgerliche Mediengesellschaft begann dem „Zeitalter der Massenmedien" (Faulstich 2004a, S. 26) zu weichen. Eine Pluralisierung der medialen Optionen war die Folge. Neue Präsentations-, Speicher-, Informations-, Kommunikations- und Rezeptionsmedien erschienen auf der gesellschaftlichen bzw. kulturellen Bühne und erweiterten die Nutzungsmöglichkeiten des gesprochenen Wortes und des bildlichen Zeichens: „Das Orale wurde der Vergänglichkeit des Moments entrissen und erhielt Dauer, das Piktorale verlor das Statische und wurde beweglich." (Frederking 2006b, S. 210) Eine Kulturrevolution setzte ein, deren Konsequenzen sich erst im Rückblick wirklich erschließen. Denn tatsächlich wurde die tendenzielle Monomedialität der literal geprägten Neuzeit im Zuge dieses Prozesses sukzessive durch **Plurimedialität** ersetzt. Eine **Renaissance des Oralen und Piktoralen** setzte ein, die die bis ins Mittelalter vorherrschenden symmedialen Verbünde von Schrift, Bild und gesprochenem Wort in technisch modifizierter Form wiederkehren ließ – allerdings noch auf mediale Einzelformate beschränkt (Wenzel 1995; Wenzel/Seipel/Wunberg 2000; 2001; Frederking; 2006b). In mediengeschichtlicher wie mediendidaktischer Perspektive ist im ‚audio-visuellen Paradigma' mit anderen Worten zwischen akustisch-auditiven, optisch-visuellen und audiovisuellen Entwicklungen zu unterscheiden.

3.3 Das audio-visuelle Paradigma

3.3.1 Akustisch-auditive Medien

Eine grundlegende Veränderung, die im ausgehenden 19. Jahrhundert einsetzte, um im 20. Jahrhundert ihre volle Wirkkraft zu entfalten, war die Renaissance der oralen Traditionen in technisch metamorphisierter Form. Dazu Marshall McLuhan:

> Als eine auf die Erweiterung unseres Zentralnervensystems hinwirkende Kraft scheint die Technik der Elektrizität das allumfassende und kontaktfreudige, gesprochene Wort mehr zu begünstigen als das spezialisierte, schriftliche Wort. Unsere westliche Werteskala, die auf dem geschriebenen Wort aufbaut, ist durch die elektrischen Kommunikationsmittel Telefon, Radio und Fernsehen bereits beträchtlich ins Wanken geraten. (McLuhan 1964, S. 130)

Was McLuhan hier für die zweite Hälfte des 20. Jahrhunderts als deutlich wahrnehmbaren Prozess markiert, lässt sich im Grundansatz bereits in den Anfängen der neuen akustischen Medien feststellen. Dabei sind aus technikgeschichtlicher Perspektive drei Stadien zu unterscheiden (vgl. Hiebler 1998, S. 127ff.):

1. **Das mechanische Stadium**, das sich insbesondere an der Entwicklung des Phonographen durch Thomas A. Edison 1877 und des Grammophons von 1887 durch Emile Berliner festmachen lässt (vgl. Hiebler 1998, S. 138ff.; Faulstich 2004a, S. 24ff.).

2. **Das elektronisch-analoge Stadium**, das vor allem durch vier technische Innovationen geprägt war: a) das auf Antonio Meucci (1860), Johann Philipp Reis (1861) u.a. zurückgehende und 1874 von Alexander Graham Bell als Patent angemeldete Prinzip des Telefons; b) das von Guglielmo Marconi entdeckte Prinzip der drahtlosen Nachrichtenverbindung (1897), das den Grundstein für die erste Rundfunksendung am 24. Dezember 1906 durch Reginald A. Fessenden legte; c) die Entwicklung der ersten Schallplatten durch die Bell-Laboratorien 1984; d) Valdemar Poulsens Patent zur magnetischen Tonaufzeichnung aus dem Jahre 1898 als Vorläufer des Tonbands (vgl. Hiebler 1998, S. 138ff.; Hiebler/Kogler/Walitsch 1998, S. 192ff.; Faulstich 2004a, S. 225ff.; Raible 2006, S. 233ff.).

3. **Das elektr(on)isch-digitale Stadium**, das mit dem 1938 von Alec A. Reeves vorgestellten Pulscodemodulationsverfahren (PCM) eingeleitet wurde und heute in der ISDN- bzw. DSL-Technik und in der Handy-Technik im Kommunikationsbereich ebenso Standard ist wie im Bereich der digitalen Speichermedien, z.B. im computerkompatiblen MPEG-Format oder bei der CD-Technik (vgl. Hiebler 1998, S. 165ff.).

Viele dieser technischen Innovationen sind deutschdidaktisch nur von begrenzter Relevanz geblieben, obwohl für akustisch-auditive Medien generell Sprache konstitutiv ist und damit eigentlich genuine Gegenstandsbereiche des Deutschunterrichts berührt sind. Während die mechanische Phase aber allenfalls im mediengeschichtlichen Rückblick interessant ist, sind viele der in der analogen und digitalen Phase entwickelten akustischen Medien darüber hinaus zwar auch aktuell noch konkret nutzbar, ohne dass dies für Unterrichtsprozesse aber eine Bedeutung hätte. So erscheint die mediendidaktische Reflexion des Telefons oder des

3. Mediale Paradigmen. Zur Geschichte der Medien und ihrer Nutzung

Handys allenfalls in medienhistorischer Betrachtung sinnvoll, in Medien vergleichender Absicht oder in der Verarbeitung als literarisches Sujet – z.B. in Walter Benjamins Prosaskizze *Das Telefon* (1938).

Anders verhält es sich mit dem **Radio**. Dieses hat mit medienspezifischen fiktionalen Genres wie dem Hörspiel durchaus Eingang in den Deutschunterricht gefunden. Mediendidaktisch bedeutsam sind dabei auch und gerade die besonderen Wirkungsebenen des Radios, die Marshall McLuhan in *Die magischen Kanäle* sehr prägnant beschrieben hat:

> Das Radio berührt die meisten Menschen persönlich, von Mensch zu Mensch, und schafft eine Atmosphäre unausgesprochener Kommunikation zwischen Autor, Sprecher und Hörer. Das ist der unmittelbare Aspekt des Radios. Ein persönliches Erlebnis. Die unterschwelligen Tiefen des Radios sind erfüllt vom Widerhall der Stammeshörner und uralten Trommeln. Das ist dem Wesen dieses Mediums eigen, das die Macht hat, die Seele und die Gemeinschaft in eine einzige Echokammer zu verwandeln. [...] Die berühmte Sendung von Orson Welles über die Invasion vom Mars war eine klare Demonstration der allumfassenden, totalen Faszination des tönenden Leitbildes im Radio. Hitler wandte Orson Welles Methode auf die Wirklichkeit an. (McLuhan 1964, S. 453f.)

Worauf McLuhan im Schlussteil seiner Ausführungen abhebt, sind zwei zeitlich dicht aufeinander folgende mediengeschichtliche Besonderheiten im Zusammenhang mit dem neuen Medium Radio, die dessen spezifische Möglichkeiten verdeutlichen. Als **Orson Welles** nach der Romanvorlage *The War of the Worlds* von Herbert George Wells (1898) in einem am 30. Oktober 1938 ausgestrahlten Hörspiel die fiktive Invasion der Erde durch Marsbewohner spannend und realitätsnah gestaltete, löste er bei den Zuhörer(inne)n teilweise Panik aus und demonstrierte damit schlaglichtartig, dass das Radio aufgrund seiner spezifischen medialen Qualität archaische Urinstinkte wecken und Mas-sen mobilisieren kann. Diesen Sachverhalt hatte vor ihm bereits Bertolt Brecht mit seiner berühmten ‚Theorie des Radios' in modifizierter Form thematisiert, als er die kommunikativen und pädagogisch-politischen Potentiale des neuen Mediums

Abb. 8: *Ganz Deutschland hört den Führer mit dem Volksempfänger* (1936)

kenntlich machte (1927–32). Was bei Orson Welles Fiktion war und blieb und bei Brecht demokratisch ausgerichtet war, hat Adolf Hitler in dunkler Perfektion für seine NS-Propaganda genutzt, indem er sich mit dem so genannten Volksempfänger VE 301 per Rundfunk in allen deutschen Haushalten Gehör verschaffte (vgl. Abb. 8). **Thomas**

3.3 Das audio-visuelle Paradigma

Manns über die BBC ausgestrahlten **Radiobotschaften** an die *Deutschen Hörer* aus seinem Exil in den USA (vgl. Mann 1940–45) stellen eine strategisch kluge Antwort auf dieses mediengeschichtliche Phänomen dar. Gleichzeitig markieren sie einen mediendidaktisch interessanten Sonderfall, der für den Deutschunterricht fruchtbar gemacht werden kann (vgl. Kap. 6), insofern hier ein eigentlich im literalen Paradigma beheimateter Künstler sich des wirkmächtigen neuen akustischen Massenmediums Radio bedient, um politisch zu wirken, weil seine Botschaften im Printmedium Buch in der konkreten historischen Situation – seit der Bücherverbrennung und dem Verbot seiner Bücher in Deutschland – keine Leser mehr finden können.

Dass sich das Radio in der zweiten Hälfte des 20. Jahrhunderts dann vor allem als Informations- und Unterhaltungsmedium etabliert hat und nicht zuletzt über die verschiedenen jugendkulturellen Wellen eine Massenwirkung entfalten konnte, ist ein Sachverhalt, der mediengeschichtlich von Bedeutung ist, aber auch deutschdidaktisch von Interesse sein kann, z.B. wenn jugendliche Mediennutzung aufgearbeitet werden soll.

Gleiches gilt für die **Geschichte der akustischen Speichermedien**. Hier ist zuvorderst die Schallplatte zu nennen, die auf das von Emile Berliner 1887 entwickelte Grammophon zurückgeht (vgl. Abb. 9). Anfang des 20. Jahrhunderts avancierte diese allmählich zum Massenmedium, weil sie neben der in den Bildungseliten dominierenden klassischen Musik nun auch der volkstümlichen Musik ein Forum bot, das in großem Umfang auf Interesse stieß und dabei nicht nur neue Käuferschichten ansprach, sondern zugleich auch zur Herausbildung eines eigenen massenmedialen musikalischen Kulturbetriebes führte (Faulstich 2004a, S. 225ff.). Die später an die Stelle der Schallplatte tretenden akustischen Speichermedien Tonband, Kassette, Walkman, CD, MP3-Player etc. (Hiebler 1998, S. 165ff.) haben diesen Prozess im Zusammenspiel mit neuen zeittypischen kulturellen und musikgeschichtlichen Trends – vom Swing über Rock 'n' Roll, Pop bis hin zu modernen Formen wie Techno oder HipHop – fortgesetzt, ohne medienkulturgeschichtlich allerdings tatsächlich etwas Neues hervorzubringen. Denn alle Nutzungsformen waren primär auf Musik bezogen, eine Integration der literalen Welt erfolgte nur in Ausnahmen. Erst der heutige Boom der Hörbücher stellt ein neues medienkulturgeschichtliches Phänomen dar. Denn damit vollzieht sich eine spezifische Renaissance des Oralen. Das geschriebene Wort der literalen Vorlage wird via Medientransfer zum gesprochenen Wort, wie dies bei vielen Klassikern der Erwachsenen- und der Kinder- und Jugendliteratur zu beobachten ist. Dass der

Abb. 9: *Emil Berliner mit seinem ersten Grammophon, das die Schallplatte von innen nach außen abtastete.*

Deutschunterricht hierdurch neue Impulse und Optionen erhält, steht außer Frage (vgl. Müller 2004; Wermke 2004) und wird noch detaillierter aufgearbeitet werden (vgl. Kap. 7).

3.3.2 Optisch-visuelle Medien

Das wahrscheinlich schon im 5. Jahrhundert v. Chr. in China bekannte, von Aristoteles angedachte und im abendländischen Raum von dem arabischen Gelehrten Ibn Al Haitham (10. Jh. n. Chr.) experimentell erkundete Prinzip der *Camera obscura*, der Lochkamera, die eine spiegelverkehrte Abbildung von Bildern ermöglichte, war bis Ende des 18. Jahrhunderts das am meisten verbreitete optische Medium gewesen (vgl. Walitsch 1998b, S. 76f.; Raible 2006, S. 304ff.) – neben der *Laterna magica*,

Abb. 10: *Henry W. F. Talbot 1845: Fotografen bei der Arbeit in der englischen Stadt Reading*

die Projektionen von Bildern erlaubte. Im 19. Jahrhundert vollzogen sich in dieser Hinsicht grundlegende Wandlungen. Mit Walter Walitsch lässt sich vom „ersten historischen Höhepunkt einer Bilderflut" (1998b, S. 75) in der Neuzeit sprechen. Auf der Grundlage neuer Drucktechniken und neuer Reproduktionsverfahren wie der Lithographie hatten sich Grafiken und Zeichnungen bereits in der ersten Hälfte des 19. Jahrhunderts in der boomenden Zeitschriftenbranche einen festen Platz neben Texten erobert (vgl. Faulstich 2004a, S. 60). Damit wurde die bis zur Erfindung des Buchdrucks einflussreiche Tradition des symmedialen Verbundes von Text und Bild (Frederking 2006b, S. 206ff.) in technischer Form wiederbelebt. Mit der **Fotografie**, dem ‚**ersten neuen Medium im 19. Jahrhundert**' (Faulstich 2004a, S. 85), etablierten sich visuelle Medien in noch einflussreicherer Weise auf der kulturellen Bühne. Denn einerseits wurden mit der Fotografie im Unterschied zur *Camera obscura* als erster Empfangstechnik für Bilder und zur *Laterna magica* als erster Sendetechnik für Bilder optische Speicherungen möglich (Kittler 2002, S. 155), zum anderen wurde die Fotografie in der zweiten Hälfte des 19. Jahrhunderts auch für Privatnutzer allmählich erschwinglich und avancierte so zum Massenmedium. Faulstich spricht von der Fotografie als dem **„Medium des Kleinbürgertums"** (2004a, S. 85). Die Grundlinien der technischen Entwicklung sind rasch skizziert: 1812 unternimmt Josef Frauenhofer die wissenschaftliche Fundierung der optischen Technik, 1827 gelingt Joseph N. Nièpce die erste Fotografie, 1837 macht Louis J. M. Daguerre die erste Aufnahme auf einer Jodsilberplatte, 1839 wird diese Daguerreotopie der französischen Öffentlichkeit vorgestellt und unter dem Namen „Photographie" bekannt (vgl. dazu Kittler 2002, S. 165ff.; Faustich 2004a, S. 85ff.; Walitsch 1998b, S. 77ff.); 1841 lässt sich Henry W. F. Talbot das von ihm entwickelte lichtempfindliche Papier patentieren, mit dem ihm schon 1835 foto-

3.3 Das audio-visuelle Paradigma

technische Aufnahmen gelungen waren (vgl. Abb. 10). Diese Erfindung stellt den eigentlichen Beginn der Fotografie dar, weil damit nicht nur die einmalige Produktion, sondern auch die beliebige Reproduktion von Aufnahmen möglich war. George Eastmans 1888 für 25 Dollar auf den Markt gebrachten Kodak-Boxkameras geben den Startschuss für die Amateurfotografie. Hermann Wilhelm Vogel gelingen 1873 und Rudolf Fischer 1909 wichtige Pionierarbeiten für den 1935 von Leopold Mannes und Leopold Godorsky in Zusammenarbeit mit Kodak erfundenen Farbfilm, den so genannten Kodacolor-Film (vgl. dazu Faulstich 2004a, S. 85ff.; Walitsch 1998b, S. 77ff.). Diese im Fortgang immer weiter verfeinerten und mit den neuen Digitalmedien beliebig bearbeitbaren farbigen Bilderwelten sind wichtige Elemente in jenem Prozess, der in der Gegenwart als ‚pictorial turn' (Mitchell 1992, S. 89) bzw. ‚**iconic turn'** (Böhn 1994, S. 13) Eingang in die wissenschaftlichen Diskussionen gefunden hat und an späterer Stelle (vgl. Kap. 7) in seinen didaktischen Konsequenzen aufgearbeitet werden soll (vgl. dazu Doelker 1997; Schmitz 2003; Holzbrecher/Oomen-Welke/Schmolling 2006; Marci-Boehnke/Rath 2006).

Die zweite bedeutsame Entwicklung des 19. Jahrhunderts im Bereich der optischen Medien war „das mit optischen und mechanischen Mitteln erzeugte Bewegungsbild" (Walitsch 1998b, S. 82), der **Film**. Als Vorläufer lassen sich eine Reihe von Erfindungen verstehen: 1832 Joseph Plateaus „Wunderscheibe", das Phantaskop; 1853 die Kombination dieses Phantaskops mit der Laterna magica durch Baron Franz von Uchatius; 1887 Ottomar Anschütz's Tachyskop, ein ‚Schnellseher' auf der Basis einer elektrischen Entladungsröhre; 1889/90 William Friese-Greenes Zelluloidfilm-Technik; 1894 Thomas A. Edisons Kinetoskop, der auf dem von Etiene Jules Mareys entwickelten Chronophotographen basiert (Monaco 1980/2002, S. 37ff.; Walitsch 1998b, S. 82ff.; Kittler 2002, S. 195ff.; Faulstich 2004a, S. 233ff.). Dennoch sind die eigentlichen Pioniere des Films zwei Brüderpaare: Max und Emil Skladanowsky sowie Auguste und Louis Lumière. Die Gebrüder Skladanowsky präsentierten 1895 mit einem selbst entwickelten Doppelprojektionsgerät, dem Bioskop, im Berliner Großvarieté ‚Wintergarten' Filme, die sogar synchron mit Musik eines Phonographen untermalt wurden (vgl. Abb. 11). Während das Berliner Publikum die epochale mediengeschichtliche Dimension dieser Vorführungen allerdings nicht erkannte und nicht verstand, dass es der Geburt eines neuen Mediums beigewohnt hatte, gelang es den Gebrüdern Lumière mit ihrem Kinematographen, einer Weiterentwicklung von Edisons Kinetoskop, publikumswirksam und geschäftstüchtig zugleich, einem interessierten Fachpublikum am 22. März 1895 den „ersten Film der Welt" – „Arbeiter verlassen die Lumière-Werke" – vorzustellen. Am 28. Dezember 1895 folgte die erste öffentliche Filmvorführung in Paris mit einer Reihe von Kurzfilmen, u.a. der berühmten *Ankunft eines Zuges* (Abb. 12). Während diese Filme zwar in Teilen gestellt, aber doch intentional dokumentarisch waren, blieb es George Méliès vorbehalten, mit seinen 500 bis 1912 erstellten Filmen die fiktionalen bzw. narrativen Dimensionen des neuen optischen Mediums zu erkunden und seine These vom **Film als Synthese aus Theater und Fotografie** künstlerisch wie medial überzeugend umzusetzen (Kittler 1985,

45

3. Mediale Paradigmen. Zur Geschichte der Medien und ihrer Nutzung

Abb. 11:   *Zwei Filmstreifen aus dem Programm der Brüder Skladanowsky*

3.3 Das audio-visuelle Paradigma

S. 177ff.; 2002, S. 227ff.; Faulstich 2004a, S. 239). Hier könnten filmhistorische Erkundungen im Deutschunterricht durchaus ihren Anfang nehmen, um mit den Schüler(inne)n einen Blick in die Geburtsmo-mente des neuen Mediums Film zu werfen. Gleiches gilt für die Anfänge des Stummfilms in den USA, der bereits zu Beginn des 20. Jahrhunderts große Verbreitung fand und mit der Gründung zahlreicher Produktionsfirmen wie Edisons ‚Motion Pictures Patents Company' (MPPC), ‚Warner Brothers' u.a. einherging (vgl. Raible 2006, S. 322ff.).

Abb. 12: *Auguste und Louis Lumière 1895: „Ankunft eines Zuges"*

Mediengeschichtlich und für heutige Betrachter(innen) interessant sind ebenfalls die bereits in die **Stummfilmära** fallenden Ansätze zum **Farbfilm** – so Méliès' Handkolorierung seines Aschenbrödel-Films von 1899 oder der erste in Technicolor entstandene Farbfilm *The Black Pirate* aus dem Jahre 1926, dem allerdings längere Zeit aus Kostengründen nichts Entsprechendes nachfolgte (vgl. Walitsch 1998b, S. 99). Auch McLuhans These (1964, S. 432ff.), nach der das Filmsehen – im Gegensatz zum Fernsehen – große Ähnlichkeiten zum Buchlesen besitzt, könnte im Rahmen des Deutschunterrichts unter lese- und filmdidaktischen Aspekten nachgegangen werden.

Auf der Grundlage des Films als Speicher- und Präsentationsmedium bewegter Bilder entwickelte sich die Technik zu deren Übertragung – die Anfänge des **Fernsehens** (Kittler 2002, S. 290ff.; Walitsch 1998, S. 106ff.; Raible 2006, S. 252ff.). Raphael Eduard Liesegangs Abhandlung über das „Problem des elektrischen Fernsehens" (Liesegang 1891) war hier begriffsbildend und theoretisch wegweisend zugleich. Praktische Pionierarbeit hat – noch vor der Erfindung des Films – Paul J. G. Nipkow mit seiner rotierenden Scheibe und der durch sie elektromagnetisch übertragbaren Bilder geleistet. In seiner Patentschrift aus dem Jahre 1883 heißt es dazu: „Der hier zu beschreibende Apparat hat den Zweck, ein am Ort A befindliches Objekt an einem beliebigen Ort B sichtbar zu machen" (zitiert nach Kittler 2002, S. 292). Während Nipkows Patent aber eine Reihe von technischen Schwächen aufwies und tatsächlich nie realisiert wurde, war es Charles Francis Jenkins mit seinem so genannten ‚mechanischen Fernsehen' vorbehalten, ein funktionierendes System zu entwickeln. So gelang Jenkins am 14. Juni 1923 die Übermittlung erster silhouettenhafter Bilder, am 13. Juni 1925 wurden erstmals öffentlich gut erkennbare Bilder in den USA über eine Distanz von 450 Meilen übertragen, am 2. Juli 1928 schließlich nahm der Sender W3XK seine Arbeit auf (Raible 2006, S. 254), bis Ende 1928 sind in den USA bereits zwölf andere Fernsehstationen regelmäßig auf Sendung (Hiebler/Kogler/Walitsch 1998, S. 216f.). Auch in Großbritannien und Deutschland verläuft die Entwicklung ähnlich rasant, nationale Rundfunkanstalten entstehen. Technisch zukunftsweisender als Jenkins ‚mechanisches Fernsehen' war allerdings die auf der von Karl F. Braun 1896 erfundenen Kathodenstrahlröhre basierende Technik, die von Vladimir K. Zworykin 1923 zum Patent angemeldet wurde und 1929 zur Entwicklung des ‚Ionoskops', einer vollelektronischen Bildröhre führte. Seitdem hat diese Technik zunehmend den Fernsehmarkt dominiert – allerdings längere Zeit noch ohne Ton. Erst dieser verhalf dem neuen Medium Fernsehen zum endgültigen Durchbruch.

3.3.3 Audiovisuelle Medien

Vollzog sich mit den akustisch-auditiven und den optisch-visuellen Medien der Übergang von der printmedialen Monomedialität zur **Plurimedialität**, haben sich mit den audiovisuellen Weiterentwicklungen von Film und Fernsehen technisch generierte symmediale Medien bzw. Medienverbünde (Frederking 2006b) herausgebildet. In diesen verschmolzen optische und akustische Medien bzw. traten in einen sehr spezifischen intermedialen Bezug. Auch diese Besonderheit der neueren Mediengeschichte sollte im Deutschunterricht exemplarisch aufgearbeitet werden – beispielsweise durch einen Vergleich eines Stummfilms und eines Tonfilms aus den späten 20er Jahren des letzten Jahrhunderts. Auf diese Weise kann ein Bewusstsein entstehen für die Besonderheiten optisch-visueller, akustisch-auditiver und audiovisueller Wirklichkeitskonstruktionen im Medium Film.

Dabei lässt sich die Idee einer **Verbindung von Bild und Ton** schon bis in die Zeit der Renaissance zurückverfolgen. Heinz Hiebler (1998, S. 152, Anm. 128) verweist z.B. auf nicht-technische Vorläufer wie die Untermalung von Laternamagica-Vorführungen durch Drehorgeln. Allerdings waren die Bindungskräfte monomedialer Sozialisation bis weit in das 20. Jahrhundert sehr ausgeprägt. Denn tatsächlich blieben Kombinationen des neuen Mediums Stummfilm mit den neu entwickelten Techniken zur elektrischen Erzeugung bzw. Übermittlung von Ton bis in die dreißiger Jahre des 20. Jahrhunderts die Ausnahme. Zwar hat Thomas Edison bereits 1888 mit seinem ‚Kinetophon' wegweisend Phonograph und Kinematograph miteinander verbunden (vgl. Walitsch 1998b, S. 93ff.; Hiebler 1998, S. 153). Auch einige Stummfilmproduzenten versuchten, ihre Produkte durch geeignete Musik zu untermalen. Besondere Bedeutung erlangte in diesem Zusammenhang der italienische Komponist Giuseppe Becce mit seiner 1919 erschienenen ‚Kinothek' (vgl. Raible 2006, S. 285ff.). Dennoch dauerte es nach Edison fast vierzig Jahre, bis die ersten Filme mit integrierten Tonelementen der Öffentlichkeit präsentiert werden konnten: 1925 die Ufa-Verfilmung von Andersens Märchen *Das Mädchen mit den Schwefelhölzchen* und 1926 *Don Juan*, ein von Warner Brothers produzierter Spielfilm mit Gesangseinlagen (Walitsch 1998b, S. 93ff.; Hiebler 1998, S. 153ff.). Am 6. Oktober 1927 folgte der erste Film mit kurzen Dialogsequenzen: *The Jazz Singers*, ebenfalls von Warner Brothers, am 8. Juli 1928 schließlich „der erste mit Dialog, Musik und Geräuschen vertonte Spielfilm der Geschichte" (Hiebler 1998, S. 153): *Lights of New York*.

Die bis auf den Ufa-Film mit so genanntem Nadeltonverfahren auf der Grundlage von Edisons Phonograph und Berliners Grammophon produzierten ersten **Tonfilme** blieben jedoch auf Dauer einer anderen audiovisuellen Technik gegenüber nicht konkurrenzfähig – der Lichttonfilmtechnik. Diese basierte u.a. auf der von

3.3 Das audio-visuelle Paradigma

Werner von Siemens 1875 entwickelten Selenzelle, dem Lichttonpatent von Henry Joly aus dem Jahre 1905 und dem 1917 von einem tonfilmbegeisterten Entwicklerteam namens *Triergon* konstruierten photoelektrischen Wandler. Bei diesen Techniken wurden unter Nutzung der photoelektrischen Eigenschaften von Selen „akustische Signale durch den Einsatz entsprechender Wandler in optische konvertiert, als solche gespeichert und bei Bedarf [...] in akustischer Form wiedergegeben" (Hiebler 1998, S. 154). Erste kleinere filmische Umsetzungen gelangen 1910 Eugène A. Lauste und 1921 Sven A. Berglund. Durchsetzen konnte sich die Technologie allerdings erst durch das von der Fox-Case-Corporation entwickelte und *Movietone* genannte Lichttonfilmverfahren, das am 20. Mai 1927 mit der ersten Tonfilm-Reportage über Charles Lindberghs Start zum Atlantikflug werbewirksam präsentiert wurde und sich im Oktober desselben Jahres als Tonfilm-Wochenschau unter dem Label ‚Fox Movietone Newsreel' fest etablierte (Walitsch 1998b, S. 93ff.). Seitdem feierte der Tonfilm einen raschen Siegeszug und sicherte sogar das Überleben eines so renommierten Unternehmens wie Warner Brothers, deren Aktien aufgrund des Börsencrashs am 29. Oktober 1929 ins Bodenlose gestürzt waren:

> In dieser Situation unterschreiben die vor dem Bankrott stehenden Warner Brothers einen Patentvertrag mit Western Electric, dem Inhaber der Rechte am Triergon-Tonfilmverfahren. Der sprechende Film ist der letzte Strohhalm, an den man sich klammert. Und in der Tat: Die neue Technik wird zur Pressesensation, die Börse reagiert prompt mit einer Hausse für Filmaktien, und ‚The Jazz Singer" (noch in Nadeltontechnik) wird zum weltweiten Riesengeschäft. (Walitsch 1998b, S. 97)

Tatsächlich war die Verbreitung des Tonfilms nicht aufzuhalten. Bereits 1931 sind nur noch 2 der 159 gedrehten Filme ohne Ton. Im Dritten Reich wurde der Tonfilm überdies als Propagandamittel entdeckt. Leni Riefenstahls *Triumph des Willens* aus dem Jahre 1935 hat hier traurige Berühmtheit erlangt (Abb. 13). Charlie Chaplin hat der nationalsozialistischen Inanspruchnahme des neuen Mediums Film mit *Der große Diktator* 1940 eine mediale Antwort gegeben (Abb. 14).

Maßstäbe setzten in der Folgezeit eine Reihe von technischen Neuerungen wie das 35mm-Stereotonfilmverfahren oder das Fantasound-Stereotonverfahren, das erstmals in Walt-Disneys *Fantasia* 1940/41 zum Einsatz kam (vgl. Hiebler 1998, S. 155ff.; Abb. 15). Die magnetischen Aufzeichnungsverfahren haben dann in den fünfziger und die digitalen seit den siebziger Jahren des 20. Jahrhunderts die Filmtechnik revolutioniert und zu dem technischen Standard geführt, der auch in der Gegenwart noch bestimmend ist (vgl. Hiebler 1998, S. 157ff.). Dass sich dieser Prozess deutschdidaktisch allmählich in einer breiteren Hinwendung zu fachspezifischen filmdidaktischen Fragestellungen niederschlägt (Gast 1993a; 1993b; 1993c; Abraham 2002b; 2006; Kern 2002; 2006;

Abb. 13: *Leni Riefenstahl 1935: „Triumph des Willens"*

3. Mediale Paradigmen. Zur Geschichte der Medien und ihrer Nutzung

Maiwald 2004b; 2005a; 2006b; Frederking 2006a; 2006b), wird in Kap. 8 noch eingehender zur Darstellung gelangen.

Abb. 14: *Charlie Chaplin 1940: „Der große Diktator"*

Ein in diesem Zusammenhang gesondert zu untersuchendes Phänomen ist das wachsende Ineinandergreifen von Film- und Fernsehtechnologie seit den fünfziger Jahren, das sich mit Marshall McLuhan als strategische Allianz vor allem zugunsten der sich bedroht fühlenden Filmindustrie verstehen lässt (vgl. Mc Luhan 1964, S. 444f.). Denn schon bald nach Jenkins erster drahtloser Übertragung von Bildern im März 1922 wandelte sich das Fernsehen als rein optisches zu einem audiovisuellen Übertragungsmedium. Am 2. September 1929 gelang J. L. Baird erstmals die gleichzeitige Übertragung von Bild und Ton via Kabel. Dennoch trat das **Fernsehen als audiovisuelles Medium** erst nach dem Zweiten Weltkrieg seinen weltweiten Siegeszug an. Zunächst wurden Fernsehprogramme terrestrisch ausgestrahlt, d.h. über ein sorgsam aufeinander abgestimmtes Funknetz. Ab Mitte der sechziger Jahre wurden diese terrestrischen Systeme durch Kabel- und Satellitentechnik abgelöst, Techniken also, die im Grundprinzip auch heute noch zum Einsatz kommen.

Für den Deutschunterricht bietet auch das Fernsehen breite Einsatzmöglichkeiten – sprachdidaktisch z.B. im Hinblick auf die Untersuchung sprachlicher Besonderheiten in spezifischen Sendeformaten wie Talk-Shows, Daily Talks oder im

3.3 Das audio-visuelle Paradigma

Rahmen von Nachrichtensendungen; literaturdidaktisch im Hinblick auf crossmediale Angebote im Medienverbund wie Daily Soaps oder Serienstaffeln, die z.T. auch durch Printmaterialien begleitet werden; mediendidaktisch durch die Aufarbeitung der medienspezifischen Besonderheiten des Fernsehens als Übertragungsmedium und seine durchaus nicht unproblematischen Wirkungsweisen. Denn im Urteil mancher Medientheoretiker erweist sich gerade der Siegeszug des Fernsehens in seinen Wirkungen als

Abb. 15: *Walt Disney 1940/41: „Fantasia"*

problematisch. So spricht Marshall McLuhan vom Fernsehen „als der jüngsten und sensationellsten Ausweitung unseres Zentralnervensystems" (1964, S. 480) und sieht darin die Ursache, warum das Fernsehen – anders als der Film – zum scharfen Konkurrenten der Buchkultur avanciert ist und dessen Grundlage, die Fähigkeit zum sinnverstehenden Lesen, zumindest tendenziell aushöhlt. Denn das Fernsehen ist im Horizont von McLuhans bereits explizierter Typologie (vgl. Kap 2.1) als ein „kühles, zum Mitmachen einladendes Medium" (1964, S. 471) zu verstehen, das den Rezipienten – anders als das Buch – mit allen Sinnen in Beschlag nimmt:

> Ob nun zum Wohl oder Wehe: Das Fernsehbild hat auf jeden Fall mit einer vereinigenden synästhetischen Kraft auf die Sinneserfahrung […][der] stark von der alphabetischen Kultur geprägten Kulturen gewirkt, wie diese sie seit Jahrhunderten nicht gekannt haben. (McLuhan 1964, S. 477)

Auch im Urteil von Neil Postman und Vilém Flusser leitet die exponentiell steigende telematische Bilderflut die sukzessive Verdrängung der von Alphabet und Buchdruck geprägten schriftsprachlichen Welt ein. Während Postman das Fernsehen vor allem für das Verschwinden der Kindheit verantwortlich gemacht hat, insofern dieses – anders als die Buchwelt – dem Kind frühzeitig alle Schichten der Erwachsenenwelt vor Augen führt und damit zugänglich macht (Postman 1982), sieht Flusser die Menschheit mit dem Fernsehen inmitten eines kollektiven Experiments: Denn das Fernsehen fungiert als „Fenster zum Blicken auf die Welt" (Flusser 1974, S. 103), reduziert den Fernsehenden allerdings zum passiv Empfangenden und konstituiert damit eine fremdgesteuerte Massenkultur, eine **„telematische Informationsgesellschaft"** (Flusser 1974, S. 103). Nach Flusser weisen die im Fernsehen übermittelten audiovisuellen Daten dabei drei Grundprobleme auf:

> […] daß sie an einem für ihre Empfänger unerreichbaren Ort hergestellt werden, daß sie die Ansicht aller Empfänger gleichschalten und dabei die Empfänger füreinander blind machen und daß sie dabei realer wirken als alle übrigen Informationen, die wir durch andere Medien (inklusive unserer Sinne) empfangen. (Flusser 1991a, S. 73)

3. Mediale Paradigmen. Zur Geschichte der Medien und ihrer Nutzung

Dass die perspektivische Gleichschaltung durch diese Form der **Ein-Weg-Kommunikation** des Massenmediums Fernsehen ein gesellschaftspolitisches Problem darstellt, das auch die Schule vor qualitativ neue Herausforderungen stellt, steht außer Frage. Denn die Medialisierung von Kindheit und Jugend geschieht unverändert wesentlich durch telematisch übermittelte Filme, Werbung, Musik- und Videoclips.

> Eine medial generierte Weltkultur entsteht, die die Identitätsbildung der Heranwachsenden maßgeblich prägt. Mediale Fremdsteuerung tritt zunehmend an die Stelle selbstbestimmter Selbst- und Weltverhältnisse. (Frederking/Josting 2004, S. 10)

Schüler(inne)n im Deutschunterricht Möglichkeiten zur reflexiven und kritischen Verarbeitung gerade auch ihrer telematischen Mediensozialisation zu eröffnen, erscheint vor diesem Hintergrund dringender denn je. Gleichzeitig laden allerdings auch die spezifischen medienästhetischen Aspekte fernsehvermittelter Filme, Werbung und Musikvideoclips zur intensiveren Auseinandersetzung ein (vgl. dazu Maiwald 2005a), wie Kapitel 8 im Detail zeigen wird.

3.4 Das multimediale Paradigma

Während Oralität und Literalität Phasen im phylogenetischen Entwicklungsprozess darstellen, in denen ihre je eigenen medialen Primärfunktionen – Stimme und Schrift – als die dominierenden kulturellen Prägeformen in Erscheinung traten, hat sich mit dem audio-visuellen Paradigma – vor allem mit dem Tonfilm und dem Fernsehen – in ersten Ansätzen ein neues Mit- und Ineinander medialer Optionen herausgebildet. Mit den neuen Digitalmedien setzt sich dieser Prozess in spezifischer Weise fort und radikalisiert sich. Einerseits weicht die literale Monomedialität zunehmend technisch generierter Pluri- bzw. **Multimedialität**. Andererseits ist die Tendenz zur Ausbildung von Medienverschmelzungen auf digitaler Basis unverkennbar. Denn während das orale und das literale Paradigma jeweils Ausschließlichkeitstendenzen aufwiesen, ist das sich mit Computer und Internet herausbildende multimediale Paradigma – noch konsequenter als das audio-visuelle – integrativ bzw. symmedial ausgerichtet, wie ein detaillierter Blick zeigt.

3.4.1 Computer

Während Film und Fernsehen zwar erstmals Ton und Bild in einen medialen Verbund gebracht haben, dabei aber die Schriftwelt – mit Ausnahme des Stummfilms als Übergangsstadium – kaum integrierten, werden mit den neuen Digitalmedien schriftsprachliche Texturen mit piktoralen, auditiven bzw. audiovisuellen Elementen vereint. Denn im **Computer** als universaler ‚**Simulationsmaschine**' (Turing 1936/37) lassen sich alle medialen Präsentationsformen – Text, Bild, Ton, Film usw. – digital reproduzieren und damit auf einer Bildschirmseite zusammenführen und nutzen. Der Computer ist mit anderen Worten ein Integrationsmedium par excellence. Gene Youngblood spricht in diesem Zusammenhang vom Computer als „Metamedium" (1991, S. 309), Norbert Bolz vom „Medium der Medieninteg-

3.4 Das multimediale Paradigma

ration" (1993, S. 15), Paul Klimsa vom „Multimediasystem" (1995, S. 13), Heiko Idensen vom „Universalmedium" (1997, S. 151), Volker Frederking vom ‚Symmedium' (2006b, S. 207).

Tatsächlich vereint der Computer mit Ton, Text und bewegtem Tonbild in sich die medialen Kernformen des oralen, des literalen und des audiovisuellen Paradigmas. Besonders interessant ist aus medientheoretischer wie deutschdidaktischer Sicht in diesem Zusammenhang die Integration der Schriftwelt. Hatte Norbert Bolz (1993) noch das Ende der Gutenberg-Galaxis verkündet und Vilém Flusser geglaubt, dass „das Lesen von Buchstaben [...] künftig als Symptom von Rückständigkeit gelten [wird], wie etwa in der Neuzeit ein magisch-mythisches Verhalten" (Flusser 1989, S. 53), erweisen sich Computer und Internet aus heutiger Sicht als mediale Bündnisgenossen der Schriftwelt und der mit ihr verbundenen und für den Deutschunterricht zentralen Kulturtechniken des Schreibens und Lesens. Tatsächlich basieren Computer und Internet in vielen Nutzungsformen auf Schrift bzw. setzen Lese- und Schreibprozesse voraus. Jay D. Bolter (1997, S. 37) hat deshalb Computer und Internet zu Recht „als eine **neue Technologie des Schreibens**" verstanden.

Dabei wird mit dem Computer das Spektrum des Typographischen, d.h. des Druckletterngebrauchs, signifikant erweitert. Hatte Gutenberg mit seiner Erfindung des Buchdrucks die Rezeptionsseite gedruckter Schrift zu einem Massenphänomen gemacht, ermöglicht der Computer nun auch auf der Produktionsseite einer Vielzahl von Nutzer(inne)n eine typographische Gestaltung der Schrift. Was mit der Schreibmaschine als klassischem Übergangsmedium nämlich nur in rudimentärer Form möglich war, steht mit den Computer bzw. Textverarbeitungsprogrammen – insbesondere seit der Einführung so genannter Desktop Publishing-Systeme (DTP) und PostScript – allen Nutzer(inne)n als Option zur Verfügung: die Erstellung druckfertiger Texte (bestes Beispiel: Book on Demand; vgl. Kogler 1998, S. 72).

Angesichts dieser Beobachtungen muss es erstaunen, dass Computer und Internet weder im gegenwärtigen Deutschunterricht noch im Mainstream der deutschdidaktischen Diskussionen bislang eine größere Rolle gespielt haben. Ein Erklärungsansatz ergibt sich aus den bereits angesprochenen Bindungskräften des printmedialen Paradigmas, die gerade bei Deutschlehrer(inne)n und ihrer zumeist sehr ausgeprägten literalen Sozialisation sehr wirkmächtig sind. Darüber hinaus stellt aber auch die technisch-mathematische Basis des Computers ein nicht zu unterschätzendes Hemmnis dar, weil innerhalb breiter Kreise geisteswissenschaftlich sozialisierter Akademiker/innen unverändert eine latente Technikfeindlichkeit feststellbar ist.

Tatsächlich liest sich die Vorgeschichte der heutigen Digitalmedien ohne medienwissenschaftliche bzw. mediendidaktische Kenntnisse nicht wie der Geburtsraum einer Technik, die für den Deutschunterricht zu einem machtvollen Bündnisgenossen zur Vermittlung der Kulturtechniken des Lesens und Schreibens werden sollte (vgl. Walitsch 1998 a: S. 227ff.). Denn realiter sind die aktuellen Nutzungsop-

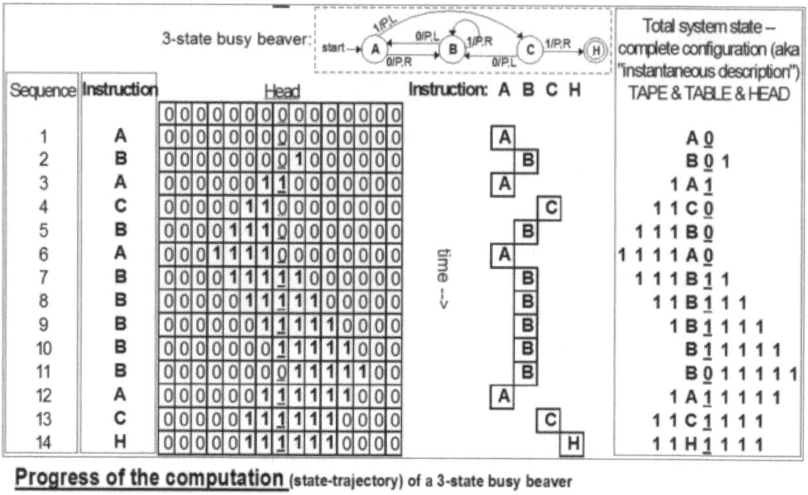

3. Mediale Paradigmen. Zur Geschichte der Medien und ihrer Nutzung

Sequence	Instruction	Head	Instruction: A B C H	Total system state – complete configuration (aka "instantaneous description") TAPE & TABLE & HEAD
		3-state busy beaver: start→A ⇄ B ⇄ C → H		
1	A	0000000000000	[A]	A 0
2	B	0000000Q000000	[B]	B 0 1
3	A	00000001000000	[A]	1 A 1
4	C	00000011000000	[C]	1 1 C 0
5	B	00000111000000	[B]	1 1 1 B 0
6	A	00001111000000	[A]	1 1 1 1 A 0
7	B	00001111100000	[B]	1 1 1 B 1 1
8	B	00001111110000	[B]	1 1 B 1 1 1
9	B	00001111110000	[B]	1 B 1 1 1 1
10	B	00001111110000	[B]	B 1 1 1 1 1
11	B	00001111110000	[B]	B 0 1 1 1 1 1
12	A	00001111110000	[A]	1 A 1 1 1 1 1
13	C	00001111110000	[C]	1 1 C 1 1 1 1
14	H	00001111110000	[H]	1 1 H 1 1 1 1

Progress of the computation (state-trajectory) of a 3-state busy beaver

Abb. 16: *Alan Turing 1936/37: Prinzip der Turing-Maschine mit der 01-Codierung*

tionen das ungewollte Ergebnis des bis zur Antike zurückreichenden Bemühens um automatisiertes Rechnen. Zu denken ist hier an den Abakus, ein Rechenbrett, das schon im antiken Griechenland und im Römischen Reich verbreitet war, an Suan-pan bzw. Soro-ban, die zur selben Zeit verwendeten instrumentellen Rechenhilfen der Chinesen und Japaner, oder an die technisch verfeinerten Rechenmaschinen des 17. Jahrhunderts von John Napier, Wilhelm Schickard, Blaise Pascal, Gottfried Wilhelm Leibniz u.a. Zu den Entwicklern eines Grundprinzips des Computers zählen aber vor allem Joseph Marie Jacquard mit seinem 1805 bei der Konstruktion von Webstühlen eingesetzten Lochkartenprinzip, Charles Babbage mit der ‚Difference Engine' (1820) und dem Entwurf der ‚Analytical Engine' (1833), programmgesteuerten Rechenmaschinen, die zur Verarbeitung von 20 bzw. 50 Dezimalstellen geeignet waren, und Herman Hollerith mit seinem 1889 entwickelten ‚statistical computer', einer sehr leistungsfähigen lochkartenbasierten Datenspeicherungs- und Datenverarbeitungsmaschine, die rasch weltweit Verbreitung fand, z.B. bei Volkszählungen oder komplexeren Verwaltungsaufgaben (vgl. Coy 1994, S. 20ff.; Walitsch 1998a, S. 228ff.). Als eigentliche theoretische Wegbereiter der modernen Computertechnologie gelten aber der Engländer Alan M. Turing und der Deutsche Konrad Zuse, die beide 1936/37 bahnbrechende Arbeiten auf dem Gebiet der Computertechnologie veröffentlichten. Turing hat mit seiner ‚Universal Discrete Machine', der so genannten ‚Turing-Maschine' (Abb. 16), und seiner vielzitierten Arbeit „On Computable Numbers, with an application to the Entscheidungsproblem" das Grundkonzept eines „universellen Rechenautomaten zur Definition berechenbarer Zahlen" (Walitsch 1998a, S. 232) entwickelt. Norbert Bolz hat den genialen Erfinder mit seiner Anfang der neunziger Jahre des 20. Jahr-

3.4 Das multimediale Paradigma

hunderts formulierten These vom Ende der Gutenberg- und dem Anbruch der **Turing-Galaxis** (Bolz 1993) zur Ikone des Computerzeitalters gemacht.³

Technikgeschichtlich nicht minder bedeutsam war aber auch der von Zuse 1936 konzipierte und im folgenden Jahr entwickelte erste programmgesteuerte Rechenautomat (vgl. Abb. 17), der ‚Z1', der binärcodebasiert komplizierteste Berechnungen anstellen konnte und in der deutschen Luftwaffen- und Raketentechnik zur Anwendung gelangte. Meilensteine der Vorgeschichte der modernen Computertechnologie waren überdies Howard H. Aikens lochkartenbasierter Großrechner ‚Harvard Mark I' aus dem Jahre 1944, der von IBM mitfinanziert wurde und in der Version ‚Selective Sequence Electronic Calculator' (SSEC) und als ‚Defense Calculator IBM 701' zum wertvollen Hilfsmittel der Buchhaltung und Lagerverwaltung wurde (vgl. Coy 1994, S. 24f.). Zu erwähnen ist ebenfalls der 1946 durch J. M. Brainerd, J. Presper Eckert, John W. Mauchly und H. H. Goldstine an der University of Pennsylvania zu militärischen Zwecken gebaute und u.a. aus 17.468 Elektronenröhren bestehende erste vollelektronische Rechner auf Röhrenbasis (ENIAC, d.h. ‚Electronical Numerial Integrator and Calculator'). Dieser wurde von John (Johann) von Neumann u.a. zum ersten funktionsfähigen röhrenbasierten Universalrechner (EDVAC, d.h. ‚Electronical Discrete Variable Automatic Computer') weiterentwickelt, der frei programmierbar war, bereits eine klare Unterteilung in Dateneingabe, Datenverarbeitung bzw. -speicherung und Datenausgabe vorsah und damit das auch heute noch gültige so genannte **EVA-Prinzip** (Eingabe, Verarbeitung, Ausgabe) begründete. 1955 folgte der erste transistorgestützte Rechner (TRADIC), 1960 der auf der Grundlage einer permanenten Verkleinerung der eingesetzten Transistoren konzipierte erste Minicomputer, der PDP-1 von Digital Equipment (vgl. Coy 1994, S. 28f.). Kostete dieser Pionier der Minicomputer noch knapp eine Million Dollar, war das fünf Jahre später in der achten Generation vorgestellte Nachfolgemodell PDP-8 schon für 20.000 Dollar zu haben. Doch erst die sich in den siebziger Jahren anbahnende **„PC-Revolution"** (Walitsch 1998a, S. 237), d.h. die Einführung so genannter Personalcomputer, machte das neue Digitalmedium auch für den Massenmarkt erschwinglich. Dafür waren eine Reihe von technischen Entwicklungen Voraussetzung: die Magnetplattenspeicher von IBM aus dem Jahre 1956, die Mikrochips der 60er Jahre sowie Intels 1971 eingeführter und kommerziell vermarkteter Mikroprozessor, der 4004. Der erste auf dieser Basis er-

Abb. 17: *Konrad Zuse (1936–38): Zuses in der elterlichen Wohnung entwickelter ‚Z 1'*

---

3   1941 gelingt Turing im Auftrag des britischen Geheimdienstes die den Krieg mit entscheidende Entschlüsselung der ENIGMA, der Nachrichten-Chiffriermaschine der deutschen Flotte.

3. Mediale Paradigmen. Zur Geschichte der Medien und ihrer Nutzung

stellte Personalcomputer war der von IBM 1979 angebotene PC 8088 (Abb. 19). Hinzu kam der Apple II. Damit begann der weltweite Siegeszug der Computertechnologie. Sowohl der erste IBM-PC als auch der Apple-Computer verfügten bereits über alle auch für die folgenden Generationen von PCs und Laptops typischen Funktionen des Aufnehmens, Bearbeitens, Speicherns, Übertragens und Reproduzierens digitaler bzw. digitalisierter multimedialer Informationen.

Mit dem ersten Texteditor, dem **Textverarbeitungsprogramm** ‚Wordstar', wandelte sich der Computer vom Zentralrechner zum dezentralen Schreibmedium (vgl. Coy 1994, S. 33). Das exponentiell steigende Leistungsvermögen machte immer komplexere Arbeiten möglich. Während 1983 10 MB-Festplatten, 128 KB Arbeitsspeicher und 32-Bit-Prozessoren noch als technische Meilensteine erschienen, gehören 2007 100 GB Festplatten, 1024 MB

Abb. 18: *PC IBM*

Arbeitsspeicher und Prozessoren mit 2,8 und mehr GHz zur Standardausrüstung moderner PCs bzw. Notebooks. Mit der Programmierung immer leistungsfähigerer Software-Komponenten und Peripherie-Geräte wie Monitor, Drucker, Scanner, Maus etc. und Speichermedien wie CD-ROM, DVD, Digitalkameras etc. wurde allmählich die multimediale Verarbeitung von Informationen aller Art möglich. Der Computer wird zur universalen ‚Rechen- und Simulationsmaschine', wie bereits Alan Turing 1937 visionär vorausgesehen hatte, insofern als Zahlen, Buchstaben, Wörter, Texte, Töne, Bilder, Filme usw. im neuen Digitalmedium auf mathematischer Basis dargestellt werden können.

Für den Deutschunterricht ist der Computer in vielfältiger Weise von Bedeutung. Zum einen ist hier der mediale Wandel der fachlichen Gegenstände des Faches Deutsch selbst zu nennen, der durch das neue Digitalmedium eingeleitet wurde. So sind sowohl im Bereich von ‚Sprache' als auch von ‚Literatur' signifikante medienspezifische Veränderungen feststellbar, die den Deutschunterricht zur Erweiterung seiner medialen Grundlagen und Untersuchungsgegenstände herausfordern (vgl. Kepser 1999; Jonas/Rose 2002; Frederking 2003), wie in Kapitel 9 noch detaillierter herausgearbeitet wird. Zu nennen sind hier z.B. veränderte Schreib- und Rezeptionsprozesse, **intermediale Verweisstrukturen** zwischen Text-, Bild-, Ton- und Film-Dokumenten, aber auch neue Speicher- bzw. Präsentationsformen wie multimediale Literatur-CD-Roms etc. Zum anderen eröffnet der Computer aber auch als **Lernmedium** neue didaktische Optionen (vgl. Frederking 2006c). So sind seine Qualitäten als **Schreibmedium** mit der Entwicklung und Verfeinerung der diversen professionellen Textverarbeitungsprogramme zu einem festen Bestand der kulturellen Praxis geworden, so dass ein Ignorieren im Deutschunterricht am Bildungsauftrag der Schule im Allgemeinen und des Faches Deutsch im

3.4 Das multimediale Paradigma

Besonderen vorbeiginge. Als **Lesemedium** hat der Computer demgegenüber nur begrenzte Potentiale. E-Books bzw. reine Literatur-CD-Roms ohne interaktive Komponenten haben sich am Markt nicht durchsetzen können und finden auch in der Schule kaum Berücksichtigung. Als das Lesemedium par excellence erscheint auch weiterhin das Printmedium Buch. Als interaktives **Lern- und Übungsmedium** hingegen bietet sich der Computer in besonderer Weise an, insofern geeignete Bildungssoftware für den Sprach- und Literaturunterricht spezifische Möglichkeiten für individualisierte Lehr-Lern-Prozesse eröffnen. Darüber hinaus stellt der Computer aufgrund seiner uni- bzw. symmedialen Qualität ein ideales **Handlungs- und Gestaltungsmedium** dar, um Schüler(inne)n synästhetische Bildungserfahrungen in rezeptiver wie produktiver Form zu ermöglichen. Aber auch motivgeschichtlich wird der Computer zunehmend interessant, weil die Verarbeitung der neuen Medien als Thema der Literatur – sowohl in der modernen Gegenwartsliteratur als auch in der neueren Kinder- und Jugendliteratur – immer größeren Raum einnimmt und zur gezielten Aufarbeitung herausfordert. All diese genannten Aspekte bieten sinnvolle Ansatzpunkte für eine fruchtbare Einbeziehung des Computers in den Deutschunterricht, auf die in Kapitel 9 noch detailliert einzugehen sein wird. Dabei gilt es auch, die Bedeutung des Computers für die Konstituierung des Selbst- und Weltbildes von heutigen Kindern und Jugendlichen zu hinterfragen und didaktisch fruchtbar zu machen. Früh hat Sherry Turkle die Rolle des Computers als „Wunschmaschine" (1984, S. 1), „Projektionsmedium" (1984, S. 11) und ‚Zweites Selbst' (1984, S. 12) im Rahmen kindlicher und jugendlicher Identitätsbildung herausgearbeitet. Wegweisend ist auch Sybille Krämers (1998) Analyse, die zu dem Schluss kommt, dass der Computer nicht nur ein Medium zur Realisierung symboltechnischer Operationen darstelle, sondern selbst eine ‚symbolische Form' sei, die zur Ausbildung einer computergenerierten zweiten, d.h. **virtuellen Realität** führe. Auch diese Aspekte machen eine reflexive Aufarbeitung der mit dem Computer verbundenen Realitätserfahrungen notwendig, wie das Kapitel 9 noch en detail verdeutlichen wird.

3.4.2 Internet

Nicht minder bedeutsam sind die mit dem Internet verbundenen Chancen und Herausforderungen für den Deutschunterricht. Empirische Untersuchungen belegen den wachsenden Einfluss des Internet auf die kindliche und jugendliche Mediensozialisation (vgl. z.B. Groeben/Hurrelmann 2002b; Rupp/Heyer/Bonholt 2004; Feierabend/Rathgeb 2006a; 2006b). Der Literaturunterricht muss Kindern bzw. Jugendlichen Raum geben zur fachspezifischen Aufarbeitung ihrer Erfahrungen im Umgang mit diesem neuartigen digitalen Massenmedium.

Dabei war auch bei der Entstehung des Internet – wie beim Computer – kaum abzusehen, dass dieses eine globale Bedeutung als Kultur schaffendes bzw. –prägendes Medium erlangen würde, an dem Schule im Allgemeinen und der Deutschunterricht im Besonderen nicht vorbeigehen können, wollen sie ihrem Bildungsauftrag gerecht werden. Denn mit dem Internet gelangte eine Technik zur freien

3. Mediale Paradigmen. Zur Geschichte der Medien und ihrer Nutzung

Anwendung, die Ende der sechziger Jahre von Militär und Wissenschaft entwickelt und genutzt wurde. Seit 1969 nämlich gab es das so genannte **ARPANET**, ein auf die *Advanced Research Program Agency* (ARPA), einer mit Militärtechnik befassten Forschungsgruppe, zurückgehendes überregionales computerbasiertes Netzwerk von vier amerikanischen Universitäten. Das ARPANET machte es möglich, Daten auszutauschen und über E-Mail (Electronic Mail) auf elektronisch-digitaler Basis miteinander zu kommunizieren (Hiebel/Kogler/Walitsch 1998, S. 225f.). Hintergrund war die Angst der USA, bei einem atomaren Erstschlag der UDSSR die Fähigkeit zum Rückschlag zu verlieren. Dazu Stefan Münker und Alexander Roesler (2001, S. 14):

> Die Forscher der Arpa [entwickelten] mit dem so genannten Arpanet ein dezentrales Netzwerk, dessen strategisches Ziel es war, Computer verschiedener Militärstützpunkte derart miteinander zu verbinden, daß selbst nach einem Militärschlag deren Kommunikation nicht abreißen sollte. Die medienhistorische Bedeutung hinter dieser Entwicklung ist die Umdeutung des Computers von einer Rechenmaschine in ein Kommunikationsmedium, die [...] auf deren zeitweiligen Leiter J.C.R.Licklider zurückgeht.

1972 waren an das ARPANET bereits 50 Forschungseinrichtungen angeschlossen, 1977 waren es bereits 111. Grundlage der Erweiterung des Netzverbundes waren eine neue, relativ sichere Form der Datenübertragung, das 1971 entstandene *File-Transfer-Protocol* (FTP-Files), und das 1973 entwickelte *Transmission Control Protocol* (TCP), das die Verknüpfung verschiedener Netze ermöglichte und mit dem Zusatz *Internet Protocol* (TCP/IP) dem Netz auch seinen späteren Namen gab (vgl. Münker/Rösler 2001, S. 14). Unabhängig vom ARPANET entstand in den achtziger Jahren

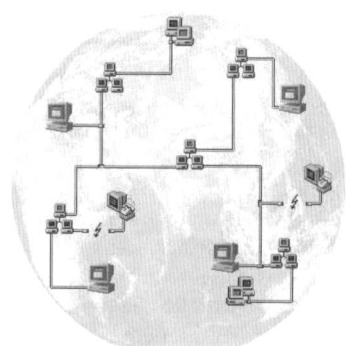

Abb. 19: *Prinzip Internet*

die Idee einer kommerziellen und privaten Nutzung von Computernetzen. Wegweisend waren hier die *Bulletin Board Systems* (BBS), die privat z.B. von *FidoNet* oder kommerziell z.B. von *Compuserve* und *AOL* entwickelt wurden (vgl. Münker/Rösler 2001, S. 14ff.). Grundlage einer massenmedialen Nutzung und Auslöser des Internetbooms war allerdings erst die Entwicklung des **World Wide Web** (www) am europäischen Forschungszentrum für Teilchenphysik (CERN) in Genf im Jahre 1989 durch die Physiker Tim Berners-Lee und Robert Cailliau (vgl. Sandbothe 1997a, S. 60). Erst mit der dabei realisierten graphischen Anwenderoberfläche wird die Nutzung auch für einen Massenmarkt interessant, wie die weitere Entwicklung zeigt. So genannte Server-Computer fungierten dabei als Anbieter von digitalen Informationen und Diensten wie FTP-Files (*File Transfer Protocol*) oder *World Wide Web* (www) (Abb. 19). Die medienkulturgeschichtliche Bedeutung des Internet liegt in der revolutionären Erweiterung der mit dem Computer verbun-

3.4 Das multimediale Paradigma

denen Informations-, Kommunikations- und Kooperationsmöglichkeiten. Marshall Mc- Luhans These vom ‚**Global Village**' (McLuhan/Powers 1982–89), vom globalen Dorf, wurde zum Inbegriff der durch das Internet eingeleiteten grundlegenden Veränderungen der menschlichen Kommunikation und Interaktion.

Die Bedeutung des Internet für den Deutschunterricht ergibt sich aus dessen spezifischer medialer Beschaffenheit. Zwei von Mike Sandbothe (1997a, S. 56ff.) herausgearbeitete Aspekte sind hier besonders hervorzuheben: Interaktivität und Hypertextualität. Die **Interaktivität** des Internet ergibt sich aus der poly- bzw. multidirektionalen Nutzbarkeit seiner kommunikativen und informativen Optionen. Anders als das unidirektionale Medium Fernsehen, bei dem der Zuschauer passiver Rezipient bleibt, ermöglicht das Internet nämlich potentiell jedem Nutzer die Interaktion mit jedem anderen Anbieter bzw. Nutzer. Für den Deutschunterricht ergeben sich hier insbesondere im Bereich computervermittelter Kommunikationen und Kooperationen interessante Ansatzpunkte, insofern diese zumeist schriftsprachlich erfolgen und deshalb das Spektrum situierten schriftlichen Sprachgebrauchs – z.b. durch Kooperationen zwischen lokal getrennten Lerngruppen – erheblich erweitern. Auch im Rahmen interkulturell ausgerichteten Lernens im Fach Deutsch sind damit sehr viel versprechende neue Chancen verbunden – gerade vor dem Hintergrund von Globalisierung und weltweiter Vernetzung. Gleichzeitig eröffnet sich ein weites Feld für medienspezifische Reflexionen über Sprache und Sprachgebrauch. Denn mit den asynchronen (E-Mail, Mailinglisten, virtuelle Arbeitsplattformen) und synchronen (Chat, MUD, MOO, Videokonferenzen) **Formen computervermittelter Kommunikation und Kooperation** gehen grundlegende Veränderungen auf der Ebene der Sprache einher, die sprachwissenschaftlich wie sprachdidaktisch bedeutsam sind (vgl. Döring 1997a; 1997b; 1997c; Weingarten 1997; Blatt/Hartmann 2004). So stellt der oraliterale, d.h. zwischen Mündlichkeit und Schriftlichkeit liegende Charakter Internet- bzw. SMS-basierter sprachlicher Interaktionen einen interessanten Untersuchungsgegenstand dar, der Schüler(inne)n die Bewusstmachung, Reflexion und Verarbeitung medial bedingten sprachlichen Wandels ermöglicht. Gleiches gilt für die reflexive Aufarbeitung medienspezifischer sprachlicher Normen und Codes wie Akronyme, Emoticons etc., wie in Kapitel 9 noch zu zeigen sein wird.

Auch die **Hypertextualität**, verstanden als digitales Zeichengeflecht aus Sprache, Schrift und Bild (Sandbothe 1997a, S. 70), ist deutschdidaktisch in mehrfacher Hinsicht Herausforderung und Chance zugleich. Hypertextualität ist das textuelle Spezifikum des *World Wide Web*. Das Internet lässt sich verstehen als unendliches textuelles bzw. **hypermediales Geflecht** (vgl. Abb. S. 20), in dem über so genannte Links eine unzählige Anzahl von multimedialen, d.h. literalen, piktoralen, auditiven und audiovisuellen Texten bzw. Textteilen miteinander verbunden sind (vgl. Idensen 1995). Dazu Uwe Wirth (1997, S. 319f.):

> Dabei lässt sich der Hypertext, der explizit als unabschließbarer ‚Text in Bewegung' konzipiert ist, nicht zu Ende lesen. Man hat einen Text vor sich, der im Grunde nur aus alternativen Textanfängen besteht.

3. Mediale Paradigmen. Zur Geschichte der Medien und ihrer Nutzung

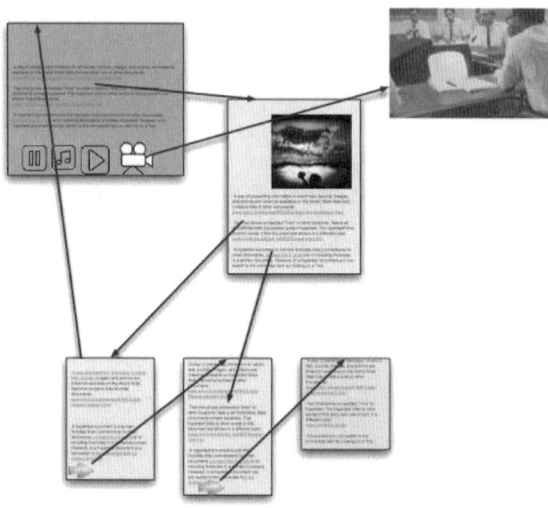

Abb. 20: *Hypermedia*

Damit gehen spezifische Anforderungen an Lese- und Schreibfähigkeiten einher. Deren Ausbildung muss der Deutschunterricht zu seinem Aufgabenbereich machen, will er den veränderten Medienerfahrungen heutiger Heranwachsender entsprechen und zum Auf- bzw. Ausbau der für kompetente Internetnutzung notwendigen Kompetenzen beitragen. Denn das Internet ist eine hypertextuell strukturierte „Weltkarte des Wissens" (Wirth 1997, S. 323), die bei kompetenter Nutzung enorme Bildungschancen eröffnet. Dabei ist das Internet ein natürlicher Verbündeter des Deutschlehrers bzw. der Deutschlehrerin, weil Lese- und Schreibprozesse die Grundlage seiner Nutzung sind. Allerdings sind spezifische Kompetenzen Voraussetzung für die Rezeption und Produktion der multimedialen Beschaffenheit von Webseiten. Gerade im Internet werden die Potentiale des Computers als Uni- bzw. Symmedium in spezifischer Weise genutzt, insofern fast durchweg schriftbasierte Texte bzw. Textteile mit Bild-, Ton-, Film- und animierten Multimedia-Dokumenten zu einem multimedialen Gesamttext verbunden werden (vgl. Schmitz 2003; Simanowski 2002; Frederking 2006b). Neben der Nutzung des Internet als Informationsmedium stellen aber auch internetspezifische Formen der Literaturproduk-tion und –rezeption wie Netzliteratur, Internetliteratur bzw. **Hyperfiction** neue fachspezifische mediendidaktische Optionen dar, die in didaktisch reflektierter Weise in den Deutschunterricht integriert werden sollten. All diese Spezifika des Internets und ihrer Behandlung im Deutschunterricht werden im Kapitel 9 differenzierter zur Darstellung gebracht.

3.4 Das multimediale Paradigma

Zusammenfassung

Bei der geschichtlichen Betrachtung der Medien und ihrer Nutzung sind vor allem kommunikationsorientierte, technikgeschichtliche und kulturhistorische Aspekte von Bedeutung. In diesem Sinn ist von der Geschichte der technisch-apparativen Massenmedien, der Medientechnikgeschichte bzw. der Medienkulturgeschichte die Rede. Vier Stadien bzw. Paradigmen lassen sich unterscheiden. Das orale Paradigma (1) umfasst das menschheitsgeschichtliche Stadium der primären Mündlichkeit. Dieses wird mit der Erfindung der Schrift in einem viele Jahrhunderte umfassenden Prozess durch das literale Paradigma (2) abgelöst. Zu unterscheiden sind hier das skriptographische Stadium, in dem selbst umfangreiche Bücher in handschriftlicher Form entstanden, und das typographische Stadium, das mit der Erfindung des Buchdrucks durch Johannes Gutenberg einsetzte. Damit ging der allmähliche Übergang von dem bis ins Mittelalter gebräuchlichen lauten Lesen zu dem in der Neuzeit dominierenden stillen Lesen einher. Der sich mit der industriellen Revolution entwickelnde Technikboom leitete den allmählichen Übergang zum audio-visuellen Paradigma (3) ein und damit den Wandel von der printmedialen Monomedialität zur technisch generierten Plurimedialität. Diese manifestierte sich auf der Ebene der akustisch-auditiven Medien in Erfindungen wie dem Telefon und dem Radio, mit denen Worte erstmals nicht mehr an die Grenzen der unmittelbaren lokalen Sprecher-Hörer-Interaktion gebunden waren, und dem Grammophon bzw. der Schallplatte, durch die gesprochene Worte erstmals der Vergänglichkeit des Augenblicks entrissen wurden und Dauer erhielten. Auf der Ebene der optisch-visuellen Medien sorgten die Erfindungen der Fotografie und des Films für einen ‚iconic turn', eine erste, technisch erzeugte Bilderflut. Mit der Fotografie betrat das erste nichtsprachliche visuelle Speichermedium die medienkulturgeschichtliche Bühne. Durch den Stummfilm verloren die Bilder ihre Statik und wurden beweglich. Die Erfindung der audiovisuellen Medien Tonfilm und Fernsehen führte einerseits zur Etablierung neuer Massenmedien. Andererseits verstärkte sich die Tendenz zur Pluri- bzw. Symmedialität, insofern Bild und Ton zu einer medialen Einheit verschmolzen. Das multimediale Paradigma (4) hat diesen Prozess noch einmal radikalisiert. Im Computer als Uni- bzw. Symmedium ließen sich Text, Bild, Ton und Film auf einer Rezeptions- und Produktionsebene vereinen. Das Internet verwandelte die Welt in ein digital vernetztes globales Dorf (Marshall McLuhan) und eröffnete sowohl im Bereich von virtuellen Kommunikationen und Kooperationen als auch auf der Ebene der Informationspräsentation und Informationsrecherche neue Möglichkeiten. Damit ging die Entstehung neuer Textformen (Hypertexte), neuer intermedialer Verweisstrukturen (Hypermedia) und neuer Literaturformen (Hyperfiction) einher.

All diese Phasen in der Geschichte der Medien eignen sich für eine Behandlung im Deutschunterricht, weil sie den Blick der Schüler(innen) in medienkulturgeschichtlicher Hinsicht erweitern und ihnen helfen, sich der medialen Fundamente ihres eigenen Selbst- und Weltverhältnisses bewusst zu werden.

3. Mediale Paradigmen. Zur Geschichte der Medien und ihrer Nutzung

Weiterführende Literatur: Chartier, Roger/ Cavallo, Guglielmo (Hrsg.) (1995): Die Welt des Lesens. Von der Schriftrolle zum Bildschirm. Frankfurt/Main/New York 1999. **Faulstich, Werner (1996–2004)**: Die Geschichte der Medien. Bd. 1–5. Göttingen. **Giesecke, Michael (1991)**: Der Buchdruck in der frühen Neuzeit. Eine historische Fallstudie über die Durchsetzung neuer Informations- und Kommunikationstechnologien. Frankfurt/Main. **Hiebel, Hans H./Hiebler, Heinz/ Kogler, Karl/Walitsch, Herwig (1998)**: Die Medien. Logik – Leistung – Geschichte. München. **Ong, Walter J. (1982)**: Oralität und Literalität. Die Technologisierung des Wortes. Opladen. **Raible, Wolfgang (2006)**: Medien. Kulturgeschichte. Mediatisierung als Grundlage unserer kulturellen Entwicklung. Heidelberg. **Wenzel, Horst/Seipel, Wilfried/Wunberg, Gotthart (Hrsg.) (2002)**: Die Verschriftlichung der Welt. Bild, Text und Zahl in der Kultur des Mittelalters und der Frühen Neuzeit. Wien.

4. Medienpädagogik aus deutschdidaktischer Sicht

Der vorangegangene Abschnitt thematisierte den medialen Wandel der Gegenstände Sprache und Literatur und somit den fachbezogenen Hintergrund von Mediendidaktik Deutsch. Medien begegnen Kindern und Jugendlichen aber nicht nur in formellen schulischen Lernprozessen, sondern formieren deren gesamte **Lebenswelt**, von der Schule lediglich ein Teil ist. Die sprachlichen Grundtätigkeiten Lesen, Schreiben, Sprechen, Hören (inklusive ihrer medialen Veränderungen) gehören in den Schul- und besonders in den Deutschunterricht, sie prägen aber auch den außerschulischen Alltag und das Aufwachsen junger Menschen. Daher ist an dieser Stelle ein Augenmerk auf die **Medienpädagogik** zu richten und zu fragen, wie Kindheit und Jugend im Zeichen der Medialisierung beschrieben werden kann und welche medienerzieherischen Konzeptionen sie entwickelt (hat).

Pädagogik heißt im weitesten Sinn Lehre von der Erziehung. Pädagogik fragt danach, auf welches Menschenbild Erziehung im Idealfall zulaufen soll und mit welchen Mitteln dies zu erreichen ist. So wäre etwa der *loyale Untertan* ein ganz anderes Erziehungsideal als der *mündige Bürger*, „Zucht und Ordnung" wäre ein ganz anderes pädagogisches Programm als antiautoritäre Erziehung. Medienpädagogik hat nach Gerhard Tulodziecki (1997, vgl. S. 46) zwei Aufgabenbereiche: Mediendidaktik und Medienerziehung. Mediendidaktik beschäftigt sich demnach damit, wie Lehr-/Lernprozesse durch Medien, wie z.B. Overheadprojektor, PC, virtuelle Lernplattform befördert werden können; Medienerziehung hingegen richtet sich auf die Inhalte, Strukturen und Nutzungsmechanismen von Medienangeboten (z.B. Werbespots, Casting Shows, Videospiele) und Kommunikationsformen (z.B. SMS, Chat) und deren Bedeutung für die Erziehung bzw. für den zu erziehenden Menschen. Dass Tulodziecki den Begriff „Mediendidaktik" aus deutschdidaktischer Sicht zu eng fasst, weil sich Fragen der Mediennutzung nicht von fachspezifisch-medienerzieherischen Aspekten trennen lassen, wird in Kapitel 5 ausführlicher problematisiert. In den folgenden Ausführungen steht zunächst der Bereich der Medienerziehung im Vordergrund.

4.1 Kindheit und Jugend im Zeichen der Medialisierung

Die zentrale Frage der Medienpädagogik könnte man wie folgt formulieren: Wie prägen Medien die Lebenswelten von Kindern und Jugendlichen und welche Konsequenzen ergeben sich daraus für die Erziehung? Um diese Frage beantworten zu können, ist es sinnvoll, zunächst den Begriff ‚Lebenswelt' zu klären.

4.1.1 Der Begriff ‚Lebenswelt'

‚Lebenswelt' wird häufig gebraucht, um den Kontrast zu einer (angeblich lebensfernen oder weltfremden) Schule zu markieren. Tatsächlich aber ist Schule bzw.

4. Medienpädagogik aus deutschdidaktischer Sicht

Schulerfahrung stets ein wichtiger Teil der Lebenswelt. Dies wird deutlich, sobald das Wort nicht mehr alltags-, sondern fachsprachlich gebraucht wird. Der Medienforscher Lothar Mikos definiert **Lebenswelt** als einen „auf Kommunikation und Prozesse symbolischer Verständigung gründende[n] Handlungs- und Erfahrungsraum, in dessen Rahmen die handelnden Subjekte die Welt interpretieren" (1994, S. 12). Eine ähnliche Definition nimmt der Medienpädagoge Franz-Josef Röll vor. Lebenswelt sieht er als „kulturell gestaltete, gesellschaftlich konstituierte, symbolisch gedeutete Wirklichkeit, die Verhaltensweisen, Lebensstile und Leitvorstellungen und damit dem jeweiligen subjektiven Selbstverständnis Form verleiht" (1998, S. 301). Lebenswelt ist also nicht die eine, für alle gleich gültige und objektive Realität; sie ist aber auch keine eingekapselte, rein subjektive, singuläre Konstruktion. Lebenswelt ist nichts Solipsistisches, sondern etwas Soziales. Zwar hat jeder Mensch seinen „Handlungs- und Erfahrungsraum", von dem Mikos spricht; dieser entsteht aber erst in kommunikativer Interaktion, die im Rahmen sozialer und kultureller Normen stattfindet und solche Normen wiederum beeinflusst. Lebenswelt(en) sind Erfahrungswirklichkeiten von Individuen und Gruppen, die sich in Prozessen symbolischer Selbst- und Fremdverständigung herausbilden.

Lebenswelt ist also eine durch den Gebrauch von Symbolen gestaltete und gedeutete Umwelt. Diese Definition beinhaltet, dass die Lebenswelt eines Individuums oder einer Gruppe ganz maßgeblich durch Medien bzw. Medienpraxis formiert wird. Ein Mensch ohne Telefon, Fernsehen und Internet wäre in unserer Kultur nicht einfach medienabstinent, er würde sich eine sehr ungewöhnliche Lebenswelt einrichten (man könnte ihn im wahrsten Sinne des Wortes fragen, in welcher Welt er eigentlich lebe). Das Beispiel zeigt, dass die Wirklichkeitserfahrung eines Menschen entscheidend mit Medien zu tun hat, also damit, welche Texte (im weitesten Sinn) er oder sie rezipiert und produziert. Lebenswelt ist ein Produkt von Mediennutzung, und auch von Medien-Nichtnutzung. Der Titel einer wichtigen Publikation aus dem Jahr 1990 über die „Lebenswelten Jugendlicher" spitzt dies zu: **„Lebenswelten sind Medienwelten"** (Baacke/Sander/Vollbrecht 1990, Bd. 1).

Auch für Menschen innerhalb einer Altersgruppe gibt es nicht eine, sondern viele mögliche Lebenswelten. Kinder können in bildungsorientierten und bildungsfernen Elternhäusern aufwachsen, in finanziell gut gestellten oder materiell beengten Familien, auf dem Dorf oder in der Großstadt, im Hochhaus, im Neubaugebiet oder in der Villa, in einer traditionellen oder in einer Patchworkfamilie. Eltern können eine vielfältige und differenzierte Mediennutzung anregen, sie können aber auch problematische Einseitigkeiten vorleben oder zulassen, z.B. dogmatische Fernsehabstinenz oder exzessiven Fernsehkonsum. *Ein* Kind erfährt in seiner Familie vielleicht schon frühzeitig ein hohes Maß „schriftlichkeitsorientierter und literaturgerichteter Interaktion" (Wieler 2003, S. 50) und *literacy events* wie ein kommunikativ reichhaltig begleitetes Vorlesen; ein *anderes* Kind wird womöglich vor dem Fernseher ab- und ruhiggestellt. Angesichts solcher Unterschiede lassen sich verallgemeinernde Aussagen über *die* Kindheit und *die* Jugend nur mit Vorsicht treffen. Allerdings ist die von sozialen, kulturellen und ökonomischen Faktoren bestimmte **Individualisierung der Mediennutzung** bereits selbst ein wichtiges Charakteristikum medialisierter Lebenswelt(en). Im Folgenden sollen weitere benannt werden.

4.1.2 Aufwachsen mit Medien

Ein Signum des Aufwachsens mit Medien ist die schiere **Verfügbarkeit bzw. Verbreitung** technischer Geräte. Mit Telefon, Fernseher und Videorekorder sind deutsche Haushalte fast flächendeckend versorgt. Eine wachsende Mehrheit der Kinder und Jugendlichen verfügt über eigene Fernseher, Radios und CD-Spieler, PCs, Handys; immer mehr haben sie auch uneingeschränkten Zugang zum Internet. Eine auffällige Entwicklung sind Verbundmedien, wie sie etwa der vernetzte PC und – in jüngster Vergangenheit – das Mobiltelefon darstellen. Das heißt, Mediengeräte werden immer kleiner und bündeln immer mehr Funktionalitäten (*all-in-one*).

Mit der Fülle der Geräte geht eine breite Palette an **Medienangeboten und Kommunikationsmöglichkeiten** einher: Spielfilme nicht mehr nur im Kino oder im Fernsehen, sondern auch auf Video, auf DVD oder aus dem Netz; Nachrichten nicht mehr nur punktuell auf wenigen öffentlich-rechtlichen Fernsehsendern, sondern in zahlreichen Privatsendern, teilweise als Dauersendungen (CNN, n-tv); der kleine Plausch nicht mehr nur *face-to-face* oder von einem ortsgebundenen Telefon aus, sondern fast jederzeit und an jedem Ort per Handygespräch, SMS, E-Mail oder (Video-)Chat.

Ein wichtiges Phänomen im medialen Angebot sind sogenannte **Medienverbünde** (vgl. Josting/Maiwald [Hrsg.] 2007). Ein Medienverbund setzt zunächst voraus, dass ein fiktionaler Stoff gleichzeitig in mehreren Medien präsent ist. So gibt es das *Sams* von Paul Maar als Buch, als Kinofilm und als interaktive CD-ROM. Voll entwickelte Medienverbünde gehen aber weiter, beispielsweise *Harry Potter* oder *Die Wilden Fußballkerle*. Seit 2002 sind von Joachim Masanneks *Wilden Kerlen* 13 Erzählbände und drei Filme erschienen. Die Bücher haben sich in 16 Ländern rund 2,6 Millionen Mal verkauft; der Spielfilm vom März 2006 hatte mit 620.000 Zuschauern am ersten Wochenende den besten Start eines deutschen Kinderfilms aller Zeiten (vgl. Temsch 2006). Zu diesem Medienverbund zählen Fanseiten und -foren im Internet sowie eine breite Palette an Fanartikeln mit dem copyrightgeschützten Logo: Abzieh-Tattoos, Armbanduhren, T-Shirts, Bademänteln usf. (vgl. Marci-Boehncke 2007). Es handelt sich also nicht mehr nur um ein Nebeneinander unterschiedlicher Medien selben Inhalts. Medienverbünde sind vielmehr planvoll erzeugte, kommerziell ausgerichtete Kommunikations- und Konsumzonen.

Ungeachtet der Verbreitung von *Harry Potter*- oder *Wilde Kerle*-Bänden und ungeachtet auch allen Literaturunterrichts ist nicht mehr das Buch, sondern sind audiovisuelle Angebote (v.a. Spielfilme, Fernsehsendungen, Bildschirmspiele) die neuen **Leitmedien**. Ein Leitmedium ist dasjenige Medium, an dem Nutzer ihre Rezeptionserwartungen, -gewohnheiten und -präferenzen in erster Linie ausbilden.

4. Medienpädagogik aus deutschdidaktischer Sicht

Wer vor allem hochrasante und bildgewaltige Actionfilme mit archaisch-mythischem Handlungshintergrund sieht, wird Schwierigkeiten haben, einen Gesellschaftsroman aus dem 19. Jahrhundert zu lesen und ihm etwas abzugewinnen; umgekehrt geraten am Leitmedium Buch sozialisierte Mediennutzer nicht selten in Stress und Überforderung, wenn sie in einem Computerspiel gleichzeitig vielfältige Anforderungen bewältigen müssen. AV-Medien als neue Leitmedien bedeuten keine Verdrängung, kein Ende von Buch und Lesen. Wohl aber bringen sie Bedeutungs- und Funktionsverschiebungen für die Printmedien mit sich. Dabei treten neben schicht- auch **geschlechtsspezifische Unterschiede** hervor: Wo Mädchen eher noch lesen, neigen Jungen eher den AV-Medien zu; wenn Jungen lesen, dann eher Sachbücher und handlungsbetonte fiktionale Stoffe.

Ungeachtet einer höchst individualisierten und differenzierten Mediennutzung lässt sich generell sagen: Heranwachsende nutzen fast alle Medien zu fast allen Zeiten und zeigen dabei Aufgeschlossenheit und Innovationsfreude. Welche **Nutzungsmotive** herrschen hierbei vor? Mediengebrauch dient (und diente schon immer) der Definition von Individualität, aber auch von Gruppenzugehörigkeit. Für Jugendliche nicht unwichtig ist hierbei die Abgrenzung bzw. die Behauptung gegen die Erwachsenen. Am Beispiel von Handy-Tönen lässt sich zeigen, dass solche Grenzziehungen sowohl über Inhalte als auch über technische Handhabungsfertigkeiten laufen können. Klingeltöne werden von Erwachsenen schon aus Kosten-, wohl aber auch aus Geschmacksgründen abgelehnt; viele Erwachsene wüssten obendrein aber auch gar nicht, wo und wie so ein Klingelton herunterzuladen wäre (wenn sie überhaupt die Handhabung des Handys bewältigten). Medienpraxis dient Kindern und Jugendlichen (wie Erwachsenen auch) zur Alltagsbewältigung, sozialen Identitätssicherung und kulturellen Selbstvergewisserung (vgl. Eggert/Garbe 1995, S. 148). Medien werden selektiv und adaptiv genutzt. Das heißt, sie werden ausgewählt und angepasst, um momentane Bedürfnisse, längerfristige Interessen oder auch lebensbiografische Motive zu adressieren. Man erholt sich vielleicht bei (s)einer Vorabendserie gerne von der Arbeit; man versäumt keine Folge der *Lindenstraße*, weil man sie schon immer verfolgt hat und mit den Arbeitskollegen in der Mittagspause am Montag immer „nachbespricht"; man strengt sich in einem Computer-*Adventure* hingebungsvoll an, weil man sich als zähen Kämpfer sieht, der auch im wirklichen Leben stets die „nächsthöhere Ebene" zu erreichen sucht. Durch Medienpraxis konstituieren sich kulturelle Milieus samt entsprechenden Zugehörigkeitsgefühlen: Man ist ein (intellektueller) *ZEIT*- und eben kein *Bild*-Leser; man ist ein jugendlich-flotter *Big Brother*- und keinesfalls ein ältlich-biederer *Musikantenstadel*-Gucker; man gehört zur Fangemeinde von *Verbotene Liebe*, keinesfalls zu der von *Marienhof*; man chattet auf *Antenne Bayern* und nirgends sonst; man ist ein *Apple*-Individualist und keinesfalls ein *Microsoft*-Knecht.

Sehr viel mehr als von den Inhalten und Strukturen der Angebote selbst wird Medienpraxis also davon bestimmt, welcher Nutzen und welche Erträge davon erhofft werden. Solche in der Rezeptionsforschung sogenannten **uses and gratifica-**

4.1 Kindheit und Jugend im Zeichen der Medialisierung

tions können sein: abschalten und sich entspannen, sich erotisch anregen lassen, sich informieren, Selbstbestätigung finden, in der *peer group* (Gruppe der Gleichaltrigen) mitreden können, Gemeinschaftsgefühl erfahren oder stiften, sich kulturell überlegen fühlen.

Insofern Medien zur „Lebensbewältigung" (Charlton 1997) genutzt werden, sind sie auch Materialvorräte und Instrumente jugendlicher **Identitätsbildung** als Prozess der Selbsterkenntnis und der Selbstgestaltung. Medien können Erkenntnisprozesse antreiben, also das Fragen, Forschen, Produzieren, Diskutieren und Reflektieren. Obwohl sie zweifellos kommerziell und von Images und Stereotypen durchsetzt sind, bieten sie auch Räume für kreative Rückzüge, Verweigerungen und Gegenentwürfe. Gegen das Klischee vom sinn- und besinnungslosen Medienkonsum ermöglichen *instant messaging*, Chat, persönliche Webseiten, die Publikation individueller elektronischer *Zines* oder *Podcasts* spielerische Rollenerprobung und Identitätskonstruktion (vgl. Alvermann [Hrsg.] 2002). Vor allem aber ermöglichen gerade neue Medien das Spiel mit unterschiedlichen Identitäten: als Figur in einem Online-Spiel, als virtuelle Person in einem Chat-Raum, als Autor(in) im Netz (vgl. Frederking 2005b; Turkle 1998).

Was heißt Kindheit und Jugend im Zeichen der Medialisierung? Versuchen wir ein **vorsichtiges Fazit**: Kinder und Jugendliche leben in einer noch nie da gewesenen Fülle an Mediengeräten und -angeboten. Medien kommen nicht nachträglich und separat hinzu, sie sind immer schon in die Lebenswelt eingewoben. Dietrich Kerlen (2005, S. 33) spricht von einer heute im doppelten Sinn integrierten Medienwelt, nämlich „der Medien untereinander und der Jugendlichen mittendrin". Daher ist Medienpraxis vom „Leben" und von der „Realität" nicht trennbar, sondern weitgehend damit identisch. Und sie vollzieht sich nicht als passiver Konsum, sondern – individualisiert und differenziert – als aktive, variable und konstruktive Nutzung. Ihre Funktionen reichen von situativer Bewältigung von Alltag bis hin zur strukturellen Gestaltung der eigenen Identität und Lebensgeschichte.

Wie Medienpädagogik sich versteht, hängt ganz wesentlich davon ab, welche Vorstellungen von Medien und **Medienwirkungen** sie hat. Medien lassen sich im Extremfall sehen als Träger fragwürdiger Inhalte, Werte und Weltbilder (Stichworte: Kommerz, Scheinwelten, Gewalt, Pornografie) mit entsprechend negativen Auswirkungen, von körperlichen (z.B. Übergewicht, Müdigkeit) bis hin zu psychosozialen (z.B. Vereinsamung, „Verdummung", Abstumpfung, Sprachverfall, Gewaltbereitschaft, Irrationalismus). Auf der anderen Seite kann man in der medialen Offerte auch ein reichhaltiges Reservoir für Information, Unterhaltung, Selbstausdruck und Verständigung erblicken, aus dem Heranwachsende schöpfen können, um ihr Leben zu bewältigen und zu gestalten. Im ersten Szenario machen die Medien Schädliches mit den Konsumenten; im zweiten machen die Nutzer Produktives mit den Medien. Die vorangegangene Skizze des Aufwachsens mit Medien stand klar im Zeichen eines eher medienfreundlichen Szenarios. Darüber soll nicht verschwiegen werden, dass in der Medienpädagogik auch dezidiert medienkritische Positionen vertreten werden.

4. Medienpädagogik aus deutschdidaktischer Sicht

4.2 Medien und Erziehung – medienpädagogische Positionen

Es ist nicht möglich, hier das weite Feld der Medienpädagogik darzustellen. Es ist aber auch nicht nötig. Angestrebt wird stattdessen ein Überblick über repräsentative Positionen, der es erlaubt, das Verhältnis von Medienpädagogik und Mediendidaktik Deutsch zu bestimmen.

4.2.1 Pädagogik gegen oder abseits von Medien (Postman, Glogauer, v. Hentig)

Medienkritik ist keine Erscheinung unseres Medienzeitalters. Während heute das Lesen allerorten gefordert und gefördert wird, warnten Pädagogen in der zweiten Hälfte des 18. Jahrhunderts vielfach vor „Lesewut" oder „Lesesucht". Sie fürchteten, dass die exzessive Lektüre von Räuber-, Liebes- und Schauerromanen insbesondere Kinder und Frauen moralisch gefährden und von ihren Alltagspflichten abhalten würde (vgl. Beisbart/Maiwald 2001; Eggert/Garbe 1995, S. 80ff.; Ewers 2000, S. 58ff.; Kittler 1995). Jean-Jacques Rousseau propagierte in seinem Roman *Émile* (1762) eine Erziehung, die den Menschen seine sozialen Verformungen überwinden und einen glücklichen Naturzustand wieder erlangen lässt. Dies erforderte auch, Kinder von Medien fernzuhalten: „Émile soll keine Bücher lesen" (Kerlen 2005, S. 38). Um 1900 führten Pädagogen im Kaiserreich einen heftigen Kampf gegen sogenannten „Schmutz und Schund", der sich v.a. gegen Darstellungen von Sexualität in der Trivialliteratur richtete (vgl. ebd., S. 54f.).

Großes Aufsehen erregten seit den frühen 1980er Jahren die Schriften des Amerikaners Neil **Postman**, die mit plakativ-provokanten Titeln bereits ihre medien- und kulturkritische Tendenz anzeigten: *Das Verschwinden der Kindheit* (1983), *Wir amüsieren uns zu Tode* (1985), *Keine Götter mehr. Das Ende der Erziehung* (1995). Für das „Verschwinden der Kindheit" machte Postman vor allem das Fernsehen, insbesondere dessen im Vergleich zum Lesen einfache Konsumierbarkeit verantwortlich. Programm und Werbung infiltrierten Heranwachsende mit Inhalten, die Erwachsenen vorbehalten sein sollten. Somit verwische die Grenze zwischen Kindheit und Erwachsensein bzw. verschwände die Kindheit als eigene, behütete Phase des Heranwachsens. Eine noch radikalere Kritik hat der Medienpädagoge Werner Glogauer vorgetragen. Er sieht Kinder und Jugendliche durch Medien „kriminalisiert" (1991) und konstatiert in einem Buchtitel: *Die neuen Medien machen uns krank* (1999).

Differenzierter, aber auch medienskeptisch bis -aversiv, argumentiert der Pädagoge Hartmut **v. Hentig**. Sein Buch *Schule neu denken* (1993) verstand sich – unter dem Eindruck fremdenfeindlicher Gewalttaten – als utopischer Entwurf einer Schule als Lebens- und Erfahrungsraum, einer Polis im kleinen „als Modell einer politischen, sich selbst regulierenden Lebens- und Lerngemeinschaft" (ebd., S. 109). Diese Utopie beinhaltet auch eine fundamentale Kritik und ein Konzept von Bildung abseits der und gegen die Medien. Medien, so der Grundtenor, seien heimliche und schädliche Erzieher. Sie erzeugten „Besinnungslosigkeit" und „Be-

4.2 Medien und Erziehung – medienpädagogische Positionen

liebigkeit" (ebd., S. 31) und ständen daher der Bildung entgegen. Lernen in und mit Medien führe bloß zu „instrumenteller Rationalität" (ebd., S. 41). Gegen die „Wirklichkeit" steht die „Graphik der Bildschirme", gegen „Erlebnis und Tat" das „Drücken von Befehlstasten" (ebd., S. 62). Da Medien von Übel seien, begegne man ihnen am besten durch Aufklärung oder Verweigerung. Favorisiert wird eine Schule, die an Stelle von Computererfahrungen den Kindern „einen reichen Vorrat an geistigen und sinnlichen Primärerfahrungen auf den Weg" mitgibt (ebd., S. 49).

Postman, Glogauer und v. Hentig stehen für eine **kulturpessimistisch** gefärbte Pädagogik, die medienfeindlich oder zumindest medienfern agiert. Dagegen stehen Ansätze eines konstruktiven Aufgreifens von Medien im Zeichen der Handlungsorientierung.

4.2.2 Medienkompetenz durch Handlungsorientierung (Baacke, Tulodziecki, Röll)

Ein Repräsentant dieser Position ist Dieter **Baacke**, für den Postman und v. Hentig zu den „falschen Verbündeten der Medienpädagogik" (1997, S. 34ff.) zählen. Da Kinder und Jugendliche in Medienwelten leben, ist der Aufbau von Medienkompetenz erforderlich, und zwar durch Medienkritik, Medienkunde, Mediennutzung und Mediengestaltung (ebd., S. 98f.). Im aktiven **(handlungs- und projektorientierten) Umgang** mit Medien entstehen für Baacke „handhabbare, gemeinsam zu verantwortende Handlungskontexte" (ebd., S. 68), in denen auch ein Stück Widerstand gegen Medien geübt werden kann.

Neben Baacke oder auch Bernd Schorb (1995) ist Gerhard **Tulodziecki** (1997) ein renommierter Vertreter handlungsorientierter Medienpädagogik. Mediennutzung ist für Tulodziecki idealiter stets eine Handlung. Ein Individuum handelt, wenn es eine „bedürfnis- und situationsbedingte psychische oder physische Aktivität bewußt [durchführt], um einen befriedigenden bzw. bedeutsamen Zustand zu erreichen" (ebd., S. 117). Handlungsorientierung ist also einerseits das übergreifende pädagogische *Ziel*, nämlich ein „sachgerechtes, selbstbestimmtes, kreatives, sozialverantwortliches Handeln im Zusammenhang mit Medien" (ebd., S. 120). Wie Tulodzieckis medienpädagogische Aufgabenliste ergibt, ist Handlungsorientierung gleichzeitig aber auch das zentrale methodische Prinzip:

1. Auswählen und Nutzen von Medienangeboten
2. Eigenes Gestalten und Verbreiten von Medienbeiträgen
3. Verstehen und Bewerten von Mediengestaltungen
4. Erkennen und Aufarbeiten von Medieneinflüssen
5. Durchschauen und Beurteilen von Bedingungen der Medienproduktion und -verbreitung

Handlungsorientierte Medienarbeit bestünde beispielsweise darin, dass Kinder selbst einen Comic herstellen und verkaufen (vgl. ebd., S. 213).

4. Medienpädagogik aus deutschdidaktischer Sicht

Zu nennen im Zusammenhang mit dem handlungsorientierten Ansatz ist auch Franz-Josef **Röll** (1998). Wie Tulodziecki sieht Röll in aktuellen Medialisierungstendenzen pädagogischen Handlungsbedarf, aber auch -möglichkeiten. Denn Medien werden genutzt als „Garanten einer Zeit- und fiktiven Raumordnung" (ebd., S. 35), zur Herstellung von Identität(en) und Lebensstil(en), zur Konstruktion biografischer Kontinuität und Sinnerfüllung. Im Zentrum von Rölls Pädagogik steht der Versuch, die **Wahrnehmung von Mythen und Symbolen** in Medienangeboten wie Kinofilmen, Videoclips, Werbung, Musik, Videokunst und Computeranimationen in den Dienst der Subjektbildung zu stellen. Diese „sinnlich-ästhetische Aneignung von sozialer Wirklichkeit" (ebd., S. 9) hat keinen bewahrenden, sondern einen offensiven Impetus. Es geht darum, die in Medienerfahrungen steckenden Potenziale für Kognition, Kommunikation und Identität fruchtbar zu machen. Auch Röll favorisiert eine handlungsorientierte Medienarbeit, der es um Aktivierung, Partizipation und Bedürfnisorientierung (vgl. ebd., S. 16) geht. Eine „analytische und handlungsorientierte Arbeit mit Bildern, Mythen und Symbolen [kann] helfen bei der ontologischen Selbstvergewisserung als auch bei dem Entwurf möglichen, zukünftigen Seins" (ebd., S. 140).

Die gemeinsame **pädagogische Grundidee** von Baacke, Tulodziecki und Röll besteht darin, durch handelnden und produktiven Umgang mit Medien auch handlungsfähige (d.h. aktive, selbstbestimmte, kritische) und in diesem Sinne kompetente Mediennutzer zu erziehen. Sie vertreten eine Pädagogik, die sachlich und gelassen von der Medialisierung kindlicher und jugendlicher Lebenswelten als Voraussetzung und als Zielhorizont von Erziehung ausgeht. Eher noch medienkritisch erscheint dies bei Tulodziecki, vor allem in seiner Gegenüberstellung von Wirklichkeit und Medienwirklichkeit. Wiederholt hat Tulodziecki die „reale" Erfahrungsform gegenüber modellhaften, abbildhaften und symbolischen Formen bevorzugt, bei denen sich womöglich „unangemessene bzw. irreführende Vorstellungen über die Wirklichkeit ausbilden" (2003, S. 120f.). Dies verkennt aber, dass selbst der Augenschein immer medial ist und in die Irre führen kann und dass Modelle, Abbilder und Symbole wesentlich treffender und auch lernanregender sein können. Auch Röll schätzt die Effekte von Medien differenziert ein. Er sieht sie einerseits in Möglichkeiten umfassenderer Welt- und Selbsterfahrung, andererseits in Gefahren der Blendung, des Distanzverlusts und der Unmündigkeit (ebd., S. 53f.). Rölls Pädagogik stellt jedoch die grundlegende Medialität menschlicher Erfahrung bzw. die Medialisierung von Lebenswelt voll in Rechnung. Damit befindet er sich sehr nahe an der im Folgenden skizzierten Position.

4.2.3 Medienpädagogik in anthropologischer Perspektive (Moser, Spanhel)

Medien durchwirken unsere Lebenswelt, unser alltägliches Handeln und Denken. Psychische, soziale, kulturelle Erfahrungswirklichkeiten entstehen durch die Produktion und die Rezeption von Zeichen, sind also mediale Konstruktionen. Legt man dies zugrunde, so lässt sich Medienpädagogik nicht mehr in der (vermeintli-

4.3 Zum Verhältnis von Medienpädagogik und Mediendidaktik Deutsch

chen) Differenz von ursprünglicher Erfahrung und medialer Scheinwelt begründen. Und sie lässt sich auch nicht mehr primär als kritische Analyse von Sekundärwirklichkeiten und Betonung der Wichtigkeit primärer Erfahrungen betreiben (vgl. Moser 1995, S. 24). **Medialität als Fähigkeit zum Zeichengebrauch** spielt sowohl in der phylogenetischen (stammesgeschichtlichen) als auch in der ontogenetischen (individualgeschichtlichen) Entwicklung des Menschen eine entscheidende Rolle (vgl. Spanhel 2004, S. 128). Medien sind nichts Nachträgliches und Separates, vielmehr ist alles Menschsein von Anbeginn medial konstruiert. Daher sieht Heinz Moser (1995) Medienpädagogik nicht mehr nur als Sonderdisziplin, sondern als Pädagogik schlechthin. Eine Pädagogik, die Medialität stets mitdenkt, reflektiert, wie (neue) Medien die Lebenswelt, Schule und Unterricht sowie Erziehungs- und Bildungsaufgaben (neu) prägen und herausfordern.

Geht man von einem **anthropologischen Grundverhältnis Mensch-Medien** aus, so wird auch Medienpädagogik zu einer den ganzen Menschen, das ganze Menschsein betreffenden Bildungsaufgabe. Es geht ihr, wie Dieter Spanhel (2004) aufzeigt, nicht mehr nur um Medienkritik und um eher instrumentell-pragmatische Medienkompetenz. Ausgehend von der allgemeinen Fähigkeit zum Zeichengebrauch zielt das pädagogische Wirken darüber hinaus auf eine „an medienethischen Prinzipien orientierte *Medienbildung,* die ein Handeln-Können, Wissen und eine ethische Grundhaltung umfasst" (ebd., S. 134; Kursivsetzung im Original). Ein mediengebildeter Mensch ist fähig, Medienangebote verantwortlich und wertbewusst auszuwählen; er verfügt über variable Mediennutzungsmuster, die ihm Lebensgestaltung, Selbsterkenntnis und Welterkenntnis, Selbstdarstellung und soziales Zusammenleben ermöglichen (vgl. ebd., S. 128). Erziehung und Schule haben die Aufgabe, „konsensuelle Bereiche" (ebd., S. 137) aufzubauen. Gemeint sind damit überschaubare Erfahrungsräume, in denen sich die Aneignung medialer Inhalte, vor allem aber „Prozesse eigentätigen zeichenhaften, medialen Handelns" vollziehen können (ebd., S. 138).

Die hier skizzierten pädagogischen Positionen reichen von Medienfeindlichkeit und -abwendung bis hin zur Annahme von Medialität als Fundament aller erzieherischen Bemühungen. (Für eine ausgiebige Diskussion der Konzeptionen v. Hentigs, Tulodzieckis und Rölls vgl. Maiwald 2005a.) Die Übergänge sind ohne Zweifel fließend, Medienkritik etwa spielt in allen drei Ansätzen eine wichtige Rolle. Im Folgenden ist nun zu umreißen, wie sich Mediendidaktik Deutsch zur Medienpädagogik verhält.

4.3 Zum Verhältnis von Medienpädagogik und Mediendidaktik Deutsch

Mediendidaktik Deutsch fragt nach den medialen Bedingungen und Organisationsmöglichkeiten von Lernprozessen im Gegenstandsfeld Sprache und Literatur. Eine Schnittmenge mit der Medienpädagogik resultiert daraus, dass wie in jedem Fach auch im Deutschunterricht **Medien als technische Hilfsmittel** zum Einsatz

4. Medienpädagogik aus deutschdidaktischer Sicht

kommen, beispielsweise Beamer und PowerPoint anstelle einer Tafel, eine Rechtschreibsoftware anstelle eines Übungsheftes oder eine multimediale CD-ROM zu einer literarischen Epoche anstelle einer Literaturgeschichte in Buchform. Die Beispiele machen deutlich, dass die Frage nach der medientechnischen Unterstützung von Lernprozessen stets in einem engen Bezug zu den Inhalten und Zielen eines Faches bzw. Gegenstandsbereiches zu sehen ist. Diese fachspezifischmedienerzieherische Perspektive, die für die Mediendidaktik Deutsch grundlegend ist (vgl. Kap. 5), liegt naturgemäß aber eher außerhalb des Blickwinkels der allgemeinen Pädagogik.

Insofern die Medienpädagogik theoriegeleitete Beschreibungen kindlicher und jugendlicher Medienwelten vornimmt, leistet sie für die Mediendidaktik Deutsch gleichwohl einen wichtigen Beitrag. Zum einen macht sie darauf aufmerksam, welche Medienangebote und -nutzungsmuster in der außerschulischen Lebenswelt vorherrschen. Dies ist in doppelter Hinsicht wichtig: Es gibt Aufschluss über das sich erweiternde Spektrum an Texten/Texturen als möglichen Gegenständen des Deutschunterrichts, und es erklärt die sich mit medialen Entwicklungen neu ausprägenden *literacies* (d.h. Praktiken des Symbolgebrauchs und der Kommunikation) und Mentalitäten der Lerner selbst. Dies heißt: Medienpädagogik macht uns aufmerksam auf veränderte Formen des Zeichengebrauchs einerseits, auf veränderte Lernvoraussetzungen, -fähigkeiten und -notwendigkeiten andererseits (vgl. Spanhel 2004, S. 129ff.). Gerade wenn man Lernen als aktive Konstruktion ansieht, dann wird auch eine Fachdidaktik ein Augenmerk auf die (aktiv konstruierenden) Lerner legen und medienpädagogische Befunde zur Kenntnis nehmen.

Kulturpessimistische Medienkritik und -aversion wie die v. Hentigs kann einer Mediendidaktik Deutsch aber keine Impulse geben. Wenig fruchtbar ist auch ein pädagogisches Denken entlang der Opposition medialer Schein vs. nicht-mediales Sein. So spricht Helga Theunert (1996, S. 63) davon, „die Wirklichkeit von ihrem medialen Abbild und vom medial produzierten Wunschbild zu trennen". Dies verkennt die grundlegende **„Medialität des Weltzugangs"** (Kerlen 2005, S. 182), die zur Folge hat, dass Medienerziehung mit der Unterscheidung von „echter" und „medialer" Wirklichkeit, wie sie auch bei Tulodziecki mitschwingt, kaum operieren kann.

Gleichwohl hat gerade die handlungsorientierte Medienpädagogik wesentlich dazu beigetragen, dass der verbalsprachlich, printmedial und hochliterarisch verengte Blick, den Deutschdidaktiker(innen) und Deutschlehrer(innen) berufsbedingt zunächst haben, sich für die mediale Fülle einer primär visuellen Kultur öffnet – Franz-Josef Rölls Erschließung von Mythen in populären Videoclips und Werbespots war diesbezüglich nicht weniger als eine Pionierleistung. Handlungsorientierte Ansätze machen auch klar, dass Medienerziehung sich nicht in rezeptiver und rationaler Analyse erschöpfen kann, sondern **emotionale Rezeptionsgratifikationen** einkalkulieren und **produktiv-kreative Umgangsformen** praktizieren muss.

4.3 Zum Verhältnis von Medienpädagogik und Mediendidaktik Deutsch

Allerdings darf die Handlungs- und Projektorientierung als methodisches Prinzip nicht mit Erwartungen überfrachtet und verabsolutiert werden. Thomas Zabka (2001) hat für den symbolverstehenden Umgang mit Musikvideos überzeugend gegen Eigenproduktionen und stattdessen für beschreibende Verfahren argumentiert. Das Herstellen eigener Medienangebote (z.b. Comics, Radiosendungen, Videofilme) ist nicht zwangsläufig angezeigt. Vor allem aber ist es ist nur dann sinnvoll, wenn es einhergeht mit Prozessen der **Analyse und Reflexion**. Hier kommt Sprache mit ins Spiel. Besonders wenn Handlungsorientierung fach-unspezifisch konzipiert wird, übersieht sie leicht „die genuinen Bedingungen und Herausforderungen, die Sprache und Texte für die individuellen, kulturellen und gesellschaftlichen Lern- und Bildungsprozesse stellen" (Beisbart 2006, S. 48).

Sprache und Texte sind aber nicht nur fachliche Gegenstände, sie sind auch die Medien, in denen jedes Lernen sich vollzieht. Sprache und Kommunikation sind keine neutralen Instrumente für die Speicherung und Übermittlung von Inhalten, Bedeutungen und Werten, sondern vielmehr die Medien, in denen diese erst konstruiert werden. Die fruchtbarste Verbindung zwischen Medienpädagogik und Mediendidaktik Deutsch liegt daher in pädagogischen Konzeptionen, die Sprache als grundlegend ansehen, wie dies bei Spanhel (2004) angedeutet ist. Denn nicht nur ist in einem allgemeinen Sinn der (mediale) Weltbezug des Menschen durch seine Sprachlichkeit bestimmt, auch enthalten zahlreiche Medienangebote sprachliche Anteile und ist die Auseinandersetzung mit Medien stets ein sprachlich-kommunikativer Prozess (vgl. Maiwald 2005a).

In der Deutschdidaktik ist im Gefolge einer maßgeblichen Publikation von Jutta Wermke (1997) in den letzten Jahren zunehmend die Auffassung vertreten worden, dass **Medienerziehung integrativ im Fachunterricht** erfolgen solle. Dies bedeutet: Es gibt für Medienerziehung kein eigenes Schulfach (etwa „Medienkunde"), sie bleibt aber auch kein allgemeines fächerübergreifendes Anliegen (um das sich dann letztlich niemand kümmert). Vielmehr soll jedes Fach seine Gegenstände, Methoden und Ziele medienbezogen reflektieren und konzipieren. Genau dies wird im vorliegenden Buch für das Fach Deutsch, also für Sprache, Texte und Kommunikation, unternommen.

Auch wenn man Medienerziehung dergestalt fachspezifisch und fachbezogen auffasst, bleibt Medienpädagogik eine wichtige Bezugsdisziplin. Sie bearbeitet zwei auch für deutschdidaktisches Handeln relevante Fragen. Erstens: Wie formieren Medienerfahrungen die Lebenswelt von Heranwachsenden? Zweitens: Was folgt daraus für Lehr-Lernprozesse (im engeren mediendidaktischen Sinn) und für Erziehung und Bildung (im weiteren pädagogischen Sinn)? Mediendidaktik Deutsch wiederum entwickelt Theorien über Sprache, Texte und Kommunikation. Daher kann sie gerade mit einer Sprachlichkeit reflektierenden Medienpädagogik in eine ergiebige Zusammenarbeit treten.

4. Medienpädagogik aus deutschdidaktischer Sicht

> **Zusammenfassung**
>
> Medienpädagogik befasst sich als Mediendidaktik mit Lernmitteln (z.B. PC, virtuelle Lernplattformen), als Medienerziehung mit der Bedeutung von Medien für das Aufwachsen. Drei medienerzieherische Positionen wurden in diesem Kapitel skizziert: 1) Medien- und Kulturkritik in der Tradition von Neil Postman (z.B. v. Hentig); 2) medienzugewandte, vor allem auf Handlungsfähigkeit zielende Pädagogik (z.B. Baacke); 3) anthropologische Medienpädagogik, die eine grundsätzliche Medialität und Sprachlichkeit der menschlichen Welterfahrung annimmt (z.B. Spanhel). Medienpädagogik beschreibt die Medialisierung kindlicher und jugendlicher Lebenswelten und die daraus resultierenden allgemeinen Folgerungen für Lernen, Erziehung und Bildung. Für die fachdidaktische Frage nach Lernprozessen im Gegenstandsfeld Sprache und Literatur ist Medienpädagogik damit eine wichtige Bezugsdisziplin, besonders dann, wenn sie von einem anthropologischen Grundverhältnis von Mensch und Medien ausgeht.

Weiterführende Literatur: Baacke, Dieter (1997): Medienpädagogik. Tübingen. **Beisbart, Ortwin (2006):** Bezugswissenschaften. In: Kliewer, Heinz-Jürgen/Pohl, Inge (Hrsg.): Lexikon Deutschdidaktik (Bd. 1). Baltmannsweiler, S. 47–54. **Spanhel, Dieter (2004):** Aufgaben der Medienpädagogik unter anthropologischem Aspekt. In: Jonas, Hartmut/Josting, Petra (Hrsg.): Medien – Deutschunterricht – Ästhetik. München, S. 127–140. **Wermke, Jutta (1997):** Integrierte Medienerziehung im Fachunterricht. Schwerpunkt: Deutsch. München.

5. Mediendidaktik Deutsch – Gegenstand, Begründungskontexte, Konzeptionen

Mediendidaktik ist nach Gerhard Tulodziecki (1997, S. 46) neben Medienerziehung ein zentraler Bestandteil der Medienpädagogik und beschäftigt sich mit Fragen der Mediennutzung. In deutschdidaktischem Verständnis stellt Mediendidaktik hingegen eine autonome Disziplin dar – analog zu neueren Positionsbeschreibungen in der pädagogischen Fachliteratur (vgl. dazu Kron/Sofos 2003). Entsprechend ist ihr Gegenstands- und Aufgabenbereich aus deutschdidaktischer Sicht sehr viel weiter zu fassen als bei Tulodziecki. Denn Möglichkeiten und Probleme der Mediennutzung sind untrennbar mit fachspezifischen Inhalten und Zielen – hier des Deutschunterrichts – verbunden. In diesem Sinne sprechen wir von Mediendidaktik Deutsch (Frederking 2002, S. 145ff.). Diese behandelt nicht nur Fragen der fachspezifischen Mediennutzung, sondern auch der fachspezifischen Medienerziehung. Dass **Medienerziehung integrativ** im Fachunterricht erfolgen muss, ist eine Erkenntnis, die erstmals und wegweisend Jutta Wermke (1997) formuliert hat. Sie hat deutlich gemacht: Es gibt für Medienerziehung kein eigenes Schulfach (etwa „Medienkunde"), sie bleibt aber auch kein allgemeines fächerübergreifendes Anliegen (um das sich dann letztlich niemand kümmert). Vielmehr hat jedes Fach seine Gegenstände, Methoden und Ziele medienbezogen zu reflektieren und zu konzipieren. Diese fachspezifische medienerzieherische Perspektive ist ein zentraler Bestandteil der Mediendidaktik Deutsch – neben der Frage nach den medialen Bedingungen und Organisationsmöglichkeiten von Lernprozessen im Kontext von Sprache und Literatur. Damit ist eine grundlegende Erweiterung der deutschdidaktischen Aufgaben- und Zuständigkeitsfelder verbunden. Denn mit der ‚**Mediendidaktik Deutsch**' erhält die Deutschdidaktik als fachspezifische Theorie unterrichtlichen Handelns neben der Sprach- und der Literaturdidaktik eine dritte Säule (vgl. Frederking 2002, S. 154). Deren spezifische Gegenstandsbereiche und Begründungskontexte sollen nachfolgend in einigen wesentlichen Aspekten beleuchtet werden.

5.1 Gegenstand und Begründungskontexte

5.1.1 Medialität und medialer Wandel von Sprache und Literatur

Der erste einschlägige Begründungszusammenhang für die Notwendigkeit einer Einbeziehung medienspezifischer Aspekte in deutschdidaktische Fragestellungen und Theoriebildungen ist die **Medialität von Sprache und Literatur** (vgl. dazu Greber/Ehlich/Müller 2002). So wie die Mediengeschichte nicht erst mit den elektronischen oder digitalen Medien beginnt, sondern schon mit dem oralen bzw. dem literalen Paradigma einsetzt, weil sowohl das gesprochene als auch das geschriebene bzw. gedruckte Wort mediale Formen darstellen (vgl. Kap. 3), ist der Deutschunterricht immer schon medial geprägt, weil seine primären fachlichen Gegenstände Sprache und Literatur selbst in ihrer nicht-elektronischen Form me-

5. Mediendidaktik Deutsch – Gegenstand, Begründungskontexte, Konzeptionen

dial konstituiert sind. **Deutschunterricht** ist aus diesem Grunde immer schon **Medienunterricht** gewesen – selbst in einer ausschließlich mündlichen bzw. buchorientierten Ausprägung. Mit den neuen elektronischen bzw. digitalen Medien erweitern sich lediglich seine bereits bestehenden medialen Fundamente.

Neben der Sprach- und der Literaturdidaktik hätte es so gesehen seit den Anfängen der Deutschdidaktik und der damals vorherrschenden reinen Buchorientierung des Faches eine Mediendidaktik Deutsch geben können bzw. müssen. Zu reflektieren wären in diesem Rahmen z.b. mediale Besonderheiten von Mündlichkeit und Schriftlichkeit oder von skriptographischem und typographischem Schriftgebrauch gewesen. Auch mediengeschichtliche Aspekte wie der Übergang von der Oralität zur Literalität, die Unterschiede von primärer und sekundärer Oralität oder Einblicke in die Geschichte des Lesens vom *alta-voce*-Gebrauch bis zur stillen Rezeptionspraxis der Neuzeit (vgl. Kap. 3) wären lohnende und für Schüler(innen) bei geeigneter didaktisch-methodischer Modellierung auch sehr interessante Ansatzpunkte gewesen – und sind es natürlich erst recht aktuell. Denn sie laden zur Reflexion der medialen Grundlagen und des medialen Wandels der vorelektronischen Formungen von Sprache und Literatur ein.

Allerdings ist die mediale Konstituiertheit aller Lehr-Lern-Prozesse im Deutschunterricht erst mit dem letzten, durch Computer und Internet eingeleiteten Medialisierungsschub in den Fokus der fachlichen Diskussion getreten. Und noch immer sind die Widerstände und Vorurteile von Deutschlehrer(inne)n nicht eben gering. Dies erklärt sich aus den Beharrungstendenzen eines einmal erworbenen Weltbildes, eines medialen Paradigmas im Sinne Thomas Kuhns (1962). Im Horizont einer reinen Buchsozialisierung nämlich mögen elektronische bzw. digitale visuelle, auditive, audiovisuelle oder multimediale Präsentations- bzw. Rezeptionsformen von Sprache und Literatur als mediale Konkurrenten erscheinen, die den Wert des ‚guten Buches' oder des ‚echten Wortes' schmälern könnten. Dass eine solche Position theoretisch nicht haltbar ist, zeigt ein Blick auf die Mediengeschichte (Kap. 3). Denn obschon jede mediale Neuerung mit Verlusthypothesen einhergegangen ist – selbst die Erfindung der Schrift –, und sich jedes alte Paradigma zunächst vehement gegen die neuen medialen Formen der Kommunikation bzw. Informationsspeicherung gewehrt hat – Musterbeispiel ist die Kritik des Sokrates an der Schrift (vgl. Kap. 3) –, waren diese Abwehrhaltungen auf lange Sicht weder erfolgreich noch die damit verbundenen Ängste begründet. So wenig wie die Erfindung der Schrift die oralen Traditionen gänzlich eliminieren konnte, so wenig haben Rundfunk und Fernsehen die Buchwelt bislang verdrängen können. Tatsächlich hat sich lediglich das Spektrum der Mediennutzung erweitert, allerdings partiell durchaus zu Lasten der Buchlektüre (vgl. Kap. 5.1.3).

Doch nicht nur die Medialität von Sprache und Literatur begründet die Notwendigkeit einer Mediendidaktik Deutsch. Der mit der Erfindung der elektronischen bzw. digitalen Medien verbundene **Wandel der sprachlichen und literarischen Präsentations- und Rezeptionsformen** stellt einen weiteren einschlägigen Begründungszusammenhang dar. Tatsächlich hat sich der Gegenstandsbereich deutsch-

5.1 Gegenstand und Begründungskontexte

didaktischer Theoriebildung mit Radio, Fernsehen, Video, DVD, Computer und Internet erheblich erweitert, so dass eine reine Buchorientierung im Deutschunterricht nicht mehr zeitgemäß ist (Wermke 1997, S. 46; Frederking 2002, S. 143ff.). Denn in elektronischen Medien werden Sprache und Literatur in unterschiedlicher Form neu verarbeitet. Dabei erhalten sie eine je eigene medienspezifische Ausprägung. Schließlich spielen im Rahmen aller analogen bzw. digitalen elektronischen Medien mündliche oder schriftsprachliche Ausdrucksformen, Kommunikationsstrategien, Narrationsmuster etc. eine exponierte Rolle. Mediendidaktik Deutsch ist der theoretische Reflexionsrahmen, in dem die sich daraus ergebenden didaktischen und methodischen Fragen diskutiert, fachspezifische unterrichtliche Konsequenzen durchdacht und konzeptionell realisiert werden können.

Für den **Literaturunterricht** lassen sich zwei Grundtypen unterscheiden. Zum einen sind hier mediale Adaptationen zu nennen, die sich wortgetreu um die mediale Abbildung einer printmedialen Vorlage bemühen. Dies gilt z.B. für viele Arten von Hörkassetten bzw. Hör-CDs, Literaturverfilmungen, rein textbasierte Literatur-CD-ROMs oder Literatur im Internet, die werkgetreu und ohne weitere mediale Aufbereitung im Netz zur Verfügung steht. Der zweite Typus umfasst all jene literalen, visuellen, auditiven, audiovisuellen oder multimedialen Texte, die entweder medienspezifische Weiterentwicklungen einer Print-Vorlage darstellen – z.B. Hörbücher mit Musikeinspielungen –, oder mediale Neuschöpfungen, die nur in dem elektronischen Medium in dieser Form überhaupt entstehen konnten – z.B. Videoclips, ton-, bild- bzw. filmanimierte Literatur-CD-ROMs, interaktive Formen wie Internetliteratur oder synästhetische multimediale Gesamttexte (vgl. Kepser 1999, S. 197ff. und 282ff.; 2000; 2004; Frederking 2005b, S. 119ff.). All diese medialen Präsentationsformen von Literatur lassen sich sinnvoll und fruchtbar in den Literaturunterricht integrieren – auf der Grundlage entsprechender didaktischer Konzeptionen und im Horizont damit verbundener, klar umrissener fachlicher Zielperspektiven, die die Mediendidaktik Deutsch zu entwickeln hat.

Auch der **Sprachunterricht** erhält durch den medialen Wandel neue Inhalte und mediale Nutzungsformate. Denn die Integration analoger und digitaler mündlicher wie schriftlicher Äußerungsformen erweitert sowohl den fachspezifischen Gegenstandsbereich als auch die Handlungs- und Lernoptionen im Umgang mit sprachlichen Phänomenen im Deutschunterricht in einschneidender Weise. So ist die Analyse von Radio-, Film- bzw. Fernseh-Sprache in den verschiedenen Sende- bzw. Produktionsformaten ein lohnendes Feld zeitgemäßer Sprachreflexion, die sich durch handelnd-produktive Erkundungen vertiefend erschließen können. Mit E-Mail und Chat sind neuartige asynchrone bzw. synchrone Kommunikationsmedien und Kommunikationsformen entstanden, die ebenfalls sowohl sprachreflexiv als auch im handelnden Umgang das Spektrum unterrichtlicher Lerninhalte und Lehrformen erweitern (Kepser 1999, S. 208ff. Frederking 2002, S. 146ff.; Krommer 2003). Der besondere, zwischen Mündlichkeit und Schriftlichkeit changierende Sprachstil von E-Mail- und Chat-Kommunikationen mit seinen Sonderfor-

5. Mediendidaktik Deutsch – Gegenstand, Begründungskontexte, Konzeptionen

men (Emoticons; Akronyme) fordert zu medienspezifischen Sprachbetrachtungen heraus (vgl. Weingarten 1997) – auch unter Einbeziehung und im Vergleich zur SMS (vgl. Krommer 2005). Gleichzeitig eröffnen sich mit den zugrunde liegenden Medienformaten vielfältige Möglichkeiten zur virtuellen Kooperation, die sich unter Hinzuziehung von spezifischen Kooperationsplattformen wie dem BSCW oder LoNet noch vertiefen lassen (vgl. Berghoff/Frederking 1999a, S. 121ff.; Metz/Pfeiffer/ Staiger/Wichert 2004; Möbius 2005). Auch für diese stellt die Mediendidaktik Deutsch den geeigneten Reflexionsrahmen bereit.

5.1.2 (Kinder- und Jugend)-Literatur im Medienverbund

Ein zweiter Begründungszusammenhang für eine fachspezifische Mediendidaktik ergibt sich aus dem Sachverhalt, dass die Produktion und Rezeption von Literatur insbesondere in ihren kinder- und jugendliterarischen Ausprägungen zunehmend im Medienverbund erfolgt (vgl. Hengst 1994, S. 239ff.; Wermke 1997, S. 67ff.; Heidtmann 2000; Josting 2001b, S. 174ff.). Als Medienverbund wird der wechselseitige inhaltliche Bezug verschiedener Medienformate aufeinander bezeichnet (vgl. Wermke 1997; Frederking/Josting 2004; Josting/Maiwald 2007). Jeder Medienverbund besitzt zwar oftmals vielfältige Querstrukturen, orientiert sich dabei in der Regel aber an einem **Leitmedium**. Dazu Jutta Wermke (1997, S. 46):

> „Obgleich diese kumulativen bzw. diffundierenden Querstrukturen prinzipiell alles mit jedem zu verbinden vermögen, haben sich in der aktuellen Medienkultur Medienverbünde herausgebildet, die keineswegs nur unter dem Gesichtspunkt ihrer ökonomischen Verwertbarkeit von Interesse sind, sondern gerade auch als ästhetische Profile, die sich im Anschluß an ein bestimmtes Leitmedium entwickelt haben. Als ,Leit-Medium' bezeichne ich diejenige Größe, an deren spezifischer Ästhetik sich andere Medien orientieren."

Dabei ist der Medienverbund kein Produkt des aktuellen medialen Wandels. Der Begriff fand bereits in den sechziger Jahren Verwendung, als im Zusammenhang mit der Entstehung des Schulfernsehens eine Reihe von Publikationen zum Lehren und Lernen im Medienverbund auf den Markt kamen (vgl. z.B. Dohmen/Peters 1971). Das Phänomen selbst wiederum ist seit Anfang des Jahrhunderts, also mit dem Aufkommen der elektronischen Medien Schallplatte und Film, in Erscheinung getreten. Als Pioniere des Medienverbundes, der die alte romantische Vorstellung von der Verbindung der Künste (vgl. Schelling 1800; 1807; Schlegel 1798; Novalis 1798–1800; Wagner 1850) in spezifischer Weise fortsetzt, können Dadaismus, Bauhaus und Filmkunst gelten: z.B. Kurt Schwitters mit seiner auf Ton aufgezeichneten Rezitation der *Anna Blume* aus dem Jahre 1919, Alexander László mit seinen farblichtmusikalischen Aufführungen (László 1925) oder George Méliès' *Aschenbrödel*-Verfilmung des Jahres 1899 (Kap. 3). Aber auch die Kinder- und Jugendliteratur, für die der Begriff des Medienverbundes in der deutschdidaktischen Literatur zumeist Verwendung findet, hat bereits in der ersten Hälfte des 20. Jahrhunderts Medienverbundangebote hervorgebracht. Das bekannteste Beispiel der dreißiger Jahre ist „die **crossmediale Vermarktung**" (Frederking/Josting 2004, S. 7) von Erich Kästners *Emil und die Detektive*. Das erste ein Gesamtwerk umfassende Medienverbund-Konzept ist mit dem

5.1 Gegenstand und Begründungskontexte

Namen Astrid Lindgren verbunden, die den medialen Transfer der meisten ihrer Kinder- und Jugendbücher in Form von Vertonungen und Verfilmungen teilweise selbst angestoßen und zumeist aktiv begleitet hat (vgl. Josting 1997).

Der Medienverbund der Gegenwart unterscheidet sich von diesen Vorläuferphasen vor allem im Hinblick auf seine Quantität und Komplexität. An die Seite von Bilderbüchern, Fotobüchern, Comics, Hörkassetten, Fernsehfilmen und Videokassetten sind mit CD, CD-ROM, DVD, Computer und Internet leistungsstarke Digitalmedien getreten. So gibt es zu den meisten Kinder- und Jugendbüchern mittlerweile Vertonungen in Form von Hörbüchern bzw. Hörspielen in Kassetten-, CD- oder MP3-Format, die sich bei Kindern und Jugendlichen wachsender Beliebtheit erfreuen (vgl. Fey 2003, S. 232; Heidtmann 2000, S. 30ff.; 2002 S. 116f.). Auch Verfilmungen stehen für viele aktuelle Kinder- und Jugendbücher auf Video oder DVD zur Verfügung und sind Teil des Vermarktungskonzepts (vgl. Abraham 2002b). Dabei ist zu beobachten, dass gegenwärtig immer öfter Buchfassung und mediale Adaptation zeitgleich bzw. in großer zeitlicher Nähe auf den Markt kommen. Besonders Kombinationen von Buchneuerscheinung und zeitnaher Hörbuchausgabe sind verbreitet (vgl. Fey 2003, S. 23). Aber auch für die audiovisuellen Medien ist diese Tendenz zu beobachten. Beste Beispiele sind gegenwärtig die Verfilmungen der sieben Bände des Kinder- und Jugendbuch-Bestsellers *Harry Potter* von Joanne K. Rowling oder *Die wilden Fußballkerle* von Joachim Masannek. Auffällig ist auch ein anderer Trend: Der Film ist nicht **Folgeprodukt**, sondern Ausgangspunkt des Medienverbundes, der sich aus Begleitbüchern zum Film oder zur Fernsehserie bildet. Auch Zeitschriften, Magazine, Comics oder Bilderbücher über bekannte Fernsehfiguren (z.B. *Die Simpsons*) oder Serienbestsellern (z.B. *Gute Zeiten, Schlechte Zeiten* und *Sailor Moon*) – so genannte Tie-ins (vgl. Malaka 1996, S. 16) – spielen zunehmend eine Rolle (vgl. Mädler/Plath 2000, S. 173f.). Der Computer ist mittlerweile fester Bestandteil des Angebots im Bereich der Kinder- und Jugendliteratur. Auf CD-ROM steht das gesamte Ensemble der kinder- und jugendliterarischen Klassiker von *Robinson Crusoe*, *Heidi*, *Der Kleine Prinz*, *Biene Maja* oder *Ronja Räubertochter* bis hin zum *Sams*, zu *Harry Potter* oder interaktiven Detektivgeschichten wie *Fünf Freunde*, *Die drei ???*, *TKKG* etc. zur Verfügung. Auch das Internet hält zu fast jedem/r Autor(in) hypermedial aufbereitete Seiten bereit, die in umfassender Weise über Leben und Werk informieren – z.B. das Erich-Kästner-Museum im Netz (www.erich-kaestner-museum.de). Außerdem stehen von vielen Klassikern wie *Emil und die Detektive* oder aktuellen Bestsellern wie *Harry Potter* oder Janoshs *Tiger und Bär* multimedial aufbereitete Netzversionen zur Verfügung, die u.a. Leseproben, Rezensionen, Hörtexte, Bildmaterial und E-Mail- oder Chat-Kontakte anbieten.[1]

---

[1] Hinzu kommen die verschiedenen kommerziellen Vermarktungsansätze durch Spielzeughersteller, Bekleidungsindustrie, Papierverarbeiter, Lebensmittelbranche etc.: „Figuren wie Pippi Langstrumpf oder die Teletubbies sind als Puppen zum Spielen erhältlich, sie zieren Kalender, Tassen, Schulartikel, Poster, Süßigkeiten, Badehandtücher, Rucksäcke, Mouse Pads etc. und begleiten auf diese Weise ihre Besitzer im häuslichen Alltag, in der Schule und in der Freizeit" (Frederking/Josting 2004, S. 8).

5. Mediendidaktik Deutsch – Gegenstand, Begründungskontexte, Konzeptionen

Dieses breite Spektrum an Kinder- und Jugendliteratur im Medienverbund muss selbstverständlicher Bestandteil des Deutschunterrichts und damit der Mediendidaktik Deutsch sein. Schließlich tritt Printliteratur hier von sich aus in einen medialen Bezug mit visuellen, auditiven, audiovisuellen und multimedialen Formen. Wenn beispielsweise Erich Kästner, Astrid Lindgren, Joanne K. Rowling oder Paul Maar selbst als Autoren bzw. Autorinnen die auditive, audiovisuelle oder multimediale Verarbeitung ihrer Bücher fördern bzw. aktiv begleiten, wird eine allein auf die Printfassung beschränkte Behandlung im Deutschunterricht weder dem Autor bzw. der Autorin noch dem entsprechenden Kinder- bzw. Jugendbuch gerecht. Selbst die aus rein kommerziellen Motiven entstandenen und zur Populärkultur (vgl. Ewers 2002) gehörenden crossmedialen Formen des Medienverbundes, die oftmals nicht den Vorstellungen literarästhetischer Erziehung oder kultureller Bildung entsprechen, sollten zumindest partiell in den Deutschunterricht einbezogen werden, weil Kinder und Jugendliche diese in großem Maße rezipieren und eine reflexiv-kritische Begleitung Aufgabe der Schule im Allgemeinen und des Deutschunterrichts im Besonderen sein muss. Schließlich gilt es Kinder und Jugendliche beim Aufbau einer kompetenten und manipulationsresistenten Mediennutzung zu unterstützen.

5.1.3 Mediensozialisation und Deutschunterricht

Der dritte exponierte Begründungszusammenhang für eine fachspezifische Mediendidaktik im Bereich deutscher Sprache und Literatur ergibt sich aus den Spezifika heutiger Mediensozialisation. Kindheit und Jugend sind in der Gegenwart in umfassender Weise medialisiert. Alle Lebensbereiche und alle Altersphasen sind davon erfasst. Das Buch ist längst nicht mehr das **Primärmedium der Mediensozialisation**, wenn es dieses überhaupt je gewesen ist. Denn in der kindlichen Mediensozialisation ‚wiederholt' sich das erste Paradigma der Medienkulturgeschichte, insofern die früheste mediale Prägung der meisten Kinder oral bzw. auditiv erfolgt. Schließlich kommen Kinder mit Sprache durch die ersten non-verbalen und verbalen Kommunikationen mit der Mutter in Kontakt. In vorelektronischen Zeiten erfolgte auch die erste Literaturbegegnung oral bzw. auditiv – durch das Erzählen bzw. Vorlesen von Geschichten. Damit fand Ernst Haeckels (1866) so genanntes biogenetisches Grundgesetz, nach dem die individuelle menschliche Entwicklung (Ontogenese) Phasen der Menschheitsgeschichte (Phylogenese) nachbildet, sowohl im Bereich der Sprache als auch der Literatur eine medienspezifische Entsprechung. Heute ist das Erzählen oder Vorlesen von Geschichten in der Familie, das für den Aufbau einer stabilen Lesemotivation von entscheidender Bedeutung ist (vgl. Wieler 1997), nur noch in so genannten bildungsnahen Schichten gängige Praxis. **Narrative Muster** erwerben Kinder heute vorschulisch vor allem durch Bilderbücher, Hörkassetten und Filme im Fernsehen oder auf Video.

5.1 Gegenstand und Begründungskontexte

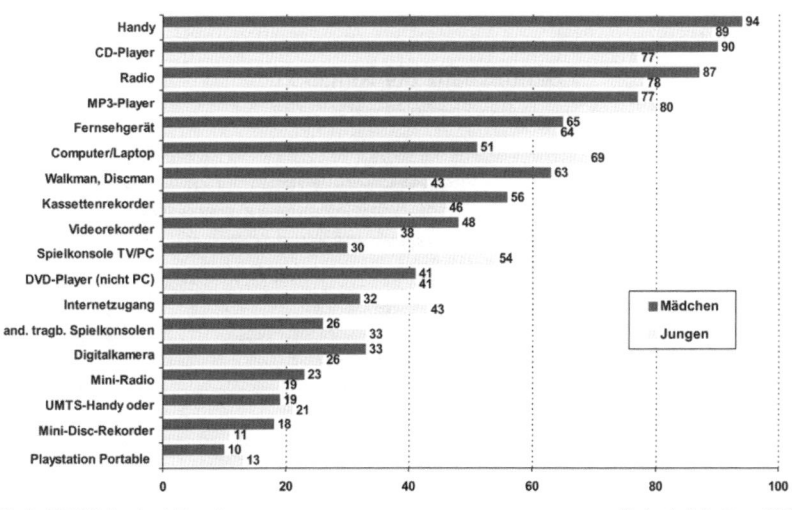

Abb. 21: *Gerätebesitz Jugendlicher 2006*

Doch auch im Schulkindalter bleiben die auditiven und audiovisuellen Medien **prägende Instanzen**, wie die KIM-Studie 2006 gezeigt hat, während Computer und Internet bei Kindern zwischen 6 und 13 Jahren immer noch eine relativ geringe Verbreitung haben (vgl. Feierabend/Rathgeb 2006a, S. 9; Abb. 21). So sind nur 14% der Mädchen und 21% der Jungen im Besitz eines Computers, 16% der Mädchen und 14% der Jungen nennen einen so genannten Kindercomputer ihr eigen, während 7% der Mädchen und 10% der Jungen Zugang zum Internet haben. Demgegenüber stehen mittlerweile fast der Hälfte der Kinder im privaten elterlichen Umfeld eigene Audio- und AV-Medien zur Verfügung (vgl. Feierabend/Rathgeb 2006a, S. 9). 57% der 6–13-Jährigen besitzen einen eigenen CD-Player, 56% der Mädchen und 50% der Jungen verfügen über einen eigenen Kassettenrekorder, 47% der Mädchen und 46% der Jungen über ein eigenes Radio und 42% der Mädchen und 46% der Jungen über einen eigenen Fernseher.

Bei den im Rahmen der JIM-Studie 2006 untersuchten Jugendlichen zwischen 12 bis 19 Jahren haben sich die Verhältnisse noch einmal deutlich verändert (vgl. Feierabend/Rathgeb 2006b). Hier besitzen 90% der Mädchen und 77% der Jungen einen eigenen CD-Player, 77% der Mädchen und 80% der Jungen verfügen über einen eigenen MP3-Player, 87% der Mädchen und 78% der Jungen steht ein eigenes Radio zur Verfügung und 65% der Mädchen und 51% der Jungen ein eigener Fernseher. Noch deutlicher ist der Anstieg im Bereich der neuen Digitalmedien. 51% der Mädchen und 69% der Jungen gehört ein eigener Computer, 32% der Mädchen

5. Mediendidaktik Deutsch – Gegenstand, Begründungskontexte, Konzeptionen

und 43% der Jungen ist eine separate private Internetnutzung möglich (vgl. Abb. 22).

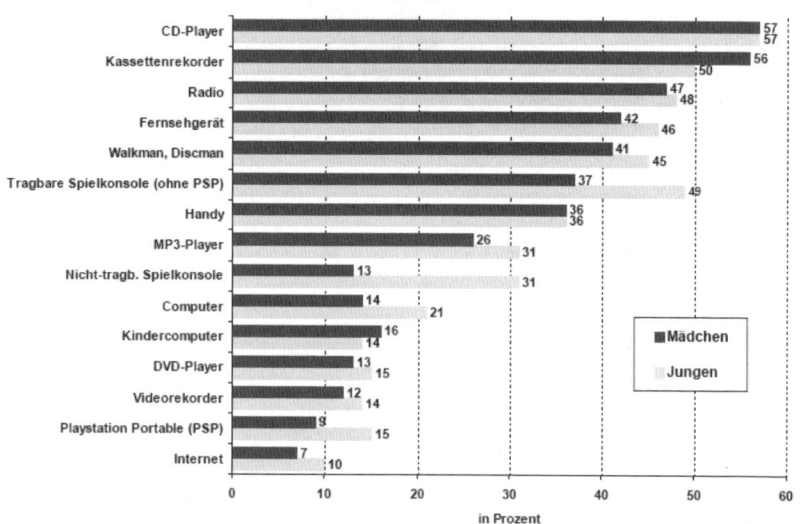

Abb. 22: *Gerätebesitz der Kinder 2006*

Dieser erhöhten Verfügbarkeit von elektronischen Medien im Kindes- und Jugendalter stehen entsprechende Nutzungszahlen zur Seite. Zwar lesen Kinder und Jugendliche in ihrer Freizeit unverändert Bücher (vgl. Richter/Riemann 1999, S. 21; 2000, S. 42ff.). Aber das Lesen ist nicht mehr die einzige Medienrezeptionsform. Vor allem sind Film und Fernsehen längst zu den eigentlichen **Leitmedien der Gegenwart** aufgestiegen. Dazu heißt es in der JIM-Studie: „Sowohl von den Kindern als auch von den Haupterziehern wird das Fernsehen am intensivsten genutzt. Die Dauer der Fernsehnutzung von Kindern und Haupterziehern nimmt mit steigendem Bildungsgrad der Haupterzieher deutlich ab, dagegen wenden diese mehr Zeit für das Lesen, Computer und Internet auf. Die Intensität der Nutzung und die Präferenzen der Kinder hängen offensichtlich mit denen der Haupterzieher zusammen, die Vorbildfunktion der Eltern wird hier erneut deutlich." (Feierabend/Rathgeb 2006a, S. 66) Leseförderung muss deshalb die familiären Kontexte mit einbeziehen (vgl. dazu Bertschi-Kaufmann/Wassilis/Sieber 2004). Dennoch ist nicht zu übersehen, dass das Lesen im Printmedium stark rückläufig ist – zumal, wenn man berücksichtigt, dass die aktuellen Zahlen wahrscheinlich noch vom *Harry-Potter*-Boom begünstigt sind. Damit zeichnet sich ein Revisions-

5.1 Gegenstand und Begründungskontexte

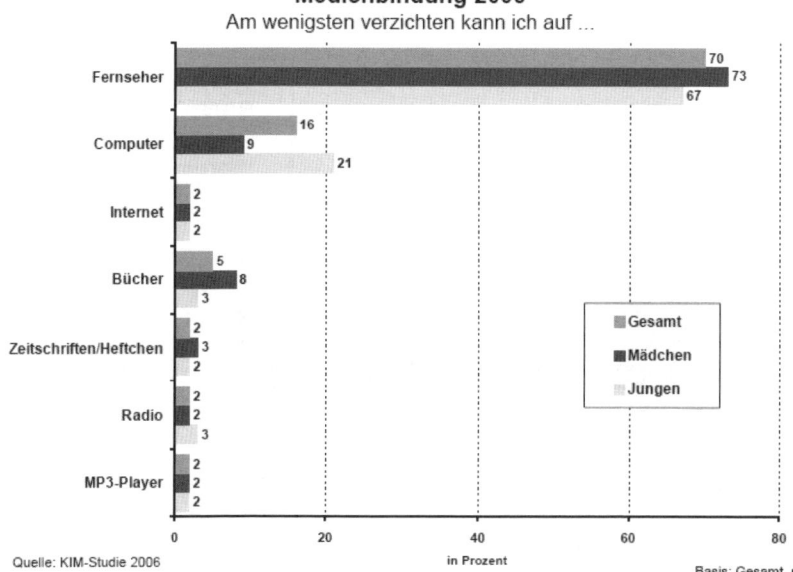

Abb. 23: *Medienbindung 2006*

bedarf im Hinblick auf medienrezeptionstheoretische Annahmen ab. Während bis zum Ende der neunziger Jahre des 20. Jahrhunderts in der Medienpädagogik und in der Mediensozialisationsforschung die **Ergänzungshypothese** favorisiert wurde, derzufolge das Lesen durch andere Mediennutzungsformen ergänzt, nicht ersetzt wird (Hurrelmann/Hammer/Nieß 1993), mehren sich nun doch die Anzeichen, dass die ehedem als kulturpessimistisch und übertrieben skeptisch eingeschätzte **Verdrängungshypothese**, derzufolge das Lesen von Büchern zunehmend an Bedeutung verliert, doch in gewissem Maß Bestätigung finden könnte. Zwar stellen Feierabend/Rathgeb (2006a, S. 27) für das Jahr 2006 fest: „Aktuell lesen 49 Prozent der Kinder zumindest einmal pro Woche in einem Buch (2000: 40 %, 2003: 57 %). Jeden oder fast jeden Tag greifen 14 Prozent zu einem Buch (2000: 15 %, 2003: 13 %)." Allerdings verdeutlicht Abb. 23 aus derselben Studie, dass nur 5 % der Kinder angeben, auf das Buch am wenigsten verzichten zu können, während 70 % dies für das Fernsehen tun. Verweisen schon diese Angaben auf die erheblich gesunkene Bedeutung des Lesens, finden diese Zahlen ihre Bestätigung bei den Angaben der Eltern über die Mediennutzungsgewohnheiten ihrer Kinder (vgl. Abb. 24). Die Angaben schwanken je nach Bildungsgrad zwischen 19 und 24 Minuten pro Tag für das Lesen und 78 bis 100 Minuten für das Fernsehen.

Allerdings muss in diesem Zusammenhang betont werden, dass diese Zahlen nur etwas über das Bücherlesen aussagen, nicht aber über die Quantität des Lesens insgesamt. Denn **Lesen** erfolgt heute **in multimedialer Form** und umfasst E-Mail,

5. Mediendidaktik Deutsch – Gegenstand, Begründungskontexte, Konzeptionen

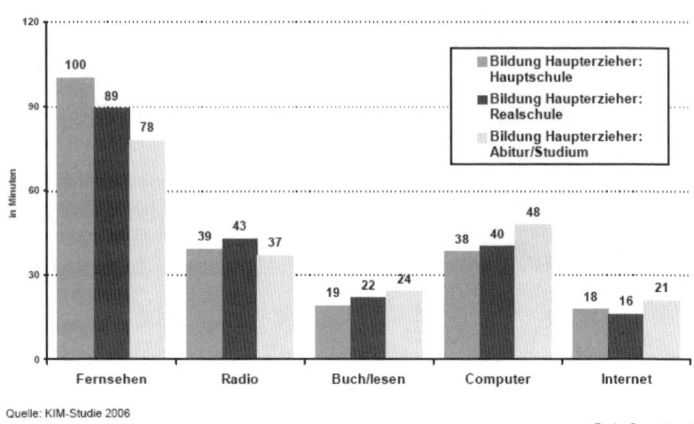

Abb. 24: *Geschätzte Nutzungsdauer verschiedener Medien bei Kindern*

Chat, Internetseiten etc. In den 38 bis 48 Minuten Computer- und 16 bis 21 Minuten Internetnutzung sind verdeckte Lesezeiten von digitalen Sachtexten oder computergeschützten Kommunikationen enthalten. Dies zeigen auch die Angaben der befragten Kinder zur Art ihrer Internetnutzung (Abb. 25). Wenn 44 bzw. 48% zumindest einmal pro Woche nach Informationen im Netz suchen, sind damit ebenso Leseprozesse verbunden wie mit dem Nutzen von Kinderseiten (38%) bzw. Erwachsenenseiten (25%), dem Schreiben von E-Mails (33%), dem Chatten (20%) etc.

Für den Deutschunterricht bzw. die Mediendidaktik Deutsch bedeutet dies zum einen, vor allem **Computer und Internet** als **natürliche Verbündete des Deutschunterrichts** bzw. einer zeitgemäßen, der Mediensozialisation von Kindern und Jugendlichen entsprechenden Form der Lese- und Sprachförderung zu erkennen, die der Deutschunterricht nutzen und für die die Mediendidaktik Deutsch geeignete Konzepte entwickeln muss. Zum anderen aber darf der Deutschunterricht Kinder und Jugendliche mit den vielfältigen außerschulischen Medienerfahrungen nicht allein lassen, sondern sollte in fachspezifischer Perspektive zu ihrer reflexiven Aufarbeitung beitragen. Denn gerade in bildungsfernen Schichten, in denen die audiovisuellen Medien sowohl von den Heranwachsenden als auch von den Erwachsenen am intensivsten rezipiert werden, fehlen derartige Verarbeitungsmöglichkeiten in der Regel (vgl. Feierabend/Rathgeb 2006a, S. 57ff.).

5.1.4 Medialisierung, Motivation und Mediendidaktik Deutsch

Für eine Integration elektronischer visueller, auditiver, audiovisueller und synästhetischer Medien in den Deutschunterricht und das Reflexionsfeld der Deutschdidaktik spricht angesichts der gewandelten Mediensozialisation heutiger Kin-

5.1 Gegenstand und Begründungskontexte

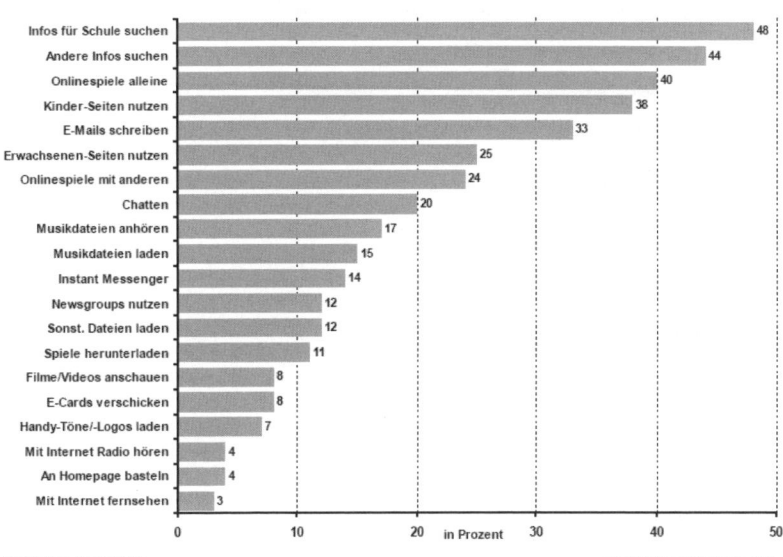

Abb. 25: *Internet-Tätigkeiten 2006*

der und Jugendlicher auch die Motivation der Lernenden. Denn wenn Kinder und Jugendliche in ihrer privaten Nutzung Sprache und Literatur heute in unterschiedlichsten medialen Formen kennen lernen und Hör-CDs, Fernsehen, Film und Computerspiele dabei als **Lust vermittelnde mediale Formen** erfahren, muss ihnen ein rein buchbasierter Deutschunterricht als nicht mehr zeitgemäß und wenig motivierend erscheinen. Besonders gilt dies für die Jungen. Diese besitzen zumeist ein spezifisches Interesse an ‚technischen' Medien, wie die KIM- und die JIM-Studien gezeigt haben. Im Rahmen der KIM-Erhebung 2006 geben 15% der Mädchen und 28% der Jungen zwischen 6 und 13 Jahren an, dass das Internet für sie „sehr interessant" sei (vgl. Feierabend/Rathgeb 2006a, S. 6). Die JIM-Studie 2006 hat ermittelt, dass 76% der Mädchen und 88% der Jungen den Computer und 65% der Mädchen und 73% der Jungen das Internet täglich nutzen (vgl. Feierabend/Rathgeb 2006b, S. 12). Gleichzeitig geben bei den 6 bis 13 Jährigen 24% der Mädchen und nur 7% der Jungen an, dass Bücher bzw. Lesen „sehr interessant" seien (vgl. Feierabend/Rathgeb 2006a, S. 6). Bei den Jugendlichen sind es 47% der Mädchen und 34% der Jungen, die regelmäßig Bücher lesen (vgl. Feierabend/ Rathgeb 2006b, S. 12). Hier werden erhebliche **geschlechtsspezifische Unterschiede** erkennbar. Gleichzeitig wird deutlich, dass der traditionelle buchdominierte Deutschunterricht einseitig den Interessen der Mädchen entspricht. Angesichts des Tatbestandes, dass gleichzeitig die männlichen Jugendlichen bei PISA

5. Mediendidaktik Deutsch – Gegenstand, Begründungskontexte, Konzeptionen

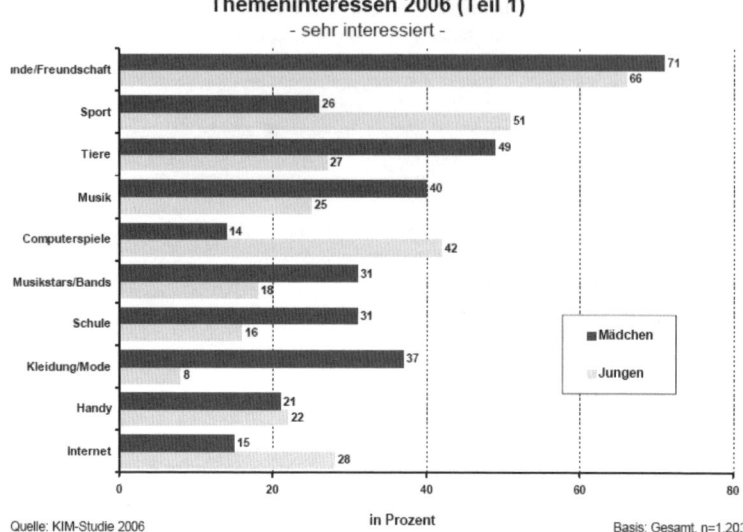

Abb. 26: *Themeninteressen 2006 (Teil 1)*

in Bezug auf ihre Lesekompetenz als Risikogruppe in Erscheinung getreten sind und dies auch und vor allem auf ihr sehr begrenztes Leseinteresse zurückzuführen ist, das als einer von vier zentralen Prädiktoren, d.h. Einflussfaktoren von Lesekompetenz nachgewiesen wurde (vgl. Artelt/Stanat/Schneider/Schiefele 2001), ist es erforderlich, den Leseinteressen der Jungen in stärkerem Maße zu entsprechen und ihre Lesemotivation zu fördern. Über elektronische Formen der Literatur- und Sprachbegegnung könnten Jungen im Kindes- wie im Jugendalter auf für sie interessantere Weise mit den fachlichen Gegenständen des Faches Deutsch in Beziehung gebracht und zum Lesen (und Schreiben) motiviert werden (Frederking 2003, S. 46ff.). **Lese- und Schreibförderung** sollte mit anderen Worten auf der Grundlage vielfältiger Medien erfolgen (vgl. Bertschi-Kaufmann/Kassis/Sieber 2004). Beides gehört deshalb nicht nur zum Aufgabenbereich von Sprach- und Literaturdidaktik, sondern auch der fachspezifischen Mediendidaktik.

5.1.5 Identitätsorientierung und Mediendidaktik Deutsch

Hinzu kommen identitätsspezifische Aspekte der kindlichen und jugendlichen Mediensozialisation. So besitzt prinzipiell jeder Rezeptionsprozess Auswirkungen auf **das menschliche Selbst- und Weltverhältnis.** Schon wenn ein Kind oder ein Jugendlicher z.B. ein Buch liest, wirkt die Rezeption direkt oder indirekt auf die Identität des kindlichen bzw. jugendlichen Lesers zurück. Dies gilt für Kinder- und Jugendbücher, die altersspezifische und geschlechtstypische Probleme entfalten (Abenteuergeschichten, Pferdebücher etc.) wie für klassische literarische Texte. Durch die Identifikation mit den Protagonist(inn)en einer Geschichte im Akt des

5.1 Gegenstand und Begründungskontexte

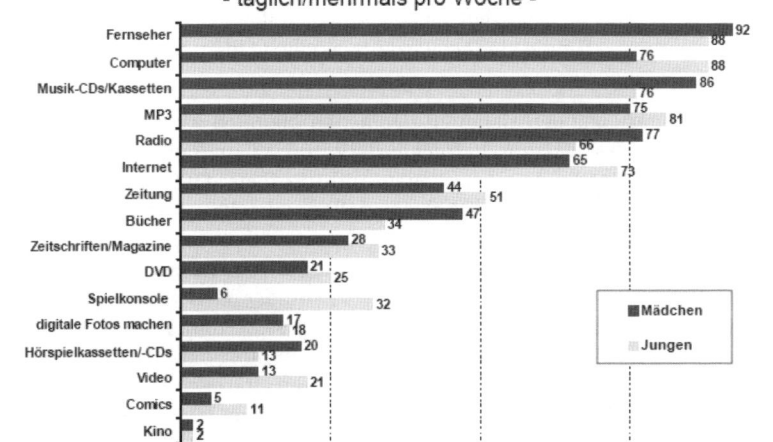

Abb. 27: *Medienbeschäftigung in der Freizeit 2006*

Lesens erfolgt in der Regel eine Perspektivübernahme (Spinner 1993; Köppert 1997). Im Schutzraum der Fiktion werden andere Rollenmuster, Wirklichkeitserfahrungen, Weltbilder etc. zugänglich, die Rückwirkungen auf das Selbst- und Weltbild der kindlichen bzw. jugendlichen Leser(innen) haben. Diese personale Dimension kann und sollte im Rahmen spezifischer unterrichtlicher Lehr-Lern-Arrangements fruchtbar und einer reflexiven Verarbeitung zugänglich gemacht werden. Ein identitätsorientierter literaturdidaktischer Ansatz bietet sich dazu in besonderer Weise an (vgl. Kreft 1977; Spinner 1980).

Fragen der Identität werden **im Umgang mit elektronischen Medien** aber zumindest in gleichem Umfang berührt (vgl. Mikos/Wiedemann 2000, S. 12ff.). Ob Hörbuch, Film, Videoclip, Computerspiel oder Chat – wie beim Buch bleibt auch die Rezeption auditiver, audiovisueller multimedialer und interaktiver Formate nicht ohne Auswirkungen auf das Selbst- und Weltverhältnis der kindlichen bzw. jugendlichen Mediennutzer(innen) – teilweise mit durchaus problematischen Auswirkungen. Schon relativ früh wurden in der Forschung potentielle Gefahren benannt. Dies gilt schon für die audio-visuellen Medien. Ob von medienspezifischen „Ausweitungen unserer eigenen Person" (McLuhan 1964, S. 21) die Rede ist, vom „Verschwinden der Kindheit" (Postman 1982), vom Entstehen neuer Persönlichkeitsmuster (Meyrowitz 1985, S. 103ff.), vom Sog der Medien (Baacke/Frank/Radde 1989), von der Medialisierung der gesamten Identitätsbildung (Charlton/Neumann-Braun 1992), von der Gefahr medialer Fremdbestimmung (vgl. Ziehe

5. Mediendidaktik Deutsch – Gegenstand, Begründungskontexte, Konzeptionen

1994) oder von der Manipulation durch mythisch-archaisch aufgeladene symbolische Subtexte (vgl. Röll 2001, S. 75), die audiovisuellen Medien Film, Fernsehen, Video-Clip etc. werden in der mediendidaktischen Diskussion als Herausforderungen für die kindliche bzw. jugendliche Identitätsbildung verstanden.

Aber auch die möglichen Gefahren der neuen digitalen Multimedien rückten früh in das Blickfeld wissenschaftlicher Reflexion. Vilém Flusser hat vom computerbedingten Entstehen einer „neuen Anthropologie" (1991b, S. 212) gesprochen, Sherry Turkle vom Internet als „Soziallabor für Experimente mit [...] Ich-Konstruktionen" (1995, S. 289), Wolfgang Bergmann plakativ von „Computerkids" und einer gefährlichen medialen Erfahrungsdivergenz zwischen den Generationen (1996, S. 39), Horst W. Opaschowski von der ‚Generation @' mit einer Tendenz zum virtuellen „Identitäts-Hopping" (1999, S. 138), Nicola Döring von einer anonymitätsbedingten Tendenz zur „Enthemmung bzw. De-Individuation" (Döring 1998, S. 270) im Internet und zur „Kreation alternativer Online-Identitäten" (Döring 1998, S. 294), Ray Kurzweil schließlich vom „Homo s@piens" (Kurzweil 1999).

Damit sind Problemlinien skizziert, vor denen Schule die Augen nicht verschließen darf. Ihre zumindest partielle, d.h. exemplarische reflexive Aufarbeitung ist notwendig – auch und gerade im Deutschunterricht. Die Erweiterung des Spektrums identitätsorientierter didaktischer Prinzipien um den medialen Faktor ist unmittelbare Konsequenz dieses Sachverhalts. Es bedarf eines identitätsorientierten Deutschunterrichts im Zeichen der Medialisierung bzw. einer **Integration des Identitätsaspekts in die Mediendidaktik Deutsch** (Frederking 2002; 2004c). Ihr Ziel muss es sein, Schülerinnen und Schülern im Umgang mit sprachlichen und literarischen Gegenständen die Möglichkeit zur Bewusstwerdung und Reflexion der eigenen medialisierten Lebenswirklichkeit und des eigenen Selbst- und Weltverhältnisses zu eröffnen und beim Aufbau einer reflektierten, selbstbestimmten und manipulationsresistenten Medienrezeption zu helfen. Dazu gehört die Reflexion und Produktion der in literalen, piktoralen, auditiven, audiovisuellen und multimedialen Symbolisierungsformen enthaltenen ästhetischen Codes.

5.1.6 Mediendidaktik Deutsch, Kompetenzorientierung und Bildungsstandards

Ein sechster maßgeblicher Begründungszusammenhang, warum sich die Deutschdidaktik mit medienspezifischen Fragestellungen beschäftigen und Konzepte zur Integration bzw. Reflexion von Medien im Deutschunterricht entwickeln muss, ergibt sich aus den grundlegenden Wandlungen, die unser Bildungssystem seit Anfang des 21. Jahrhunderts durch die Umstellung von der Input- zur Output- bzw. zur Kompetenz-Orientierung erfahren hat. Der Kompetenzbegriff, vom Sprachwissenschaftler Noam Chomsky (1974) geprägt und von Jürgen Haber-

5.1 Gegenstand und Begründungskontexte

mas im Theorem der ‚kommunikativen Kompetenz' (1971) wegweisend philosophisch weitergedacht, hat in der Nach-PISA-Ära erneut Konjunktur. Kompetenz ist zum bildungspolitischen Schlüsselbegriff avanciert. Der Begriff ‚**Medienkompetenz**', von Dieter Baacke (1973; 1996; 1999) aus der Habermas'schen Begrifflichkeit abgeleitet, ist „Leitbegriff medienpädagogischer Zielsetzungen" (Wermke 1997, S. 135) und damit zentraler Bestandteil der in der Schule zu erwerbenden Kompetenzen. Für den Deutschunterricht und die Deutschdidaktik spielt Medienkompetenz eine besondere Rolle (vgl. Groeben/Hurrelmann 2002b). Sie ist eine „Zieldimension" (Josting 2004, S. 77) fachspezifischer Medienerziehung und damit ein unverzichtbares Element der Mediendidaktik Deutsch. Denn der Deutschunterricht ist aufgrund der Medialität seiner unterrichtlichen Gegenstände Medienunterricht par excellence und deshalb in besonderer Weise für die Vermittlung von Medienkompetenz zuständig.

Was ist unter Medienkompetenz zu verstehen? Medienkompetenz ist eine spezifische Ausformung jenes Kompetenzbündels, das in der so genannten Klieme-Expertise in Anknüpfung an die Definition Franz E. Weinert (2001, 27f.) in wegweisender Form definiert wurde:

> Kompetenzen sind „die bei Individuen verfügbaren oder durch sie erlernbaren kognitiven Fähigkeiten und Fertigkeiten, um bestimmte Probleme zu lösen, sowie die damit verbundenen motivationalen, volitionalen und sozialen Bereitschaften und Fähigkeiten[,] um die Problemlösungen in variablen Situationen erfolgreich und verantwortungsvoll nutzen zu können. (Klieme/Avenarius/Blum/Döbrich/Gruber/Prenzel/Reiss/Riquarts/Rost/Tenorth/Vollmer 2003, S. 72)

Auf dieser Basis ergibt sich im Horizont der Mediendidaktik Deutsch folgende Definition fachspezifischer Medienkompetenz:

> **Definition:** Mit der im Fach Deutsch zu vermittelnden bzw. zu erwerbenden Medienkompetenz bezeichnen wir die kognitive Fähigkeit und Fertigkeit zum fachspezifischen Umgang mit Medien und zur Lösung aller damit verbundenen theoretischen und praktischen Problemstellungen sowie die motivationale, volitionale und soziale Bereitschaft und Fähigkeit, diese auf medienspezifische Fragen bezogenen Problemlösungen zielführend im Umgang mit Sprache und Literatur und ihren medialen Grundlagen zu verwirklichen.

Diese Definition von Medienkompetenz im Deutschunterricht lässt sich mit zwei Modellen zur Ausdifferenzierung einzelner Fähigkeitsmerkmale bzw. Dimensionen spezifizieren. Ein Ansatzpunkt ergibt sich aus der Anwendung der von Dieter Baacke herausgearbeiteten vier Fähigkeitsmerkmale allgemeiner Medienkompetenz – Medienkunde, Medienkritik, Mediennutzung und Mediengestaltung (vgl. Baacke 1973; 1996; 1999; vgl. Kap. 4) – auf die verschiedenen, für den Deutschun-

5. Mediendidaktik Deutsch – Gegenstand, Begründungskontexte, Konzeptionen

terricht zentralen medialen Formen.[2] **Medienkunde bzw. -analyse** umfasst im Rahmen deutschdidaktischer Fragestellungen die Fähigkeit zur reflexiven Durchdringung medienspezifischer Formen, Narrationsmuster, Strukturmerkmale, Personenkonfigurationen, Motive und Zeichen sowie der Produktions-, Rezeptions- und Distributionskontexte der einzelnen Medienformate. **Medienkritik** bezeichnet demgegenüber die Fähigkeit zur Bewertung von Medientexten in qualitativ-ästhetischer, technisch-medialer, ethisch-moralischer, gesellschaftlich-sozialer und institutionell-formaler Hinsicht. Die Dimension der **Mediennutzung** wiederum bezeichnet die Fähigkeit zur kompetenten Auswahl, Beherrschung und Rezeption verschiedener Medientexte und Medienformate auf der Grundlage medienspezifischer Kenntnisse. Die Fähigkeit zur **Mediengestaltung** schließlich zeigt sich in der selbständigen und sachgerechten Anfertigung eigener Medientexte in oraler, literaler, visueller, auditiver, audiovisueller oder multimedialer Form bzw. in einer crossmedialen Kombination einer oder mehrerer dieser Formen.

Medienkompetenz als Zielperspektive von Mediendidaktik Deutsch lässt sich aber auch in den sieben von Norbert Groeben beschriebenen integrativen Dimensionen von Medienkompetenz fassen (vgl. Groeben 2002, S. 165ff.). So bezeichnet **Medienwissen/Medialitätsbewusstsein** die Fähigkeit zur Unterscheidung zwischen Medialität und Realität bzw. zwischen Realität und Fiktion. Die Entwicklung medienspezifischer Rezeptionsmuster, verstanden als technologisch-instrumentelle und kognitive Fertigkeiten, ist ebenfalls Voraussetzung für einen kompetenten Umgang mit Medien. Medienbezogene Genussfähigkeit durchbricht die Tradition ausschließlich rational-intellektueller Rezeptionshaltungen und meint die Fähigkeit, orale, literale, visuelle, auditive, audiovisuelle und multimediale Medienangebote als emotional und persönlich bereichernde ästhetische Formen wahrnehmen zu können. Demgegenüber ist die medienbezogene Kritikfähigkeit Grundlage einer analytisch-distanzierten Mediennutzung, die manipulative Tendenzen, z.B. in der Werbung, durchschaut und argumentativ aufzudecken vermag. Mit **Selektion/Kombination von Mediennutzung** wird die Fähigkeit zur Orientierung im komplexen Angebot von Medienformen und Medieninhalten und zur Auswahl geeigneter medialer Optionen verstanden. Die Ausbildung produktiver Partizipationsmuster ist erforderlich, um der oftmals interaktiven Qualität heutiger Medienangebote – gerade Computer und Internet sind hier zu nennen – entsprechen zu können. Die Fähigkeit zur Anschlusskommunikation schließlich

---

2 Petra Josting spricht in diesem Zusammenhang von vier unterschiedlichen „Medienbereichen, die sich in Multimedia, AV-Medien, auditive Medien und gedruckte Medien ausdifferenzieren lassen" und darauf bezogenen „vier Formen von Medienkompetenz" (2004, S. 79). Neben der oben im Text vorgenommenen Erweiterung auf sechs Medienbereiche bzw. mediale Formen – das Orale und das Visuelle sind u.E. ebenfalls in das Spektrum fachspezifischer mediendidaktischer Fragestellungen einzubeziehen – verstehen wir Medienkompetenz als Oberbegriff, dem bereichs- bzw. formatspezifische Teilkompetenzen untergeordnet werden. Dies bedeutet, dass es nicht vier bzw. sechs Formen von Medienkompetenz gibt, sondern lediglich vier bzw. sechs auf die medialen Formen bezogenen Ausprägungen ein und derselben Medienkompetenz.

5.1 Gegenstand und Begründungskontexte

ist von zentraler Bedeutung, um Medienerfahrungen reflexiv und kommunikativ verarbeiten und auf andere Medienformate anwenden zu können.

Unabhängig davon, ob sich Mediendidaktik Deutsch an den vier Fähigkeitsmerkmalen von Baacke oder den sieben Dimensionen von Groeben orientiert – in jedem Fall sind mit Medienkompetenz zugleich auch andere fachspezifische Kompetenzbereiche mitberührt. Zuvorderst ist hier die **Lesekompetenz** zu nennen. Dass diese in unmittelbarem Zusammenhang zur Medienkompetenz steht, haben vor allem Bettina Hurrelmann und Norbert Groeben in mehreren Studien überzeugend herausgearbeitet (2002a; 2002b; vgl. auch Rosebrock 1995). Eine erfolgreiche Lesesozialisation setzt eine reflexiv verarbeitete Mediensozialisation voraus bzw. muss von dieser begleitet werden. Denn kompetenten kindlichen Rezipient(inn)en von Bild-, Hör- oder Filmmedien fällt das Verstehen literarischer printmedialer Texte leichter. Umgekehrt gilt: Kompetente Leser und Leserinnen sind kompetentere Medienutzer und -nutzerinnen.

Weitere Berührungen gibt es mit **literarischer Kompetenz**, wie Petra Josting (2004, S. 81) verdeutlicht hat. Literarische Kompetenz lässt sich mit Ulf Abraham (2000, S. 21f.) als Fähigkeit zur Erschließung, Einordnung, Bewertung und kommunikativen Verarbeitung von Literatur verstehen – eine Fähigkeit, die natürlich auch für Medientexte in anderen medialen Formen in modifizierter Form gilt und insofern Schnittmengen mit Medienkompetenz aufweist. Mit Andrea Bertschi-Kaufmann und Hansjakob Schneider (2004, S. 20) kann auch von ‚literaler Medienkompetenz' gesprochen werden. In ähnlicher Weise gilt dies für ästhetische Kompetenz, die die Fähigkeit zum verstehenden Wahrnehmen meint und literale, visuelle, auditive, audiovisuelle und multimediale Texte umfasst (Wermke 2000; Josting 2004, S. 81). In diesem Sinne weist ästhetische Kompetenz Berührungen mit Medienkompetenz auf, und zwar sowohl, was die für ästhetische Prozesse kennzeichnende Urteils- als auch die Genussdimension betrifft (Frederking 2007a). Weitere Berührungspunkte ergeben sich zur **intermedialen Kompetenz** (Wermke 1997, S. 139ff; Bönnighausen 2004, S. 51), d.h. zur Fähigkeit, Differenzen und Verweise zwischen Medien zu erkennen, zu analysieren und zu beschreiben sowie zur **kreativen Kompetenz**, d.h. zur Fähigkeit zu kognitiv wie affektiv geprägten analytischen wie gestaltenden Formen von „Gegeninszenierungen, Re-Konstruktionen, Transformationen und Variationen" (Wermke 1997, S. 144).

Angesichts dieser exponierten Bedeutung, die der Medienkompetenz auch im Bezugsfeld anderer für den Deutschunterricht zentraler Kompetenzen zukommt, ist es erstaunlich und bedauerlich, dass der Medienaspekt in den **Bildungsstandards** nur am Rande berücksichtigt wurde und auf ein Achtziger-Jahre-Niveau regrediert ist. Zwar tauchen Medien auf – als Unterkategorie des Lesens und des Umgangs mit Texten (vgl. z.B. Kultusministerkonferenz 2003, S. 8). Auch werden spezifische Umgangsformen mit Medien benannt – so die Fähigkeit zur Unterscheidung von Informations- und Unterhaltungsfunktion, das Kennen medienspezifischer Formen bzw. Darstellungsmittel, das Erkennen und Bewerten me-

5. Mediendidaktik Deutsch – Gegenstand, Begründungskontexte, Konzeptionen

dienspezifischer Intentionen und Wirkungen oder die Fähigkeit zur Unterscheidung von „eigentlicher Wirklichkeit und virtuellen Welten" (Kultusministerkonferenz 2003, S. 15). Allerdings bleiben all diese Standardbeschreibungen relativ vage, bewegen sich theoretisch bzw. wissenschaftlich auf problematischem Niveau und sind begrifflich unpräzise.

Es ist deshalb zu hoffen, dass gerade der vom IQB – jenem von der KMK gegründeten ‚Institut zur Qualitätsentwicklung im Bildungswesen' – eingeleitete Prozess der Weiterentwicklung, Operationalisierung, Normierung und Überprüfung der Bildungsstandards die aufgezeigten Defizite und Lücken beheben wird, damit die Bildungsstandards in naher Zukunft dem fachspezifischen mediendidaktischen Forschungsstand entsprechen.

5.2 Konzeptionen

> Für den Deutschunterricht heißt es, nach einer Phase inhaltlicher Bereicherungen des Gegenstandsfeldes durch die Einbeziehung neuer und wichtiger Textsorten eine mediale Erweiterung des Unterrichts [...] anzustreben. [...] Die Vorschläge zielen auf einen künftigen integrativen Medienunterricht im Fach Deutsch ab – ohne Zwang zu bestimmten technischen Geräten – einen Unterricht, in dem die unterschiedlichen Kommunikationsmedien des Deutschunterrichts medienvergleichend und medienkontrastiv im Zusammenhang einer gemeinsamen didaktischen Mediendramaturgie erscheinen (Denk 1977, S. 9f.).

Mit diesen Worten plädierte Rudolf Denk als einer der ersten Deutschdidaktiker bereits 1977 für eine fachspezifische Integration von Medien in den Deutschunterricht. Zwei Jahrzehnte mussten vergehen, ehe dieser Forderung ernsthaft und umfassend entsprochen wurde. So blieb der Medienaspekt innerhalb der Deutschdidaktik bis in die neunziger Jahre hinein ein randständiges Thema. Erst mit dem Siegeszug von Computer und Internet rückten fachspezifische mediendidaktische Fragen ins Zentrum der deutschdidaktischen Diskussion. Dass auf dem Symposion Deutschdidaktik in Jena 2002 das Leitthema 'Deutschunterricht und medialer Wandel' lautete, kann als Indikator für ein gewachsenes Problembewusstsein innerhalb der Deutschdidaktik verstanden werden – ohne dass dieser Sachverhalt in der unterrichtlichen Praxis bereits entsprechende Konsequenzen gehabt hätte.

Dabei haben sich seit Mitte der neunziger Jahre mehrere fachspezifische mediendidaktische Ansätze mit je eigener Schwerpunktsetzung herausgebildet: das Konzept eines medienintegrativen (vgl. Wermke 1997), eines computerunterstützten (vgl. Jonas/Rose 2002), eines intermedialen (vgl. Bönnighausen 2004; Bönnighausen/Rösch 2004) und eines symmedialen Deutschunterrichts (vgl. Frederking 2003; 2006b). Diese sollen nachfolgend im Grundansatz zur Darstellung gelangen.

5.2.1 (Medien-)Integrativer Deutschunterricht

Pionierarbeit hat im Hinblick auf eine fachspezifische Mediendidaktik Jutta Wermke geleistet. Ihr gebührt das große Verdienst, mit ihrer Konzeption (medien-)integrativen Deutschunterrichts maßgeblich dazu beigetragen zu haben, dass

5.2 Konzeptionen

mediendidaktische Fragen mittlerweile einen festen Platz innerhalb der Deutschdidaktik besitzen. Ausgangspunkt ihrer Überlegungen ist die Erkenntnis, dass „**Deutschunterricht in einer Medienkultur** [...] integrativer Deutschunterricht sein" muss, weil „sein traditioneller Gegenstandsbereich – das Buch bzw. die Buchkultur – nur noch bedingt isoliert betrachtet werden kann" (Wermke 1997, S. 46). Worauf Wermke mit dieser These abhebt, ist der Sachverhalt, dass an die Seite der Printmedien zunehmend auditive, audiovisuelle und interaktive Medien getreten sind. Das Buch hat damit im Deutschunterricht seine lange Zeit gültige Position als Leitmedium verloren. Weder ist das Buch das einzige Medium im Umgang mit Sprache und Literatur, noch das Medium, an dem andere Medien sich inhaltlich, strukturell oder ästhetisch orientieren. In den Worten Jutta Wermkes:

> Da das Buch nun nicht nur multi- und intermedial vernetzt ist, sondern sowohl Leitmedium und damit normsetzend z.b. für filmische und auditive Realisationen sein kann, wie auch Folgemedium z.b. als Buch zum Film, das sich adaptiv anderen ästhetischen Prioritäten anschließt, ist der potentielle Gegenstandsbereich eines integrativen Deutschunterrichts in einer Medienkultur erheblich umfangreicher geworden und impliziert komplexe Hierarchisierungen. (Wermke 1997, S. 46)

Was Wermke damit im Blick hat, erläutert sie im Fortgang ihrer Ausführungen. Tatsächlich müsse der Deutschunterricht in ihrem Urteil die medialen Grundlagen der in ihm initiierten Lese- und Schreibprozesse überdenken und sich von seiner Fixierung auf Buch und Schrift lösen. Damit ist allerdings keine Abkehr vom Buch impliziert. Vielmehr wird der Buchkultur im (medien-)integrativen Deutschunterricht in zwei Richtungen entsprochen: das Buch kann in bestimmten Kontexten unverändert als **Leitmedium** fungieren und entsprechend „andere Medien nach den normativen Vorgaben einer Buchkultur auswählen" (1997, S. 53), oder aber in anderen Kontexten zum **Folgemedium** werden, das sich an den Vorgaben anderer medienästhetischer Vorlagen orientiert. Schließlich ist anzuerkennen, dass Sprache und Literatur nicht mehr nur im Medium der Schrift begegnen, sondern auch als Hörtext, als Film, als Hypertext etc. Darüber hinaus sind in verstärktem Maße die Mediensozialisations- und Rezeptionserfahrungen der Schüler(innen) bei der Unterrichtsplanung und Gestaltung zu berücksichtigen und der bislang auf die Buchkultur beschränkte Bildungsauftrag des Faches Deutsch in medienspezifischer Hinsicht zu erweitern (vgl. Wermke 1997, S. 47).

Damit muss eine Veränderung der Fragestellung und der Auswahl- und Bewertungskriterien einhergehen. Diese dürfen nicht länger am Buch als Leitmedium orientiert sein, sondern sollten andere **Medienformate und -ästhetiken** – Hörtexte, Film, Hypertexte und -medien – mit einbeziehen. Wermke fordert in diesem Sinne eine „Umkehrung der didaktischen Denkrichtung" (1997, S. 52) bzw. eine Erweiterung des Reflexionsspektrums. Statt z.B. nur zu fragen, ob eine Literaturverfilmung ‚gelungen', d.h. inwieweit die printmediale Vorlage in ästhetisch ansprechender Weise umgesetzt worden ist, ließe sich genauso vom audiovisuellen Medium her fragen, welches Buch sich für eine Verfilmung eignet und wie ein entsprechendes Film-Skript aussehen könnte (1997, S. 52f.). Auch intermediale Be-

5. Mediendidaktik Deutsch – Gegenstand, Begründungskontexte, Konzeptionen

züge sollten nach Wermke das Spektrum des Deutschunterrichts erweitern, beispielsweise durch die Untersuchung von Medienthemen und „Einflüssen anderer Medienästhetiken" (1997, S. 53) im Medium Buch. Der Sprachunterricht sollte den umfassenden Medialisierungsprozessen von Kindheit und Jugend zunehmend Rechnung tragen und seine Themen und Aufgabenstellungen z.b. im Bereich der Aufsatzerziehung oder der Kommunikation entsprechend verändern. So könnten sich „Nacherzählung und Inhaltsangabe, Beschreibung und Bericht, Protokoll und Stellungnahme, Erörterung und Diskussion neben anderen häufiger auch auf Medienerfahrungen der Schüler als Gegenstände des Deutschunterrichts beziehen" (1997, S. 62), um einerseits durch die Anknüpfung an die Lebenswirklichkeit motivationsfördernd und andererseits medienreflexiv zu wirken. In gleicher Weise sollte, so Wermke, Leseförderung über AV-Medien erfolgen. So kann ein (medien-)integrativer Deutschunterricht dazu beitragen, „dass sich Spracherziehung und Medienerziehung (im engeren Sinne) gegenseitig stärken", indem „AV- und andere Medien in den Dienst eines buchorientierten Sprach- und Literaturunterrichts gestellt werden und [...] [gleichzeitig] das Buch als Exponent und Ausgangspunkt für eine av-orientierte Medienästhetik dient" (1997, S. 53).

5.2.2 Computerunterstützter Deutschunterricht

Die ersten Ansätze zu einer konzeptionell soliden Einbindung des Computers in den Deutschunterricht stammen von Matthis Kepser und dem Autorenteam Hartmut Jonas/Kurt Rose. Kepser hat in einer 1999 veröffentlichten Studie die bis dahin entwickelten methodischen und didaktischen Ansätze systematisch zusammengeführt und im Detail beschrieben. Dabei umfasste sein Kompendium fachspezifischer Computernutzung von der Textverarbeitung und der Programmierung über Lernsoftware, Datenfernübertragung, Computer als Thema der Literatur bis hin zu den vielfältigen Formen von Sprache und Literatur im Netz das gesamte Spektrum der Ende der neunziger Jahre verfügbaren Nutzungsoptionen der neuen Digitalmedien.

Ein konzeptionelles Stadium haben die Ansätze zum Einsatz von Computer und Internet aber erst mit dem von Jonas/Rose 2001 erstellten und 2002 erschienenen Band „Computerunterstützter Deutschunterricht" erreicht. Ausgehend von der Diagnose, dass es zum Einsatz des Computers im Deutschunterricht „noch keine überzeugenden Konzepte" gäbe und auch der von ihnen vorgelegte Band „nur erste Ansätze" (Jonas/Rose 2002, S. 58) liefern könne, nehmen Jonas/Rose zunächst eine Bestandsaufnahme der bisherigen Mediendebatten, didaktisch-methodischen Ansatzpunkte und Software-Philosophien vor (Jonas/Rose 2002, S. 17ff.).

Auf dieser Grundlage reflektieren Jonas/Rose computergestützte Lehr-Lern-Prozesse im Deutschunterricht in ihren konzeptionellen Grundlagen. Für die konstruktivistischen Ansätze werden dabei in Anknüpfung an Aufenanger (1999, S. 5f.) drei Konzepte detaillierter entfaltet (Jonas/Rose 2002, S. 70f.):

5.2 Konzeptionen

1. **‚Geankertes Lernen'** (*anchored instruction*). Problemsituationen werden narrativ, d.h. in Erzählungen eingebunden, um Lernende zu strukturierterem und schnellerem Lernen zu motivieren;
2. **‚Fallbasiertes'** bzw. **‚expertenunterstütztes Lernen'** (*case-based learning* bzw. *cognitive apprenticeship*). In selbstgesteuerten Lernprozessen entscheiden die Lernenden, ob und wann sie Hilfe von Experten benötigen.
3. **‚Situiertes Lernen'** (*situated cognition*). Lernprozesse werden in reale lebensweltliche, historische oder kulturelle Kontexte eingebunden, um die Motivation und den Praxisbezug zu steigern.

Gleichwohl sehen Jonas/Rose durchaus auch Argumente für den zumindest partiellen Einsatz enggeführter, behavioristisch fundierter Lehr-Lern-Szenarien. Gerade lernschwächere Schüler(innen) favorisieren nämlich nicht selten solche Arrangements. Vor diesem Hintergrund sprechen sich Jonas/Rose im Hinblick auf Vor- und Nachteile instruktionistischer und konstruktivistischer Prinzipien computergestützter Lehr-Lern-Arrangements in Übereinstimmung zur aktuellen lerntheoretischen Debatte für einen Mittelweg aus:

> Optimales computerunterstütztes Lernen im Deutschunterricht, das alle Wissens- und Könnensbereiche umfasst, sollte durch ein ausgewogenes Verhältnis von Instruieren und Konstruieren gekennzeichnet sein, bei dem sich die Lernenden in Abhängigkeit von der Lernumgebung mit den gestellten Anforderungen aktiv auseinandersetzen und handlungsorientiert, kooperativ und kommunikativ arbeiten. (Jonas/Rose 2002, S. 76)

5.2.3 Intermedialer Deutschunterricht

Jutta Wermke war die erste, die den Intermedialitätsaspekt (Prümm 1988) und seine Bedeutung für die fachspezifische Mediendidaktik differenzierter reflektiert und diskutiert hat: „Charakteristisch für diese Medienkultur ist über Koexistenz und Konkurrenz der spezifischen Medien hinaus ihre multimediale und intermediale Vernetzung." (Wermke 1997, S. 46). Obschon Intermedialität ein konstitutives Element ihrer Konzeption (medien-)integrativen Deutschunterrichts ist, hat der Intermedialitätsaspekt gleichwohl erst mit Marion Bönnighausen und Heidi Rösch ein konzeptionelles Stadium innerhalb der Deutschdidaktik erreicht. Dabei rekurrieren Bönnighausen/Rösch auf den innerhalb der Literaturwissenschaften ausdifferenzierten Begriffsgebrauch. In medienspezifischer Erweiterung des Begriffes ‚Intertextualität' bezeichnet ‚Intermedialität' „Formen und Funktionen [...] der Bezugnahme eines bestimmten medialen Produkts auf ein anderes mediales System bzw. auf ein diesem fremdmedialen System zugehöriges Produkt" (Rajewski 2002, S. 25). **Intermedialität** setzt mit anderen Worten die Existenz von mindestens zwei unterschiedlichen Medien bzw. Medienformaten, die miteinander in Verbindung stehen, voraus. Als intermedialer Bezug wird zum einen der Medienwechsel, z.B. von der Printvorlage zur Literaturverfilmung, oder zur Vertonung bezeichnet (vgl. Rajewski 2002; Bönnighausen/Rösch 2004). Daneben findet der Begriff der Intermedialität auch im Zusammenhang mit den neuen Digitalmedien Anwendung (vgl. Helbig 1998; Heibach 2002, S. 182ff.; Simanowski 2002, S. 15ff.).

5. Mediendidaktik Deutsch – Gegenstand, Begründungskontexte, Konzeptionen

Auf die Deutschdidaktik übertragen zeigen sich die besonderen Potentiale des Intermedialitätstheorems. Denn mit Intermedialität im Deutschunterricht ist mehr gemeint als die fachliche Integration von Medien. Vielmehr geht es „um Grenzüberschreitungen im **Medien-Wechsel**, um das ‚Dazwischen' zwischen den Künsten, das mit dem zunehmenden Einsatz technischer Medien auch zu einem ‚Dazwischen' zwischen Mensch und Maschine wird" (Bönnighausen/Rösch 2004, S. 2). Dabei wird eine medientheoretisch fundierte „Lesart der Künste" favorisiert, die die Komplexe Schrift, Text und Buch bzw. Ton, Note und Musik bzw. Farbe, Leinwand und Bild, respektive ihre Einzelelemente mit Nicolas Pethes (2002, S. 154) als Medien begreift. Vor diesem Hintergrund gelangt Marion Bönnighausen zu folgender grundlegender Definition:

> Im Mittelpunkt eines intermedial konzipierten Unterrichts, der die Aufmerksamkeit für die Wechselbeziehung der Künste auch als eine Grundlage für die Auseinandersetzung mit digitalen Medien begreift, steht die Fragestellung, wie einzelne Kunstformen vermittels ihrer spezifischen Trägermaterialität ästhetische Wahrnehmung und ästhetisches Kommunizieren gestalten und inszenieren. (Bönnighausen 2006, S. 192)

Damit leistet der intermedial ausgerichtete Deutschunterricht einen besonderen Beitrag zur ästhetischen Bildung. Denn die unterschiedlichen Künste Literatur, Musik und Malerei werden in ihren medialen Grundlagen und medial-künstlerischen Bezügen erkannt und für den Deutschunterricht fruchtbar gemacht.

5.2.4 Symmedialer Deutschunterricht

Während der Begriff der Intermedialität die Differenz verschiedener Medien zur Voraussetzung hat bzw. diese zum Ausgangspunkt macht, bezeichnet der Begriff der **„Symmedialität"** (Frederking 2003; 2005a; 2006b) die Verbindung bzw. das Verschmelzen von Medien oder medialen Formen. Das Musterbeispiel hierfür ist der Computer. Dieser wird als „Symmedium" verstanden, weil „alle medialen Optionen – Text, Ton, Bild, Film etc. – auf einer Rezeptions- bzw. Handlungsbühne integrierbar" (Frederking 2006b, S. 210) sind. Gleichwohl ist Symmedialität kein Prinzip, das es nur im Zusammenhang mit den neuen Digitalmedien Computer und Internet gibt. Vielmehr stellt nach Volker Frederking (2006b, S. 209f.) schon der Tonfilm eine technisch bzw. elektronisch erzeugte Form eines symmedialen Verbundes dar, insofern bewegtes Bild und gespeicherter Ton in eine spezifische Verbindung treten. Doch auch vortechnische Formen von Symmedialität lassen sich nachweisen, so die Text-Bild-Verbindungen in mittelalterlichen Texten oder die bis ins Mittelalter gebräuchlichen und dominierenden Formen des Lesens mit lauter Stimme, *alta voce* (vgl. Frederking 2003, S. 38ff.; vgl. Kap. 3).

Im Rahmen deutschdidaktischer Reflexion eröffnet das mediengeschichtlich verankerte Theorem der Symmedialität weitreichende Möglichkeiten. Zunächst löst es Aporien der bislang verwendeten Begrifflichkeiten. Dazu Frederking (2003, S. 37):

> So fruchtbar die Begriffe ‚Medienintegration' bzw. ‚medienintegrativ' im Kontrast zum buchdominierten Standarddeutschunterricht heuristisch gewesen sind, medientheoretisch lässt sich m.E. berechtigt einwenden, dass der Deutschunterricht – wie jeder andere Fachunterricht

5.2 Konzeptionen

mehr oder wenig auch – immer schon medienintegrativ gewesen ist, versteht man Stimme und Buch als das, was sie sind: als Medien.

Auch die Bezeichnungen Multimedialität und Intermedialität erweisen sich im Urteil Frederkings deutschdidaktisch als nicht unproblematisch. So scheidet multimedial als mediendidaktischer Oberbegriff aus, weil er auf die neuen Digitalmedien beschränkt bleibt und die ‚alten' literalen, visuellen, auditiven und audiovisuellen Medien ausgrenzt. Intermedial wiederum bezeichnet zwar Binnenbeziehungen zwischen einzelnen Medien zutreffend, ohne allerdings den medialen Paradigmenwechsel hinreichend zu erfassen, der durch den Computer als Integrationsmedium, das alle anderen medialen Formen in sich vereint, eingeleitet wurde. Symmedial hingegen schließt einerseits alle älteren Medien mit ein und trägt gleichzeitig dem mit den neuen Digitalmedien verbundenen Prozess der Vereinigung medialer Formen terminologisch und konzeptionell Rechnung. Im Mittelpunkt eines symmedialen Deutschunterrichts steht in diesem Sinne „kein beliebiges Nebeneinander printmedialer, analoger oder digitaler Medien [...], sondern das sinnvolle, durch einen didaktischen Mehrwert spezifizierte Aufeinanderbezogensein ‚alter' wie ‚neuer' Medien im Unterrichtsprozess" (Frederking 2005a, S. 192). Dieser kann reflexiv-analytisch wie kreativ-handelnd ausgerichtet sein und umfasst Lese- und Schreibprozesse in literaler, auditiver, audiovisueller und multimedialer Form. Dabei unterstützt symmedialer Deutschunterricht gerade in seinen computerspezifischen Ausprägungen synästhetische Wahrnehmungsformen und wird aus diesem Grunde als besonderer Beitrag zur ‚**synästhetischen Bildung**' verstanden (Frederking 2006b, S. 213).

> **Zusammenfassung**
>
> Mediendidaktik Deutsch behandelt nicht nur Fragen der fachspezifischen Mediennutzung, sondern auch der Medienerziehung im Deutschunterricht. Neben der Sprach- und der Literaturdidaktik hat die Deutschdidaktik durch die Mediendidaktik eine dritte Säule erhalten. Dabei lassen sich unterschiedliche Begründungskontexte formulieren. Zunächst ist hier die Medialität von Sprache und Literatur und der mediale Wandel zu nennen, dem beide unterliegen. Hinzu kommt der Medienverbund, der im Bereich der Kinder- und Jugendliteratur wie zunehmend auch in der Erwachsenenliteratur Bedeutung erlangt. Schließlich spielen fachspezifische Auswirkungen der Mediensozialisation, der Motivation, der Identitätsbildung, der Kompetenzorientierung und der Bildungsstandards eine zentrale Rolle.
>
> Vier Konzeptionen haben sich bislang im Bereich der Mediendidaktik Deutsch herausgebildet: der (medien-)integrative, der computerunterstützte, der intermediale und der symmediale Deutschunterricht.

5. Mediendidaktik Deutsch – Gegenstand, Begründungskontexte, Konzeptionen

Weiterführende Literatur:
Bönnighausen, Marion/Rösch, Heidi (2004): (Hrsg.): Intermedialität im Deutschunterricht. Diskussionsforum Deutsch Band 15. Baltmannsweiler. **Frederking, Volker (2003)**: Lesen und Leseförderung im medialen Wandel. Symmedialer Deutschunterricht nach PISA. In: Frederking, Volker (Hrsg.): Lesen und Symbolverstehen. Jahrbuch Medien im Deutschunterricht 2003. München 2004. S. 37-66. **Groeben, Norbert/Hurrelmann, Bettina (2002b) (Hrsg.)**: Medienkompetenz. Voraussetzungen, Dimensionen, Funktionen. Weinheim/München. **Jonas, Hartmut/ Rose, Kurt (2002)**: Computerunterstützter Deutschunterricht. Berlin u.a. 2002. **Wermke, Jutta (1997)**: Integrierte Medienerziehung im Fachunterricht. Schwerpunkt: Deutsch. München.

6. Akustisch-auditive Medien

6.1 Definitorische Überlegungen

Mit den akustisch-auditiven Medien ist ein zentrales Handlungsfeld der Mediendidaktik Deutsch verbunden. Im Mittelpunkt stehen dabei die technisch generierten Formen. Diese haben eine erhebliche Erweiterung der menschlichen Ausdrucks- und Kommunikationsmöglichkeiten zur Folge gehabt. Sprechen und Hören sind in natürlicher, d.h. nicht-technisch vermittelter Form an Stimme bzw. Gehör gebunden. Mündliche Interaktionen haben den unmittelbaren Bezug zwischen Sprecher(in) und Hörer(in) zur Voraussetzung. Denn das gesprochene Wort muss für den Zuhörer bzw. die Zuhörerin noch wahrnehmbar sein. Orale Kommunikation ist also in ihrer Reichweite lokal begrenzt. Früh in der Geschichte der Menschheit erwachte deshalb der Wunsch nach einer Ausweitung der engen räumlichen Grenzen, die durch die körperlichen Artikulations- bzw. Rezeptionsorgane Stimme bzw. Ohr biologisch und damit medial gesetzt sind. Doch erst die **Entwicklung von technischen Kommunikationsmedien** wie Telegraph, Telefon bzw. Handy oder das Aufkommen des Kommunikations- und Informationsmediums Radio haben das menschliche Wort aus den Fesseln physischer Präsenz befreit. Mündliche Kommunikation und Information konnten sich damit aus der begrenzten Reichweite einer an einen gemeinsamen Ort gebundenen Sprecher-Hörer-Gemeinschaft lösen.

Auch die Vergänglichkeit mündlichen Sprachgebrauchs wurde erst durch die **Entwicklung elektronischer Speichermedien** (Phonograph, Grammophon, Kassette, CD, Audio-Book, Computer etc.) überwunden. Schon mit dem ersten akustischen Speichermedium, dem von Thomas Edison 1877 erfundenen Phonographen, einem Apparat zur Aufzeichnung von Schallwellen durch einen senkrecht zu einer rotierenden Wachswalze schwingenden ‚Schreiber', wurde die Flüchtigkeit gesprochener Worte potentiell beseitigt. Lautete ein alter lateinischer Sinnspruch noch ‚*Verba volant, scripta manent*' (sinngemäß: Gesprochene Worte verfliegen, geschriebene Worte bleiben), so veränderten sich mit den akustisch-auditiven Speichermedien Schallplatte, Tonband, Kassette, CD, DVD, MP3-Player etc. die medialen Koordinaten grundlegend. Das gesprochene Wort erhielt Dauer. Aus dem ‚*verba volant*' wurde ein ‚*verba manent*'.

Bemerkenswert ist im medienkulturgeschichtlichen Rückblick, wie stark das literale Paradigma diesen einschneidenden medialen Wandlungsprozess sprachlich bzw. perspektivisch zumindest in den Anfängen noch mitgeprägt hat. Denn im Namen ‚Phonograph', einer Hybridbezeichnung aus griech. *phone* (fone) ›Klang, Ton, Stimme‹ und *graphein* (grafein) ›schreiben‹, erwies Edison dem literalen Paradigma terminologisch seine Referenz, auch wenn er gleichzeitig mit der von ihm entwickelten technischen Apparatur den Grundstein für dessen Ende gelegt hatte. Denn die neuen akustisch-auditiven Medien etablierten sich sehr rasch als

6. Akustisch-auditive Medien

eigenständige mediale Formen und leiteten, wie in Kap. 3 detaillierter gezeigt, zusammen mit den optisch-visuellen und den audiovisuellen Medien das allmähliche Ende des literalen Paradigmas ein. Damit ging eine bemerkenswerte „Renaissance oralen Sprachgebrauchs" (Frederking 2004b, S. 31) einher, die im 20. Jahrhundert deutlicher in Erscheinung getreten ist und die Marshall McLuhan mit den Worten kommentierte:

> Das gesprochene oder gesungene Wort, zusammen mit dem visuellen Bild des Sprechers ist [...] auf dem besten Wege, durch die Elektronik seine alte Bedeutung wiederzugewinnen. (McLuhan 1962, S. 6)

Nach der Phase der primären Oralität vor Erfindung der Schrift und der Phase der sekundären Oralität inmitten des literalen Zeitalters kündigt sich nun eine **Phase tertiärer Oralität** an, für die technisch-elektronisch erzeugte akustisch-auditive Informations-, Kommunikations- und Speichermedien kennzeichnend sind.

> Für diese gilt folgende **Definition**: als akustisch-auditive Medien werden alle technisch bzw. elektronisch erzeugten Übertragungen bzw. Speicherungen von Tönen oder Schallwellen bezeichnet. Für die der Information und Kommunikation dienenden Formen akustisch-auditiver Medien ist dabei kennzeichnend, dass die Ton- bzw. Schallursprungsquelle zur Rezeption nicht lokal präsent sein muss. Für die akustisch-auditiven Speichermedien ist spezifisch, dass das gespeicherte Audio-Dokument ein zeitversetztes Hören möglich macht, d.h., dass Produktion und Rezeption nicht zeitgleich erfolgen müssen. Akustisch-auditive Medien erlauben mit anderen Worten entweder **ubiquitäre oder/und asynchrone Nutzungen**.

Nachfolgend sollen zwei aktuelle und deutschdidaktisch besonders interessante Grundtypen technisch-elektronisch erzeugter akustisch-auditiver Medien eingehender in sachanalytischer und didaktischer Hinsicht betrachtet werden: das Informations- (und Kommunikations)medium Radio und die Speichermedien Kassette, CD bzw. Computer.

6.2 Sachanalytische Zugänge

6.2.1 Das Radio

Das Radio basiert technisch auf dem von Guglielmo Marconi 1897 entwickelten Prinzip der drahtlosen Nachrichtenverbindung. Am 24. Dezember 1906 fand es Anwendung in der ersten Rundfunksendung von Reginald A. Fessenden. Danach verlief die Entwicklung relativ rasant. Schon Anfang der zwanziger Jahre des 20. Jahrhunderts gab es in vielen westlichen Ländern Radiostationen, die regelmäßig Programme anboten. In Deutschland existierten in der Weimarer Republik eine Reihe von regionalen Rundfunkanstalten, deren Sendungen sich eines großen Zuspruchs erfreuten (vgl. Marchal 2004, S. 227ff). Doch erst mit der nationalsozialis-

6.2 Sachanalytische Zugänge

tischen Machtergreifung und der Inanspruchnahme des Rundfunks als **„faschistisches Propagandainstrument"** (Marchal 2004, S. 240) avancierte das Radio zum Leitmedium der dreißiger und vierziger Jahre in Deutschland. Der Volksempfänger, jener von den Nazis in Auftrag gegebene Radioapparat für kleine Geldbeutel, brachte Hitlers und Goebbels' hasserfüllte und aufpeitschende Reden in nahezu jeden deutschen Haushalt (vgl. Kap. 3.3.1). Damit nutzten Hitler und die NS-Propaganda die ubiquitäre Qualität des neuen Akustikmediums in perfider Perfektion. Für McLuhan war das Radio als so genanntes ‚**heißes**' **Medium**, „das nur einen der Sinne allein erweitert" (McLuhan 1964, S. 44), dadurch Unmittelbarkeit und Suggestivkraft erzeugt und „die Welt auf den Dorfmaßstab" (McLuhan 1964, S. 463) reduziert, die Basis für Hitlers Erfolg (vgl. McLuhan 1964, S. 454). Denn „seine Opfer und Kritiker [...] tanzten hypnotisiert zur Stammestrommel des Radios, das ihr Zentralnervensystem ausweitete, um die Voraussetzung für die Gesamtbeteiligung aller zu schaffen" (McLuhan 1964, S. 451).

Dabei ist diese kollektive Sogkraft des Radios kein Phänomen, das nur in faschistischen Bezugssystemen Anwendung findet. McLuhan sah schon in der *Rock'n'Roll*-Bewegung der fünfziger Jahre eine andere Ausformung dieser medienspezifischen Ausbildung von „Stammesmerkmalen" (McLuhan 1964, S. 458). Die weiteren jugendkulturellen Epochen vom *Beat* bis zum *Techno* unserer Tage wären in diesem Sinne zumindest im Grundansatz als partielle Fortschreibung dieses medienkulturgeschichtlichen Phänomens zu verstehen.

Im Urteil Hans Magnus Enzensbergers hat sich auch auf politischer Ebene – selbst in den westlichen Demokratien – wenig an der Grundstruktur der Radionutzung geändert. Das Radio ist zentrales Element der so genannten **„Bewusstseinsindustrie"** (1970, S. 97). Bewusst werden dessen technische Möglichkeiten nicht ausgeschöpft, so Enzensbergers These:

> Jedes Transistorradio ist, von seinem Bauprinzip her, zugleich auch ein potentieller Sender; es kann durch Rückkopplung auf andere Empfänger einwirken. Die Entwicklung vom bloßen Distributions- zum Kommunikationsmedium ist kein technisches Problem. Sie wird bewusst verhindert, aus guten, schlechten politischen Gründen. Die technische Differenzierung von Sender und Empfänger spiegelt die gesellschaftliche Arbeitsteilung zwischen Produzenten und Konsumenten wider, die in der Bewusstseins-Industrie eine besondere politische Zuspitzung erfährt. (Enzensberger 1970, S. 99)

Mit der Auflösung der Sendemonopole der öffentlich-rechtlichen Rundfunk- und Fernsehanstalten zu Beginn der achtziger Jahre des 20. Jahrhunderts ist deren Vormachtsstellung aufgelöst worden. Von da an gab es einen nichtöffentlich-rechtlich eingebundenen Rundfunk (und ein nichtöffentlich-rechtlich eingebundenes Fernsehen). Allerdings war dieser Rundfunk kommerziell abhängig. Denn die hohen Produktions- und Sendekosten waren nur bei entsprechenden Vermarktungskonzepten möglich. Unter Verwendung der Enzensberger'schen Terminologie könnte man von einer kommerziell gesteuerten Erweiterung der Bewusstseinsindustrie sprechen.

6. Akustisch-auditive Medien

Doch wie dem auch sei – tatsächlich hat Enzensberger mit seiner im Horizont der gesellschaftskritischen Denklinien der frühen siebziger Jahre des 20. Jahrhunderts vorgenommenen Analyse an eine These angeknüpft, die zum Kern der Radiotheorie Bertolt Brechts aus dem Jahre 1932 gehört. In dieser wurde der Rundfunk idealiter als „**Kommunikationsapparat**" (Brecht 1932, S. 129) verstanden, auch wenn die praktizierte Nutzungsform sich auf die Distribution beschränkte. Brecht wollte statt der Ein-Weg-Distribution zum Zwecke der Propaganda bzw. Manipulation – wie sie Hitler wenig später in perfekter Form nutzte – Kommunikation und demokratische Offenheit:

> Der Rundfunk ist aus einem Distributionsapparat in einen Kommunikationsapparat zu verwandeln. Der Rundfunk wäre der denkbar großartigste Kommunikationsapparat des öffentlichen Lebens, [...] wenn er es verstünde, nicht nur auszusenden, sondern auch zu empfangen, also den Zuhörer nicht nur hören, sondern auch sprechen zu machen und ihn nicht zu isolieren, sondern ihn in Beziehung zu setzen. (Brecht 1932, S. 129)

Diese Forderung ist bis heute in konsequenter Form nicht eingelöst worden, ebenso wenig wie Enzensbergers Admonitum. Dabei würde im Horizont der McLuhanschen Argumentation aus dem heißen, nur einen Sinn aktuierenden Medium Radio durch die Möglichkeit der Responsivitität ein kühles und damit Distanzierungen ermöglichendes Medium werden. Doch weder ist der Rundfunk heute ein Kommunikationsapparat noch das Radiogerät ein Sender. Die Nutzung des Rundfunks beschränkt sich bis in die Gegenwart auf die Distribution und die des Radios auf Empfang. Die mittlerweile gängige Einbindung von Radiogästen oder die häufig praktizierte Zuschaltung von Telefonanrufen sind Ansätze, das Dilemma der Ein-Weg-Kommunikation zu durchbrechen und Formen von Interaktivität im Medium Radio herzustellen. Mittlerweile aber ist mit dem Internet eine mediale Form auf der medienkulturgeschichtlichen Bühne erschienen, die ein Höchstmaß an Interaktivität und unkontrollierter Kommunikation ermöglicht und so paradigmatisch einlöst, was sich Brecht seinerzeit vom Radio erhofft hatte, so dass eine Wandlung des Radios nun fast zu spät käme.

Auch eine andere, auf das Radio bezogene frühe Hoffnung hat sich nur in Ansätzen erfüllt: die von dem Medientheoretiker Rudolf Arnheim vorgeschlagene Nutzung des Rundfunks als künstlerisches Medium. Arnheim sah den Rundfunk primär weder als Kommunikations- noch als Distributionsmedium, sondern als „**Ausdrucksmittel**" (Arnheim 1933, S. 13). Das Besondere des Rundfunks bestand in seinem Urteil darin, dass er sich zum ersten Mal des Hörbaren allein bediente, d.h. ohne dass das Tonerzeugungsmedium sichtbar war. Denn jeder kann den Klang eines Lautsprechers hören, ohne dass er seine Quelle sehen muss. Was heute im Zeitalter von hochleistungsfähigen Verstärkersystemen Segen und Fluch zugleich ist, faszinierte den Medientheoretiker Arnheim in besonderer Weise. Wenige Jahre nach der flächendeckenden Einführung des Radios zieht Arnheim eine erste medientheoretische Bilanz, die noch ganz vom Staunen erfüllt ist und deshalb dem auditiven Vielnutzer unserer Tage vielleicht neue Zugänge eröffnet:

6.2 Sachanalytische Zugänge

Die Ergebnisse schon der Versuche der ersten Jahre mit dieser neuen Ausdrucksform kann man nicht anders als sensationell nennen. Es enthüllte sich eine verführerische, erregende Welt, im Besitz nicht nur der stärksten Sinnesreize, die der Mensch kennt, des musikalischen Klanges, der Harmonie, des Rhythmus, sondern zugleich fähig, die Wirklichkeit durch Übermittlung der realen Geräusche abzubilden und außerdem noch unsres abstraktesten, umfassendsten Darstellungsmittels mächtig: der Sprache. (Arnheim 1933, S. 14)

Dabei erschließt sich das eigentliche Potential des Rundfunks in seinen künstlerischen Chancen – als Medium der **„Hörkunst"** (1933, S. 11):

Im Rundfunk enthüllen die Geräusche und Stimmen der Wirklichkeit ihre sinnliche Verwandtschaft mit dem Wort des Dichters und den Tönen der Musik, die erdgeborenen und die geistgeborenen Klänge fanden sich, und so ging die Musik in die Welt der Dinge ein, die Welt bettete sich in Musik, und die vom Gedanken neu geschaffene Wirklichkeit in aller ihrer Kühnheit bot sich viel unmittelbarer, gegenständlicher, konkreter dar als auf dem bedruckten Papier: das bisher nur Gedachte, Beschriebene schien materialisiert, leibhaftig gegenwärtig. (Arnheim 1933, S. 14)

Doch in Folge der politischen Rahmenbedingungen blieben die hier skizzierten und von Arnheim zu einer Theorie der Hörkunst verdichteten künstlerischen Potentiale des Radios lange ungenutzt. Arnheim musste als Jude 1933, im Jahr des Abschlusses seiner theoretischen Arbeit zum Hörfunk, aus Deutschland emigrieren und konnte seine Theorie erst drei Jahre später – 1936 – nur in englischer Sprache publizieren. Eine deutsche Übersetzung erschien 1979, zu einem Zeitpunkt, als das neue Medium Fernsehen dem Radio längst den Rang als Leitmedium abgelaufen hatte, ehe dieses seine von Arnheim geahnten umfassenderen Potentiale überhaupt im Ansatz entfalten konnte.

Obgleich also weder die demokratisch-interaktive noch die künstlerische Radio-Utopie trotz ihrer konkreten Formen und realistisch beschriebenen Potentiale Realität wurde, erlebte das Radio „als einziges **elektronisches (Leit-)Medium der Nachkriegszeit** (Marchal 2004, S. 422) in den fünfziger Jahren seine medienkulturgeschichtliche Blütezeit – und zwar in der Bundesrepublik Deutschland und in der DDR gleichermaßen. Für diesen frühen Erfolg war in Westdeutschland die Etablierung öffentlich-rechtlicher Rundfunkanstalten sicherlich mitverantwortlich – neben dem sich hier wie auch in der ehemaligen DDR ausbildenden Changieren zwischen Massen- und Minderheitenprogrammangeboten (Marchal 2004, S. 746). Während die ostdeutschen Sendeanstalten dabei aber der Abteilung Agitation und Propaganda des Zentralkomitees der SED unterstellt waren und damit der Zensur unterlagen, wodurch das Spektrum des Programmangebotes erheblich eingeschränkt war, gab es derartige staatliche Eingriffe im Westen nicht. Die öffentlich-rechtlichen Anstalten in der Bundesrepublik Deutschland versuchten, in den neuen demokratischen Strukturen fest verankert, ein kulturell anspruchsvolles, politisch informatives und musikalisch unterhaltsames Programmangebot bereitzustellen. Ob die tägliche und stündliche Nachrichtensendung oder die Radio-Berichterstattung – unvergessen jene über das Endspiel der Fußballweltmeisterschaft 1954 in Bern zwischen Deutschland und Ungarn mit einem ekstatischen Reporter und seinem legendär gewordenen Kommentarstakkato „Rahn müsste

6. Akustisch-auditive Medien

schießen ..., Rahn schießt ..., Toor, Tooor, Toooorrrr ..." –, mangels wirklicher Konkurrenz war das Radio in den fünfziger Jahren das Unterhaltungs- und Informationsmedium in fast jedem deutschen Wohnzimmer. Der Medientheoretiker Dieter Baacke schreibt dazu in einem medienspezifischen biografischen Rückblick:

> Weniger Radiodays als Radioabende: Mutti, Vati, Hannelore und ich. [...] Es ist Sonnabend, der ‚Bunte Abend' beim NWDR läuft. Die Schlager sind langweilig, wir warten auf Heinz Erhards ‚Noch'n Gedicht'. Ich muß nur seine Stimme hören, dann lieg ich vor Lachen auf dem Boden. (Schill/Baacke 1996b, S. 9)

Und der Medienpädagoge Wolfgang Schill ergänzt:

> Das Radio hatte es mir in der Kindheit besonders angetan. Das Radio war für mich der reinste Zauberkasten. Das Radio brachte die Familie in den Nachkriegsjahren zu einer Art gemeinsamem Gehör zusammen. (Schill/Baacke 1996b, S. 9)

Dabei spielten die von Arnheim einst erhofften künstlerischen Nutzungsformen – dem Geschmack der Rezipienten entsprechend – eine eher geringe Rolle. Dem Sensationserfolg von Orson Welles Radio-Drama *The War of the Worlds* des Jahres 1938 (vgl. Kap. 3) folgten in den fünfziger Jahren künstlerische Erkundungen der neuen literal-auditiven Gattung ‚**Hörspiel**' mit Klassikern wie Günter Eichs *Träume* (1951) und *Die Andere und ich* (1953) sowie Hörerzählungen wie *Sabeth* (1951) (vgl. Krug 2003). Dennoch mussten diese Genres vor allem im Westen sehr bald der medialen Konkurrenz der Fernsehspiele und Fernsehkrimis weichen, während sie sich in der ehemaligen DDR sehr viel länger als breiter rezipiertes Angebot halten konnten (vgl. Marchal 2004, S. 747).

Ein zweiter wesentlicher Einflussfaktor für die Blütezeit des Radios ist spezifisch für die Entwicklung im Westen: das Aufkommen so genannter ‚**Piraten**'- bzw. ‚**Militärsender**'. Dabei handelte es sich um englische oder US-amerikanische Rundfunkstationen, die in Deutschland zu empfangen und jugendkulturell von hohem Einfluss waren, insofern sie das vorherrschende Musikangebot in den deutschen Rundfunkanstalten unterliefen. Während dieses zumeist unreflektiert fortführte, was seit 1937 für den ‚Großdeutschen Rundfunk' als erlaubt galt – „Filmsongs, Stimmungs- Trinklieder, Marschlieder sowie Operettenlieder" (Marchal 2004, S. 421) – und ignorierte, was seinerzeit verboten war – Jazz, Swing etc. –, kam mit den zumeist aus Werbemitteln finanzierten ausländischen Privatsendern (z.B. *Radio Luxemburg* oder *Radio Veronica*) urplötzlich die fremde, rhythmische und englischsprachige Klangwelt eines Chuck Berry oder Elvis Presley in die deutsche Scheinidylle (vgl. Marchal 2004, S. 423) und entzündete die erste medial geprägte Jugendprotestbewegung. Mit deren zweiter Welle, der *Beat*- und *Rock*-Generation der sechziger Jahre, setzte die Krise des Radios in Westdeutschland ein. Einerseits öffneten sich die Programmmacher erst in den siebziger Jahren dem jugendkulturellen Musikgeschmack und erschlossen sich so neue Hörerkreise (vgl. Marchal 2004, S. 434). Ähnliches lässt sich in modifizierter Form auch für Ostdeutschland feststellen (vgl. Marchal 2004, S. 747ff.). Zum anderen hatte sich mit dem Fernsehen ein Konkurrenzmedium etabliert, das zum neuen Leitmedium aufstieg. Dieser

6.2 Sachanalytische Zugänge

Sachverhalt machte eine konzeptionelle Neuausrichtung notwendig. Die mediale Konkurrenz des Fernsehens

> [...] zwang den Hörfunk dazu, angestammte Funktionen aufzugeben, neue Leistungen anzubieten und sich auf seine medialen Vorzüge zu besinnen: Musik rund um die Uhr, die häufigere Ausstrahlung von Nachrichten, als sie das damals nur ‚halbtägige' Fernsehprogramm enthielt, Aktualität und – dank der technischen Entwicklung hin zu kleineren Geräten, zu Transistorradios statt Röhrenradios – fast permanente Verfügbarkeit. (Gesericke 1991, S. 203)

Das Radio wurde zum ‚Begleit-' oder **„Nebenbei-Medium"** (Schill/Baacke 1996b, S. 10) – was es bis heute geblieben ist. Sein Angebot war fortan weniger textlich als musikalisch ausgerichtet, d.h. es wurde versucht, „mit viel Musik und wenig Worten die ‚geteilte' Aufmerksamkeit besonderer Hörergruppen auf sich zu lenken" und ein „Radio für alle' unter dem Motto ‚Musik, Musik und gute Laune'" (Schill/ Baacke 1996b, S. 11) zu etablieren. Das 1984 auf politischen Beschluss eingeleitete Ende des Monopols des öffentlich-rechtlichen Rundfunks und die damit verbundene Erlaubnis, dass kommerziell finanzierte private Sender das Rundfunkangebot ergänzen dürfen, hat diesen Prozess noch einmal intensiviert (vgl. dazu Marchal 2004, S. 611ff.).

Doch trotz dieser starken, durch das Zeitkolorit geprägten Ausrichtung des heutigen Radios an musikalischer Unterhaltung, gibt es unverändert eine Vielzahl an anspruchsvollen politischen und kulturellen Programmangeboten. Auch und gerade das Kinderradio hat sich zu einem beachtlichen und didaktisch fruchtbar zu machenden Programmsegment herausgebildet (vgl. Schill/Baacke 1996a).

6.2.2 Hörtexte – Hörspiele – Hörbücher

Wurde schon durch das Radio medienkulturgeschichtlich eine Renaissance des Oralen und Auditiven eingeleitet, ist dieser Prozess durch die akustischen Speichermedien noch einmal verstärkt worden. Auf die Bedeutung Thomas Edisons und seines Phonographen wurde bereits einleitend in diesem Kapitel verwiesen. Ein weiterer Meilenstein „innerhalb einer [noch] zu schreibenden **Geschichte des aufgezeichneten Tons** und der ‚verdauerten' Stimme" (Hachenberg 2004, S. 33) gelang Emil Berliner 1887 mit seinem ‚Grammophon' – eine Bezeichnung, mit dem auch Berliner, ähnlich wie Edison, dem literalen Begriffs- und Denkhorizont verpflichtet blieb, auch wenn er langfristig einen mächtigen Konkurrenten der Buchwelt entwickelt hatte. Denn das Grammophon ermöglichte auf der Grundlage einer noch rein mechanischen Aufzeichnungstechnik *phone* in *gramme* zu verwandeln, d.h. Ton bzw. Stimme in materielle Codes zu transferieren, die dann beim Abspielen wieder in Ton bzw. Stimme zurückverwandelt werden konnten. Die neue Technik wurde rasch vermarktet und eröffnete neue Formen der Wirklichkeitserfahrung und -verarbeitung. Kurt Tucholsky hat sie in seiner Prosaskizze *Akustischer Kostümball* aus dem Jahre 1930 zu beschreiben versucht, als er auf seine ersten Erfahrungen mit dem Gammophon zurückblickend feststellte:

> Das Merkwürdigste, was mir je daraus gekommen ist, sind die Stimmen der Toten. [...] Die Stimmen der Toten ... sie haben da in Paris ein ähnliches Phonogramm-Archiv wie in Berlin,

6. Akustisch-auditive Medien

> Tausende und Tausende von Platten liegen dort. Da kann man sie hören, die, die nicht mehr da sind. [...] und wenn sie dann ausgesprochen haben, ausgesungen, ausgeredet – dann rauscht es noch ein wenig im Apparat. Still ...! Es ist eine Stille ... die Stille von 1910. (Tucholsky 1930, S. 295f.)

Von den in den zwanziger Jahren aufkommenden elektrischen bzw. magnetischen Aufzeichnungsverfahren über die Entwicklung der zweikanaligen Stereotonsysteme bis zu den Kompaktdisketten der sechziger, den ersten digitalen Speichermedien CD und DVD in den achtziger bzw. neunziger Jahren des 20. und den Podcasts und MP3-Downloadportalen des beginnenden 21. Jahrhunderts reicht die Geschichte der technischen Meilensteine in der **Entwicklung der akustischen Speichermedien** (vgl. Hiebler 1998, S. 165ff.). Diese verfeinern allerdings lediglich die auf Edison und Berliner zurückgehenden Grundoptionen.

Deutschdidaktisch ist in diesem Zusammenhang neben der Möglichkeit zur Reproduktion sprachlicher Äußerungen und zur Einspielung authentischer Sprachhandlungen vor allem das breite Spektrum an Hörtexten, Hörspielen bzw. Hörbüchern fruchtbar zu machen. Eine systematische und maßgebliche fachwissenschaftliche Aufarbeitung der mit diesen Begriffen bezeichneten Genres und ihres Bezuges untereinander existiert allerdings noch nicht (vgl. Fey 2004, S. 7f.). Mit Katja Hachenberg muss ein „in literaturwissenschaftlicher wie medienästhetischer Hinsicht rudimentärer Forschungsstand zum Thema" (Hachenberg 2004, S. 29) konstatiert werden. Der gegenwärtig sowohl populär- als auch fachwissenschaftlich favorisierte Begriff ist dabei der des Hörbuchs. Dieser etablierte sich in Ableitung vom amerikanischen *audiobook* (vgl. Wermke 2004, S. 53) in den letzten Jahren als Oberbegriff für alle akustisch-auditiven Speicherungen von stimmlichen sprachlichen Äußerungen, besonders literarischen, essayistischen, philosophischen und naturwissenschaftlichen Inhalts – so die im vorliegenden Zusammenhang vorgeschlagene Definition. Dabei gibt es solche Speicherungen des gesprochenen Wortes mit und ohne musikalische oder lautlich-akustische Untermalung. Mit Antje Fey lassen sich **Hörbücher** – oder ***audiobooks*** – auch als „Spielarten des ‚gesprochenen Worts auf Tonträgern'" (Fey 2004, S. 7) verstehen. Jutta Wermke hat zurecht auf die problematischen Konnotationen der Bezeichnung ‚Hörbuch' aufmerksam gemacht, insofern sie Buchorientierung impliziert und genuin radiophone Hörspielfassungen auszuschließen scheint (vgl. Wermke 2004, S. 54). Wermke unterscheidet dabei zwischen **‚Lesung'** und **‚Hörspiel'** als den beiden für den Deutschunterricht der Gegenwart besonders zentralen Formen von Hörbüchern. Mit Stephan Haupt (2002, S. 323) zählen zu den Hörbüchern aber auch noch der *Live*-Vortrag, Feature, Collage, Archivaufnahmen/Tondokument, CD-ROM/Multimediaprodukt, Soundtrack etc. Folgende inhaltliche Bestimmungen sind mit der Unterscheidung verbunden:

> Während das Hörspiel unter literarischem Gesichtspunkt unabhängig vom Gattungsbezug der Vorlage als dramatische Form gilt, handelt es sich bei der Lesung um Prosatexte (seltener um Gedichte). Die akustische Dimension beschränkt sich bei der Lesung auf die Stimme des Sprechers oder Autors und gelegentliche musikalische Zugaben. Für das Hörspiel dagegen sind Geräusche und Klänge ebenfalls konstitutiv. Das heißt, das Hörbuch als Lesung macht einen lite-

6.2 Sachanalytische Zugänge

rarischen Text hörbar, das Hörspiel bringt die Geschichte, die erzählt wird, zu Gehör. Innerhalb des medialen Bezugssystems orientiert sich das Hörbuch am Radio, die Lesung am Buch. (Wermke 2004, S. 53)

Mit diesen Definitionsvorschlägen lässt sich folglich selbst das im Radio ausgestrahlte Hörspiel als frühes akustisch-auditives literarisches Genre unter der Bezeichnung Hörbuch subsumieren (vgl. Kap. 6.2.2). Denn jedes Hörspiel – auch das im Radio der 50er und 60er Jahre gesendete, wenn es nicht *live* entstanden ist –, basierte auf der vorherigen Aufzeichnung von Tönen, Stimmen etc. Doch selbst für die Gegenwart zeigt sich leicht, wie fließend die Grenzen zwischen einem im Radio ausgestrahlten Hörtext und einem Hörbuch heutiger Prägung sind. Schließlich stammen viele Hörbücher, die in den letzten Jahren gerade von Klassikern auf den Markt gekommen sind, aus den Archiven der Rundfunkanstalten, in denen ehemals gesendete Beiträge der Kulturprogramme in gespeicherter Form aufbewahrt werden (vgl. Ueding 2004, S. 21). Überdies werden viele aktuell erscheinende Hörbücher in den Tonstudios der großen Rundfunkanstalten gefertigt (vgl. Ueding 2004, S. 25).

Doch auch in anderer Hinsicht sind viele Hörbücher – verstanden als analog oder digital gespeicherte Lesungen – Medien der „Zweitverwertung" (Fey 2004, S. 16). Denn trotz crossmedialer Gesamtstrategien erscheinen Hörbücher zumeist erst im Nachgang zu printmedialen Textausgaben und ihren filmischen Adaptationen auf dem Markt: „Um eine breite Marktabdeckung zu erreichen, wird oft schon tri- oder quadromediale Crosspromotion betrieben, indem erst das Buch, dann der Film, das Video oder Computerspiel und anschließend das Hörbuch produziert wird" (Fey 2004, S. 11). Das Hörbuch ist also fester **Bestandteil des Medienverbundangebotes** unserer Tage, steht allerdings (noch) nicht an erster Stelle der Produzenten und Rezipienten.

Gleichwohl sind die Verkaufs- und Nutzungszahlen von Hörbüchern in den letzten Jahren exorbitant angewachsen. Tatsächlich hat sich das Hörbuch, als Bezeichnung 1954, im Gründungsjahr der Deutschen Blindenhörbücherei, für einen „Worttonträger" eingeführt, „der speziell für Blinde gedacht war" (Fey 2004, S. 8), zu einem boomenden Medium entwickelt. Während die ‚Deutsche Grammophon' 1954 als erste mit der Gründgens-Inszenierung von Goethes *Faust I* auf einer Langspielplatte in den **Hörbuch-Markt** startete, in den sechziger Jahren zögerlich einige Literaturlesungen im Kassettenformat folgten, und z.B. der 1987 gegründete ‚Verlag für Hörbuchproduktionen' lange als „Verlag für die ganz Dummen und Lesefaulen" denunziert wurde (http://www.hoerbuch.de/portrait.html), weist der Hörbuchmarkt in Deutschland mittlerweile ein Jahresumsatzvolumen von etwa 50 Millionen Euro auf (vgl. Fey 2004, S. 9). Tatsächlich kann von einem **Hörbuch-Boom** gesprochen werden. Der Absatz an Hörkassetten, Hör-CDs, Hörbüchern bzw. Audio-Books etc. wächst in erstaunlichem Maße. Trendsetter waren z.B. André Eisermanns ‚*Werther*-Lesungen' (1999), den vorläufigen Höhepunkt markieren Rufus Becks ‚*Potter*-Lesungen' (1999–2007). Kriminalhörspiele stellen aktuell mit 62% bei den Hörbuchrezipienten das beliebteste Genre dar. Jährlich verliehene

6. Akustisch-auditive Medien

Auszeichnungen wie der ‚Hörkules' oder der ‚Deutsche Hörbuchpreis' sind ein weiterer Indikator für die Wertschätzung, die das neue Marktsegment mittlerweile genießt. Auch das Angebot an Literaturvertonungen bzw. auditiven Aneignungen wächst, wie der Erfolg des ‚Rilke-Projekts' (2001) exemplarisch zeigt. Selbst Zeitungen wie ‚Die ZEIT' ergänzen ihre eigentlich printmediale Präsentationsform mittlerweile durch im Internet verfügbare Audio-Files zu einschlägigen Artikeln (http://audio.zeit.de/). Im Internet hat sich ein breiteres Angebot an Hör-Portalen herausgebildet, die dem wachsenden Informationsbedarf über Audio-Dokumente Rechnung tragen (vgl. z.B. www.hoerOthek.de). All diese Veränderungen sind Beleg für die These, dass der mediale Paradigmenwechsel sich auch und gerade im auditiven Bereich manifestiert. In diesem Sinne lässt sich ein **„acoustic turn"** (Frederking 2006b, S. 211) konstatieren und damit der mögliche Anbeginn einer neuen „Kultur des Hörens" (Welsch 1993, S. 87).

Reflektieren wir die mit den Hörbüchern bzw. Hörtexten verbundenen Veränderungen des Gegenstandsbereichs ‚Literatur'. Gert Ueding hat auf die verdeckten Wurzeln in der Rhetorik aufmerksam gemacht, die mit der technisch erzeugten Renaissance der „Hörkultur" (Ueding 2004, S. 18) verbunden ist. Er spricht plakativ von der „Rettung der Literatur durch lebendige Rede" (Ueding 2004, S. 17). In jedem Fall wird mit der akustisch-auditiven Dimension der Gegenstandsbereich der Literatur erheblich erweitert. Einerseits dienen Hörbücher der Literaturvermittlung, „indem sie ein primäres Medium (den literarischen Text) in ein jüngeres sekundäres Medium (den gespeicherten Vortrag) übertragen" (Baum 2004, S. 39). Andererseits werden damit qualitativ ganz neue Dimensionen der Literatur berührt bzw. erschlossen. So ist jede stimmliche Rezitation Interpretation, ein Sachverhalt, der aus anderen medialen Transformationen von Literatur wie dem Theater bekannt und vertraut ist, für den Umgang mit literarischen Texten hingegen zunächst ungewohnt wirkt (vgl. Ueding 2004, S. 22). Uns begegnet Literatur im Hörbuch nicht als neutrale Figuration von Buchstaben und Worten, deren Sinn ich selbst als Rezipient im Horizont meines Vorwissens und meiner persönlichen Dispositionen konstruiere, sondern subjektiv gefiltert und perspektivisch gebrochen durch die Stimme des Rezitierenden bzw. Vorlesenden und seinen ganz persönlichen Blick auf den Text und dessen Bedeutungsschichten. Gleichzeitig eröffnet die Stimme andere Wahrnehmungs- und Rezeptionsebenen, schafft also einen medienspezifischen Mehrwert. Dazu Katja Hachenberg: „Das jeweils charakteristische Fluidum einer Stimme transformiert in seiner Pluridimensionalität den verschriftlichten gedruckten Text auf entscheidende Weise. Während der gedruckte Text an die Flächenhaftigkeit gebunden bleibt und sich somit zweidimensional erstreckt, entfaltet sich Stimme in einem mehrdimensionalen, nicht-flächenhaften Klangraum." (Hachenberg 2004, S. 31) Dieses Hörerlebnis zu verarbeiten und gehörte Literatur verstehend zu durchdringen ist literarisches Verstehen in medial veränderter Form, ist ästhetisches Verstehen. Dafür schlägt Hachenberg die Bezeichnung „Lesen mit den Ohren" (Hachenberg 2004, S. 34) vor. Schließlich wird beim Hörtext *graphe* bzw. *gramme* in *phone* zurückgeführt.

Hörerziehung wird somit zu einer spezifischen Form der Leseförderung. Gleichzeitig ist Hörästhetik aber auch als eigener Bereich mit einem Eigenwert zu verstehen, wie Jutta Wermke verschiedentlich deutlich gemacht hat (vgl. Wermke 1995a; 1995b; 1997)

6.3 Didaktisch-methodische Ansatzpunkte

Die Auseinandersetzung mit den akustisch-auditiven Medien führte lange Zeit ein **Schattendasein innerhalb der Deutschdidaktik** – ähnlich wie in der Germanistik bzw. in der Literaturwissenschaft auch. In den sechziger und siebziger Jahren traten Hörmedien erstmals umfassender ins Blickfeld, ohne dass sie wirklich systematisch in ihren didaktisch-methodischen Potentialen aufgearbeitet wurden. Hörbücher spielten noch keine Rolle, Hörspiele wurden nur sporadisch berücksichtigt (vgl. Denk 1977; Everling 1988). Noch 1991 sprach Gerhard Haas vom Hörspiel als „vergessener Gattung" (Haas 1991, S. 13). Das Radio wiederum trat als Begleitmedium hinter dem Fernsehen zurück.

Wie bei der Mediendidaktik insgesamt erwachte das Interesse an akustisch-auditiven Medien erst Mitte der neunziger Jahre in umfassenderer Weise. Maßgeblichen Anteil daran hatte – wie bei der Mediendidaktik auch – vor allem Jutta Wermke. Mit einer Reihe von Publikationen hat sie die Bedeutung von Hörmedien für den Deutschunterricht Mitte des letzten Jahrzehnts systematisch aufgearbeitet (Wermke 1995a; 1995b; 1997) und die Entwicklung vielfältiger konzeptioneller und unterrichtspraktischer Arbeiten direkt oder indirekt angestoßen. Einen guten Überblick bieten die von Mette Börder zusammengestellten Bibliografien (vgl. Börder/Ehrnsberger 2003; Börder 2004). Nachfolgend sollen drei didaktisch-methodische Ansatzpunkte zur Behandlung von Hörmedien detaillierter entfaltet werden: der analytisch-intermediale, der handelnd-produktive und der ästhetische. Für alle drei gilt, dass sie in je eigener Weise Zugänge zu auditiv-akustischen Medien im Deutschunterricht eröffnen und deren medienspezifische Besonderheiten in didaktisch reflektierter Form zu erschließen bzw. zu nutzen versuchen.

6.3.1 Analytisch-intermediale Zugänge

Der erste grundsätzliche Ansatzpunkt für die Behandlung auditiv-akustischer Medien im Deutschunterricht ist die Analyse ihrer medialen Besonderheiten bzw. der medienspezifischen Ästhetik der mit ihnen verbundenen sprachlichen und literarischen Angebote. Dies schließt intermediale Vergleiche bzw. die Aufarbeitung intermedialer Bezüge mit ein. Am Anfang solch analytisch-intermedialer Zugänge muss allerdings die Frage stehen, welche auditiv-akustischen Medien für den Deutschunterricht überhaupt geeignet sind und welche nicht.

So kommt den Kommunikationsmedien **Telefon** bzw. **Handy** aus deutsch- bzw. mediendidaktischer Sicht nur sehr eingeschränkte Bedeutung zu. Im Rahmen des Literaturunterrichts könnte sich allenfalls ihre Verarbeitung als literarisches Mo-

6. Akustisch-auditive Medien

tiv anbieten. So ließen sich in Form einer literarhistorischen Annäherung intermediale Thematisierungen vergleichen – z.b. aus der Frühzeit des Mediums in Erich Kästners Kinderbuchklassiker *Emil und die Detektive* (1929), Walter Benjamins Prosaskizze *Das Telefon* (1938) oder Mascha Kalèkos Gedicht *Großstadtliebe* (1933); aus der zweiten Hälfte des 20. Jahrhunderts in Botho Strauss' *Der Einsamkeits-Kasper* (1981), Robert Gernhardts *Inventur 96 oder Ich zeig Eich mein Reich* (1997) und Thomas Brussigs Kurzprosa *Ein Termin beim Notar* (1999). Aus der jüngsten Gegenwart könnte z.b. der „Zweiwegespiegel" im 5. Band von Joanne K. Rowlings *Harry Potter*-Septologie (Rowling 2003, S. 38) einbezogen werden, in dem sich „wie mit einem Telefon" kommunizieren lässt. Auch ein sprachreflexiver Zugang bietet sich an, z.b. die Analyse der Besonderheiten telefonbasierter mündlicher im Vergleich zur SMS als handyspezifischer schriftlicher Kommunikation.

Ebenfalls nur eingeschränkte Möglichkeiten bietet das **Radio als Live-Medium**. Zwar ließen sich hier ebenfalls sprach- und medienformatspezifische Analysen durchführen – z.b. über den Aufbau typischer Radioformate wie Nachrichten, Musiksendungen oder Infotainmentangebote. Allerdings ist die zeitliche Bindung an bestimmte Sendetermine seit den Anfängen des Radios ein erhebliches Hemmnis für die schulische Nutzung bzw. Thematisierung entsprechender Angebote gewesen. Erst mit den analogen bzw. digitalen Speichermöglichkeiten auf Tonband, Kassette, Festplatte oder MP3-Player ist ein relativ problemloser Einbezug dieser Hörtexte in den Deutschunterricht möglich. Mit dem neuen Online-Format des *Podcasts* hat sich das Angebot noch einmal signifikant erweitert. Der Begriff ‚Podcast' setzt sich zusammen aus ‚iPod', der Bezeichnung eines weit verbreiteten mp3-Players der Firma Apple, und dem englischen Wort ‚broadcast' für Rundfunk. Ein Podcast besteht aus einer Reihe von Mediendateien, die mithilfe eines speziellen Internet-Services abonniert werden können, so dass einzelne Folgen automatisch geladen werden und dann nach Belieben verfügbar sind. Für Deutschlehrer(innen) stellen die Podcasts ein schier unerschöpfliches Reservoir an Hörtexten bereit. Das Spektrum reicht von authentischen lebensweltlichen über informatorische bis hin zu literarischen Texten. Die kostenfreie Distribution bringt allerdings auch Probleme mit sich – qualitativ Hochwertiges ist aus den vielen fragwürdigen Hörangeboten nur schwer bzw. zeitaufwändig zu ermitteln. Literarische Sujets tauchen überdies kaum auf, weil die meisten literarischen Texte mit teuren Veröffentlichungsrechten belegt sind, die einen kostenlosen Download verhindern.

Aus diesem Grund ist im Rahmen des gegenwärtigen technischen und juristischen Bedingungsgefüges der kommerziell erstellte literarische Hörtext die deutsch- bzw. mediendidaktisch interessanteste Option für einen integrativen, intermedialen bzw. symmedialen Literaturunterricht. Dabei ist zwischen Hörtexten mit und ohne literale Grundlage zu unterscheiden, d.h. zwischen Lesungen und Hörspielen (vgl. Wermke 2004, S. 52ff.).

Lesungen sind Teil der **Leseerziehung** und der **Hördidaktik** gleichermaßen (Wermke 2004, S. 56). „Die Lesung präsentiert Prosatexte oder Lyrik. Sie macht

6.3 Didaktisch-methodische Ansatzpunkte

den Text hörbar, sie interpretiert ihn." (Wermke 2004, S. 6) Mit Karla Müller lassen sich zwei Ansatzpunkte für die Behandlung im Deutschunterricht unterscheiden (vgl. Müller 2004, S. 10f.):

1. Zunächst ist hier die vergleichende **intermediale Analyse** von printmedialer Vorlage und Hörfassung zu nennen. Erkenntnisleitend kann dabei die Frage sein, ob die Buch- bzw. Textvorlage unverändert im Hörtext aufgenommen wird oder ob Kürzungen bzw. Erweiterungen vorliegen. Zu den Erweiterungen gehören auch Wiederholungen von Textpassagen, die im printmedialen Ausgangstext nicht vorkommen. Verbreitet ist dieses Stilmittel bei liedhaften Vertonungen von Gedichten, wie Müller mit Bezug auf das Rilke-Projekt feststellt (Müller 2004, S. 10) und wie im vorliegenden Zusammenhang an Vertonungen von Erich Kästners *Sachliche Romanze* (1928) (vgl. 6.4.1) gezeigt werden soll. Interessante Zusatzaspekte eröffnet die Frage nach der Zahl der Vorlesenden: Wird eine Buchvorlage von einem Sprecher bzw. einer Sprecherin gelesen oder handelt es sich um eine szenische Lesung, bei der die einzelnen Protagonisten von verschiedenen Sprechern präsentiert werden? Auch andere Aspekte helfen, die Machart des Hörtextes entschlüsseln. So weist Müller zurecht darauf hin, dass zu untersuchen ist, ob die Dialoge des Hörtextes in der Buchfassung ebenfalls auftauchen oder ob ein epischer, narrativer Text in ein Hörspiel umgeformt wurde. Auch die Frage, ob zusätzlich zu den Dialogen noch Erzählerkommentare auftauchen, kann das Verständnis für die hörästhetischen wie die literarästhetischen Gestaltungsmittel vertiefen. Eben so sind Buchillustrationen im intermedialen Vergleich mit dem Hörtext und dem Buchtext in Beziehung zu setzen und für die Verstehensprozesse fruchtbar zu machen (Müller 2004, S. 10).

2. Die **ästhetische Analyse** der nicht-stimmlich-verbalen Gestaltungsmittel des Hörtextes stellt einen zweiten prinzipiellen didaktischen Ansatzpunkt dar. Hier ist mit Müller zu fragen: „Sind Geräusche Bestandteil des Hörbuchs? Wenn ja: Untermalen sie lediglich naturalistisch die Handlung, verdoppeln sie sozusagen das Gesagte, oder stellen sie eine vom Text so nicht gegebene Bedeutungsebene dar? Ist Musik Bestandteil eines Hörbuchs? Wenn ja: Untermalt sie den Textvortrag oder trennt sie als Zwischenmusik verschiedene Textvorträge?" (Müller 2004, S. 10f.) Auch die ästhetische Qualität bzw. Passung kann Gegenstand vertiefender Betrachtungen sein. So ist zu hinterfragen, inwieweit Geräusche oder musikalische Untermalungen als sinnvoll, gelungen oder störend erscheinen. Auch die zwischen zwei Textpassagen platzierte Musik kann unterschiedliche Funktionen erfüllen – trennen oder inhaltlich verbinden, indem Inhalte oder Stimmungen des Textes musikalisch aufgegriffen werden und so zur imaginativen Fortführung bzw. zum „Weiterfantasieren" (Müller 2004, S. 11) ermuntern. Bei Kinderhörkassetten können eingebaute Musikteile über die Printvorlage noch sehr viel weiter hinausführen, indem sie zum Mitsingen einladen und so der Rezeption ein produktiv-handelndes Element an die Seite tritt. Karla Müller verweist hier beispielhaft auf *Der Löwe ist los* oder *Weißt du eigentlich, wie lieb ich dich hab* (Müller 2004, S. 11).

6. Akustisch-auditive Medien

Ein erweitertes Analysespektrum eröffnet sich, wenn zu einem Printtext mehrere Hörtexte vorliegen, d.h. mehrere Sprecher den literalen Text rezitiert haben. Damit liegen unterschiedliche stimmlich-akustische Interpretationen vor, die sich vergleichen lassen und bei denen in der Regel unterschiedliche Deutungsansätze erkennbar werden (vgl. dazu Frederking 2003, S. 49ff.; Schilcher 2004, S. 27ff.; siehe auch 6.4.1).

Didaktisch unterschiedliche Akzente ergeben sich überdies aus der **Abfolge der Mediennutzung**. So fungiert der Printtext eher als Bezugs- bzw. Leitmedium, wenn er im Unterrichtsprozess als erstes behandelt wird und sich die Rezeption des Hörtextes daran anschließt. Dem Hörtext in seiner medialen und ästhetischen Spezifik entspricht es hingegen mehr, wenn zunächst ein auditiver Zugang gewählt wird – beispielsweise eine Gedichtlesung oder der Anfang eines Hörtextes zu einer Ganzschrift – und sich der Vergleich mit der printmedialen Vorlage erst daran anschließt. Auf diese Weise wird einerseits implizit Lesemotivationsförderung betrieben, insofern das Interesse am geschriebenen bzw. gedruckten Text wächst (Wermke 2004, S. 57). Gleichzeitig lässt sich aber auch das hörästhetische Moment intensivieren. Denn „obgleich die Leseerziehung im Umgang mit dem Hörbuch im engeren Sinne im Vordergrund steht, führt der gezielte Wechsel zwischen gelesenem und gehörtem Text, zwischen Tonträger, Lehrervortrag und Experimenten der Schüler auch zur Schulung des Gehörs für den Klang literarischer Sprache" (Wermke 2004, S. 57). Der Wechsel zwischen **Lesen und Hören** bzw. Hören und Lesen kann außerdem gerade für bestimmte Lerngruppen bzw. Rahmenbedingungen sinnvoll sein. So ist das Hörbuch für Leseanfänger in der Grundschule ein sehr geeignetes Einstiegsmedium. Auch zur Differenzierung bietet sich das Hörbuch an, insofern in leistungsheterogenen Klassen leseschwachen Schülern ermöglicht werden könnte, „größere Passagen akustisch [zu] überbrücken, damit sie den Faden und die Lust nicht verlieren" (Wermke 2004, S. 57). Gleichzeitig kann auf diese Weise natürlich auch eine Form der Hörerziehung erfolgen, indem diese Schüler innerhalb der Lerngruppe zu Hörexperten werden, deren Eindrücke und Verarbeitungen mit denen der Lesegruppe verglichen werden können.

Eine Sonder- bzw. Mischform zwischen Lesung und Hörspiel stellen im Audioformat gespeicherte Drameninszenierungen dar. Sie setzen einen printmedial vorliegenden Text theatral, d.h. stimmlich, mimisch und körperlich um, machen als Hörtext aber nur eine der realisierten Aneignungen dem Rezipienten zugänglich. Zweifelsohne sind solche Drameninszenierungen in auditiver Form sehr geeignet, um Schüler(innen) hinsichtlich der Bedeutung der Stimme im theatralen Interpretationsprozess zu sensibilisieren. Der Vergleich von Faust-Inszenierungen im Video-Format (vgl. z.B. Frederking 2004a, S. 275ff.) lässt sich deshalb ebenso wirkungsvoll wie sinnvoll durch die Hinzuziehung entsprechender Hörbücher oder das Ausblenden der bewegten Bilder vertiefen.

Noch deutlicher wird der mediale Eigenwert bei Hörtexten ohne printmediale Grundlage. Zumeist handelt es sich dabei um Hörspiele. Zwar mögen auch hier li-

6.3 Didaktisch-methodische Ansatzpunkte

terarische Sujets einer printmedialen Vorlage verarbeitet werden (wie bei Orson Welles' Hörspiel-Klassiker; vgl. Kap. 3.3.1). Gleichwohl stellt das gesprochene Wort dabei keine Lesung dar, sondern realisiert oder imitiert fiktional eine authentische Dialogsituation, deren analytische Erschließung zum Verständnis der medialen Besonderheiten fiktionaler radiophoner Hörtexte beitragen kann.

Als Sonderform dieser als Leitmedium in Erscheinung tretenden nicht-literal gebundenen Hörtexte können Aufzeichnungen von **Poetry-Slam-Lesungen** verstanden werden. Bestes Beispiel sind Mitschnitte von Lesungen Bas Böttchers, bei denen die Rezitation lyrischer Texte in wesentlichen Teilen dem Bereich der mündlichen Rede entspringt. In seiner ‚Textbox', die Böttcher als „das kleinste Massenmedium der Welt" (http://www.textbox.biz/) versteht, entstehen Hörtexte als „*Live*-Literatur", indem Bühnenpoeten im schallisolierten „Plexiglaskasten feinstens durchrhythmisierte Poesie an die 32 Kopfhörer" schicken, so der Beschreibungstext des SpokenWord-Poeten (http://www.basboettcher.de/; vgl. hierzu auch Anders/Krommer 2007).

6.3.2 Handelnd-produktive Zugänge

Neben dem weiten Feld der analytisch-intermedialen Zugänge eröffnen handelnd-produktive und kreative Formen des Umgangs mit auditiv-akustischen Medien eine weitere fruchtbare Option für den Deutschunterricht. Vorschläge finden sich schon sehr früh in den grundlegenden Konzeptentwürfen bei Gerhard Haas (Haas 1984, S. 93f und S. 122ff.) oder Günter Waldmann (vgl. Waldmann 1984).

Hier bieten sich zum einen produktive Verarbeitungen von Hörbüchern an, die Lesungen darstellen, d.h. die einen printmedialen Bezugspunkt haben. Im Wechsel zwischen Lesen und Hören bzw. Hören und Lesen eröffnen sich kreative Freiräume für eigenaktive und handelnde Erschließungen. So kann es didaktisch durchaus sinnvoll sein, wie Mette Börder (vgl. 2001, S. 59ff.) gezeigt hat, die Rezeption des Hörtextes in kürzeren Abständen zu unterbrechen und den Schülern Raum zu produktiv-kreativen Anschlusshandlungen zu geben – durch das Malen eines Bildes, das Schreiben einer Fortsetzung oder das Nachspielen bzw. antizipierende Weiterspielen der gehörten Szene.

Produktiv-handelnde Aneignungen von Hörtexten sind aber nicht nur in schriftlichen, bildlichen oder theatralen Formen möglich, sondern auch im Rahmen auditiv-akustischer Medien selbst (vgl. dazu Haas 1991; Müller 2004, S. 12; Wermke 2004, S. 58ff.). So kann im Unterricht die Rezeption einer oder mehrerer professioneller stimmlicher Rezitationen eines literalen Textes durch die Aufforderung ergänzt werden, nun selbst den Text stimmlich lesend zu interpretieren. Mit diesem didaktischen Arrangement erfährt die in der Neuzeit in Vergessenheit geratene Tradition des lauten Lesens – *alta voce* (vgl. Kap. 3.1 und 3.2) – eine Renaissance in literatur- und mediendidaktischer Perspektive. Die Speicherung dieser Live-Lesungen lässt Vergleiche und Weiterverarbeitungen zu. Auch ist auf dieser Grundlage unter Zuhilfenahme entsprechender Software-Tools eine Unterlegung der ge-

6. Akustisch-auditive Medien

speicherten Lesungen mit Hintergrundgeräuschen und Musik möglich und sinnvoll. Auch die Einspielung von O-Tönen bietet sich an. Auf dieser Grundlage ließen sich selbst auditiv-akustische Medien integrieren, die sonst didaktisch für den Deutschunterricht nur von begrenzter Bedeutung sind, wie unter 6.3.1 am Beispiel des Telefons verdeutlicht wurde. Hörästhetisch wie medientheoretisch ergeben sich nämlich neue Zugänge – beispielsweise zu Mascha Kalékos *Großstadtliebe* (1933), Botho Strauss' *Einsamkeits-Kasper* (1981) oder Robert Gernhardts *Inventur 96 oder Ich zeig Eich mein Reich* (1997) –, wenn die Texte in Hörtexte verwandelt und dabei entsprechende O-Töne zuspielt bzw. verarbeitet werden.

Noch konsequenter als bei einer Lesung erfolgt eine handelnd-produktive Nutzung auditiv-akustischer Medien beim medialen Transfer einer Printvorlage in ein Hörspiel. Dabei handelt es sich um eine **„Dramatisierung des Textes"** (Wermke 2004, S. 57) im Audioformat unter gezielter Nutzung der medienspezifischen Möglichkeiten. Textanalyse und produktiv-auditive Aneignung treten dabei in ein fruchtbares Wechselverhältnis. Denn eine gründliche Textanalyse bzw. -interpretation sind Grundlagen für den medialen Transfer. Nur ein exaktes Charakterprofil der Protagonisten, eine differenzierte Aufarbeitung der Motive und eine detaillierte Untersuchung des Handlungsverlaufes und des Spannungsbogens ermöglichen eine erfolgreiche Bewältigung der anspruchsvollen Aufgabe, die Textvorlage in ein Hörspiel zu verwandeln. Insbesondere die medienadäquate Kürzung des Textes und das Umschreiben der Prosa in Dramen- bzw. Dialogform setzen ein vertieftes Textverständnis voraus. Gleiches gilt für die sinnvolle Einbeziehung von Hintergrundgeräuschen und O-Tönen, wie Wermke (2004, S. 58) verdeutlicht.

Den sprachlichen wie literarischen Eigenwert von Hörmedien in noch stärkerem Maße erfahrbar machen allerdings handelnd-produktiv bzw. hörästhetisch ausgerichtete Lehr-Lern-Arrangements, die gar nicht von einer Printvorlage ihren Ausgang nehmen bzw. diese zum Bezugspunkt haben. Hier ist an die Produktion von Hörspielen zu denken, die von den Schüler(inne)n ohne literarische Vorlage verfasst werden, aber auch an die Produktion von Radiofeatures und Sendungen im Radioformat. Welch breites Gestaltungsfeld damit verbunden ist, haben Wolfgang Schill und Dieter Baacke (1996a), Doris Moser (1995), Karin Vach (1999) oder Jutta Wermke (1995a; 1995b) deutlich gemacht.

6.3.3 Ästhetische Zugänge

Dass es bei der Integration akustisch-auditiver Medien um noch mehr gehen kann als um die Analyse und intermediale Erschließung von Hörtexten bzw. Hörbüchern oder um die handelnd-produktive (Um-)Gestaltung akustisch-auditiver Medienangebote, hat Jutta Wermke mit ihrem Konzept einer Hörerziehung deutlich gemacht. Dieses zielt auf einen prinzipiellen Zugang zum **Hören als ästhetischem Phänomen**.

6.3 Didaktisch-methodische Ansatzpunkte

Damit knüpft Wermke an die hörästhetischen Überlegungen von Rudolf Arnheim an. Dessen Ziel war eine neue Form der Wahrnehmung durch die Erschließung der Welt des Klanges: „Die neue Hörerziehung durch den Rundfunk, von der ja viel gesprochen wird, besteht nicht nur darin, dass unsre Ohren sich im Erkennen von Geräuschen üben, dass sie das Zischen einer Schlange vom Zischen des Wasserdampfes [...] unterscheiden lernen. [...] Wichtiger ist, dass wir ein Gefühl für das Musikalische der Naturklänge erhalten; uns zurückfühlen zu jener Urzeit, in der das Wort noch Klang, der Klang noch Wort war." (Arnheim 1933, S. 26) Was Arnheim hier ins Blickfeld hebt, hat Joachim-Ernst Berendt in der Wendung „Die Welt ist Klang" zum Gegenstand einer zunächst im Südwestfunk ausgestrahlten Radioreihe gemacht, ehe er sie in Buchform weiterverarbeitete (Berendt 1985). Ähnlich geht es auch Wermke um eine deutschdidaktisch verortete Hörerziehung – verstanden „als Hören auf den Klang der Welt und nicht als nachgeordnete Funktion in Kommunikationsprozessen" (Wermke 1995b, S. 18).

Grundlage dazu ist eine **Phänomenologie des Hörens**, die Wermke im Kontrast zum Sehen entwickelt. Beide unterscheiden sich deutlich:

> Die akustische Wahrnehmung [vermittelt] ein anderes Raumgefühl als die visuelle. Der Raum, den wir hören, umgibt uns; der Raum, den wir sehen, ist uns gegenüber. Auch Entfernungen erfahren wir unterschiedlich: Wir hören eine Klangquelle häufig näher, als wir sie sehen. [...] Auch die Haltung des Hörenden hat ihre Besonderheit. Sie ist [...] eine Haltung der Zuwendung, der Aufmerksamkeit und Wachsamkeit, des Wartenkönnens und Zeitgebens. Denn ich kann die akustische Information nicht abrufen wie die optische – die Augen kann ich schweifen lassen, die Ohren lediglich öffnen (Wermke 1995b, S. 20).

Wermke geht es mit anderen Worten um **Wahrnehmungsschulung** im Deutschunterricht. „**Hören, Horchen und Lauschen**" als „Formen auditiver Aufmerksamkeit" (Wermke 1995b, S. 21) sind zentraler Bestandteil einer Hörerziehung, die fachübergreifend angelegt und als Teil ästhetischer Bildung zu verstehen ist. Die drei auditiven Wahrnehmungsformen unterscheiden sich dabei grundlegend, wie Wermke verdeutlicht. Das Hören wird als allgemeine, d.h. „eher unspezifische, nicht gerichtete Art der Wahrnehmung" verstanden (Wermke 1995a, S. 202), die zumeist unterhalb der Bewusstseinsschwelle bleibt, wenn nicht Irritation die Aufmerksamkeit auf das Gehörte bündelt und das Hören zum Horchen wird. Horchen definiert Wermke in diesem Sinne als „kurzfristig aktualisiertes, konzentriertes und forciertes Hören" (ebd.). Von diesem wird das Lauschen unterschieden, eine ebenfalls überaus konzentrierte Form auditiver Wahrnehmung, die aber anders als das Horchen nicht analytisch, zielgerichtet und selektiv ausgerichtet ist, sondern sich genussvoll, selbstvergessen und „entspannt den Eindrücken hingibt" (ebd.).

Alle drei Wahrnehmungsformen sind zentraler Bestandteil einer Hörerziehung im Deutschunterricht, die gegen die dominierende Bilderflut und die „besitzergreifende aggressive Augenkultur" (Wermke 1995b, S. 21) dem vernachlässigten Sinn des Hörens wieder stärkeres Gewicht geben will. Eine so verstandene Hörästhetik zielt auf die Ausbildung einer Fähigkeit, die für den Umgang mit literarischen Tex-

6. Akustisch-auditive Medien

ten wie für ihre handelnd-produktive Erschließung bzw. Erstellung unverzichtbar ist – **Vorstellungsbildung**. Wermke spricht von der „Phantasie der Sinne" (Wermke 1995b, S. 22). Eine solche **Wahrnehmungsschulung** ist im Bereich der Bildmedien für den Deutschunterricht mittlerweile selbstverständlich, für die Hörmedien steht sie hingegen im Urteil Wermkes noch aus. Über die ästhetische Funktion hinaus kann Hörerziehung überdies auch einen Beitrag zur Ausbildung sozialer Kompetenz leisten, insofern sie die Fähigkeit zum Zuhören schult (vgl. Wermke 2001b; www.stiftung-zuhoeren.de).

6.4 Beispiele

Das Spektrum an Möglichkeiten zur Behandlung von Hörbüchern bzw. Hörtexten im Deutschunterricht ist groß, wie im vorangegangenen Kapitel deutlich geworden ist. Nachfolgend sollen exemplarisch zwei Grundformen ausführlicher zur Darstellung gelangen – Lyrik auditiv und O-Töne.

6.4.1 Lyrik auditiv

Hörtexte, denen eine Printvorlage zugrunde liegt, sind das Ergebnis eines medialen Transfers. Dies gilt auch für Lyriklesungen, d.h. stimmliche Rezitationen von Gedichten, die analog oder digital gespeichert sind und als Cassette, CD oder MP3-File rezipiert werden können. Auch in diesen wird ein Printmedium in ein auditiv-akustisches Medium überführt. In diesem Sinne findet eine Renaissance der *alta-voce*-Tradition, d.h. des oralisierten Lesens, statt – so wie bei anderen Lesungen bzw. Hörbüchern auch. Allerdings geschieht bei Lyriklesungen medienkulturgeschichtlich betrachtet noch sehr viel mehr. In gewisser Hinsicht kommt es bei Lyriklesungen – vor allem in ihren musikalisch untermalten Formen – nämlich zu einer Wiederbelebung der verdeckten auditiv-akustischen Dimensionen dieser Gattung. Denn Lyrik selbst hat eine besondere Nähe zur stimmlichen Interpretation. Sie besitzt **„symmediale Wurzeln"** (Frederking 2007b). Nicht zufällig leitet sich Lyrik etymologisch von griechisch *lyrikos* ab, was mit ‚Zum Spiel der Lyra gehörend, mit Lyrabegleitung' zu übersetzen ist. Lyrik war in ihren Ursprüngen ein stimmlich vorgetragener Text, nicht selten in Gesangsform mit musikalischer Untermalung.

Gedichtlesungen mit und ohne musikalische Begleitung knüpfen an diese verdeckten Wurzeln an und erwecken sie in neuem medialem Gewand zum Leben. Daraus ergeben sich interessante didaktische Optionen, besonders wenn zu einem Gedicht mehrere Lesungen existieren, wie nachfolgend am Beispiel eines Unterrichtskonzepts von Volker Frederking (2007b) zu Erich **Kästners Sachliche Romanze** verdeutlicht werden soll (Kästner 1928, S. 65; ein anderes gutes Beispiel findet sich mit dem *Zauberlehrling* bei Schilcher 2004).

Grundsätzlich ist für jeden Hörtext vor Beginn einer Reihe eine didaktische Vorentscheidung zu treffen: Beginne ich mit dem auditiven oder dem literalen Text?

6.4 Beispiele

Beide Ansätze sind auf ihre Weise sinnvoll. Mit dem Hörtext zu beginnen räumt dem Bereich des Auditiv-Akustischen einen größeren Eigenwert ein. Die Erstrezeption erfolgt mit dem Ohr, hörend, horchend, lauschend (vgl. Wermke 1995a, S. 202). Die klangliche Dimension wird auf diese Weise unmittelbarer zugänglich. Gerade für Lyrik ist eine solche Einstiegsvariante deshalb sehr geeignet. Im vorliegenden Zusammenhang ist das Überraschungsmoment allerdings größer, wenn mit dem literalen Ausgangstext begonnen wird. Zum einen handelt es sich bei Kästners Gedicht nämlich um einen Klassiker, der vielfältige Anknüpfungspunkte bietet. Diese lassen sich von der Erstbegegnung mit dem Printtext aus besser erschließen als im Nachgang zum Hörtext. Zum anderen sind die meisten der im Laufe der letzten dreißig Jahre entstandenen stimmlichen Interpretationen des Gedichtes von spezifischer Beschaffenheit – sie sind musikalisch begleitet. Diese Besonderheit birgt Überraschungseffekte, die Interesse und Neugier wecken können und deshalb didaktisch separat genutzt werden sollten.

Aus diesem Grund wird für Kästners *Sachliche Romanze* der Weg **von der literalen Vorlage zum Hörtext** vorgeschlagen. Ausgangspunkt ist die stille individuelle Lektüre. An diese könnten sich zahlreiche Erkundungswege anschließen. Analytisch-diskursiv ließen sich formanalytische, motivgeschichtliche oder geschlechtsspezifische Besonderheiten erarbeiten oder/und intertextuelle Bezüge aufdecken – beispielsweise zu Mascha Kalékos Gedicht *Großstadtliebe* (Kaleko 1933, S. 20). Handelnd-produktiv böte sich als Einstieg ein Zeilenpuzzle an und im Fortgang der Behandlung das Schreiben einer Vor- oder Nachgeschichte, eines Tagebucheintrags etc.

Auf dieser Grundlage ermöglicht die Einbeziehung der hörästhetischen Dimension eine interessante Erweiterung des Rezeptionshorizonts und der Verstehensansätze. Einen Zugang könnten die Schüler(innen) zum auditiv-akustischen Bereich durch eigene stimmliche Erkundungen des Textes finden. Der Arbeitsauftrag kann dabei vorsehen, das Gedicht oder einzelne Strophen allein für sich, in Kleingruppen oder vor dem gesamten Plenum vorzutragen. Jede dieser Lesungen stellt einen vokalen Interpretationsansatz dar, der sprech- wie hörästhetische Facetten besitzt. Diese Lesungen sollten tontechnisch aufgezeichnet und digital gespeichert werden, um mit ihnen im Fortgang der Unterrichtsreihe weiterarbeiten zu können – im Anschluss an die Rezeption ‚professioneller' Lesungen bzw. stimmlich-akustischer Interpretationen. Sechs Hörtextfassungen bieten sich in besonderer Weise an, wie Frederking zeigt (2007b).

Der Einstieg könnte über die auf Kassette, CD oder MP3-File zugängliche **Originallesung Kästners** (vgl. 1961) erfolgen. Diese bestätigt eindrucksvoll, dass jede auditive Textaneignung einen Interpretationsakt darstellt, der Tiefenschichten des Textes freilegt, die beim alleinigen stillen Lesen nicht zugänglich wären. Denn Kästner irritiert seine Zuhörer, indem er die mit dem Substantiv ‚Romanze' im Titel erzeugte Erwartungshaltung fast provokativ durchbricht und stattdessen allein dem Moment des Sachlichen stimmlich Ausdruck verleiht. Das **Oxymoron**

6. Akustisch-auditive Medien

‚Sachliche Romanze' wird auf diese Weise hörästhetisch zugänglich – es wird decodiert. Von dieser Hörerfahrung aus kann die Printvorlage erneut untersucht werden. Alternativ oder ergänzend bietet sich auch ein kleiner literaturgeschichtlicher Exkurs zu der im Gedichttitel implizit angesprochenen Epoche der ‚**Neuen Sachlichkeit**' an.

Mit Hermann van Veens (1985) musikalischer Interpretation von Kästners Gedicht kann vor diesem Hintergrund ein interessanter hörästhetischer und analytischer Kontrapunkt gesetzt werden. Denn van Veen greift den im Gedichttitel mit ‚**Romanze**' angesprochenen Gattungsaspekt in spezifischer Weise auf. Die Romanze als lyrisch-epische Verserzählung, die oftmals singend mit Instrumentalmusikbegleitung vorgetragen wurde, hat ihre Ursprünge in der Barockzeit. Besonders in Spanien, Portugal und Frankreich war sie als lyrische Liedform beheimatet. Bis zum 15. Jahrhundert wurde sie ausschließlich mündlich tradiert und ist damit im oralen Paradigma verwurzelt. Van Veen nimmt mit seiner Vertonung des Gedichtes den im Titel anklingenden Gattungsverweis ernst und legt verschüttete mediale Schichten frei – ein Aspekt, der zu einer gattungs- und mediengeschichtlichen Spurensuche genutzt werden kann. „Schüler(innen) diese Hörerfahrung machen zu lassen zielt deshalb – didaktisch gesprochen – nicht nur auf eine Multicodierung der Wahrnehmung, sondern ermöglicht auch die Bewusstwerdung kulturgeschichtlich verdeckter Wurzeln der literalen in der oralen Tradition." (Frederking 2004a, S. 281) Gleichzeitig stellt van Veen der Sachlichkeit der Kästnerschen Intonation eine stimmlich-musikalische Interpretation entgegen, die deutlich melancholisch-romantisch ausgerichtet ist. Der Sachlichkeitsaspekt wird demgegenüber fast vollständig ausgeblendet. Beide Merkmale des Hörtextes sollten in einer anschließenden Unterrichtsphase unter ästhetischen wie inhaltlichen Fragen reflektiert werden – in Einzelarbeit oder/und im Unterrichtsgespräch.

Vertiefen lassen sich diese hörästhetischen Erschließungsversuche des Gedichtes durch die musikalischen Interpretationen von Holger Münzer (1976), Werner Schneyder (1983) und Udo Lindenberg (1988). Deren **chansonartige Umsetzungen** von Kästners Gedichtklassiker verbinden auf je eigene Weise das romantische und das sachliche Element und machen damit die durch das Oxymoron ‚*Sachliche Romanze*' erzeugte Spannung im medialen Transfer auditiv zugänglich. Eine Sonderform hat Jürgen von der Lippe (1999) mit seiner stimmlich-akustischen Interpretation realisiert, insofern er einen Sprechgesang mit Hintergrundmusik verbunden hat. All diese liedförmigen Interpretationen können vergleichend rezipiert und analysiert werden. Dabei sollten auch Geschmacksurteile, d.h. Rezeptionseindrücke und ihre Begründungen, breiten Raum einnehmen.

Dieser Prozess könnte durch medienspezifische handelnd-produktive Formen der Textaneignung ergänzt werden. Schüler(innen) sollten in diesem Sinne nun ihrerseits Raum erhalten, Kästners Gedicht zu eigenen Hörtexten umzuwandeln. Die in der Anfangsphase der Auseinandersetzung entstandenen und gespeicherten Lesungen der Schüler(innen) könnten dazu noch einmal angehört und auf der

6.4 Beispiele

Grundlage der stimmlichen bzw. musikalischen Interpretationen Kästners, van Veens, Münzers, Schneyders, Lindenbergs und von der Lippes gegebenenfalls modifiziert werden. Dabei sollte den Schüler(inne)n selbstverständlich auch die Möglichkeit eröffnet werden, eigene musikalische Vertonungen vorzunehmen, die ihrem Musikgeschmack entsprechen – sei es Rock, Pop, Folk, Techno, Hip Hop o.a. Diese hörästhetischen Aneignungen des Kästner-Textes ließen sich durch audiovisuelle mediale Gestaltungen wirkungsvoll ergänzen. Gegenwärtig sind zwei **Gedichtverfilmungen** der Sachlichen Romanze im Internet verfügbar – Eric Wills (1993) künstlerische Verfilmung und das vom Landesinstitut für Schule Bremen im Netz zugänglich gemachte Ergebnis des Projekts einer Gymnasialklasse (Hermann Böse Gymnasium o.J.). Diese oder andere Beispiele könnten die Schüler(innen) anregen, ihre eigenen stimmlich-musikalischen Interpretationen der *Sachlichen Romanze* in audiovisueller Form weiterzuentwickeln. Auf diese Weise würden medienkulturgeschichtliche Stadien vom literalen Text über den Hörtext zum Filmtext entdeckend-handelnd nachvollzogen (zu Gedichtverfilmungen siehe auch Kapitel 8).

6.4.2 O-Töne im Deutschunterricht

Neben Hörtexten mit literarischem Bezug, wie sie im vorangegangenen Kapitel am Beispiel der Lyrik ins Blickfeld gehoben worden sind, stellen auch hörästhetische Zugänge ohne literarische Verortung sinnvolle Möglichkeiten für den Deutschunterricht dar. Jutta Wermke hat dies eindrucksvoll mit einem Unterrichtskonzept veranschaulicht, das sie unter das Motto ‚O-Töne hören. **Vom Klang der Welt im Klassenzimmer**' gestellt hat (vgl. Wermke 1995b, S. 17ff.). Ziel ist eine hörästhetische Ausprägung von Wahrnehmungsbildung und Sinnesschulung. Beides ist wichtig, um informatorische wie literarische Texte überhaupt verstehen zu können. Dazu Wermke (1995b, S. 22):

> Wahrnehmung und Vorstellung sind unterschiedliche, wenngleich nicht voneinander unabhängige kognitive Leistungen. Der Sprachtext, der etwas Gesehenes oder Gehörtes beschreibt – ob sachlich-detailliert oder poetisch-verdichtet –, fordert das Vorstellungsvermögen des Rezipienten heraus, die Phantasie der Sinne. Angeboten wird ihm das Ergebnis eines bestimmten Wahrnehmungsprozesses, der – bewußt oder unbewußt – immer auswählt, zusammenfaßt und zumindest implizit durch die Wortwahl interpretiert.
>
> Die nicht sprachlich vermittelte Situation, die ich erlebe, muß ich selbst erst definieren durch Selektion der Eindrücke, Gewichtung der Aspekte, Entdeckung von Zusammenhängen und Attribuierung von Bedeutung, indem ich für meine Wahrnehmung die passenden Worte finde.
>
> Ästhetische Erziehung, die als Voraussetzung aller handlungsorientierten Zielsetzungen eine kreative Wahrnehmung der Wirklichkeit fördern will, muß neben literarischen Texten nonverbale Anreize geben, um Beobachtung und Sprache, Primärerfahrung und Bedeutung zusammenzubringen.

O-Töne sind dazu in besonderer Weise geeignet, weil sie Gehör und Gehirn herausfordern zu selektieren, zu imaginieren, zu identifizieren, zu kombinieren und einen Deutungsansatz zu konstruieren. Fünf Unterrichtssequenzen, die jeweils

6. Akustisch-auditive Medien

aus mehreren Stunden bestehen, umfasst die von Wermke zu diesem Zweck modellhaft entwickelte hörästhetische Konzeption.

Die erste Unterrichtssequenz eröffnet Zugänge zu ‚**Lautsphären**'. Empfohlen werden als Hörbeispiele *Voices of the Rainforest* (1991), eine Dokumentation über das Leben auf Papua-Neuginea, in der Geräusche des Urwalds – Tiere, Flüsse, Regen – und der Urwaldbewohner, der Kaluli, zu hören sind, *Welthören* (1990), eine von mehreren Rundfunkanstalten produzierte akustische Weltreise um den Globus und die *Gesänge der Buckelwale* (1991), die 1970 nahe der Bermuda-Inseln mit Unterwassermikrophonen teilweise fünfhundert Meter unter dem Meeresspiegel aufgezeichnet wurden. Diese Hördokumente zugänglich zu machen, erfolgt mit dem Ziel der Wahrnehmungsschulung. Gerade die Fremdartigkeit der O-Töne fordert zu genauem Zuhören heraus, sensibilisiert für akustische Vielfalt und schärft das Unterscheidungsvermögen. Diese genuin hörästhetische Dimension kann durch sprachliche Anschlusshandlungen vertieft werden: „Sprachaufgaben können sich z. B. auf die Beschreibung bestimmter Szenen (z. B. des erwachenden Morgens im Regenwald) beziehen oder auf die Charakterisierung von Klangsequenzen (z. B. der Gesänge verschiedener Buckelwale) oder auf Geschichten, die zu bestimmten Geräuschen – vor allem unbekannten – erzählt bzw. erfunden werden." (Wermke 1995b. S. 23). Auch eine handelnd-produktive Nutzung auditivakustischer Medien ist nahe liegend. Schüler(innen) könnten im Anschluss an die Hördokumente aufgefordert werden, selbst O-Töne aus ihrer Lebenswirklichkeit aufzuzeichnen und zu einer kleinen auditiven Hörreise zu verarbeiten.

Die zweite Unterrichtssequenz könnte nach dem Vorschlag von Wermke von Georg Eichingers Hörspiel *Die Ohrenreise* (1988) ihren Ausgang nehmen. In diesem Hörspiel werden in fiktionalem Rahmen **Geräuschkompositionen** vorgestellt und so Hörweisen geschult. Erzählt wird von Hänsel und Gretel, die sich auf den Weg zu einem angeblich in ihrer Stadt lebenden alten Mann machen, der alle Geräusche dieser Welt sammeln soll. Tatsächlich werden sie Ohrenzeugen der bizarrsten Tonkompositionen und Situationen. So erfahren sie beispielsweise vom Philosophen, der die Stille hören wollte und nun erbost darüber ist, dass das Geräusch der fallenden Stecknadel, das er bestellt hat, ordinär klingt, weil diese einen bunten Glaskopf besitzt. Diese oder andere Geräuschhörtexte zielen darauf ab, Neugier und Experimentierfreude zu wecken und Kinder zur Produktion eigener Klang- und Hörwelten anzuregen: „Die Medienaufgabe könnte lauten: a) Geräusche aufschreiben, Kombinationen ausdenken und dabei vom Effekt (lustig, grausig, schön ...) ausgehen, ohne daß weitere Begründungen verlangt werden; b) Kombinationen akustisch realisieren, indem z. B. eine Geräuschkassette benutzt wird" (Wermke 1995b, S. 24). Zu diesen Geräuschkompositionen können Geschichten geschrieben und Bilder bzw. Fotos ergänzt werden. Eine Aufführung bzw. Präsentation schließt die Sequenz ab.

Die dritte Unterrichtssequenz hat die Rezeption und Produktion eines akustischen **Features** zum Gegenstand. Als Hörbeispiel wird Peter Leonhard Brauns

6.4 Beispiele

Hühner (1967) vorgeschlagen, ein im Auftrag des Senders Freies Berlin produziertes Feature, das sich kritisch mit der industrialisierten Hühnerzucht beschäftigt. Die Behandlung im Deutschunterricht hat die Funktion, Schüler(innen) die Machart solcher Features entdecken und verstehen zu lassen. Die Erstellung eigener Features lässt die Lerngruppe den Weg vom ersten analytischen Deuten zur erfahrungsgeleiteten Kompetenz beschreiten. Aktuelle Podcasts im Internet, vor allem auf den Seiten der Landesrundfunkanstalten zugänglich, können als weitere mediale Anregungen dienen.

Die vierte Unterrichtssequenz ist fachübergreifend angelegt. In Kooperation mit dem Kunst- und Musikunterricht können so genannte ‚**Soundscapes**' entstehen, d.h. Formen akustischer Kunst, die Hörerlebnisse in der Natur (oder in Verbindung mit architektonisch bzw. museal besonders exponierten Gebäuden) kreieren bzw. zugänglich machen. Denn, so Wermke, „es liegt in der Konsequenz des Themas ‚O-Töne hören', das Klassenzimmer zu verlassen und nach einer gewissen Hörschulung den Klang der Welt ‚draußen' zu suchen" (Wermke 1995b, S. 26). Die von Wermke angeführten Beispiele zur Orientierung und Anregung sind mit einem Zeitabstand von zwölf Jahren etwas überholt und werden hier deshalb nicht näher thematisiert. Stattdessen wird auf aktuelle Beispiele – Stand August 2007 – verwiesen: z.B. auf die im Internet zugängliche Seite *AudioHyperspace – Akustische Kunst in Netzwerken und Datenräumen*, einem Onlinemagazin von SWR2 Hörspiel und SWR2 ars acustica (http://www.swr.de/swr2/audiohyperspace/ger_version/index.html) oder ein aktuelles Projekt von Jutta Wermke selbst, das zweite Osnabrücker Hörforum (http://www.lagerhalle-osnabrueck.de/hoerforum.htm).

Die fünfte und letzte Unterrichtssequenz der von Wermke vorgeschlagenen Musterreihe greift didaktisch auf, was Joachim-Ernst Berendt grundsätzlich zur Hörästhetik festgestellt hat: „Wer Klang erfahren will, muß zuvor gelernt haben, **Stille** zu erfahren" (Berendt 1985, S. 190). Eingeleitet bzw. flankiert durch Anregungen aus literalen Texten wie Joseph von Eichendorffs *Mondnacht* (1837) und Franz Schuberts Vertonung (aktuelle Fassung: Fischer-Dieskau 2005) oder dem zweiten Kapitel von Michael Endes *Momo* (1973, S. 19ff.) schlägt Wermke Meditations- und Atemübungen in freier Natur vor, um Stille wahrnehmbar zu machen und für Klangwahrnehmungen im Sinne eines kontemplativen Lauschens zu sensibilisieren. Auf diese Weise führt Hörerziehung über auditiv-akustische Medien zurück zu den Ursprüngen einer oral und damit auch hörästhetisch verwurzelten Kulturerfahrung.

6. Akustisch-auditive Medien

Zusammenfassung

Akustisch-auditive Medien haben den menschlichen Sprachgebrauch grundlegend verändert. Technische Kommunikationsmedien wie Telegraph, Telefon bzw. Handy haben die mündliche Kommunikation aus der begrenzten Reichweite einer an einen gemeinsamen Ort gebundenen Sprecher-Hörer-Gemeinschaft befreit, mit elektronischen Speichermedien wie Phonograph, Grammophon, Kassette, CD, Audio-Book, Computer etc. erhielt das gesprochene Wort Dauer. Akustisch-auditive Medien ermöglichen mit anderen Worten entweder ortsunabhängige, d.h. ubiquitäre oder zeitversetzte, d.h. asynchrone Nutzungen.

Zu den deutschdidaktisch interessantesten akustisch-auditiven Medien gehören das Radio und Hörbücher. Dabei lassen sich analytisch-intermediale, handelnd-produktive und ästhetische Zugänge unterscheiden. Die beiden exemplarisch angeführten Unterrichtskonzepte – *Lyrik auditiv* und *O-Töne im Deutschunterricht* – verdeutlichen die damit verbundenen Möglichkeiten im Detail.

Weiterführende Literatur: Hachenberg, Katja (2004): ‚Hörbuch'. Überlegungen zu Ästhetik und Medialität akustischer Bücher. In: Der Deutschunterricht 4, S. 29–38. **Müller, Karla (2004):** Literatur hören und hörbar machen. Unterrichtspraxis. In: Praxis Deutsch 185, S. 6–13. **Wermke, Jutta (1995a):** Hören – Horchen – Lauschen. Zur Hörästhetik als Aufgabenbereich des Deutschunterrichts unter besonderer Beachtung der Umweltwahrnehmung. In: Spinner, Kaspar H. (Hrsg.): Imaginative und emotionale Lernprozesse im Deutschunterricht. Frankfurt/Main/Berlin/Bern/Wien, S. 193–215.
Wermke, Jutta (1995b): O-Töne hören. Vom Klang der Welt im Klassenzimmer. Ide 4, S. 17–29.
Wermke, Jutta (2004): Das Hörbuch im Rahmen einer Hördidaktik. In: Der Deutschunterricht 4, S. 50–62.

7. Visuelle Medien

7.1 Definitorische Überlegungen

Betrachten wir eine Reihe von Schriftzeichen:

D – st – n – g – tr – ter – ß – nd – R – eg.

Weder die einzelnen Buchstaben bzw. Buchstabengruppen noch die Reihe als ganze hat eine erschließbare Bedeutung. Anders verhält es sich mit folgender Reihe:

D-i-e-s-i-st-e-i-n-g-e-tr-e-n-n-ter-F-u-ß-u-nd-R-a-d-w-eg.

Noch immer haben die einzelnen Zeichen für sich genommen keine Bedeutung. Als Lesekundige erkennen wir in ihrer Abfolge jedoch die Wörter des Satzes *Dies ist ein getrennter Fuß- und Radweg* und können ihnen nun auch einen semantischen Inhalt zuweisen. Betrachten wir diesen kleinen schriftlichen Text nun im Vergleich zu entsprechenden visuellen Texten (Abb. 28):

Abb. 28: *Schrifttext und Bildtexte*

Streng genommen sind sowohl der Satz links als auch die bildhaften Darstellungen visuelle Medien, legt doch der Begriff *visuell* den definierenden Akzent auf die **Sinneswahrnehmung** des Rezipienten. Als visuell könnte man in einem sehr weiten Sinn somit diejenigen Medienangebote bezeichnen, die man sehend (und nicht hörend, tastend, schmeckend, riechend) auffasst. Freilich fielen darunter Bilder und Schrifttexte unterschiedslos, da auch Lesen zunächst ein Prozess visueller Perzeption ist.

Will man Schrifttexte von visuellen Medien abgrenzen, kann dies besser über das Kriterium des **Zeichencodes** geschehen. Schrifttexte bestehen in unserer Kultur aus alphabetischen Zeichen (Grapheme bzw. Graphemgruppen), die Wörter, Sätze und Texte bilden. Die Buchstaben tragen selbst keine Bedeutung, und auch die Bedeutung der meisten Wörter ist willkürlich (arbiträr) und lediglich durch **so-**

ziale **Konvention** motiviert. Die soziale Vereinbarung von Wortbedeutungen liegt Peter Bichsels bekannter Erzählung *Ein Tisch ist ein Tisch* (1969) zugrunde, in der ein Mann die konventionalisierten Zuordnungen von bezeichnenden Wörtern und bezeichneten Gegenständen in einer Privatsprache für sich neu festsetzt und dadurch in kommunikative und soziale Isolation gerät. Die Bedeutung eines Textes ergibt sich, indem der Leser das Schriftband verfolgt und das Gelesene mit mentalen Inhalten (Vorstellungsbildern, Konzepten) verknüpft. Lesen ist so gesehen eine linear-sukzessive Dekodierung digitaler Symbole.

Anders die Wahrnehmung von Bildern: Wie die obigen Beispiele zeigen, besteht ein Bild aus Linien, Formen, Flächen, Mustern und Farben. Manche Bilder stehen in einer *tatsächlichen* ikonischen Ähnlichkeitsbeziehung zum Abgebildeten, so etwa die Fotografie des von Bäumen gesäumten Radwegs. Im Detail enthält auch das Verkehrsschild ikonische Ähnlichkeitsbezüge. Wir erkennen darauf ein Fahrrad und eine weibliche Figur, die ein Kind an der Hand führt (von den **kulturellen Voraussetzungen** dieses Erkennens wird noch die Rede sein). Zwischen dem Verkehrszeichen als Ganzem und dem repräsentierten Gegenstand bzw. Sachverhalt besteht jedoch lediglich eine **strukturelle Ähnlichkeitsbeziehung**. Das Verkehrszeichen zeigt keinen getrennten Fuß- und Radweg, wie es das Foto tut; sehr wohl bestehen aber strukturelle Analogien zwischen Schild und Weg. Es zeigt ein Fahrrad *und* zwei Fußgänger und bildet somit die potenziellen Benutzer und ihre Gleichberechtigung ab. Auch entspricht die weiße Trennlinie auf dem Schild der Trennung des Weges in eine Hälfte für Radfahrer und eine für Fußgänger.

Verkehrsschild und Fotografie haben als Bilder gleichwohl etwas Wichtiges gemeinsam: Zwar vollzieht sich jede Bildwahrnehmung als rapide Abfolge von Augenbewegungen, auch kann man seinen Blick langsam über ein Bild, z.B. ein großes Gemälde, schweifen lassen; dennoch werden Bilder im Gegensatz zu Schrifttexten nicht linear dekodiert, sondern fallen gleichermaßen als Ganzes in die Wahrnehmung. Im Gegensatz zum Lesen von Schrift ist „Bilder-Lesen" also eine simultan-ganzheitliche Wahrnehmung analoger Ikone.

Schrifttexte sind symbolisch-digitale, Bilder hingegen ikonisch-analoge Repräsentationen von Gegenständen oder Sachverhalten. Als visuelle Medien bezeichnen wir im Folgenden und unter einem **erweiterten Textbegriff** daher Texte, die entweder rein aus unbewegten Bildern bestehen oder in denen unbewegte Bilder einen konstitutiven Zeichenstrang darstellen. Entsprechend dieser Definition bleiben Bilder in primär dekorativen oder illustrativen Funktionen (z.B. in Gebrauchstexten oder Lehrbuchtexten) außer Betracht (vgl. Blei-Hoch 2006a; Maiwald 2006a). Ebenso unberücksichtigt bleiben Sachbilderbücher (vgl. Ossowski 1999) von der Art der *Geschichte einer Straße* (1999) oder *Stephen Biestys fantastische Reise durch den Körper* (1999), weil ihr didaktischer Ort stärker in den Sachfächern als im Deutschunterricht liegt.

7.2 Beispiele und sachanalytische Aspekte

Reine Bildmedien sind z.B. Zeichnungen, Gemälde, Fotografien, Bildergeschichten im Stil der von Erich Ohser unter dem Pseudonym *e.o. plauen* gezeichneten *Vater und Sohn*-Geschichten (1934) oder Bilderwitze „ohne Worte". Konstitutiv sind Bilder in Cartoons, Comic-Heften und Bilderbüchern, in vielen Werbeanzeigen und -plakaten oder in sogenannten Fotoromanen. Im Folgenden soll auf zwei für den Deutschunterricht besonders relevante visuelle Medien eingegangen werden, Fotografie und Bildgeschichten.

7.2.1 Fotografie

Fotografie bezeichnet einmal einen technischen Prozess, zum anderen das daraus resultierende Produkt. Der Prozess ist der zur Herstellung von Bildern auf lichtempfindlichen Flächen durch fotochemische Reaktion von Licht- oder anderen Strahlen mithilfe einer Kamera. Eine Vorläuferin und Namensgeberin der Kamera war die *Camera obscura*. Sie geht zurück auf das Phänomen, dass in einem dunklen Raum das durch ein kleines Loch eindringende Licht ein auf dem Kopf stehendes und spiegelverkehrtes Abbild projiziert. Meilensteine in der Entwicklung der Fotografie entsprangen im 19. Jahrhundert dem Bemühen, das Belichtete dauerhaft zu fixieren, die Belichtungszeit zu reduzieren sowie den Aufwand für Herstellung und Vervielfältigung zu senken. Pioniere waren die Franzosen Nièpce und Daguerre, dessen „Daguerrotypien" um die Mitte des Jahrhunderts zusehends die gemalten Porträts ersetzten. Ein von dem Briten Talbot entwickeltes Verfahren ermöglichte es, von einem Negativ eine unbegrenzte Zahl von Abzügen zu vervielfältigen. Der Amerikaner George Eastman gründete die Firma Kodak (1880) und schuf mit der Entwicklung der Rollfilmkamera die Voraussetzung für eine massenhafte Verbreitung des Fotografierens. Mit der Sofortbildkamera (Polaroid), der Einwegkamera und der Digitalfotografie hat das Medium zum Ende des 20. Jahrhunderts die Aura kostspieligen und elitären Spezialistentums weitgehend verloren.

Die **kulturellen Auswirkungen** der Fotografie waren enorm. Hier war eine Technik, die ohne besonderen Aufwand (vermeintlich) getreue Wirklichkeitsabbilder lieferte, kein genialisches Künstlersubjekt erforderte und das Zeitalter massenhafter Reproduzierbarkeit einläutete (vgl. Hörisch 2004, S. 233ff.). Die Wendungen der modernen Malerei ins Ungegenständliche (z.B. Impressionismus, Expressionismus, Kubismus) und der Literatur ins experimentelle, nicht-realistische Erzählen (Psychologisierung, Bewusstseinsstrom, Montage-Roman, mythische Bezüge) gingen auch darauf zurück, dass nunmehr ein weitaus leistungsfähigeres Medium für die Wiedergabe des Realen den Dienst angetreten hatte. Heute ist die Fotografie, getragen von digitalen Medien der Produktion (Digitalkamera, Mobiltelefon), der Distribution (E-Mail, Internet) und der Speicherung und Präsentation (PC, CD, DVD), ein allgegenwärtiges Massenphänomen. Die Möglichkeiten digitaler Bilderzeugung und -bearbeitung führen allerdings die Idee einer getreuen Wieder-

7. Visuelle Medien

gabe der Wirklichkeit, die sich ursprünglich an die Fotografie knüpfte, zusehends ad absurdum. Andererseits strahlen besonders die Arbeiten von Kunstfotografen gerade in einer überhitzten Medienkultur wie der unseren zumeist eine ungewohnte Ruhe und Stille aus.

7.2.2 Bildgeschichten

Geschichtenerzählen mit bzw. in Bildern hat eine lange Tradition. Ein frühes Beispiel ist der Teppich von Bayeux aus dem 11. Jahrhundert, der in einem fortlaufenden Fluss nicht getrennter Szenen die Schlacht bei Hastings aus dem Jahr 1066 darstellt. Viele Werke der christlichen Kunst – Bilderbibeln, Kirchenfenster, Altäre – sind oder enthalten religiöse **Bildgeschichten** (vgl. Grünewald 1999, S. 100f.). Wie die Fotografie, expandierten auch Text-Bild-Erzählungen besonders im „schaulustigen" 19. Jahrhundert. Populäre bürgerliche Lesestoffe (Sagen, Märchen, Kalendergeschichten) wurden in von Künstlern wie Ludwig Richter oder Oscar Pletsch reich illustrierten Ausgaben gedruckt. Verbreitet waren Fabeln von Wilhelm Hey mit Illustrationen von Otto Speckter, die für die kommerzielle Nutzung in der Schule noch mit großformatigen Wandbildern ergänzt wurden (vgl. Stach 1999, S. 38f.). Das illustrierte Buch bzw. die bebilderte Erzählung ist jedoch keine Bildgeschichte im eigentlichen Sinn, insofern Bilder hier lediglich ergänzend zur, aber nicht maßgeblich für die Narration sind. Eine Zwischenstellung nehmen die Neuruppiner Bilderbögen von Oehmigke & Riemschneider ein (vgl. das Beispiel *Der gestiefelte Kater* bei Grünewald 1999, S. 101), weil hier der Bildanteil quantitativ stark überwiegt und konstitutiv für den Gesamttext ist. Genuine Bildgeschichten sind der *Struwwelpeter* (1845) von Heinrich Hoffmann, *Max und Moritz* (1865) von Wilhelm Busch oder die Zieh- und Aufklappbücher von Lothar Meggendorfer (*Allerlei für Jung und Alt*, 1889) (vgl. Grünewald 2003, S. 832ff.; Thiele 2002, S. 234ff.).

Im Folgenden sollen zwei Ausformungen der Bildgeschichte näher betrachtet werden, die Bilderbuchgeschichte und der Comic. Das **Bilderbuch** gehört zur sanktionierten, d.h. kulturell anerkannten und geförderten Kinder- und Jugendliteratur (KJL). Daher ist es auch stets Gegenstand literatur- und kunstpädagogischer Vermittlungsinstanzen gewesen. Bilderbücher werden von Eltern vorgelesen, in Buchhandlungen und Bibliotheken angeboten und in der Schule behandelt. Obwohl auch das Bilderbuch den Gesetzen des literarischen Marktes folgt, gilt es als „eine Spezialkunst für Kinder" (Thiele 2002, S. 228), als „Kulturträger besonderer Art", als „Grundschule der Künste" (vgl. Blei-Hoch 2006b, S. 57). Die Beanspruchung des pädagogisch und ästhetisch Wertvollen hat das Bilderbuch lange Zeit sowohl formal als auch inhaltlich einseitig geprägt. Die Reformpädagogik um 1900 ging von der schutzbedürftigen „Kinderseele" aus, daher hatten im „kindgerechten" Bilderbuch die Bilder klar und eindeutig, die Inhalte naturhaft, idyllisch und harmonisch zu sein (z.B. Elsa Beskow: *Hänschen im Blaubeerenwald*, 1903).

Die Forderung nach ‚einfachen' Bildern und ‚bekömmlichen' Inhalten (vgl. Thiele 2000, S. 182ff.) erfüllt bis heute exemplarisch das gegenständlich-naive Werk von

7.2 Beispiele und sachanalytische Aspekte

Janosch (der Medien- und Merchandising-Verbund um die bekannte *Tigerente* ist hingegen sehr modern). Daneben stehen **formale Experimente und thematische Erweiterungen**: Surreal-fantastische Bilder (Binette Schröder), a-chronologische Erzählformen (F.K. Waechter: *Der rote Wolf*, 1998) oder Simulationen filmischer Darstellungsmittel (Istvan Banyai: *Zoom*, 1995) zählen zu den darstellungsästhetischen Innovationen (vgl. Thiele 1996 und 2002). Inhaltlich hat das Bilderbuch auch problematische oder tabuisierte Bereiche sozialer Realität erschlossen. In Nikolaus Heidelbachs *Prinz Alfred* (1983) stößt ein Text über das Luxusleben eines Prinzen kontrapunktisch auf Bilder aus dem tristen Alltag eines übergewichtigen Schlüsselkindes (vgl. Thiele 2002, S. 232); Jörg Müller und Jörg Steiner versetzen ihren *Aufstand der Tiere oder die neuen Stadtmusikanten* (1989) parodistisch in eine moderne Medienwelt; schließlich befasst sich eine Reihe von Bilderbüchern sogar mit dem Thema Judenverfolgung, z.B. Roberto Innocentis *Rosa Weiss* (dt. 1986) (vgl. Lange 2002, S. 481).

Das Thema Holocaust wurde auch im **Comic** thematisiert, nämlich in Art Spiegelmans zweibändigem Comic-Roman *Maus* (1989) (vgl. Grünewald 2003, S. 827). Zwischen Bilderbuch und Comic lassen sich natürlich Trennlinien ziehen. Eine verläuft zwischen sanktionierter (Bilderbuch) und nicht-sanktionierter Kinder- und Jugendliteratur. Comics gehören bis heute nicht wirklich zur gesellschaftlich legitimierten Kultur. Bei ihrer Verbreitung in Deutschland nach 1945 trafen sie als Importware der amerikanischen Besatzer auf heftige kulturelle Abwertung und Ablehnung. Man schlug sie dem „Schmutz und Schund" zu, warnte lautstark vor „Bildidiotismus" und startete Umtauschaktionen gegen „gute Jugendbücher". Ein zweiter Unterschied zum Bilderbuch besteht in den Publikationsformaten: Comics erscheinen vor allem als kurze Strips in Tageszeitungen und als periodisch erscheinende Heftchen und Sammelbände. Eigenständige Bücher von Autoren wie Spiegelmans *Maus* sind im Gegensatz zum Bilderbuch eher die Ausnahme. Unterschiede gibt es auch in der formalen Darstellung und in der inhaltlichen Ausrichtung: So basieren Comic-Geschichten stark auf durch Sprech- und Gedankenblasen realisierter Figurenrede bzw. szenischer Darstellung, wozu auch Sound-Wörter (Onomatopöien) wie *peng* oder *wrromm* und Bildmetaphern (z.B. die Glühbirne für eine plötzliche Idee) gehören. Insgesamt scheinen die wesentlichen **Darstellungselemente** des Comics (Bildkasten bzw. Panel mit Randlinie, Sprech- und Denkblase, Blocktext und Textkasten) stärker konventionalisiert als die der Bilderbuchgeschichte. Zum seriellen Charakter der Comics gehören auch das feststehende Figurenarsenal bzw. der Reihenheld (z.B. Superman, Hägar, Calvin & Hobbes, Peanuts). Und schließlich lag der „triviale" Comic inhaltlich schon immer eher dort, wo das „literarische" Bilderbuch Vorbehalte pflegte, bei *fun* und *action*.

In dem für die ersten Comics gebrauchten Begriff *funnies* steckt ein wichtiges thematisches und funktionales Charakteristikum. *Funnies* nannte man die „komischen Streifen" einzelner gerahmter Zeichnungen, die mit kommentierenden Texten oder Dialogen im Bild eine kleine, belustigende Geschichte erzählten. Diese

7. Visuelle Medien

comic strips erschienen als erstes in den 1890er Jahren in US-amerikanischen Zeitungen. Auf den ersten Comic-Helden, *The Yellow Kid* (1896), geht der amerikanische Ausdruck für Boulevardjournalismus zurück (*yellow press*). Comics wie *Little Nemo* (1905) oder *Kinder-Kids* (1906) wurden auch als Spielzeug, durch Zeichentrickfilme und Radiosendungen vermarktet und nahmen damit heutige Medienverbünde vorweg (vgl. S. 65).

Zur klassischen Form des in der Zeitung erscheinenden Comicstrips traten in der Folge zahlreiche **Variationen**, die einmal die Trägermedien betrafen. Seit den 1930er Jahren erschienen eigenständige Comichefte (z.b. *Batman*, später *Lucky Luke, Spiderman, TinTin*). Neben den Periodika (Strips und Hefte) erschienen auch Autoren-Comics in Buchform, sowohl kinderliterarische wie von Janosch, Maurice Sendak (*In der Nachtküche*, 1970) und Posy Simmonds als auch solche für Erwachsene wie Spiegelmans *Maus* oder Rötger Feldmanns *Werner* (1981ff.). Zu den Buch-Comics zählen weiter Adaptionen literarischer Stoffe (vgl. Dolle-Weinkauff 2002, S. 516ff.; Grünewald 1999): *Woyzzeck* von Dino Battaglia (1990) oder Klassiker-Adaptionen im Ehapa-Verlag (1998ff.), z.B. *Moby Dick*. Unter dem Titel *Märchenstunde* veröffentlichte Rotraut Berner Comic-Adaptionen Grimm'scher Märchen (1989). Zum Schiller-Gedenkjahr 2005 erschien eine narrativ raffinierte und darstellungsästhetisch überaus ansprechende biografische *Comic-Novelle* von Horus, herausgegeben von Schiller-Gesellschaft und -Nationalmuseum.

Die Beispiele verdeutlichen neben der darstellungsästhetischen auch die thematische **Ausdifferenzierung des Genres**. Rasch traten zum Komischen, exemplarisch repräsentiert von Walt Disneys *Mickey Mouse* (1940ff.), die Bereiche Abenteuer, Krimi, Science-Fiction, Western und Erotik (z.B. *Tarzan, Superman, Bessy*). Seit den 1990er Jahren stehen japanische Manga für neue grafische Darstellungskonventionen, narrative Strukturen und inhaltliche Akzentuierungen im Comic. *Dragonball* von Akira Toriyama avancierte zur meistverkauften Comic-Publikation aller Zeiten (vgl. Dolle-Weinkauff 2005). Das Angebotsspektrum des Comics reicht gegenwärtig von konventioneller Komik-Serienware (z.b. Rolf Kaukas *Fix und Foxi* – in Neuauflage) über einen mit filmischen Darstellungsweisen experimentierenden Anti-Kriegs-Comic wie *Der Rote Baron* von George Pratt (1992) (vgl. Grünewald 2003, S. 835) bis hin zu einem Manga wie *Sailor Moon* (1997), in dem sich Seifenoper, Schulgeschichte, Fantasy und Techno vermischen (vgl. Dolle-Weinkauff 2002, S. 510).

Ein Stück weit ist der Comic somit Bestandteil von legitimierter Literatur und Kultur geworden. (Man denke auch an Comic-Elemente in der Pop-Art von Roy Lichtenstein und Andy Warhol.) Nach wie vor werden Bilderbucherzählungen und Comics aber durch **ästhetische und soziale Werturteile** (und Vorurteile) voneinander geschieden, ohne dass dies durch poetologische Gattungsunterschiede zwingend gerechtfertigt würde. Claudia Blei-Hoch (2006b, S. 56) definiert das Bilderbuch poetologisch als ein „Genre der KJL, das durch die Wechselbeziehung von Bild und Text charakterisiert ist und sich durch ein Erzählen in bzw. mit Bildern

7. Visuelle Medien

ihre unterschwelligen visuellen und sprachlichen Botschaften (Konnotationen) hin. Jürgen Trabant entdeckt in dem Comic *Superman* eine „mythische Welt, deren Geschicke wir nicht beeinflussen können" (1971, S. 256). Helden wie Superman versöhnen den Menschen mit der Ungerechtigkeit und der Entfremdung, die er durch den Kapitalismus erleidet. Obendrein dient der „Maschinengott Superman [...] den Interessen seiner Produzenten, die als Exponenten der herrschenden und besitzenden Klasse im spätkapitalistischen System falsches Bewußtsein etablieren müssen" (ebd., S. 260).

So weit eine knappe Nachzeichnung der medienkritischen und emanzipatorischen Didaktik im Zeichen der kommunikativen Wende um 1970. Aus heutiger Sicht beruht diese auf einer Reihe **problematischer Annahmen**: Die zugrunde liegende „Agententheorie" einer medienkapitalistischen Verschwörung zur gezielten Verdummung und Ausbeutung der Massen entspricht kaum dem tatsächlichen Kultur- und Marktgeschehen (vgl. Kerlen 2005, S. 160). Gibt es auf der Produktionsseite kein Komplott „geheimer Verführer", so stehen auf der Rezeptionsseite auch keine willfährigen und entmündigten Verführten. Die **kritische Didaktik** ging mit der Psychologie des Behaviorismus davon aus, dass Medienangebote bei den Rezipienten kausal-lineare Reaktionen erzeugen. Man schloss also von den (fragwürdigen) Inhalten und Strukturen direkt auf die (schädlichen) Wirkungen. Tatsächlich aber ist Medienrezeption keine Abfolge von Stimulus und determiniertem Response wie beim speichelnden Pawlow-Hund, sondern ein konstruktiver und variabler Prozess der Selektion und Adaption. In der Konzentration auf ideologische Gehalte und auf deren analytische Herausarbeitung steckte sowohl eine Reduktion der Texte als auch eine der Motive und Gratifikationen des Lesens. Das Schreckliche, das Komische, das Spannende und das Erotische sind legitime Inhalte, weil sie, wie Thomas Anz (1998) gezeigt hat, ganz entscheidend für Lust und Glück beim Lesen sorgen. Eine Monokultur kritischer Distanznahme verkennt, dass Identifikation mit einer Heldenfigur, atemlose Hingabe an eine aktionsreiche Handlung und Eskapismus in eine Traumwelt wichtige und berechtigte Leseanreize und Lesegewinne sind.

Ungeachtet dieser Einwände gegen die Einseitigkeiten des ideologiekritischen Lesens bleibt **Medienkritik eine wichtige Aufgabe** des Deutschunterrichts (vgl. Kepser/Nickel-Bacon [Hrsg.] 2004). Ein Bewusstsein für ökonomische Hintergründe der Medienkultur, eine kritische Distanz zu Medienangeboten und eine reflektierte Mediennutzung sind Bestandteile von Medienkompetenz. Im Bereich visueller Medien kann sich kritische Medienreflexion z.B. auf die Darstellung von Gewalt und Sexualität im Manga, aber auch auf die heile Bilderbuchwelt eines Janosch richten. An Werbeanzeigen und -plakaten oder an Pressefotos lassen sich Bildfunktionen (z.B. Information, emotionaler Appell, Blickfang), Einseitigkeiten und Verfälschungen (z.B. in der Wahl von Bildmotiv und Bildausschnitt bis hin zu Retusche und Fotomontage), aber auch Geschmacks- und Tabugrenzen erörtern (z.B. Darstellungen von Sex und Gewalt, Schutz der Privatsphäre).

auszeichnet". Unter diese angesichts der Bilderbuchvielfalt zwangsläufig sehr allgemeine Definition fiele der Comic jedoch auch. Daher scheint es sinnvoll, als (wert)neutralen und übergreifenden Begriff den der Bildgeschichte zu verwenden. Bildgeschichten ließen sich definieren als eine Gattung der erzählenden Literatur, die Schrifttext und Bild kombiniert (vgl. Dolle-Weinkauff 2002, S. 496f.).

Comics und literarische Bildgeschichten unter den **gemeinsamen begrifflichen Nenner** *Bildgeschichte* zu stellen, ist auch deswegen sinnvoll, weil dies pädagogische und didaktische Einseitigkeiten vermeiden hilft.

7.3 Didaktische Ansätze

Die folgende Darstellung beginnt mit Ansätzen, in denen visuelle Medienangebote (Texte im weiteren Sinne) als *Lerngegenstände* firmieren (Medienkritik, literarisches Lernen). Davon nicht streng abtrennbar, aber doch unterscheidbar, ist der Einsatz von Bildern als *Lernmedien* für verschiedene Tätigkeitsfelder des Deutschunterrichts (Sprechen, Schreiben, Umgang mit literarischen Texten). Das Anliegen einer allgemeinen ästhetischen Erziehung (*visual literacy*) bildet einen Übergangsbereich zwischen Bildern als Lerngegenständen und -medien.

7.3.1 Medienkritik

Um 1970 wendeten sich Deutschdidaktik und Deutschunterricht von hochkulturellen Gegenständen (z.B. Besinnungsaufsatz, Kanonliteratur) hin zu alltagsbezogenen Kompetenzen (z.B. mündliches Argumentieren, Trivialliteratur durchschauen). Nicht mehr die Vermittlung tradierter Bildungsgüter, sondern der Erwerb kommunikativer Kompetenzen war das Ziel von Lehren und Lernen. Zu den massenkulturellen Texten, die damals Eingang in den Deutschunterricht fanden, gehörten auch Werbetexte und Comics.

Das Anliegen der neuen **kommunikationsorientierten und kritischen Didaktik** lässt sich etwa so rekonstruieren: Bild-Zeitung, *Bravo*, Reklame, Comics galten als kommerzielle Produkte der sogenannten „Kulturindustrie" (vgl. Horkheimer/Adorno 1994). Sie zielten nicht nur auf finanziellen Profit ab, sondern manipulierten die Konsumenten obendrein mit ihren heilen Welten und fragwürdigen Ideologien in ein „falsches Bewusstsein" hinein, nämlich Einverständnis mit dem kapitalistischen System. Um die entmündigten Leser aufzuklären und zu emanzipieren, mussten solche Texte kritisch „gegen den Strich" gelesen werden.

Exemplarisch für dieses ideologiekritische Anliegen ist ein von Hermann Ehmer 1971 unter dem programmatischen Titel *Visuelle Kommunikation. Beiträge zur Kritik der Bewußtseinsindustrie* herausgegebener Band. Ehmers Programm inhaltete folgende Punkte: Visuelle und nicht mehr nur schriftliche Medien kommen in den Blick; auch die Rezeption von Medien wird als Kommunikation gefasst; einer manipulativen Bewusstseinsindustrie ist mit Kritik zu begegnen. Ehmer selbst (1971) analysiert in dem Band eine Doornkaat-Werbeanz

7.3 Didaktische Ansätze

7.3.2 Literarisches Lernen

Comics waren als US-amerikanische, kommerzielle Massenware ein beliebtes Objekt ideologiekritischer Analysen. Das Bilderbuch hingegen wurde seit der Reformpädagogik zu Beginn des 20. Jahrhunderts stets als Teil der Literatur begriffen (vgl. Halbey 1997) und in den Dienst literarischer Früherziehung gestellt. Insofern hatte der Deutschunterricht durchaus eine Tendenz, die kulturelle Unterscheidung des (vermeintlich) hochliterarisch-wertvollen Bilderbuchs vom (mutmaßlich) trivial-wertlosen Comic nachzubilden. Mit dem von Bernd Dolle-Weinkauff (2002, S. 497) favorisierten Terminus *Bildgeschichte* lässt sich diese unproduktive Dichotomisierung überwinden. Bildgeschichten jedweder Art – egal ob Comics, Bilderbucherzählungen oder Fotoromane in Jugendzeitschriften (vgl. Reuen 2005) – erweisen sich als ergiebige Gegenstände für ein **literarisches Lernen** im Sinne von Literatur als kultureller Praxis (vgl. Abraham/Kepser 2005).

Dieses Lernen beginnt mit der Handhabung von Büchern und dem Erwerb elementarer Kategorien von Literarizität. Beim gemeinsamen (Vor-)Lesen von Bilderbüchern lernt das Kind „haptisch-taktile Bewegungsformen des Anfassens, Umblätterns, Zurückblätterns und Betastens von unterschiedlichen Materialien" (Blei-Hoch 2006b, S. 56) und habitualisiert die in unserer Kultur üblichen Leserichtungen von links nach rechts, oben nach unten, „vorne" nach „hinten". Darüber hinaus begegnet das Kind Grundelementen von Narrativität (Figur, Ort, Zeit, Handlung). Das Anschauen und Besprechen von Bilderbüchern ist somit ein wichtiges *literacy event* (vgl. Wieler 2003) in der frühen literarischen Sozialisation.

Zum literarischen Lernen gehört von Anbeginn die **Auseinandersetzung mit fiktionalen Wirklichkeitsmodellen**. Wie sich die emotionale Beteiligung an einer fiktionalen Welt und ihren Figuren an einem Bilderbuch „mit Schrift und multimedial" inszenieren lässt, zeigen Dehn et al. (2004). Zu fragen wäre weiter nach dem Realitätsbezug bzw. Geltungsanspruch des Vorgestellten, nach Moral und Motiven der Figuren, nach der Zeichnung von Geschlechterrollen, nach der Art der Problemlösungen, nach den zugrunde liegenden Denkfiguren und Weltbildern (z.B. Schwarz-Weiß-Schema mit Problemlösung durch den „starken Mann").

Sowohl am Comic wie an der Bilderbuchgeschichte lassen sich auch **komplexere literarische Phänomene** erarbeiten: die Unterschiede zwischen flachen (typisierten) und runden (differenzierten) Charakteren, zwischen Helden und Schurken, zwischen Figurenrede und Erzählerkommentar, ein- und mehrsträngigem Erzählen, Vorgeschichte und Pointe, Realismus und Fantastik, Epik und Dramatik. Gerade weil Comics meist zur als trivial geltenden Literatur zählen, lassen sich an ihnen auch universelle epische Handlungsmuster (z.B. das poetisch gerechte *happy ending*) sowie kulturell eingespielte Motive (z.B. der ewige Verlierer Charlie Brown) und Symbole (z.B. Rose und Herz) erarbeiten. Mythische Anklänge wie in *Superman* oder in japanischen Mangas verweisen auf das Phänomen der Intertextualität, darauf also, dass sich fiktionale Texte auf andere Texte beziehen. Für in-

7. Visuelle Medien

tertextuelle Zusammenhänge besonders relevant sind Comic-Adaptionen literarischer Stoffe (s.o.), aber auch Bilder zu literarischen Texten (s.u.).

7.3.3 Allgemeine ästhetische Erziehung

Gerade in einer stark von Bildern geprägten Mediengesellschaft ist die Fähigkeit zum „Bilderlesen" eine kulturelle Schlüsselkompetenz (vgl. Doelker 1997). Kein Bild erklärt und versteht sich von selbst. Das oben wiedergegebene Verkehrsschild für den getrennten Fuß- und Radweg erscheint uns vielleicht banal, tatsächlich erfordert sein Verstehen beträchtliches kulturelles Wissen: über Frauenkleider, Radfahrer und Fußgänger, über Verkehrsschilder und die Signalwerte ihrer Farben (Blau steht für Erlaubnis, Rot für Verbote). Ein Amazonas-Indianer hätte vielleicht schon Probleme, in ihrer piktografischen Stilisiertheit die Frau mit Kind zu erkennen; wahrscheinlich würde er kein Fahrrad sehen und schon gar nicht würde er die Bildbedeutung *Hier beginnt ein getrennter Fuß- und Radweg* verstehen.

Bilder und Bilderzählungen fordern und fördern den Erwerb visueller Kompetenz, also das Erlernen des Bilderlesens und der kulturellen Konventionen, auf denen es beruht: Welche Wirkungen erzeugen unterschiedliche Bildeinstellungen (z.B. nah/total; Unter-/Aufsicht)? Wie wird in Bildgeschichten Bewegung visualisiert? Wie wird in einem Manga das sogenannte Kindchenschema erzeugt? Warum trägt Superman ein Kostüm in den Primärfarben Blau, Rot, Gelb? Welche „Werte" haben bestimmte Farben, z.B. die schwarzen, blonden oder roten Haare einer Frau? Was empfinden wir als schön, was als hässlich? Was symbolisiert eine Figur mit ausgebreiteten Armen? In welchen Verhältnissen können Bild und Text stehen (parallel oder gegenläufig)? Was leistet ein Bild im Vergleich zu einem Text, z.B. in der Darstellung einer Person?

Es ginge in der Verfolgung solcher Fragen nicht um eine systematische Unterweisung im Interpretieren von Bildern oder im Lesen von Bildgeschichten. Vielmehr ginge es darum, Erziehung im ursprünglichen Sinn von **Ästhetik als Wahrnehmung** zu betreiben, um auf diese Weise die „Varietäten von bildnerischen und sprachlichen Mitteln und Strukturen einer Sprach- und Kulturgemeinschaft" zu erschließen (Blei-Hoch 2006b, S. 57).

Es liegt auf der Hand, dass ästhetische Erziehung und *visual literacy* nicht die alleinige Aufgabe des Deutschunterrichts ist und insbesondere den Kunstunterricht einbeziehen muss. Der Deutschunterricht hat aber eine besondere Zuständigkeit: einmal, weil viele visuelle Medienangebote auch sprachliche Anteile aufweisen; vor allem aber, weil Verstehen eng mit sprachlichen Prozessen der Verbalisierung und der Kommunikation verknüpft ist. Bildrezeption (Wahrnehmen, Erschließen, Reflektieren) erfordert stets sprachlich-kommunikative Prozesse (z.B. Feststellen, Benennen, Paraphrasieren, Begründen) (vgl. Blei-Hoch 2006a).

7.3 Didaktische Ansätze

7.3.4 Visuelle Medien als Sprech- und Schreibanlässe

Visuelle Medien fordern zum **Sprechen** heraus bzw. stoßen Sprechen an. So können Grundschulkinder mit Standbildern aus Kindersendungen zum Argumentieren über mögliche Handlungsverläufe angeregt werden (vgl. Metzger 2000); Schülerinnen der Sekundarstufe I können in einem Referat ihren Lieblings-Comic vorstellen; Kollegiaten können über medienethische Aspekte eines skandalträchtigen Werbeplakates von Sisley diskutieren. Gerade wegen ihrer Nähe zum Dramatischen regen Bildgeschichten auch zum szenischen Darstellen (Standbilder, Rollenspiele) an.

Intensivere Beziehungen gibt es zwischen visuellen Medien und dem Schreiben, traditioneller Weise in der Umformung einer Bildgeschichte in eine Erlebniserzählung und in der **Bildbeschreibung**. Beide „Aufsatzarten" werden fachdidaktisch jedoch kritisch gesehen. Gerade für jüngere Schreiber stellt es keine Hilfe, sondern eher eine Schwierigkeit dar, die Einzelbilder etwa einer *Vater und Sohn*-Geschichte in eine kontinuierliche Erzählung zu übersetzen. Überdies korrespondiert die meist witzige Pointe solcher Bildgeschichten nur bedingt mit der geforderten Spannungskurve der Erlebniserzählung. (Zur Kritik am Erzählen nach Bildgeschichten vgl. Haueis 1999; Steinig/Huneke 2004, S. 66ff.; für ein alternatives Schreiben zu Comics vgl. Kepser 2007.) Die Bandbreite der traditionellen Bildbeschreibung reicht von der objektiv-sachlichen Beschreibung über die subjektive Betrachtung bis hin zur anspruchsvollen Interpretation. Sie erfordert maltechnische und kunsthistorische Kenntnisse einerseits, die Erfüllung sprachlicher Auflagen wie „Präsens", „sachliche Sprache", „treffender Ausdruck" andererseits. Auch diese Form der Bildbeschreibung (vgl. Brand/Lödige/Möbius 1999; Eggerer/Winter 1984) steht vielfach in der **Kritik**. Der kommunikationsorientierten Didaktik der 1970er Jahre galt sie als ästhetizistische Übung ohne kommunikativen Nutzen. Überdies standen die hochkulturellen Bildvorlagen fernab des massenmedialen Angebots. Kritisieren lässt sich weiter die zugrunde liegende Vorstellung von der Kunstrezeption. Sie geht aus von einer feststehenden Bildbedeutung, die man „richtig" erfassen und nachvollziehen muss. Dagegen setzt der Kunsthistoriker Hans Dieter Huber (1998) eine „konstruktivistische Ästhetik", wonach Bilderfahrung zwar sozial bestimmt und daher keineswegs beliebig ist, Bildbedeutungen aber gleichwohl subjektiv konstruiert werden. Ein schreibdidaktischer Punkt der Kritik betrifft die „Aufsatzart". Die herkömmliche Bildbeschreibung legt großen Wert auf die Erfüllung formaler Vorgaben (Stil, Aufbau) und auf „Objektivität". Sie ist ein normiertes schulisches Kunstprodukt ohne Sitz im Leben, und sie erzeugt Texte, in denen Schüler meist nur fremde Fragenkataloge und „Checklisten" abarbeiten, anstatt ihrer eigenen ästhetischen Erfahrung schriftlichen Ausdruck zu geben.

Neben der Bildbeschreibung als fragwürdiger „Stilübung der traditionellen Aufsatzerziehung" (Wermke 1989, S. 9) stehen alternative Formen, die dem sogenannten kreativen Schreiben zugeordnet werden können. **Kreatives Schreiben** kann personale Erkundungen der Identität ebenso meinen wie freie Assoziatio-

7. Visuelle Medien

nen, spielerische und gestalterische Spracherprobungen oder handlungs- oder produktionsorientierte Anschlüsse an literarische Texte (vgl. etwa Schuster 1997; Spinner 2001 und 2005; Waldmann 1999). Gemeinsam ist den unterschiedlichen Ansätzen eine Betonung des Schreibprozesses (und nicht so sehr des Produktes), emotiver und expressiver (und nicht nur expositorischer) Schreibfunktionen sowie offener Formen von Beurteilung und Bewertung (im Gegensatz zu Korrektur und Zensur durch den Lehrer).

Bilder dienen im Rahmen kreativen Schreibens oft als Impulsgeber, so bei den vorstellungsbildenden Schreibaufträgen von Gabriele Gien (1999) zu einem Bild von Wassilij Kandinsky oder von Jutta Oellerich (2002) zu Bildern von Keith Haring. Kreatives Schreiben zu einem Bilderbuch hat Kaspar Spinner (1999) angeregt. Günter Lange (1992) möchte Bilder „zum Sprechen bringen", indem man verschiedene „Wege ins Bild" nimmt (etwa Fensterblick, Filmblick, Gespräch, Spiegelbild oder Traum) und dabei auch verschiedene Schreibhaltungen einnimmt (lyrisch, nachdenklich, erzählend, experimentell, kollektiv schreibspielerisch) (vgl. ebd., S. 53ff.).

Eine differenzierte Konzeption des Schreibens zu Bildern hat Jutta **Wermke** (1989) entwickelt. Mit dem Anspruch einer „kontrollierbare[n] Wahrnehmung und deren Mitteilung" (ebd., S. 17) entkommt sie der Starre der schulischen Bildbeschreibung, ohne jedoch die Bildvorlagen aus den Augen zu verlieren. Das Schreiben zu Bildern wird für Wermke geprägt von der Art der *Bildrezeption* (registrierend oder inszenierend), von der kommunikativen *Schreibsituation* (z.B. informativ, expressiv, argumentativ) und von den zugehörigen *Textsorten*. So erhielten Schüler und Schülerinnen einer 9. Hauptschulklasse unterschiedliche Anlässe zur Beschreibung von Leonardo da Vincis *Das Abendmahl*; sie prüften, ob Rilkes gleichnamiges Gedicht eine Bildbeschreibung ist; sie übten an eigenen „Bildern zum Essen" die selbstständige schriftliche Bildbeschreibung, die sie schließlich an Paul A. Webers *Die Diskussion* vollzogen. In einem späteren Unterrichtsmodell (Wermke 1992) entstanden unterschiedliche Textcollagen zu Dalis *Vorahnung des Bürgerkriegs*. Die Vielfalt der von Wermke aufgezeigten Beschreibungsmöglichkeiten macht Schreiben zu Bildern zu einer fruchtbaren „Übung einer auf Kreativitätsförderung zielenden ästhetischen Erziehung" (1989, S. 34).

Dass eine Bildbeschreibung wesentlich vom Betrachterstandpunkt abhängt, ist auch zentral für ein Unterrichtsmodell von Dieter Matthias (1992): Die in einem Bild an einem Spieltisch versammelten Humphrey Bogart, Marilyn Monroe und James Dean sind aus einer cineastischen, einer suchtpräventiven oder einer kriminalistischen Warte jeweils unterschiedlich zu beschreiben.

Ein eigenes Beispiel soll das Potenzial von **Bildern als vielfältigen Sprech- und Schreibanlässen** verdeutlichen. Es handelt sich um eine auf den ersten Blick wenig spektakuläre Werbeanzeige (Abb. 29):

Zu sehen ist die Seitenansicht der unteren Hälfte einer Frauenfigur. Sie trägt einen weißen, knielangen Rock, eine Handtasche und leichte Sommerschuhe. Die Frau geht eine blütenbestreute Marmortreppe hinauf, an deren Ende links hinten ein

7.3 Didaktische Ansätze

antiker Säulenbogen zu sehen ist. Etwa auf gleicher Höhe schreitet hinten eine Person in einem Fechteranzug ebenfalls die Treppe hinauf. Den Hintergrund bilden Bäume und ein blauer Himmel. Oben mittig steht über die Breite des Rockes hinweg der Schriftzug HOGAN.

Mit ihrer extrem reduzierten Verbalsprache und hochgradig aufgeladenen Bildsprache ist diese Anzeige typisch für moderne Werbung. Der Verbalanteil beschränkt sich auf den Markennamen; Informationen über Produkteigenschaften der hier beworbenen Schuhe und Tasche, z.B. ihren Preis, verwendete Materialien, Erhältlichkeit, fehlen. Stattdessen konzentriert sich die Anzeige darauf, den Prestige- und Erlebniswert der Nobelmarke visuell in Szene zu setzen. Das

Abb. 29: *Werbeanzeige „Hogan" als Sprech- und Schreibanlass*

im Original farbige Bild zeigt attraktive (lange, schlanke, braune) Frauenbeine, die auf dem Weg nach oben sind. Die blütenbestreute Marmortreppe, der Fechter und die Säulenarchitektur wirken edel, mondän, kultiviert. Über ihren weißen Rock ist die Hogan-Trägerin farblich mit den **visuellen Hochwert-Elementen** verbunden. Mann und Frau im Gleichschritt implizieren Harmonie und erotisches Potenzial. Mit unseren Wahrnehmungspräferenzen stimmig, gehen die Bewegungen nach rechts. Über allem lacht ein blauer Himmel.

Zwar ließe sich medienkritisch auf den fehlenden Informationsgehalt und Realitätsbezug dieses Werbebildes hinweisen, doch würde dies seine vielschichtige Semiotik (Zeichenhaftigkeit) und seine **ansprechende Ästhetik** verfehlen. Anbieten würde sich einmal eine analytische Beschreibung und Interpretation der visuellen Elemente und ihres Zusammenwirkens. Man könnte sich einer solchen Analyse aber auch über imaginative sprachliche Anschlüsse und deren gemeinsame Reflexion annähern: Welchen „Steckbrief" geben wir der Frau? Was befindet sich am Ende der Treppe? Wo streben die beiden Figuren hin? Welche „Geschichte" erzählt das Bild? Was wäre ein stimmiger, was ein ironischer Slogan für diese Anzeige? In einer solchen Herangehensweise würden sprach- und schreibdidaktische Ziele mit dem Erwerb visueller Kompetenz integriert.

7.3.5 Bilder im Umgang mit literarischen Texten

Bilder können auch dem **Umgang mit poetischen Texten** dienen. Um der bedeutungsoffenen Ästhetik literarischer Sinnmodelle gerecht zu werden, sollte sich der Umgang nicht auf eine diskursive Analyse verengen. Harald Frommer sieht als di-

7. Visuelle Medien

daktisches Prinzip einen Gang von der *Konkretisation zur Interpretation* (1988) vor. Das heißt: Die Auseinandersetzung mit einem Text beginnt mit imaginativen Verstrickungen und vorläufigen, möglicherweise auch „bornierten" Deutungen. Aus solchen subjektiven Konkretisationen heraus (und nicht über sie hinweg) werden dann intersubjektive Interpretationen entwickelt.

Eine Form der Konkretisation sind **Bilder von Künstlern** zu literarischen Texten bzw. Stoffen. Rembrandt van Rijn malte ein *Gastmahl des Belsazar*, Moritz v. Schwind *Vater und Kind auf der Flucht vor dem Erlkönig*, Alfred Kubin illustrierte in der Zeichnung *Lebhafter Disput* Fontanes Ballade *Die Brück' am Tay* (vgl. Maiwald 1994). Käthe Kollwitz schuf unter dem Eindruck von Gerhard Hauptmanns Sozialdrama einen Zyklus von sechs Radierungen und Lithografien mit dem Titel *Weberaufstand* (1893/97) (vgl. Grünewald 1999, S. 102f.). Derartige Bilder sind stets subjektive „Lesarten" und daher ergiebige Anregungen für die Auseinandersetzung mit den entsprechenden Texten. Zweitens führen Künstler Kombinationen von Bild und Text selbst vor, etwa Sophie Calle oder Jochen Gerz (vgl. Kreuzer 2005); zu denken ist in diesem Zusammenhang auch an Ralf Schmerbergs Gedichtverfilmungen in *Poem* (2003) (vgl. Hesse/Krommer/Müller 2005).

Neben der Rezeption gegebener Bild-Text-Kombinationen können Leser selbst Bilder als konkretisierende Kontexte neben literarische Texte stellen. Erprobt wurden z.B. Verbindungen (mittels PowerPoint) von Kriegsgedichten und Fotografien, was „eigenwillige Synästhesieeffekte [und] neue Interpretationswege" erzeugte (Haarmann 2002, S. 52). In einem anderen Beispiel (aus einer Examensarbeit von Ute Schlegelmilch) wurde Hugo Balls dadaistisches Gedicht *Karawane* neben das Foto einer Karawane gestellt und somit eine wörtliche Lesart der Stimmen und Rufe der Kameltreiber vorgenommen. In der Lernumgebung *Texte.Medien* (Bekes/Frederking 2001) lässt sich der derselbe Text auch metaphorisch konkretisieren (Abb. 30):

Abb. 30: *Urlauberwelle als Karawane – Fotografie als Kontext eines lyrischen Textes in Texte.Medien*

Texte.Medien ist ein interaktiver Assoziations- und Interpretationsraum (vgl. Berghoff 1997; Schneider/Berghoff 2000), der es u.a. gestattet, Texte und Fotografien zu collagieren. Zu betonen ist, dass Literaturunterricht sich darin nicht erschöpfen darf, sondern über die Reflexion solch subjektiver **Text-Bild-Collagen** zu intersubjektiven Interpretationen des literarischen Textes gelangen muss.

Fassen wir zusammen: Visuelle Medien haben eine didaktische Relevanz als Gegenstände von Medienkritik und literarischem Lernen. Sie fungieren aber auch als Medien einer allgemeinen, auf *visual literacy* abhebenden ästhetischen Erziehung und als Impulse für sprachliche Grundtätigkeiten (Sprechen und Schreiben). Besonders wichtig erscheint die Vermeidung von Einseitigkeiten im Umgang mit visuellen Medien: Bilderbücher sind nicht nur etwas für die Primarstufe; Comics sind nicht nur und immer trivial; Werbebilder sind kein kapitalistisches Teufelswerk. Für den Umgang mit literarischen Texten können Bilder rezeptiv oder produktiv als konkretisierende Kontexte herangezogen werden. Wie die Beispiele hierzu nahelegen, können Bilder besonders im Zusammenspiel mit digitalen Gestaltungsmedien für Lernprozesse funktional werden. Damit kommen wir zu einigen methodischen Überlegungen.

7.4 Methodische Zugänge

Die folgenden Anregungen sollen nicht den Eindruck erwecken, als seien Methoden beliebige Optionen (im Sinne eines „Wühltisches"). Methoden resultieren allein aus didaktischen Gegenstandskonstitutionen und Zielformulierungen.

Unter dem Begriff **diskursive Analyse** lassen sich sprachlich-begriffliche, auf rationale Distanzierung abhebende Zugangsweisen fassen. In der Unterrichtspraxis geschieht diskursive Analyse häufig in Form lehrergelenkter Gespräche und analytisch-erschließender Schreibaufgaben wie Textwiedergabe, Textanalyse, literarische Erörterung, Interpretationsaufsatz. Diskursive Anschlüsse an ästhetische Gegenstände werden problematisch, wenn sie lehrerzentriert sind, auf ein vorgefasstes Ergebnis zulaufen und zum Selbstzweck geraten. (Zur Kritik am lehrergelenkten Unterrichtsgespräch vgl. Steinig/Huneke 2004, S. 62–65; Wieler 1989; an texterschließenden „Aufsatzarten" Abraham 1994.) Es sollte im Zusammenhang mit visuellen Medien also *nicht* darum gehen, etwa eine Werbeanzeige wie die obige von Hogan mit distanzierenden Leitfragen zu überziehen (Warum ist die Farbe Weiß so präsent? Wie wirkt die Szenerie?) oder an einem Comic mechanisch die Darstellungselemente (Bildkasten, Sprech- und Denkblase, Blocktext und Textkasten) abzuarbeiten. Der Textumgang sollte nicht mit diskursiver Analyse beginnen und sich vor allem nicht darin erschöpfen.

Rational-begriffliche **Distanznahme** ist gleichwohl wichtig. Sie ist erforderlich, um subjektive, produktive, konkretisierende Anschlüsse zu reflektieren und interpretatorisch weiterzuführen. Zweitens können nur über Begriffe (d.h. durch Abstraktion entstandene mentale Konzepte) und unter Einbezug von Hintergrundwissen größere Bedeutungszusammenhänge konstruiert werden. Man kann sich

7. Visuelle Medien

dem Comic *Batman* zunächst mittels subjektiver Imagination nähern, z.b. in einer Fantasiereise oder in einem Tagebucheintrag unter dem Titel: *(M)ein Tag als Batman*. Die entstandenen Texte sollten aber nicht einfach so stehen bleiben, sondern etwa auf typische Handlungsmuster und Motive befragt werden. Eine weitergehende Auseinandersetzung mit der Batman-Figur (vgl. Trabant 1971) würde dann auch analytische Begriffe wie *Primärfarben, Klischee, Mythos, poetische Gerechtigkeit, Medienverbund* erfordern.

Handelnde oder produktive Verfahren, wie sie in der Literaturdidaktik seit langem gefordert und erprobt werden (vgl. Haas/Menzel/Spinner 1994; Spinner 2002; Waldmann 1999), sind auch methodische Optionen für den Umgang mit visuellen Medien. Handelnde Anschlüsse wie die Füllung von Sprech- oder Denkblasen, eigene Kolorierungen, Weitererzählen eines Einzelbildes oder Weiterführung eines offenen oder verdeckten Schlusses können auch bei Bildgeschichten sinnvoll sein. Comics, Bilderbücher und Fotoromane können selbst produziert werden oder anderweitige kulturelle Produkte anregen, z.B. Papier- und Schattentheater, Ausstellungen, Kataloge, Rezensionen (vgl. Blei-Hoch 2006b; Grünewald 2003; Walkhoff 1999). Die Hogan-Werbeanzeige ließe sich mit einem (passenden oder ironischen) Slogan versehen oder aber per Bildbearbeitung die Nobelmarke in eine Billigmarke verwandeln. Mechthild Dehn et al. (2004) führen vor, wie sich an ein Gemälde von Edvard Munch eigenes Schreiben, szenisches Spiel und digitale Gestaltungen anschließen lassen (s.u.).

Die Beispiele handelnder und produktiver Verfahren verdeutlichen ein Kennzeichen medienintegrativen Deutschunterrichts: die **Überlagerung von medienbezogenen Inhalten und Methoden**. Man kann Fotografie als Lerngegenstand auffassen, indem man Pressefotos, Werbefotos oder Kunstfotografien betrachtet. Fotografie ist aber auch – mittels digitaler Bilderzeugung, Bildbearbeitung und Bildpräsentation – ein vielfältig verwendbares Gestaltungs- und Präsentationsmedium: Bilderbuchseiten werden eingescannt und weiterbearbeitet, Werbeplakate werden mit Textfeldern ergänzt, Bilder und Texte werden in PowerPoint zu Collagen kombiniert, eine Comic-Ausstellung wird im Internet präsentiert. Das heißt als methodisches Prinzip: Medien werden genutzt für den Umgang mit Medien. Diese Koinzidenz von Gegenständen und Verfahren sei abschließend an zwei Unterrichtssequenzen verdeutlicht.

7.5 Praktische Beispiele eines integrativen Unterrichts mit visuellen Medien

7.5.1 *Mädchen am Meer*: Bild und Geschichte digital und multimedial

Edvard Munchs Gemälde *Mädchen am Meer* (1906/07) wurde für Grundschüler zum Medium vielfältiger Lernprozesse (Dehn et al. 2004). Es ging nicht um museale „Besichtigung" und „Belehrung" (ebd., S. 126), sondern um Verbindungen einer langsamen, körper- und raumorientierten Bildwahrnehmung mit eigenen Lebenszusam-

7.5 Praktische Beispiele eines integrativen Unterrichts mit visuellen Medien

menhängen. Anstatt einer sachorientierten Bildbeschreibung wurde das Gemälde z.B. liegend oder sich blind hineindenkend wahrgenommen. Diese Wahrnehmung wurde sodann schreibend und szenisch transformiert (vgl. ebd., S. 132). Die Offenheit des Bildmotivs ermöglichte unterschiedliche Vergegenwärtigungen: Einmal werden die weißen Mädchen und das rote und die Gestalten im Boot zu einer Gemeinschaft, ein andermal wird ein Boot entwendet, in einer weiteren Konkretisation geht es um soziale Ausgrenzung in einer Schulklasse. In einem nächsten Schritt erfolgte eine digitale Nachbearbeitung der szenischen Umsetzungen, wobei Fotografien von Standbildern am PC mit Texten und Sprechblasen versehen wurden.

Die Unterrichtseinheit integrierte somit nicht nur unterschiedliche Medienerfahrungen – wahrgenommenes Bild, geschriebener Text, handelnder Körper, fotografischer Blick, digitale Präsenz des Computers (vgl. ebd., S. 160) –, sondern auch pädagogische (Zusammenhalt und Ausgrenzung), deutschdidaktische (Schreiben, Spielen von Rollen) und medienbezogene Zielsetzungen (Fotografieren, Gestalten in PowerPoint).

7.5.2 Geschichte(n) schreiben in einem integrativen Unterricht

Im Zentrum dieser Unterrichtsreihe in einer 4. Jahrgangsstufe (Maiwald 2004a) standen vielfältige Formen schriftlichen Sprachgebrauchs. Die Schreibanlässe waren eingebettet in die Erkundung der Geschichte der näheren Umgebung, hier „rund um den Bamberger Dom". Die unweit gelegene Staatsbibliothek sowie die Bedeutung Bambergs in der Frühphase des Buchdrucks legten es nahe, auch die Entwicklung von Handschriften auf Pergament über Papier bis hin zu gedruckten Büchern nach Gutenberg in groben Umrissen nachzuzeichnen. Im Verlauf des Unterrichts entstand eine Internetseite (http://www.philhist.uni-augsburg.de/Germanistik/did/KaulbergGeschichte/index.html, 16.08.2007), die Arbeitsprozesse und -ergebnisse dokumentierte und veröffentlichte.

Die Sequenz bestand aus folgenden **Bausteinen**: szenisches Spiel zur Sage *Der nächtliche Ruf*; Variationen zur Sage von den *Glühenden Pfennigen*; Schreiben eigener Schlüsse zur Sage *Der Teufel als Dombaumeister*; Papierschöpfen und Vorgangsbeschreibung mit Text-Bild-Kombinationen; Unterrichtsgang in die Staatsbibliothek mit schriftlichen Erläuterungen zu Fotos von „interessanten Sachen über Papier, Bücher und Buchdruck"; „Domrallye" mit imaginativen Schreibaufgaben. Sie war somit in mehrfacher Hinsicht integrativ: Sie bezog außerschulische Lernorte ein, verfuhr lernbereichsübergreifend (Schreiben, Umgang mit literarischen Texten, Sprechen) und verband Anliegen des Faches Deutsch mit denen des Sachunterrichts. Mit dem Thema Bücher und Buchdruck, v.a. aber durch die Netzdokumentation, war der Unterricht auch medienintegrativ. Gelernt wurde über Literatur und Geschichte der näheren Umgebung, im Schreiben, über und mit Medien.

Bilder bzw. Fotografien wurden in mehrerlei Hinsicht funktional: Sie veranschaulichten (im Verbund mit selbstverfassten Bildunterschriften) das Papierschöpfen oder hielten (im Verbund mit selbstverfassten Erläuterungen) Wissenswertes und Kurioses aus der Geschichte von Buch und Buchdruck fest (Abb. 31):

7. Visuelle Medien

Abb. 31: *Fotografien in der Netzdokumentation von Geschichte(n) schreiben*

Fotografien von den sogenannten Domkröten, vom Kaisergrab, von der Figur der Synagoge und vom Bamberger Reiter illustrierten literarische Texte und Aufgabenstellungen für eigenes Schreiben. Schließlich enthielt die Netzseite auch Fotografien von den Schülern und Schülerinnen bei vielfältigen Unterrichtsaktivitäten.

Zusammenfassung

Visuelle Medien sind Texte, die entweder rein aus unbewegten Bildern bestehen oder in denen unbewegte Bilder einen konstitutiven Zeichenstrang darstellen. Für den Deutschunterricht besonders relevant sind Fotografie(n) und Bildgeschichten (Bilderbücher, Comics). Visuelle Medien können als Lerngegenstände (Medienkritik, literarisches Lernen) sowie als Lernmedien für Sprechen, Schreiben, Umgang mit literarischen Texten funktional werden. Der Erwerb von *visual literacy* bildet einen Bereich zwischen Lerngegenständen und -medien. Diskursive Analyse und handelnde/produktive Verfahren sind methodische Optionen für die Arbeit mit visuellen Medien. Die Überlagerung medienbezogener Inhalte und Methoden sowie die Funktionalität digitaler Gestaltungsmedien zeigen sich in den praktischen Beispielen eines Umgangs mit einem Gemälde von Munch (Dehn et al. 2004) und einer integrativen Unterrichtssequenz *Geschichte(n) schreiben* (Maiwald 2004a).

Weiterführende Literatur: Blei-Hoch, Claudia (2006a): Bilder im Deutschunterricht. In: Kliewer, Heinz-Jürgen/Pohl, Inge (Hrsg.): Lexikon Deutschdidaktik (Bd. 1). Baltmannsweiler, S. 54–56. **Dehn, Mechthild/Hoffmann, Thomas/Lüth, Oliver/Peters, Maria (2004):** Zwischen Text und Bild. Schreiben und Gestalten mit neuen Medien. Freiburg. **Franz, Kurt/Lange, Günter (Hrsg.) (1999):** Bilderwelten. Vom Bildzeichen zur CD-ROM. Baltmannsweiler. **Maiwald, Klaus (2006a):** Fotografie und Deutschunterricht. In: Holzbrecher, Alfred/Oomen-Welke, Ingelore/Schmolling, Jan (Hrsg.): Fotografie + Text. Handbuch für die Bildungsarbeit. Wiesbaden, S. 115–125.

8. Audiovisuelle Medien

8.1 Definitorische Überlegungen

Anhand des Begriffes *Fernsehen* lässt sich verdeutlichen, dass mit Medien unterschiedliche Dinge gemeint sein können (vgl. Holly 2004, S. 1). Fernsehen lässt sich begreifen ...

a) als eine Medientechnik (für die Produktion, Ausstrahlung und den Empfang von Sendungen): *Die Braun'sche Röhre hat das Fernsehen erst möglich gemacht*;

b) als der Akt der Medienrezeption: *Fernsehen tut man häufig nebenbei*;

c) als öffentlich-rechtliche oder kommerzielle Institution: *Das Fernsehen ist ein Wirtschaftsfaktor*;

d) als Medienangebote bzw. Programmangebot: *Es kommt nichts Gescheites im Fernsehen*;

e) als kulturelles Phänomen: *Durch das Fernsehen haben sich Sport und Politik grundlegend gewandelt*.

Im Zentrum eines **didaktischen Interesses** stehen Medien v.a. als Medienangebote (d) und als kulturelle Phänomene (e). Davon zu unterscheiden und nur sekundär von Belang sind Träger- und Präsentationsmedien. Ein Spielfilm kann auf einer Filmrolle, einem Magnetband, einer VHS-Kassette oder einer DVD gespeichert sein. Umgekehrt kann auf einer VHS-Kassette auch ein Stummfilm oder können auf einer CD-ROM Musik oder Fotografien vorliegen. Präsentiert werden kann ein Spielfilm durch Ausstrahlung im Fernsehen oder durch Abspielen von einem Videorekorder, Kinoprojektor oder DVD-Spieler eines Laptops. Im Folgenden sind mit AV-Medien vor allem Medienangebote („Texte" im erweiterten Sinne) gemeint.

Was aber macht **audiovisuelle Medienangebote** aus? Ähnlich wie die visuellen Medien (vgl. Kap. 7) sollen die audiovisuellen weniger von der Sinneswahrnehmung des Rezipienten als von den verwendeten Zeichencodes her definiert werden. In diesem Sinn lassen sich AV-Medien als technisch erzeugte Verbindungen von (in der Regel) bewegten Bildern und Tönen begreifen. Legt man diese Definition zugrunde, fallen Dichterlesungen, Theateraufführungen, Konzerte und Gottesdienste aus dem Bereich der AV-Medien heraus (obwohl sie durchaus audiovisuell sind). Aber selbst wenn man AV-Medien auf technisch erzeugte Verbindungen von (in der Regel) bewegten Bildern und Tönen beschränkt, bleibt noch eine enorme Vielfalt. Diese zeigt sich schon in dem Moment, in dem man Sammelbegriffe wie ‚Spielfilm' und ‚Fernsehsendung' ausdifferenziert:

Unter **Spielfilme** fällt alles vom populären, kommerziellen (Hollywood-)Mainstream, den *Jurassic Park* (1993) oder *Titanic* (1997) repräsentieren, bis hin zum

8. Audiovisuelle Medien

elitären Kunstfilm im kleinen Programmkino. Dazwischen stehen Produktionen wie *Lola rennt* (1998), *The Blair Witch Project* (1999), *Matrix* (1) (1999) oder *Mullholland Drive* (2001), die ungeachtet inhaltlicher, dramaturgischer, narrativer oder filmtechnischer Komplexität ein größeres Publikum anzusprechen vermögen. Mittlerweile 100 Jahre Filmgeschichte (vgl. Faulstich 2005; Monaco 2002) haben bedeutende Genres, etwa Western, Monumentalfilm, Animationsfilm, und epochale Bewegungen wie den *Film noir*, den italienischen Neorealismus oder Dogma 95 hervorgebracht. Regisseure wie Fritz Lang, Charles Chaplin, Alfred Hitchcock, Stanley Kubrick und Woody Allen haben umfangreiche und stilbildende Œuvres geschaffen. Zur Mediengattung Spielfilm gehören auch intentional auf Kinder und Jugendliche abzielende Produktionen. Der Kinderfilm (vgl. Sahr 2002) beinhaltet Märchenfilme und Literaturverfilmungen (z.B. Kästner oder Lindgren) ebenso wie Produktionen ohne literarische Vorlage (vgl. im Überblick Abraham 2002).

Ist der Spielfilm ein weites und heterogenes Feld, trifft dies noch mehr auf das **Fernsehen** mit seiner enormen Vielfalt an Sendern, Formaten und Sendungen zu. Es lassen sich folgende Programmgattungen unterscheiden (vgl. Holly 2004, S. 52ff.):

- informative: Nachrichten, Dokumentationen
- performative: Gesprächssendungen, Reality-Formate, Quiz-, Spiel- und Casting-Shows
- fiktionale: TV-Movies, Fernsehspiele, Serien

Wie beim Spielfilm gibt es auch im Fernsehen ein kinderspezifisches Angebot (vgl. Erlinger 2002): Kindersender wie KiKa und Sendungen wie *Teletubbies, Löwenzahn, Die Sendung mit der Maus*, Comic-Serien oder die Jugend-Soap *Schloss Einstein*. Dass Kinder auch jede Menge vom Erwachsenenprogramm rezipieren, steht außer Frage. Das eigentliche und hauptsächlich genutzte Kinderfernsehen dürfte sich im Serienprogramm des Vorabends abspielen (vgl. Heidtmann 1993a, S. 20).

Aus dieser Vielfalt resultiert die Gefahr, dass audiovisuelle Medien eine Art didaktischer Wühltisch werden. Diese Gefahr steigt noch dadurch, dass AV-Medien sich keineswegs in Spielfilmen und Fernsehsendungen erschöpfen. Streng genommen gehören zum Bereich audiovisueller Medien auch ein mit Bildtafeln illustrierter Bänkelsang, animierte Spieldosen, Veranstaltungen mit Großleinwänden oder „Videowürfeln", Video- und Computerkunst, Netzliteratur (vgl. Auer 2000), Spielgeschichten auf CD-ROM (vgl. Abraham/Kepser 2000; Josting 2001a und 2004; Rank 1999 und 2001) sowie PC- und Videospiele (vgl. Fritz/Fehr [Hrsg.] 1997; Johnson 2006, S. 31ff.; Kepser 1999, S. 187ff.). Ebenso zählen Angebote des Bildungsfernsehens (Schulfunk, Telekolleg, Bayern Alpha) sowie Lehrfilme, Lernsoftware, multimediale Lexika und Informationsangebote im Netz zu den AV-Medien.

Audiovisuelle Texte lassen sich also nicht, wie dies noch in der 8. Auflage des traditionsreichen *Taschenbuch des Deutschunterrichts* geschieht, mit „Film und Fernsehspiel" gleichsetzen (vgl. Lange 2003, S. 695). Andererseits sind auch in einer er-

8.1 Definitorische Überlegungen

weiteren Perspektive Schwerpunktsetzungen erforderlich. Ausgeklammert werden in diesem Kapitel alle „Texte", die erst durch konkrete Handhabungen (im wörtlichen Sinn) eines Mediennutzers entstehen. (Solche interaktiven bzw. synästhetischen [Multi]medien sind Gegenstand des folgenden Kapitels.) Konzentrieren wird sich dieses Kapitel auf den (Spiel)film und auf fiktionale Angebote des Fernsehens als kulturelle Leitmedien. Der Begriff **Leitmedium** hat einen quantitativen und einen qualitativen Aspekt. In der (außerschulischen) Wirklichkeit werden zur Befriedigung des menschlichen Fiktionsbedürfnisses weit mehr Spielfilme, Fernsehserien, Werbespots und Videoclips angeschaut als Kurzgeschichten und Romane gelesen. Dieses quantitative Phänomen hat eine qualitative Folge: Kinder bilden ihre Vorstellungen davon, was Erzählen und Erzähltes ist, weniger am Buch bzw. an Printmedien als am Film bzw. an AV-Medien aus.

Eine Reihe von „Einzeltexten" wird im Rahmen der folgenden Sachanalysen näher betrachtet: der Spielfilm *The Graduate* (dt. *Die Reifeprüfung*), Werbespots für eine Schokolade und für ein Auto, die Fernsehserie *The Simpsons* und der Musikvideoclip *Dieser Weg* von Xavier Naidoo. Solche Einzelanalysen sind in der Vorbereitung von Unterricht nötig und auch im Unterricht selbst sinnvoll. Zur Beschäftigung mit audiovisuellen Texten gehört aber immer auch eine Reflexion der Kontexte, in denen sie stehen und in denen sie rezipiert werden:

Das **Gesamtangebot des Fernsehens** ist keine Abfolge abgeschlossener Einzeltexte bzw. „Filmwerke". Vor allem das kommerzielle Kinderfernsehen und das auf Jugendliche zielende Musikfernsehen (MTV, VIVA) sind horizontale Vernetzungen von Sendungen, Trailern, Senderlogos und Werbung (vgl. Erlinger 2002, S. 628f.; Maiwald 2005a, S. 230ff.). Viele Fernsehsendungen können losgelöst von ihrer Sendeumgebung bzw. ohne Blick auf den größeren Programmkontext nicht adäquat verstanden werden. Beim Blick über den Einzeltext hinaus erkennt man Format-Moden (z.B. Telenovelas, Ratesendungen), große „Geschichtsströme" (Hickethier 2001, S. 218), wie sie Serien wie *Lindenstraße* darstellen, oder die Versuche von Sendern, sich zielgruppenspezifische Designs und Programmstrukturen zu geben. Im Extrem lässt sich „das Fernsehen" (ähnlich wie das Internet) auch als eine einzige „Großerzählung" (Erlinger 2002, S. 629) bzw. als Gesamttext auffassen (vgl. Mikos 1994, S. 129f.).

Zweitens kann ein und dasselbe Medienangebot in unterschiedlichen Rezeptionssituationen unterschiedliche Funktionen und Wirkungen haben. Einen Werbespot kann man als lästige Werbeunterbrechung, als lustigen Inhalt einer Sendung wie *Die besten Werbeknaller der Welt!* oder als originelle Beilage einer E-Mail erleben. Der Spielfilm, den man in einem Multiplex-Kino zum ersten Mal sieht, hat wenig mit dem zu tun, den man zu Hause von Werbeblöcken unterbrochen auf einem kleinen Fernseher nebenbei und zum wiederholten Male anschaut. Diese Differenz ist mehr als nur äußerlich: Wie das Theater, ist das Kino ein abgegrenzter, öffentlicher Raum, den man bewusst aufsucht, um einen Sprung des „Erlebnisstils" von der Alltagswirklichkeit in andere „Sinnprovinzen" zu machen (vgl.

Elsner/Müller 1988, S. 396). Das häusliche Fernsehen ist hingegen ein „Alltagsmedium" (Holly 2004, S. 21) und der Fernsehbildschirm im Wohnzimmer lediglich eine Binnengrenze innerhalb einer privaten Sphäre.

Aus diesen Gründen sind die nachfolgenden Einzeltextanalysen stets eingebettet in größere medienhistorische und -systematische Zusammenhänge.

8.2 Beispiele und sachanalytische Aspekte (1): Film

8.2.1 Entwicklung

In der Entwicklung und im Funktionieren eines Mediums verschränken sich stets technische, ökonomische, kulturelle und mentalitätsgeschichtliche Aspekte. Der **Film** erscheint am Ende eines Jahrhunderts, das von Beschleunigung und Expansion gekennzeichnet war und den Menschen grundlegend neue Wirklichkeitserfahrungen bescherte: die Eisenbahn, die Großstadt, das Kaufhaus (vgl. Paech 1997, S. 72ff.), den industrialisierten Krieg im amerikanischen Bürgerkrieg 1861-65. In der Fotografie (vgl. Kap. 7) entwickelte sich ein Medium, mit dem sich analoge Abbilder der Wirklichkeit produzieren ließen. Das 19. Jahrhundert war auf das Schauen aus. Zu den technischen Vorläufern des Films zählten nach dem Prinzip des „Daumenkinos" funktionierende Lebensräder und sogenannte Panoramen: 360-Grad-Gemälde in einer Rotunde, die bevorzugt Schlachten darstellten und dem Betrachter einen kontinuierlichen Bildfluss suggerierten (vgl. Hörisch 2004, S. 299f.; Paech 1997, S. 75ff.). Im Jahr 1891 baute der Amerikaner Thomas A. Edison einen Apparat, in dem ein perforiertes 35-mm-Band mit Einzelbildern ablief und so dem menschlichen Auge einen Bewegungsablauf vermittelte (vgl. Thiel/Würmli 1995, S. 5). Vier Jahre nach diesem sogenannten Kinetoskop hatten die Brüder Lumière einen tauglichen Vorführapparat entwickelt und zeigten 1895 den ersten Film der Weltgeschichte: *Arbeiter verlassen die Lumière-Werke*. Noch im selben Jahr waren Kurzfilme in Berlin und New York zu sehen.

Filmvorführungen begannen als mobile Jahrmarktattraktionen, mündeten jedoch alsbald in feste **kommerzielle und logistische Strukturen.** Im Jahr 1911 wurde in Paris ein Kino mit fast 5000 Plätzen errichtet, um 1915 gab es in Deutschland rund 3700 Lichtspielhäuser. Firmen für die Herstellung von Filmtechnik florierten (z.B. Kodak von George Eastman), Gesellschaften für die Produktion von Filmen wurden gegründet (z.B. 20th Century Fox und United Artists in den USA, die UfA in Deutschland) (vgl. Hörisch 2004, S. 305). Seit 1910 entwickelte sich ein kleiner Ort in Kalifornien zum Inbegriff der Filmwelt: Hollywood.

Die Bilder hatten das Laufen gelernt, waren aber noch stumm. **Erste Filmklassiker** wie David W. Griffiths *Birth of a Nation* (USA 1915), Sergej Eisensteins *Panzerkreuzer Potemkin* (Sowjetunion 1925) oder Fritz Langs *Metropolis* (Deutschland 1927) verwendeten noch eingeblendete Texttafeln. In den Vorführungen wurden die Leinwandbilder durch Klaviermusik oder sogenannte „Kinoerzähler" ergänzt (vgl.

8.2 Beispiele und sachanalytische Aspekte (1): Film

Monaco 2002, S. 53ff.) (Davon handelt Gert Hofmanns wunderbarer Roman *Der Kinoerzähler* von 1990). Im selben Jahr wie *Metropolis* wurde aber bereits der erste Tonfilm realisiert, indem man Schallplatten synchron mit ablaufen ließ. Um 1930 setzte sich der Tonfilm auf breiter Front gegen den Stummfilm mit einer Technik durch, die Bild- und Tonspur auf demselben Vorführgerät abspielbar machte. Nur wenig später überwand das Technicolor-Verfahren aufwändige Notbehelfe wie das manuelle Nachkolorieren der einzelnen Bilder. *Gone with the Wind* (1939) wurde einer der ersten großen Hollywood-Streifen in Farbe.

Seine **Blütezeit** erlebte das Kino mit dem international verbreiteten „Weltfilm" zwischen dem Ende des Zweiten Weltkriegs und dem massenhaften Aufkommen der Fernsehkonkurrenz in den 1960er Jahren. Sie war geprägt von maßgeblichen Stilrichtungen wie dem italienischen Neorealismus (z.B. Roberto Rossellini, Luchino Visconti), Genres wie dem bundesdeutschen Heimatfilm oder dem amerikanischen Thriller sowie Filmstars wie Humphrey Bogart, Marilyn Monroe oder Brigitte Bardot. Mit neuen Programmatiken wie dem „jungen deutschen Film" (z.B. Volker Schlöndorff und Rainer Werner Fassbinder), vielfältigen Genres (z.B. Vietnamfilm oder Frauenfilm) und erweiterten technischen Möglichkeiten der Produktion und der Präsentation (Digitalisierung, Imax-Kinos) hat sich der Film bis heute behauptet (vgl. Faulstich 2005, S. 119ff.)

8.2.2 Kulturelle Bedeutung

Die Brüder Lumière sahen im Film lediglich eine verbesserte Form der Fotografie. Ihre ersten Filme zeigten unspektakuläre Alltagsszenen, die quasi die Wirklichkeit verdoppelten – Arbeiter, die ein Fabrikgelände verlassen, oder die Ankunft eines Zuges (vgl. Faulstich 2005, S. 19). Sehr bald jedoch wurden dem Film neben der dokumentarischen noch **weitere Funktionen** zugewiesen: George Méliès drehte zahlreiche narrative Filme mit fantastischen Sujets und schuf mit *Die Reise zum Mond* (1902) einen ersten Meilenstein der Filmgeschichte. Die deutsche UfA wurde 1917 mitten im Ersten Weltkrieg gegründet, um den Film als Aufklärungs- und Propagandamittel zu nutzen. Mit dem russischen Revolutionsfilm und seiner Montage-Ästhetik sowie mit dem „expressionistischen Kunstfilm" (Friedrich Wilhelm Murnau, Fritz Lang) wurde das neue Medium Teil der hochkulturellen Avantgarde (vgl. ebd., S. 65ff.). Der Kulturredakteur Siegfried Kracauer wurde mit seinem berühmten Diktum vom Film als „Errettung der äußeren Wirklichkeit" einer der ersten Theoretiker des neuen Mediums (vgl. Monaco 2002, S. 425ff.).

Für den Zuschauer aus der breiten Masse lag das Faszinierende des Films wohl schlicht in der „fotorealistischen Wiedergabe in lebendiger Fülle" (Kern 2006, S. 23). Der Eindruck, auf etwas Wirkliches zu blicken, die **„Suggestion der Realitätsabbildung"** (Hickethier 2001, S. 57), mag für den überwältigenden Erfolg des Mediums hauptverantwortlich gewesen sein. Den Geruch des billigen, kommerziellen Massenvergnügens aus seiner Frühzeit als Jahrmarkt- oder Varietéattraktion

8. Audiovisuelle Medien

wurde der Film in den Augen der Bildungseliten indes bis zum heutigen Tag nicht vollständig los. Das kulturkonservative Bildungsbürgertum bezog um 1900 in seinen Kampf gegen die sogenannte „Schmutz und Schund"-Literatur sogleich auch den neuen Kinematografen mit ein. Konnte man den sprachlosen und schwarzweißen Stummfilm noch als abstrakte Kunstform durchgehen lassen, so galt das Kino spätestens nach dem Sieg von Ton und Farbe als gefährliche Zerstreuung der Massen durch moralisch fragwürdige Inhalte wie Klamauk, Mord, Ehebruch usf. (vgl. Hörisch 2004, S. 301; Kerlen 2005, S. 59). Anno 1957 ist in einer Studie über Jugend und Filmerleben von einer „Gefährdung durch den Film" und vom „Film als Symptom der Krise der geistigen Welt" die Rede (Kerlen 2005, S. 104).

Zu den gängigen Reflexen eines Gebildeten (bzw. eines Bildung Beanspruchenden) zählt bis heute, über „Hollywood" die Nase zu rümpfen. Es gibt Filme, die als künstlerisch und/oder moralisch „wertvoll" anerkannt werden. Gleichwohl stehen die dunkle Kinohöhle, die anstrengungslose Anschauung und der emotionalisierende Bann der Bilder nach wie vor gegen das sozusagen taghelle, mühevolle und distanzierende Lesen. Wo Buch und Literatur den Status einer hochgewerteten und in der Schule mit erheblichem Aufwand vermittelten kulturellen Praxis genießen, gelten Film und Kino eher als nutzlos, wenn nicht schädlich. Man muss keineswegs nur auf avantgardistische Kunstfilme aus Programmkinos zurückgreifen, um dies als **hochkulturelles Vorurteil** zu entlarven. Das folgende Beispiel soll zeigen, welche Potenziale für kulturelles und ästhetisches Lernen auch in einem Produkt des Hollywood-Kinos stecken können.

8.2.3 Beispiel: *The Graduate* (deutsch: *Die Reifeprüfung*; Regie: Mike Nichols, USA 1967)

Der Film *Die Reifeprüfung* erzählt die in der kalifornischen Oberschicht angesiedelte Geschichte des frisch gebackenen College-Absolventen Benjamin Braddock (Dustin Hoffman). Der bestbenotete, aber noch reichlich lebensunerfahrene Ben wird von einer deutlich älteren Frau in ein Verhältnis gezogen. Die mondäne „Mrs. Robinson" (Anne Bancroft) könnte nicht nur Bens Mutter sein, sie gehört obendrein zu einem Ehepaar, mit dem Bens Eltern geschäftlich liiert und privat befreundet sind. Eine Weile frönt Ben einem ziellosen Lebenswandel zwischen Swimmingpool und Hotelzimmer. Diese Routine endet, als Mrs. Robinsons Tochter auf Besuch kommt. Von seinen Eltern genötigt, geht Ben mit Elaine (Katharine Ross) aus und verliebt sich in sie. Dies wird von Elaines Mutter sabotiert, indem sie ihrer Tochter vormacht, Ben habe sie vergewaltigt. Elaine wendet sich entsetzt von Ben ab, dieser entschließt sich jedoch, Elaine zurückzugewinnen und reist ihr an ihren Studienort nach. Trotz seiner Bemühungen um eine Verständigung gerät Elaine in den Sog einer von ihren Eltern forcierten Eheschließung. Der Film endet damit, dass Ben in letzter Minute die Trauung sprengt und die fassungslose, dann aber erleichterte Elaine vom Altar wegreißt. Ein vorbeikommender Autobus trägt die beiden davon.

8.2 Beispiele und sachanalytische Aspekte (1): Film

The Graduate brachte dem Regisseur Mike Nichols einen Oscar ein, startete die Karriere von Dustin Hoffman und machte Simon & Garfunkel mit der Filmmusik berühmt. Darüber hinaus kann man diesen Film durchaus als **kulturgeschichtliches Dokument** sehen. Er beschreibt eine materiell saturierte und ideell entleerte Gesellschaft an der Schwelle eines gewaltigen Umbruchs. Hinter der erstarrten Fassade aus sozialen Konventionen und materiellem Wohlstand lauern Langeweile und Verzweiflung. Mrs. Robinson, die einst wegen der ungewollten Schwangerschaft geheiratet und für ihre Ehe ihr Kunstgeschichtsstudium abgebrochen hat, ist eine zynische Alkoholikerin und Ehebrecherin. Elaines Vater, der für sie vorgesehene Ehemann Carl und der skurrile Zimmervermieter sind konservative bis reaktionäre Figuren, denen vor allem daran gelegen ist, den äußeren Schein von Ordnung zu wahren. Bens Ausbruch aus dem für ihn vorgesehenen Lebensplan und die bedingungslose Verteidigung einer Liebe gegen enorme soziale Pressionen stehen stellvertretend für die gesellschaftliche Gärung jener Zeit: Martin Luther King und John F. Kennedy wurden ermordet, weil sie gesellschaftliche Erneuerungen ins Werk setzten. Die USA waren dabei, sich traumatisch in das Vietnam-Debakel zu verstricken; Studentenunruhen sollten der sogenannten 1968er Generation ihren Namen geben. Im August 1969 versammelten sich hunderttausende sogenannter ‚Blumenkinder' in Woodstock, um mit Musikern wie Joan Baez, Arlo Guthrie und Jimmy Hendrix Tage voller Liebe und Frieden zu zelebrieren. Benjamin und Elaine sind (noch) keine Hippies und keine Protestmarschierer. Der Kampf, den sie mit ihren Eltern ausfechten, repräsentiert aber genau den Generationen- und den Wertekonflikt, der die USA wie auch die Nachkriegsgesellschaften in Westeuropa am Ende der 1960er Jahre von Grund auf erschüttern und verändern sollte.

Sein Rang als kulturgeschichtliches Dokument sollte nicht verdecken, dass dieser Film auch eine nachdenkenswerte, spannende und komische **Geschichte** erzählt. Der Zuschauer fragt sich, ob und wie dieses unwahrscheinliche Paar tatsächlich zusammenkommt; wohin die Affäre führen wird; wie Mrs. Robinson Ben von Elaine fernzuhalten versuchen wird; ob Ben Elaine umstimmen können wird; und vor allem: ob er es rechtzeitig zur Kirche schafft, um die Eheschließung zu verhindern. Dieses Finale ist nicht nur der spannende, sondern auch der humoristische Höhepunkt, auf den eine ganze Reihe komischer bis grotesker Szenen hinführen: wie es etwa der mondänen und abgebrühten Mrs. Robinson gelingt, den nervösen, fahrigen Ben immer weiter in ihr Haus zu locken, bis sie im Schlafzimmer endlich nackt vor ihm steht; oder wie der linkische Ben in auffälligster Unauffälligkeit ein Hotelzimmer reserviert; oder wie er ernsthaft versucht, mit seiner Geliebten im Bett Konversation zu machen (und sie dabei niemals anders nennt als „Mrs. Robinson").

Der Film entstand auf der Grundlage eines gleichnamigen Romans von Charles Webb aus dem Jahr 1963. (Eine Diesterweg-Ausgabe von 1987 ist mit zahlreichen Worterklärungen und Erläuterungen versehen und daher auch für Nicht-Anglisten leicht zu lesen.) Als Literaturverfilmung ist *The Graduate* auch ein Anschauungsobjekt für **Medienwechsel** bzw. für die unterschiedlichen Leistungen der Medien Buch und Film. Einmal lässt sich eruieren, wo der Film von der Vorlage abweicht, und erörtern, warum er dies tut. So unternimmt Ben im Roman zu Beginn einen mehrwöchigen Trip, auf dem er sich mit Gelegenheitsjobs durchschlägt und andere soziale Wirklichkeiten kennenlernt. Auch spielt Bens Überlegung, Lehrer zu werden, im Film keine Rolle. Ein auffälliges Motiv des Films ist hingegen das rote Alfa Romeo-Cabriolet, das Ben erst auf den letzten Metern zur Kirche zurücklässt. Ansonsten mutet Webbs Roman fast wie das Drehbuch zum Film an. Er geht chronologisch vor und besteht größtenteils aus der szenischen Darstellung zahlreicher, teilweise ausgedehnter Dialoge. Die erzählenden Passagen erschöpfen sich in lakonischen Beschreibungen äußeren Geschehens. Weder erhält der Leser eine Innensicht der Figuren, noch einen Erzählerkommentar, noch irgendeine nennenswerte narrative Überformung (z.B. durch Metaphorik, Motive oder Symbole). Nur an den Stellen, an denen Briefe bzw. Notizen der Figuren integriert sind, tritt der Erzähltext als solcher hervor. Gerät die *story* als Roman zu einem wenig bemerkenswerten Stück Literatur, so ist sie im Medium des Films ungemein überzeugend: Die Dialoge füllen sich mit Leben, wenn sie (von brillanten Schauspielern, die Hoffman und Bancroft sind) in Szene gesetzt werden. Objekte wie der Taucheranzug, den Ben bei einer Pool-Party vorführen muss, oder der rote Alfa werden im Film allein durch ihre visuelle Präsenz zu bedeutungstragenden Symbolen. Und schließlich gewinnt der Film durch die Musik (*Mrs. Robinson, Scarborough Fair, Sounds of Silence*) enorm an Atmosphäre. So zeigt sich, wie verfehlt es sein kann, einen Film an seiner literarischen Vorlage zu messen bzw. ihn aufgrund seiner Abweichungen davon abzuwerten.

An *The Graduate* lässt sich auch erkennen, welche besondere „Sprache" das Medium Film spricht. Die (unten noch systematisch dargestellte) **„Filmsprache"** soll kurz an der Schlusssequenz verdeutlicht werden: Ben geht wenige hundert Meter vor der Kirche das Benzin aus. Er lässt das ausländische Sportcabrio (als Wohlstands- und Statussymbol) zurück und rennt den Rest des Weges. Laut gegen die Scheiben einer verglasten Empore hämmernd und Elaines Namen rufend, stoppt er die Trauung. Als Elaine seinen Namen hinausschreit, stürzt Ben die Treppe hinunter in den Kirchenraum. Im folgenden Handgemenge schwingt er gegen die Andrängenden ein Kreuz, mit dem er schließlich die Eingangstüre verriegelt. Ben und Elaine sprinten zur Straße, steigen in einen gerade anhaltenden Bus und nehmen ganz hinten Platz. Die letzte Einstellung zeigt, wie der Bus auf einer geraden Straße sich von unserem Blick entfernt.

Es soll nicht darum gehen, diese Sequenz (in der man auch drei Sequenzen sehen kann: Weg – Kirche – Bus) einer erschöpfenden filmanalytischen Betrachtung zu unterziehen. Vielmehr sollen spezifische **Möglichkeiten filmischer Bildrhetorik und -symbolik** und auch die Gelungenheit dieses Films deutlich werden:

Wenn man wollte, ließe sich der Inhalt der Sequenz so zusammenfassen: Ein Mann stürmt in eine Kirche, entfesselt eine Schlägerei, entreißt dem Ehemann die

8.2 Beispiele und sachanalytische Aspekte (1): Film

gerade angetraute Frau und brennt mit ihr durch. So gesehen, würde hier die (Zer)störung eines der wichtigsten und heiligsten Momente im Leben eines Menschen ins Bild gesetzt. Aber natürlich wird niemand die Sequenz so deuten. Dies liegt einmal an der Vorgeschichte: Wir wissen, dass der Bräutigam ein Schnösel ist, dass die junge Frau von ihren Eltern in diese Ehe hineingezwungen wurde, dass die Eltern eher unsympathische Zeitgenossen sind und dass Ben trotz seiner Affäre mit Elaines Mutter ein guter Mensch ist und es ernst meint. Die Filmsequenz ist aber auf diesen Kontext der Vorgeschichte gar nicht angewiesen, sondern konstruiert auch aus sich selbst heraus eine positive Bedeutung des gezeigten Geschehens. Dies soll an drei Phänomenen erläutert werden: 1) den Bewegungen und Handlungen der Hauptfigur, 2) den Mienen der Gegenspieler und 3) dem Schlussbild des Filmes:

1) Der Film zeigt, dass Ben einen weiten und mühevollen Weg auf sich nimmt. Am Ende muss er – symbolträchtig – seinen Wagen zurücklassen und eine beträchtliche Strecke im Laufschritt bewältigen. Sinnfällig wird dies, wenn man Ben von Weitem heranlaufen sieht (Abb. 32).

Abb. 32: „The Graduate": Ben auf einem weiten Weg

Sodann erscheinen die Kirche, übergroß und abweisend, und Ben an der Türe, klein und machtlos. Auf der Empore ist Ben (im Gegenlicht und in Untersicht) wie eine Erlöserfigur ins Bild gesetzt (Abb. 33).

Bewehrt mit einem Holzkreuz – und symbolisch in Weiß gewandet – erscheint Ben als Streiter für eine gute Sache (Abb. 34).

Abb. 33: „The Graduate": Ben als Erlöser

2) Neben dieser Positivzeichnung der Hauptfigur zeigt sich umgekehrt in den verbissenen und gehässigen Mienen der Gegenspieler, dass Ben und Elaine Gutes tun (Abb. 35 und 36).

3) Symbolisch sehr suggestiv ist die Schlusseinstellung des Films. Sie zeigt den Bus, der das Liebespaar Ben und Elaine davonträgt (Abb. 37).

Abb. 34: „The Graduate": Ben als „christlicher" Streiter

8. Audiovisuelle Medien

In diesem Bild gibt es auffällige Zeichenhaftigkeiten:

- Ben und Elaine sind in Bewegung und der drohenden Erstarrung ihres Lebens entkommen. Sie bewegen sich nach vorne, von ihren Eltern und auch vom Zuschauer weg.
- Sie benutzen ein öffentliches Verkehrsmittel, zusammen mit anderen Menschen; rechts sind bescheidene Häuser zu sehen. Das von Wohlstand und Statussymbolen geprägte Leben ihrer Eltern wird zurückgelassen.
- Die Liebenden überqueren eine Brücke (existenzielle Situation), ihr Weg führt sie an einer von Bäumen gesäumten Straße entlang (zurück zur Natur).

Abb. 35: „The Graduate": Charakterisierung der Gegenspieler qua Mienenspiel (Mutter)

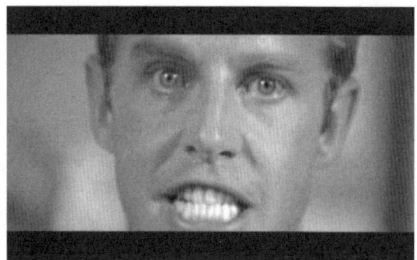

Abb. 36: „The Graduate": Charakterisierung der Gegenspieler qua Mienenspiel (Bräutigam)

Ziehen wir ein **Fazit**: *The Graduate* ist ein Produkt des kommerziellen Hollywood-Kinos und doch höchst sehenswert. Seinen Wert gewinnt der Film als kulturgeschichtliches Dokument desgesellschaftlichen Umbruchs am Ende der 1960er Jahre; als eine glänzend gespielte, problemhaltige, spannende und komische Geschichte; als Anschauungsobjekt für Medienwechsel und Mediendifferenzen; und aufgrund seiner dichten und anspielungsreichen Bildsprache, die wesentlich mehr transportiert als die dürre Prosa des Romans.

Abb. 37: „The Graduate": Symbolik in der Schlusseinstellung

Für den Film spricht auch, dass er als Prä-Text für einen der originellsten Werbespots der letzten Jahre fungierte. Musikalisch unterlegt von einer *Mrs. Robinson*-Version der Band *Lemonheads* aus den 1990ern, steuert Dustin Hoffman, nunmehr im reifen Mannesalter, einen Audi A 6 vor die originale Kirche (Abb. 38).

Er rüttelt an Türen, klopft an Scheiben und fährt mit der jungen Braut überstürzt dem schnöseligen Bräutigam davon. Im Wagen sagt sie erleichtert „Danke, Dad!" und er lachend: „Du bist wie deine Mutter!"

8.3 Beispiele und sachanalytische Aspekte (2): Werbespots

Abb. 38: „The Graduate" als Prä-Text für einer Werbespot (2005)

8.3 Beispiele und sachanalytische Aspekte (2): Werbespots

8.3.1 Allgemeines

Generell umfasst Werbung alle „publizistische[n] Maßnahmen der Wirtschaft mit dem Ziel der Verkaufsförderung" (Marci-Boehncke 2006, S. 805). Spezieller lässt sich Werbung definieren als geplante, öffentliche Übermittlung von Nachrichten, die das Urteilen und/oder Handeln von Personen beeinflussen und damit einer Güter, Dienstleistungen oder Ideen produzierenden oder absetzenden Gruppe oder Institution dienen soll (vgl. Janich 2003, S. 19).

Zu unterscheiden sind **Werbemittel und Werbeträger**. Klassische Werbemittel sind Plakat, Anzeige, Prospekt, Hörspot, AV-Spot. Typische Werbeträger sind Plakatwände, Litfaßsäulen, Zeitungen/Zeitschriften, Fernsehen und Kino sowie das Internet. Auch Kleidungsstücke (wie Trikots und Hemdkragen von Sportlern), Fahnen und Fahrzeuge können Werbeträger sein. Werbemittel sind die medialen Formen, in denen Werbung realisiert werden kann; Werbeträger sind Plattformen, auf denen sie präsentiert wird. Es gibt Unverträglichkeiten zwischen Mitteln und Trägern. So kann ein Spot nicht auf einer Säule, eine Werbeanzeige nicht auf einem Hemdkragen präsentiert werden. Anderseits kann ein AV-Spot wahlweise im Kino, im Fernsehen oder im Internet laufen. Tchibo zeigte für eine Wäschekollektion im Sommer 2006 dieselben Plakate (Werbemittel) auf unterschiedlichen Trägern wie Bushaltestellen und Internet-Pop-ups (Abb. 39).

Wie man hier beispielhaft sehen kann, sind Werbetexte in der Regel multimedial und so gut wie nie rein schriftlich. Ein Hauptkennzeichen jüngerer Werbung ist gerade der Rückbau sprachlicher zu Gunsten visueller Anteile. Gängig ist die Beschränkung auf den Markennamen plus knapper, plakativer Slogan nach dem Muster *Hagebaumarkt. Mach dein Ding.* Im Extremfall ist der Produktname das einzige Sprachzeichen.

Wenn man von Information (über das Produkt), Argumentation (zur Produktqualität) und Appell (zum Kauf) als vornehmlichen **Textfunktionen** ausginge, müsste man Werbung den sogenannten pragmatischen oder Sachtexten zuordnen (vgl.

8. Audiovisuelle Medien

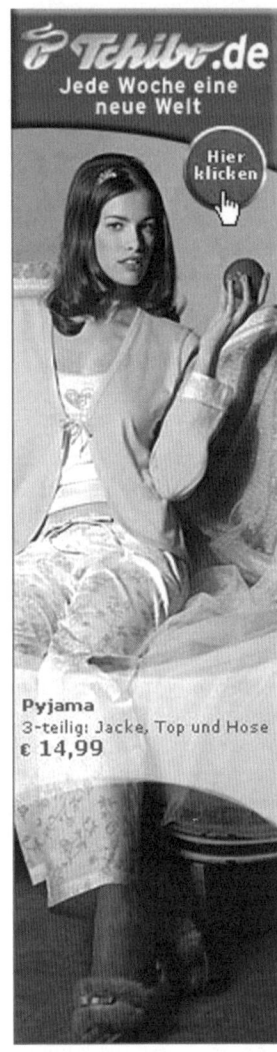

Abb. 39: *Werbemittel (Plakat) und Werbeträger (Pop-up)*

Lieberum 2003). Ein abermaliger Blick auf das Tchibo-Bild macht diese Zuordnung aber zweifelhaft. Denn wir erfahren über Produktqualitäten und Produktnutzen des angebotenen Pyjamas nichts außer seiner Dreiteiligkeit und seinem Preis. Das Popup fordert uns auf, „hier [zu] klicken", es appelliert aber nicht explizit zum Kauf. Vielmehr blickt uns eine attraktive Frau im Pyjama aus einem romantischen Ambiente mit Tüll und Spitzen an, einen roten Apfel präsentierend. Eine leicht bekleidete Frau mit einem Apfel in der Hand evoziert in unserer Kultur natürlich die biblische Eva, damit die Versuchung und den Sündenfall. Insofern hat dieser „Text" ein enormes **imaginatives Potenzial**. Ergänzt man ihn um ein weiteres Bild aus der Kampagne, zeigt sich vollends, dass heutige Werbung viel stärker als den Sachtexten den „poetischen Texten" zuzuordnen ist (Abb. 40).

Das Bild macht klar, dass wir es weniger mit der paradiesischen Eva als mit dem märchenhaften Schneewittchen zu tun haben. (Für sinnliche Verführungen anfällig waren freilich beide.) Erinnern wir uns: Schneewittchen gerät in Lebensgefahr, weil nicht mehr ihre böse Stiefmutter, sondern (laut Spieglein an der Wand) sie „Die Schönste im ganzen Land" ist. Die böse Königin spürt sie bei den sieben Zwergen auf und dreht ihr einen vergifteten Apfel an. Schneewittchen stirbt daran und wird von den Zwergen gläsern eingesargt, bis ein Prinzenkuss ihr den Giftapfel aus dem Hals löst. Prinz und Schneewittchen heiraten, die böse Stiefmutter muss sich in glühenden Schuhen zu Tode tanzen.

Mit der schönen, jungen Frau, die ganz wie im Grimm'schen Märchen „schwarzhaarig wie Ebenholz" ist, mit dem Apfel, der verschnörkelten Schrift und dem pastellartig melierten Hintergrund zitiert diese Werbung ein bekanntes Märchen und ruft damit für den Rezipienten eine Welt voller Schönheit, wundersamer Fügungen, poetischer Gerechtigkeit und erotischer Verheißungen auf. (Der Tchibo-Slogan verheißt passenderweise *Jede Woche eine neue Welt*.) Als informativer und argumentativer Sachtext ergibt diese Anzeige wenig Sinn: Eine Frau wird durch einen Pyjama nicht schön; vor allem aber kann logisch betrachtet nur *eine* Frau „die Schönste" sein, keineswegs alle, die den beworbenen Pyjama tragen. Sehr viel

8.3 Beispiele und sachanalytische Aspekte (2): Werbespots

mehr als ein sachbezogenes Informations- ist dieser Werbetext daher ein **fiktionales Imaginationsangebot**.

Werbung gehörte in den USA von Anbeginn zum Fernsehen dazu. Die Mediengattung *soap opera* verdankt ihren Namen den Waschmittelherstellern, die in den damals vorwiegend von Hausfrauen konsumierten Sendungen ein ideales Werbeumfeld sahen. In Deutschland begann das **Werbefernsehen** im Jahr 1959. Das Fernsehen war noch rein öffentlich-rechtlich und es gab *ein* Programm, die ARD. Um Werbung platzieren zu können, wurde eigens das bis zum heutigen Tag ähnlich strukturierte Vorabendprogramm zwischen 18 und 20 Uhr eingerichtet, das in der Hauptsache aus allen möglichen Serien bestand (vgl. Heidtmann 1993a, S. 20). Klassische Figuren des deutschen Werbefernsehens der 1960er und 70er Jahre waren das HB-Männchen, das in die Luft geht, Clementine, die das Waschmittel anschleppt, oder der „freundliche Tankwart", der die Schmerztablette empfiehlt. Die meisten Werbespots waren eher platte, in schlichte Szenarien gepackte Produktanpreisungen und Kaufappelle.

Abb. 40: *Werbung als „poetischer Text"*

Am Beginn der 1990er Jahre lässt sich in der Entwicklung des Werbespots jedoch eine Aufladung mit symbolischen und mythischen Subtexten und eine Verschiebung weg von „sachlicher" und hin zu **„imaginativer Referenz"** (Kloepfer/Landbeck 1991, S. 96ff.) feststellen. Das heißt: Werbung zitiert universelle Motive und Symbole, sie erzählt kulturell verankerte Geschichten und Mythen (neu). Franz-Josef Röll (vgl. 1998, S. 231ff.) nennt als Beispiele die Utopie vom Paradies, die Wiederkehr der herrschenden Göttin oder die christliche Erlösung. Insofern funktioniert Werbung ähnlich wie Literatur. Sie weist von der Rezeptionsästhetik (Iser, Jauß) so genannte „Leerstellen" auf, die vom Betrachter assoziativ zu ergänzen sind: „Vor allem dem Zitat medialer Inhalte und Kulturstandards kommt dabei besondere Bedeutung zu" (Marci-Boehncke 2006, S. 806). Plakative Produktanpreisungen und Kaufappelle sind vielfach einem subtilen „Überredungsspiel" (Schnell 2000, S. 212) gewichen.

Teil dieses Spiels ist es, **Leitbilder und Lebensstile** als Sinnangebote zu vermitteln. Im gezeigten Tchibo-Beispiel wären dies: eine Märchenprinzessin sein, schön und attraktiv sein, romantisch sein, in einer Märchenwelt leben. Etwas andere Akzente setzt ein Werbespot von Renault (2003), der ebenfalls den Schneewittchen-Stoff travestiert und parodiert. Wir sehen in einem Zeichentrickfilm eine hübsche junge Frau, modisch mit Kurzhaarfrisur und sportlicher Kleidung inmitten breakdancender Zwerge. Die Stiefmutter erscheint, Schneewittchen beißt in den Apfel und sinkt dahin. Der junge Retter fährt unter Fanfarengeschmetter in einem Mégane vor. Wachgeküsst, äugt Schneewittchen (auf einem *split screen*) abwechselnd zum Auto und zum „Prinzen" und reicht letzterem dann den Apfel zum Verzehr (Abb. 41).

8. Audiovisuelle Medien

Der „Prinz" fällt um, Schneewittchen fährt lachend davon. Auf einer abschließenden Texttafel steht: ... *und wenn er nicht gestohlen wird, dann fährt sie ihn noch heute* ...

Im Grimm'schen Märchen entspricht Schneewittchen dem „Idealbild des bürgerlichen Mädchens im 19. Jahrhundert: naiv-unschuldig, schön, fromm, arbeitsam" (Röhrich 2003, S. 14). Das Tchibo-Schneewittchen ist erotisch viel gewagter, entspricht aber – verspielt und romantisch – noch femininen Klischees. Dieses 40-Sekunden-Schneewittchen hingegen ist attraktiv, sportlich und flott, und es nimmt für ein schickes Auto schon einmal lächelnd und lachend einen toten Prinzen in Kauf.

Abb. 41: *„Schneewittchen" im Werbespot*

Verdichtet werden solche Sinnangebote durch eine **Darstellungsästhetik**, die stark auf Rasanz und auf Virtualisierungen setzt. In diesem Renault-Spot gibt es eine doppelte Verfremdung, einmal durch den Zeichentrick, zum anderen durch die Situierung des Geschehens in der Gegenwart. Die Schnittfrequenz ist mit durchschnittlich einem Schnitt pro zwei Sekunden indes verhältnismäßig moderat. Der auf dem Spielfilm *The Graduate* beruhende Audi-Spot (s.o.) kommt auf 35 Bildschnitte in 40 Sekunden. In dem noch zu besprechenden Spot für Mercedes übersteigt die Anzahl der Schnitte deutlich die der Sekunden. Intensität entsteht nicht nur durch die Rasanz der Bildfolgen und die dabei sich oft abrupt verändernden Kameraperspektiven, -einstellungen und -bewegungen (Schwenks, Fahrten, Zooms), sondern auch durch Virtualisierungen per Computersimulation und -animation. Farbspiele, Zeitlupen, Überblendungen und Morphings geben den vorgestellten Wirklichkeiten nicht nur Dynamik, sondern auch eine Aura des Surrealen und Magischen. So zeigte die Autowerbung in jüngster Zeit alte Karossen, die vom Autofriedhof wiederauferstanden durch die Lüfte segeln; einen Wagen, der sich zu einem riesigen tanzenden Roboter entfaltet; oder eine gigantische Weißwurst, die in Zeitlupe in einem Crashtest zerplatzt.

Gewiss gibt es in der Werbung noch simple Appelle wie die für Frau Sommers Kaffee, Herrn Kaisers Versicherungen oder Meister Propers Putzkraft. Jedoch geht gerade Werbung für Jüngere über solch „monologisch-monolithischen Strategien" (Kloepfer/Landbeck 1991, S. 171) meist deutlich hinaus: mit ästhetisch raffinierten, spannenden, witzigen, originellen Erlebnisangeboten für die Imagination.

Hierbei zeigt sich Werbung innerhalb des medialen Angebots immer weniger abgegrenzt als vielmehr darin eingeflochten. Prospektbündel firmieren als zeitungsartige „Wochenblätter" und Werbesendungen als Spielshows. Es gibt Dauerwerbesendungen, Teleshopping und Shows, die witzige Werbespots präsentieren. Werbung innerhalb von Vorabendsendungen zeigt gerne Produkte, die in einen Kontext feierabendlicher Erholung und Harmonie passen (vgl. Bartsch 1996, S. 42). Vor allem im kommerziellen Kinderfernsehen und im Musikfernsehen ver-

8.3 Beispiele und sachanalytische Aspekte (2): Werbespots

schwimmen die Grenzen zusehends: Comic-Elemente werden in Werbespots verwendet und passen so zu den Comic-Serien, in die sie eingebettet sind (vgl. Maiwald 2005a, S. 234); Zeichentrickserien werden von Werbung für die entsprechenden Spielzeugfiguren unterbrochen (vgl. Heidtmann 1993a, S. 21). Im Musikfernsehen greifen Werbespots die Darstellungsästhetik der Clips auf, diese wiederum rücken konsumorientierten Lebensstil samt zugehöriger Produkte ins Bild. In der Klingeltonwerbung auf MTV oder VIVA verschmelzen Werbung und Programm weitgehend; vollends eins werden sie in der Verquickung von Erotik-Clips und Telefonsex-Werbung im spätnächtlichen Privatfernsehen.

Zu den **Grenzüberschreitungen** von Werbung gehören auch Medienverbünde (vgl. S. 65; Josting/Maiwald [Hrsg.] 2007), auffällige Markenlogos und *product placement*. Die *Simpsons* sind nicht einfach eine Fernseh-Serie, sondern ein Verbund aus Kinofilm (2007), Serienstaffeln (1989ff.) mit Hauptsponsor und Werbeblock, Heftchen-Comic, Internetseite und Merchandising-Palette vom Video bis zum Zahnbürstenhalter. Vor allem auf Markenkleidern sind Logos oft so markant angebracht, dass die Träger zwangsläufig auch Werbeträger werden. *Product placement* als weitere subtile Form von Werbung ist die gezielte Platzierung von Produkten (Getränke, Pflegeartikel, Autos) als Requisiten in einem Film. (Dieses Prinzip wird in dem Spielfilm *The Truman Show* [1998] selbst Thema und absurd auf die Spitze getrieben; vgl. Maiwald 2005a, S. 27.)

Fassen wir wesentliche **Merkmale moderner Werbung** zusammen:

- Dominanz visueller gegenüber sprachlichen Anteilen
- Verarbeitung kulturell eingespielter Motive, Symbole, Erzählungen, Mythen
- Dominanz der Ästhetik über den Appell und des Imaginationsangebotes über das Informationsangebot
- Inszenierung von Leitbildern und Lebensstilen als ‚Sinnangebote'
- Beschleunigung und Virtualisierung in der Darstellungsästhetik
- Grenzverwischungen im medialen Angebot und Einflechtungen in das Wahrnehmungsfeld

Diese Merkmale lassen sich auch an den Werbespots belegen, die nun eingehender betrachtet werden sollen:

8.3.2 Beispiele: „Yogurette" (2006) und „Mercedes" (2005)

- **Ganz lecker. Ganz locker.**

Dieser Werbespot für die Schokolade „Yogurette" soll zunächst in einem bildgestützten **Einstellungsprotokoll** beschrieben werden:

8. Audiovisuelle Medien

Nr.	Bildinhalt	Sprache/Tonspur
1	Man sieht einen großen, modern eingerichteten Wohnraum mit großen Fenstern. Der Kopf einer blonden jungen Frau kommt von rechts ins Bild.	Schrei
2	Die Frau tanzt vor einem Spiegel.	Lied: *I Feel Good* (durchgehend)
3	Die tanzende Frau blickt in die Kamera (1).	
4	Die tanzende Frau blickt in die Kamera (2).	
5	Die Frau beißt von einem Schokoladenriegel ab und kaut genüsslich (Abb. 42).	Frauenstimme aus dem Off:
6	Man sieht Erdbeeren vor einem blauen, wasserartigen Hintergrund nach unten fallen.	*Hmmmm, ganz lecker ...*
7	Die Frau tanzt.	*... gaaanz ... locker.*
8	Sie lässt einen Hula-Hoop um ihre Hüften kreisen.	
9	Ein Silberlöffel rührt in einer Glasschale mit weißem Joghurt, hebt ein wenig davon heraus und lässt es zurücktropfen.	*Ganz auf meiner*
10	Die Frau tanzt in einer Rückwärtsbewegung von links nach rechts durch den Raum (Abb. 43).	*Linie.*
11	Man sieht aus einer Packung Yogurette einzeln verpackte Riegel in eine Handfläche gleiten.	*Yogurette*
12	Die tanzende Frau wirft etwas in die Luft.	*schmeckt*
13	Sie fängt es mit dem Mund auf.	*himmlisch*
14	Die Frau beißt genüsslich von dem Schokoladenriegel ab.	*joghurtleicht.*
15	Sie blickt in die Kamera (Abb. 44).	*Und jetzt ganz neu:*
16	Von rechts fährt eine Packung Yogurette auf einen milchigen, in Weiß und Rosa gehaltenen Hintergrund (Abb. 45). Darunter steht das Text-Insert ... *schmeckt himmlich joghurtleicht.*	*Yogurette Himbeere.*

8.3 Beispiele und sachanalytische Aspekte (2): Werbespots

Man kann diesen Werbespot im Hinblick auf seine **sprachlichen Anteile** untersuchen. Sie liegen v.a. in dem gesprochenen Kommentar, der eine Reihe typischer Charakteristika von Sprache in der Werbung aufweist (vgl. Janich 2003):

- Lexik: Neologismus (Wortneuschöpfung) *joghurtleicht*; Hochwertwörter wie *lecker* und *himmlisch*
- Syntax: keine vollständigen Sätze, extrem elliptisch; Parallelismus: dreimalig *ganz* + prädikative Ergänzung (*lecker/locker/auf meiner Linie*)
- Rhetorische Mittel: viermalige Wiederholung von *ganz*; Alliteration in *lecker* und *locker*

Abb. 42: Werbespot Yogurette

Neben Gesprochenem gibt es Geschriebenes, auf der Packung und im Text-Insert. Interessant ist der Produktname *Yogurette*. Es handelt sich um ein Kunstwort, welches mit *Yogur-* die (gesunde, leichte) Zutat Joghurt in den Vordergrund spielt und mit *-ette* ein französisches Morphem verwendet, welches Weiblichkeit und Verkleinerung ausdrückt (vgl. Frauennamen wie Claudette, Colette oder Wörter wie Chansonette, Pirouette). Von programmatischer Bedeutung sind schließlich Titel, Text und Musik des im Hintergrund zu hörenden Liedes. *I Feel Good* von James Brown ist ein beschwingter Soulklassiker mit einem gleichermaßen einfachen wie optimistischen Lebenskonzept (vgl. Liedtext unter http://www.funky-stuff.com/jamesbrown/Lyrics/IFeelGood.htm; 16.08.2007):

Abb. 43: Werbespot Yogurette

Whoa-oa-oa! I feel good, I knew that I would, now.
I feel good, I knew that I would, now.
So good, so good, I got you.

Abb. 44: Werbespot Yogurette

Eine Reduktion von Werbung auf wortsprachliche Elemente verfehlt aber sowohl die Wirklichkeit dieser Mediengattung als auch die Rezeptionsweisen der Kinder und Jugendlichen (vgl. Gast 1996, S. 16). So würde eine bloße Sprachanalyse auch diesen Werbespot nicht annähernd erfassen, bei dem sich das Wesentliche in den bewegten Bildern abspielt: Als erstes festzuhalten ist deren **Dynamik und Rasanz**. Sie zeigen rasche Tanzbewegungen in schneller

Abb. 45: Werbespot Yogurette

8. Audiovisuelle Medien

Schnittfolge, durchschnittlich sind die Szenen eine Sekunde kurz. Der Spot enthält auch ein virtualisierendes Element: Der Bewegungsablauf in Einstellung 10 (Abb. 43) ist nur in einem rückwärts laufenden Film, nicht aber in der Realität möglich.

Bemerkenswert sind die „objektiven" **Bildinhalte**: eine junge, schlanke, blonde, hübsche Frau, die sich in einem großzügigen, hellen, modern und doch warm eingerichteten Raum (Typus renovierter Altbau) bewegt. Ohne Zweifel ist die Frau attraktiv und aktiv. Sie tanzt, lässt Reifen kreisen und boxt womöglich auch den großen roten Sandsack bisweilen. Den Raum zieren schicke Möbel, moderne Bilder und eine lässige Unordnung. Von einer solchen Frau in einem solchen Ambiente mit solchem Genuss verzehrt, erfährt das Produkt eine enorme Aufwertung. Angeboten wird hier weniger eine Schokolade als eine attraktive Selbstdefinition und Lebensweise.

Die Attraktivität dieses Sinnangebots liegt also einmal in der *Denotation*, d.h. in der direkten, sozusagen „wörtlichen" Bedeutung des Gezeigten: schöne Wohnung, schöne Frau, schöne Bewegungen. Diese Denotation erfährt jedoch eine Reihe von „konnotativen Bedeutungserweiterungen" (Gast 1994, S. 390). **Konnotationen** sind unterschwellige, mitschwingende Bedeutungen. Für die hier zu sehende Wohnung lautet eine Konnotation: „Hier wohnt eine junge, vielfältig interessierte, erfolgreiche Person." Der Sandsack konnotiert, dass diese zierliche Frau gleichwohl Kraft hat, sich zu wehren weiß, ein ganzer Kerl ist. Die auffälligste konnotative Bedeutungsschicht ist freilich die der **Sexualisierung des Produkts**. Für diese These gibt es mehrere Belege:

1) Rot und Rot-Töne sind auffällig nicht nur im Produkt vertreten (Erdbeeren, Himbeeren, Verpackung), sondern auch in der gezeigten Szene. Es gibt einen roten Sandsack, ein rotes Poster, rote Lampen. Die Frau trägt ein rosafarbenes Top und rote Schuhe.

2) Kleidung, Gestik und Mimik senden klare sexuelle Signale aus: Neben den roten Schuhen trägt die Frau eine enge und tiefsitzende Jeans, dazu ein luftiges Top. Ihre Tanzbewegungen mit Armen nach oben und kreisenden Hüften sind lasziv, ihre genießerischen Blicke wirken kokett. Nahaufnahmen des Gesichts und des Mundes beim Abbeißen des Schokoriegels rufen die Bildsprache der Pornografie auf. (Beim ersten Biss ist der Riegel noch halb mit Papier umwickelt, beim zweiten „nackt".) Auch ein tropfender weißer Joghurt (Einstellung 9) ist mehrdeutig.

3) Der Werbefilm inszeniert eine ambivalente Struktur des Sehens und Begehrens. Zu Beginn ihres Tanzes sieht man die Frau von hinten vor einem großen Spiegel – einem Symbol für Eitelkeit (vgl. Schneewittchen!) und Selbstbezogenheit. Von Einstellung 2 zu 3 springt der Kamerablick um. Wir erblicken die Frau nun von vorne, gewissermaßen aus dem Spiegel heraus. Das heißt: Alles, was sie tut (lasziv tanzen, genüsslich kauen, verführerisch blicken), tut sie einerseits für sich vor ihrem Spiegel. Andererseits agiert die Frau vor einem und für einen Be-

8.3 Beispiele und sachanalytische Aspekte (2): Werbespots

trachter, dem sie tief in die Augen schaut. Vor dem Spiegel und für sich ist sie eine attraktive Frau, bestimmend und sich selbst genug; gleichzeitig ist sie vor der Kamera und für den Betrachter ein aufreizendes erotisches Objekt.

Es handelt sich um einen Werbespot auf dem **Stand moderner Ästhetik**. Der visuelle Code ist dominant, die Darstellung rasant. Produktinformationen sind nebensächlich, im Vordergrund steht die Inszenierung eines ansprechenden Lebensstils bzw. Wirklichkeitsmodells (Schönheit, Jugend, Musik, Tanz, Sport, Komfort, Unabhängigkeit). Requisiten wie Spiegel, Box-Sack und rote Schuhe gewinnen hierfür Symbolwerte. Die Farbe Rot, der Habitus der Figur und die Doppelstruktur des Sehens – die Frau ist Subjekt ihres eigenen und Objekt eines fremden Blickes – transportieren sexuelle Konnotationen, die das Produkt sowohl für Frauen (*Ganz auf meiner Linie*) als auch für Männer (*Ganz lecker*) erotisieren. Ein geballtes Sinnangebot in 15 Sekunden!

- **Bereit?**

Betrachten wir Einzelbilder aus diesem Spot (Abb. 46–49):

Was bezeichnen, was denotieren diese Bilder? Wir sehen die Hand einer Person im Anzug, die auf eine Hochhauslandschaft blickt; ein Laptop in einem Büroraum; einen Mann, der einen Raum durchquert und dessen Weg von zwei Aktentaschenträgern gekreuzt wird; und schließlich zwei Füße auf einem Boden mit der Aufschrift *P-3* gehend. Die Bilder reichen nicht aus, den Werbespot zu rekonstruieren, sie deuten aber an, welche Geschichte er erzählt. Sie spielt in einem Bürohaus in einer Großstadt (Kaliber Frankfurt oder New York). Das Ambiente wirkt edel: Man ist hoch droben, trägt Anzug und Aktentasche, verwendet Laptops, läuft über marmorierte Böden und auf mehreren Parkebenen. Die Bilder enthalten verschiedene **Spannungssignale**: Zahlen scheinen eine Rolle zu spielen und mit dem Mann stimmt offenbar etwas nicht:
Er hat seine Hand (nachdenklich? nervös?) auf der Fensterscheibe und er wird auf seinem Weg von einer Überwachungskamera gefilmt. (Abb. 48 ist auch im Original schwarz-weiß.) Er verlässt offenbar das Gebäude, vielleicht bringt er sich in Sicherheit, vielleicht flieht er?

Abb. 46: *Werbespot Mercedes*

Abb. 47: *Werbespot Mercedes*

Abb. 48: *Werbespot Mercedes*

8. Audiovisuelle Medien

Vordergründig zeigt der Spot nichts anderes als einen Mann, der ohne Hast, Zwischenfälle und weiteres Aufsehen ein Bürogebäude verlässt. Jedoch bewirken die synkopische und rhythmisch stauende, aufwühlende Hintergrundmusik, die atemlose Folge von 30 Schnitten in den ersten 21 Sekunden und der rapide Wechsel von Einstellungsgrößen und -perspektiven eine enorme **Dramatisierung** des an sich banalen Vorgangs. Insbesondere aber sorgt ein bereits nach wenigen Sekunden sichtbar werdender Countdown für geheimnisvolle Spannung. Er beginnt mit den Zahlen 15 und 14 auf dem Laptop und führt über folgende weitere Stationen:

Abb. 49: *Werbespot Mercedes*

13	Beschriftung auf einer CD
12	Tätowierung auf einem Hals
11	Aufschrift auf einem T-Shirt
10	Wandschild mit Stockwerksangabe
9	Gedrückter Stockwerkknopf im Fahrstuhl
8	Form der Ohrringe einer Mitfahrenden im Fahrstuhl
7	Nummer eines vorbeifahrenden Feuerwehrautos
6	Insert im Film einer Überwachungskamera
5	Angabe der Parkebene auf einer Säule
4	Nummer auf einer Überwachungskamera
3–1	Angabe der Parkebenen auf dem Boden

Dieses rasante Zahlenspiel endet und die Darstellung kommt zur Ruhe, als der Mann, sein Blick und die Musik vorübergehend innehalten und auf schwarzem Hintergrund der weiße Schriftzug „Bereit?" erscheint. In der Schluss-Sequenz werden das hohe Tempo und die jähen Einstellungswechsel der bewegten Bilder wieder aufgenommen. (Allerdings fällt die Musik jetzt in einen treibenden, gleichmäßigen Beat.) Man sieht ein silbergraues Sportcabrio aus der Tiefgarage schießen, zügig die Hochhausschlucht hinter sich lassen und eine Küstenstraße entlang fahren. Folgende Zwischentitel (Texttafeln) schließen den Spot ab:

Der neue SLK.   *[Mercedesstern]*
Ab 27. März.   *Mercedes Benz.*
Die Zukunft des Automobils.
www.mercedes-benz.de

8.3 Beispiele und sachanalytische Aspekte (2): Werbespots

Ähnlich wie in dem Spot für *Yogurette* wird auch hier das Produkt Bestandteil einer in vielerlei Hinsicht hochwertigen, positiv konnotierten Szenerie. Sie zeigt junge, elegante Anzug- bzw. Kostümträger(innen) in einem edlen Bürogebäude, umgeben von Hightech, im Herzen einer Metropole. Was sich dort abspielt, scheint dringend, aufregend und bedeutend zu sein; man kann annehmen, es werden internationale Werbekampagnen geplant, große Geldmengen bewegt, feindliche Übernahmen angebahnt, Attentate in letzter Sekunde vereitelt. Dieses erlebnis- und prestigeträchtige Szenario bietet der Spot als Leitbild und Lebensstil an. Die einen solchen Lebensstil charakterisierende Schnelligkeit und Abwechslung drückt sich neben der filmischen Darstellung und der Musik auch in der kompletten Sprachlosigkeit aus. Der Spot zeigt eine Welt, in der entschlossen geblickt, zielstrebig geschritten und schnell gefahren wird – ohne Worte und Gerede. (Die einzigen sprachlichen Elemente sind drei lakonische Texttafeln.)

Die Konstruktion dieses Sinnangebots gelingt deshalb so rasch (binnen 20 Sekunden), weil sie auf vorangehende Medien- bzw. Fiktionserfahrungen des Rezipienten aufbauen kann. Vermutlich kennen wenige von uns die dargestellte Welt aus direkter Erfahrung, die meisten aber aus einschlägigen Filmen. Mit seinem Inhalt und seiner Darstellungsästhetik, zu der auch die Annäherung an die Optik eines Schwarz-Weiß-Films gehört, wirkt dieser Werbespot wie ein Trailer für einen Thriller. Wir können dieses **Imaginationsangebot** ergreifen, weil wir Thriller wie *Die Firma* (1993), *Mission: Impossible* (1996) oder *Matrix* (1999) gesehen haben. Ein Motivzitat aus der Eingangssequenz von David Lynchs *Vanilla Sky* (2001) ist der aus einer Tiefgarage in eine menschenleere Großstadtstraße einbiegende Sportwagen.

Mit dieser Szene, d.h. erst nach zwei Dritteln des Spots, kommt das **Produkt** selbst ins Spiel. Der Sportwagen erfüllt hier gegenläufige Funktionen: Einerseits steht er im Parkdeck und ist damit Teil der schicken Geschäftswelt; andererseits ist er das Vehikel, dieser Welt zu entkommen. In harter und schneller Fahrt trägt der Wagen seinen Fahrer weg von geschäftigen Büros, engen Fahrzügen und neugierigen Kameras. Er bringt ihn hinaus aus der Tiefgarage und aus der Stadt, auf eine Straße, die in die Natur führt (Meer, Berge) und die nur ihm gehört.

Das Auto und die Erzählung konnotieren somit urbane Eleganz und einen aufregenden Beruf, aber auch naturwüchsige Freiheit und Individualität. Weil *Der neue SLK* für so viel steht und so viel verheißt, muss er nicht angepriesen, sondern lediglich angekündigt werden: *Ab 27. März*. Die Frage ist auch nicht mehr, ob und wie der Betrachter überzeugt werden kann, das Auto zu kaufen; vielmehr lautet die Frage, ob er für dieses Auto überhaupt „bereit" ist. So verabschiedet der Spot nicht nur traditionelle Funktionen von Werbetexten (Information, Argumentation, Appell), er dreht auch das herkömmliche Kommunikationsverhältnis zwischen Produzent und Konsument um: Nicht mehr das Produkt muss den Käufer ansprechen und überzeugen, sondern der Käufer muss sich des Produktes als würdig erweisen.

8. Audiovisuelle Medien

Auch dieser Spot illustriert mustergültig die **Ästhetik und die Funktionsweise** moderner AV-Werbung. Er beruht fast ganz auf Nichtsprachlichem (Musik, Bilder); er präsentiert das Produkt beiläufig als Requisite in einer attraktiven Szenerie und einer ansprechenden Geschichte; er greift auf mediale Inhalte und Darstellungskonventionen zurück; er inszeniert ein aufregendes und erfülltes Leben als Projektionsfläche für unsere Imagination.

8.4 Beispiele und sachanalytische Aspekte (3): Musikvideoclips

8.4.1 Allgemeines

Musikvideoclips weisen in der Darstellungsästhetik etliche Parallelen zu Werbespots auf: Rasanz, Virtualisierung, Verwendung kulturell eingespielter Motive und Symbole, inhaltliche oder formale Bezugnahmen auf andere Medien. Sie sind im medialen Gesamtangebot quantitativ weit weniger vertreten als Werbung und stärker auf eine Altersgruppe gerichtet. In den letzten Jahren haben sich sowohl die Clips als auch das Musikfernsehen insgesamt stark gewandelt. Es gibt nur noch wenige anspruchsvolle Produktionen und das Programm besteht zu großen Teilen aus merkwürdigen Reality-Shows (*Date My Mom*), Serien und endloser Werbung für Handy-Klingeltöne.

Aus diesen Gründen verdienen Musikvideos nicht dieselbe Beachtung wie Werbung, sollen im Rahmen einer Mediendidaktik Deutsch aber auch nicht unerwähnt bleiben. **Music Television (MTV)** startete 1981 in den USA als werbefinanzierter Sender, dessen Programm aus Musikvideos bestand, angereichert durch Magazine und Informationen über die Musikszene. Sechs Jahre später dehnte sich das Projekt auf Europa aus. Gedrängt durch die Konkurrenz des Kölner Senders VIVA (seit 1993), begann MTV 1997 mit einem deutschsprachigen Programm. Im Jahr 2004 wurde VIVA von MTV geschluckt, im März 2005 ging mit MTV Networks Africa der 100. Ableger eines Konzerns auf Sendung, der zu den weltweit bekanntesten Marken zählt.

Dieser kleine historische Abriss verdeutlicht, dass Musikfernsehen sehr viel mehr ein ökonomisches denn ein kulturelles Projekt ist. Die Installierung von MTV entsprang dem Ziel, der damals lahmenden Schallplattenindustrie aufzuhelfen. (MTV Europe startete sinnigerweise mit dem Titel *Money for Nothing* der Band Dire Straits.) Die künstlerische Flaute in der Clip-Produktion entspringt vor allem einer Absatzkrise bei CDs und den dadurch fehlenden Budgets. Mit diesen kommerziellen Zwängen erklärt sich auch die starke Vorherrschaft des **Typus *performance*-Video**. *Performance*-Videos stellen die Interpreten bzw. das Vorführen ihrer Musik in den Vordergrund und fungieren so in erster Linie als Verkaufsinstrumente. Im Gegensatz dazu erzählen *narrative Clips* eher eine Geschichte. *Konzeptvideos* schließlich entwerfen visuelle Szenarien mit, über oder auch gegen die Musik (vgl. Altrogge/Amann 1991, S. 60f.; Röll 1998, S. 180; Zabka 2001, S. 110f.). Natürlich sind die Grenzen zwischen diesen Typen fließend und Mischformen gängig.

8.4 Beispiele und sachanalytische Aspekte (3): Musikvideoclips

Musikvideos haben von Anbeginn kulturkritische und pädagogische **Bedenken** auf den Plan gerufen. Sie richteten sich auf fragwürdige Inhalte (Gewalt, Sex, Rollenklischees) ebenso wie auf die Zerstückelung kultureller Einheiten und die Virtualisierung unserer Wirklichkeitserfahrung. Videoclips haben meist keine in Raum und Zeit gefügte und von stabilen Figuren getragene Handlung, keinen logischen Verlauf, kein schlüssiges Ende. MTV oder VIVA lassen sich als Parallelwelten sehen, in denen irrationale Ideologien und Mythen herrschen (vgl. Busse 1996), oder schlichtweg als Schwachsinn (vgl. Buddemeier 1993, S. 62). Im Gegensatz dazu wurden Musikvideos und -fernsehen vielfach als Teil der kulturellen Avantgarde gewürdigt: als „Bindeglied zwischen künstlerisch-avantgardistischen Ausdrucksformen und Massenkultur" (Richard 1993), als „Schule der Ästhetik für ein Leben im digitalen High-Tech-Kapitalismus" (Schiesser 1996) oder als neue „Heimstatt für das Melancholische, das Märchenhafte, das Magische" (Schnell 2000, S. 9).

Für solche **Hochwertungen** bieten Musikvideoclips derzeit wenig Anlass. Kommerzielle Dutzendware, skurrile Showformate und dröhnende Klingeltöne haben wenig übrig gelassen von experimenteller Kunst und idealistischer Weltverbesserung, die sich in Clips wie Michael Jacksons *Thriller* (1983), der MTV-Fahne auf dem Mond und der Rede von *Planet VIVA* ausdrückten. Dessen ungeachtet präsentiert das Musikfernsehen immer wieder auch Gehaltvoll-Originelles, wie das mit Plastilinfiguren ausgefochtene *Celebrity Death Match* oder die bitterböse Comic-Serie *South Park*. Mitunter produziert es auch noch kontroverse Medienereignisse wie *Popetown* (mit einem Papst als spielwütigem Kind). Vor allem aber zeigt es immer wieder auch noch sehenswerte Videoclips wie *Without Me* von Eminem (vgl. Maiwald 2004b und 2005a, S. 225ff.) oder den im Folgenden näher betrachteten:

8.4.2 Beispiel: „Dieser Weg" (Xavier Naidoo 2005)

Vom Typus her ist dieser Clip eine Mischform: Er zeigt in zahlreichen Einstellungen den Sänger Xavier Naidoo und entspricht insofern dem Typus *performance*. Er erzählt aber auch die Geschichte einer Stadtdurchquerung. Deren surreale Überformung wiederum rückt ihn auch in die Nähe des Konzept-Clips. Der Weg der Figur beginnt vor der Stadt in einer wüstenähnlichen Landschaft. Bäume säumen den Weg, werden aber von Männern mit Motorsägen gefällt, die jeweils zum Leben erwachen, als die Figur sie passiert. In der mediterran anmutenden Stadtlandschaft (Sandstein, flache Dächer) passiert der Sänger verschiedene Personen: ein kästchenhüpfendes Mädchen, einen Mann, Maler, die Hauswände anstreichen, Männer und Frauen, die sich mechanisch auf einem schachbrettartigen Plattenboden bewegen. Zwischengeschaltet sind drei Episoden, die ein Liebespaar in einem Fenster zeigen: Zuerst umarmen sie sich, dann starren sie stumm aneinander vorbei, zuletzt ohrfeigt die Frau den Mann. Am anderen Ende der Stadt führt der Weg hinaus auf einen Vorsprung über einem großen Wasser. In einem schnellen *pull back* der Kamera entpuppt sich die gezeigte Wirklichkeit als

8. Audiovisuelle Medien

ein Würfel, der von zahllosen identischen Würfeln umgeben ist. Diese verschmelzen zur Detailaufnahme eines Auges, das sich in einem erneuten *pull back* zu einer Ganzansicht des Sängers am Ende seines Weges vergrößert.

Die Qualität dieses Clips liegt einmal in der **Ambivalenz** und somit Bedeutungsoffenheit der dargestellten Welt: Es geht jemand ruhig und geradlinig seinen Weg, doch dieser Weg führt am Ende nicht weiter. Die Stadt wirkt gleichzeitig einladend (kleine Häuser in Sandstein mit Sprossenfenstern) und abweisend (leere, bedrohliche Fluchten). Es gibt ein spielendes Mädchen, doch auch mechanisch funktionierende Baumfäller, Anstreicher und Büromenschen. Es gibt ein Liebespaar, das am Ende zerbricht. Dominant sind warme Sandfarben, dennoch wirkt die Szenerie desolat. Das vorläufige Schlussbild geht über in eine beunruhigende Entgrenzung des Raumes, die jedoch wieder an den Ausgangspunkt zurückführt (Abb. 50 und 51).

Für diesen Clip spricht weiter, dass seine vieldeutige Bildsprache den **Liedtext** nicht einfach kopiert oder ignoriert, sondern sich mittelbar, sozusagen konzeptionell auf ihn bezieht. Das singende Ich geht eine „Straße lang", die zu ihm selbst führt, und es deutet den Verlust einer Zweierbeziehung an:

Abb. 50: *Entgrenzung und Wiederherstellung des Raumes im Videoclip „Dieser Weg"*

Das Lied, das du am letzten Abend sangst
Spielte nun in mir. [...]
Es war nur ein kleiner Augenblick
Einen Moment war ich nicht da
Danach ging ich einen kleinen Schritt
Und dann wurde es mir klar ...

Der Refrain beschreibt einen Weg, der „kein leichter, [...] steinig und schwer" sein wird, er verheißt aber auch ein Leben, das „so viel mehr" zu bieten hat. Diese Ambivalenz drückt sich auch im Mittelteil aus, der die drei Liebespaar-Episoden unterlegt:

Abb. 51: *Entgrenzung und Wiederherstellung des Raumes im Videoclip „Dieser Weg"*

Manche treten dich,
Manche lieben dich,
Manche geben sich für dich auf,
Manche segnen dich,
Setz dein Segel nicht, wenn der Wind das Meer aufbraust.

Was den Clip drittens auszeichnet, ist der Einsatz avancierter Filmtechnik für einen planvollen **künstlerischen Effekt**. Die Sängerfigur läuft durch eine Welt, die

8.5 Beispiele und sachanalytische Aspekte (4): Fernsehen

wie ein animiertes Bild von Magritte wirkt. Neben der Wirklichkeitsverfremdung zu Beginn enthält der Clip eine Reihe weiterer surrealistischer Elemente. Dazu gehören die ruckartigen, mechanischen Bewegungen und die grotesken Vervielfältigungen der Figuren (Abb. 52). Auch wird in der Liebespaar-Handlung der Rahmen an der hinteren Zimmerwand jeweils zum Fenster der folgenden Episode (Abb. 53). In einer „unmöglichen Perspektive", wie man sie aus Bildern von M.C. Escher kennt, sieht man Menschen gleichzeitig von oben und von unten (Abb. 54).

Abb. 52: *Surrealistische Bildelemente im Videoclip „Dieser Weg"*

Das Bonusmaterial auf der DVD (*making of*) gibt Aufschlüsse über die hinter solchen Effekten stehende Technik. Sie besteht im Wesentlichen darin, dass Schauspieler in einem leeren, blauen Raum agieren (***blue screen***) und alles andere per Computeranimation nachträglich hinterlegt wird.

Abb. 53: *Surrealistische Bildelemente im Videoclip „Dieser Weg"*

Halten wir fest: Der Clip zeigt eine in vielen Punkten ambivalente und dadurch interpretationsoffene fiktive Welt; die Filmhandlung und der Liedtext sind subtil aufeinander bezogen; und der Clip bedient sich planvoll einer surrealistischen Ästhetik. Aus dem Rahmen des Üblichen fällt auch die

Abb. 54: *Surrealistische Bildelemente im Videoclip „Dieser Weg"*

Langsamkeit der gezeigten Handlung und der filmischen Dramaturgie (nur ca. 60 Schnitte in vier Minuten). Ein Musikvideo wie dieses ist nicht repräsentativ für den Mainstream, das Genre hat aber auch solches zu bieten. Einzelanalysen wie diese dürfen jedoch nicht den Blick dafür verstellen, dass Musikvideoclips Teil eines Gesamtprogramms bzw. Teil des Fernsehens als großen Gesamttextes sind.

8.5 Beispiele und sachanalytische Aspekte (4): Fernsehen

8.5.1 Entwicklung

Dem Fernsehen liegt die Idee einer direkten Übertragung integrierter auditiver und visueller Daten zugrunde. Eine wichtige technische Grundvoraussetzung be-

8. Audiovisuelle Medien

stand darin, dass mithilfe von Selen(zellen) stationäre Lichtwerte in übertragbare Stromwerte umgewandelt werden können. Eine Vorläufertechnik des Fernsehens war eine von dem Berliner Paul Nipkow 1884 zum Patent angemeldete „Abtastscheibe zur mechanischen Bildzerlegung" (vgl. Holly 2004, S. 12; Hörisch 2004, S. 356). Die Hintereinanderschaltung zweier Nipkow-Scheiben ermöglichte erstmals die Übertragung von Bildern. Ein anderer Meilenstein war die Entwicklung der Kathodenstrahlröhre durch Karl Ferdinand Braun (1897), mit der die Übertragung grober Umrisse geometrischer Muster gelang. Die ersten versuchsreifen Fernsehübertragungen fielen in die 1920er Jahre, 1931 ließ sich Manfred von Ardenne das erste vollelektronische Fernsehsystem mit Braun'scher Röhre als Abtast- und Wiedergabeapparatur patentieren. Am 22. März 1935 wurde in Deutschland ein regelmäßiger Sendebetrieb in 28 öffentlichen Fernsehstuben aufgenommen, wenig später begann das Fernsehen in England bzw. den USA. Weil die kleinen und flimmernden Fernsehbilder als Propagandainstrument wenig taugten und der Zweite Weltkrieg alle technologischen Ressourcen absorbierte, kam das neue Medium vor allem in Deutschland über spärliche Anfänge jedoch kaum hinaus.

Die **Blütezeit** des Fernsehens beginnt in den 1950er Jahren. In Deutschland startete 1952 ein tägliches Programm von 20 bis 22 Uhr für noch nicht einmal 10.000 Zuschauer. Als eine erste Sternstunde des neuen Mediums gilt die Live-Übertragung der Krönung von Elisabeth II. zur englischen Königin 1953 (vgl. Elsner/Gumbrecht/Müller/Spangenberg 1994, S. 181; Elsner/Müller 1988, S. 395; Holly 2004, S. 7). Die 1958 entwickelte Magnetaufzeichnung (MAZ) erweiterte die Angebotsmöglichkeiten *enorm*, weil nun auch ‚Konserven' gesendet werden konnten.

Den Durchmarsch in Deutschland trat das Fernsehen in den 1960er Jahren an (vgl. Kerlen 2005, S. 67). Fast alle Haushalte waren mit Geräten versorgt – mit Tendenzen zum Zweitgerät; im Jahr 1963 ging das ZDF auf Sendung, 1967 startete das Farbfernsehen, 1969 verfolgte die vor den Fernsehern versammelte Nation gebannt die erste Mondlandung. **Fernsehgroßereignisse** wie Fußballendspiele, Boxkämpfe mit Muhammad Ali, Quizshows mit Joachim Kuhlenkampf, Verfilmungen von Durbridge-Krimis und Mehrteiler zu Weihnachten erzielten in den 1970ern Einschaltquoten von mehr als 80% und sorgten für menschenleere Straßen. (Aus diesem Grund nannte man solche Sendungen „Straßenfeger".)

Gleichwohl war die deutsche Fernsehlandschaft bis ca. 1980 eine Idylle. Fernsehen war öffentlich-rechtlich reguliert und es umfasste ganze drei Kanäle. Wer eine Sendung sehen wollte, musste pünktlich vor das Gerät, wer umschalten wollte, musste sich erheben. Daher markierten die Verbreitung des Videorekorder und der drahtlosen Fernbedienung in den 1970ern und die Einführung des sogenannten „Dualen Systems" (Rundfunkurteil 1982, Kabelpilotprojekt 1984) nichts Geringeres als eine **kulturelle Revolution** (vgl. Holly 2004, S. 17ff.; Hörisch 2004, S. 359f.). Der Videorekorder befreite den Zuschauer vom vorgegebenen Programmtakt, die Fernbedienung in der Hand gestattete völlig andere Rezeptionsformen als das andachtsvolle Sehen, zumal mit der Etablierung privatrechtlich-kommerzieller Sen-

8.5 Beispiele und sachanalytische Aspekte (4): Fernsehen

der das Programmangebot *enorm* expandierte und zersplitterte (vgl. Kerlen 2005, S. 165).

In den 1950er Jahren kam es vor, dass Menschen sich in Abendkleidung in Wohnzimmern einfanden, um auf aufgereihten Stühlen sitzend einer Opernübertragung im Fernsehen zu folgen. Diese „Unio mystica" zwischen Sendern und Empfängern (Sichtermann 1994, S. 9) wurde durch die Säkularisierung, die das Duale System darstellte, hinweggefegt. Spätestens seit den 1990ern ist Fernsehen eine zwar dauersendende, aber oft nur noch nebenbei rezipierte Offerte; dem heterogenen Angebot entsprechend, ist Fernsehnutzung hochgradig individualisiert. Dennoch ist das Fernsehen nach wie vor ein unseren Alltag prägendes Medium. Man kann aus 30 und mehr Programmen auswählen, den Feierabend mit seiner Lieblingsserie einläuten, die Nachrichtensendung mit der charmantesten Moderatorin bevorzugen und beim Zappen vor dem Zubettgehen das ganze Spektrum von der Hochkultur (3sat, Arte, Phoenix) bis zum *trash* (RTL 2, Neun Live, DSF) abschreiten. Wahlweise lässt sich dies in großformatigen, gestochen scharfen Bildern auf einem Plasmabildschirm mit Surround-Sound im Wohnzimmer oder auf einem multifunktionalen Mobiltelefon unterwegs erleben.

8.5.2 Kulturelle Bedeutung

Der **Programmauftrag** des öffentlich-rechtlichen Rundfunks besteht aus Information, Bildung, Kultur und Unterhaltung. Tatsächlich wurde das Fernsehen in den 1950er Jahren als eine Möglichkeit wahrgenommen, die zunehmend komplexe und globale Nachkriegswirklichkeit zu ordnen, verfügbar und verstehbar zu machen. Eine Telefunken-Werbung aus dem Jahr 1955 pries den Fernsehschirm als „Fenster zur Welt" (vgl. Elsner/Müller 1988, S. 397), und die alltägliche Nachrichtensendung beanspruchte nicht weniger als eine „Tagesschau" zu sein. Zudem schufen die kollektiv erlebten „Straßenfeger" der 1960er und 70er einen Kanon an Texten und Bildern, deren Kenntnis vorausgesetzt werden konnte und einen Kreis von Themen, über deren *Relevanz* Konsens herrschte.

Noch heftiger als Kino und Film trafen kultur- und medienkritische Verdikte aber das Fernsehen. Die Bedenken prominenter **Fernsehkritiker** wie Günther Anders oder Neil Postman (z.B. 1983) laufen auf Folgendes hinaus: Fernsehen verwische die Grenzen zwischen dem Öffentlichen und dem Privaten, zwischen dem Wirklichen und dem Fiktiven und zwischen dem Kindsein und dem Erwachsensein; es zerstöre die Kommunikation in der Familie; es stelle fragwürdige Wirklichkeitsmodelle vor (Gewalt, Sex, Kriminalität); es führe zu einer diffusen para-sozialen Interaktion, in der Fernsehfiguren (z.B. „Mutter Beimer") ebenso vertraut und real werden wie Familie und Freunde (vgl. Baacke 1997, S. 66; Elsner/Gumbrecht/Müller/Spangenberg 1994, S. 187; Holly 2004, S. 21). Fernsehen führt demnach zu sprachlicher und kultureller Nivellierung bzw. Verarmung; es verleitet zu geistiger und körperlicher Passivität und zum Konsumismus. (Vgl. zu solchen Vor-Urteilen Hörisch 2004, S. 365ff.; Schnell 2000, S. 195ff.)

8. Audiovisuelle Medien

Nachmittagstalks, Casting-Shows, Telenovelas und Telefonratespiele scheinen solche Einwände zu bestätigen. Die Annahme massiver sozialer und kultureller Schädigungen übersieht aber nicht nur die hochwertigen Informations-, Bildungs- und Unterhaltungsangebote, die das Fernsehen auch parat hält. Sie verkennt vor allem, dass Mediennutzung generell selektiv, adaptiv und konstruktiv erfolgt und dass das Fernsehen Wirkungen hat und Funktionen erfüllt, die mit dem Programmangebot selbst nur mittelbar im Zusammenhang stehen: Der einigermaßen aktive und mündige Nutzer gebraucht das Fernsehen als Zap- und Nebenbei-Medium, er strukturiert damit seinen Tagesablauf, reagiert auf situative Bedürfnisse (z.b. Erholung, Nervenkitzel) und stellt Zugehörigkeit zu Interpretationsgemeinschaften (*Lindenstraße*, Fußballnationalmannschaft) und Fangemeinden (*Harald Schmidt, Anne Will*) her. In diesem Sinn ist auch solitäres Fernsehen stets eine „soziale Aktivität" (Mikos 1994, S. 100). Wenn man einem bildungsbürgerlichen Kulturbegriff entsagt, erscheint Fernsehen, wie Lothar Mikos (2001) zu Recht relativiert, keineswegs als „Deppengeschwätz", sondern als **Symbolspeicher und Erfahrungsraum** für soziale und kulturelle Praxis (vgl. ebd., S. 101). In einem provokativen Bestseller hat Steven Johnson (2006) sogar die These entfaltet, dass Computerspiele und Fernsehen aufgrund ihrer formalen Komplexitäten eine „Neue Intelligenz" erzeugen und uns, wenn nicht moralischer, so doch kognitiv leistungsfähiger machen.

Nicht nur für das Individuum, auch für die Gesellschaft lässt sich das Fernsehen insgesamt als Positivfaktor anschreiben. Der Medienwissenschaftler Dietrich Kerlen gesteht zu, dass das kommerzielle Privatfernsehen eine kulturelle „Mediokrisierung", also eine Tendenz zum Mittelmäßigen, bewirkt habe. Aber genau dieser freie Markt der Medien, so Kerlen (vgl. 2005, S. 178), entziehe Ideologien den Boden und schaffe die Voraussetzungen für Individualität, Vielfalt und Toleranz zwischen Kulturen und Generationen. Noch pointierter zeichnet Jochen Hörisch (2004) die demokratisierenden und pluralisierenden Effekte des Mediums: Fernsehen mache uns Ereignisse bewusst, derer wir sonst nicht teilhaftig würden und bewirke nicht selten Veränderungen zum Guten. (Man denke an Fernsehbilder aus dem Vietnamkrieg, von den Montagsdemonstrationen am Ende der DDR, vom Elend der Tiertransporte, von der AIDS-Katastrophe in Afrika.) Fernsehen nährt Toleranz, indem es alle möglichen Realitäten und Lebensformen gleichberechtigt nebeneinander stellt (vgl. ebd., S. 362). Fernsehen ist antiautoritär, indem es hohe Politiker und Berühmtheiten hautnah zeigt und menschlich erscheinen lässt. Noch entschiedener als Kerlen sieht Hörisch in alledem einen **gesellschaftlichen Fortschritt**: Fernsehen habe dazu beigetragen, aus einer auf „tiefe Werte" eingeschworenen, „rassistischen, nationalistischen, militaristischen und totalitären Nazi-Massenmordgesellschaft [...] eine vergleichsweise charmante, demokratische, tolerante, offene, internationalistische und liberale Gesellschaft zu machen" (ebd., S. 361f.).

Film und Fernsehen sind zunächst wertfrei als Medien zu sehen, mittels derer Menschen und Gesellschaften symbolisch aushandeln, wer sie sind, was ihnen

8.5 Beispiele und sachanalytische Aspekte (4): Fernsehen

wichtig ist, wovon sie träumen. Daher entspringen didaktische Perspektiven auf AV-Medien auch weniger einer kulturkritischen und bewahrpädagogischen Besorgnis, sondern viel mehr der Offenheit für ästhetisch-kulturelle Erfahrungsoptionen und Lernpotenziale. Der folgende Blick auf eine populäre Fernsehserie soll dies zeigen.

8.5.3 Beispiel: *The Simpsons* (Fernsehserie)

- **Serie als Mediengattung**

Eine Serie ist eine Reihe miteinander in Verbindung stehender Phänomene (vgl. Siegesserie, Mordserie). Serialität im Zusammenhang mit Medienangeboten bedeutet, dass ein fiktionaler Stoff in mehrere Teile aufgegliedert dargeboten wird. Das Spektrum umfasst Fortsetzungsmehrteiler, Serien im klassischen Sinn und Endlosserien (*soap operas*, Telenovelas) (vgl. Hickethier 2001, S. 198f.; Holly 2004, S. 63ff.).

Endlosserien wie *Lindenstraße, Gute Zeiten – Schlechte Zeiten* oder *Reich und Schön* sind durch sogenanntes *multithreading* gekennzeichnet (vgl. Johnson 2006, S. 77ff.). Das heißt, es gibt eine Reihe von über weite Handlungs- und Spannungsbögen geführten Strängen (*threads*), die innerhalb einer Folge weitergeführt, abgeschlossen oder auch neu aufgegriffen werden können. Die Einzelfolge endet meistens mit einem spannenden, zu Beginn der nächsten Folge fortgesetzt *cliffhanger* (im übertragenen Sinn also mit einer Figur, die auf Leben und Tod von einer Klippe hängt).

Serien im klassischen Sinn wie *The Simpsons, Eine schrecklich nette Familie, Schwarzwaldklinik* oder *Traumschiff* werden in sogenannten Staffeln produziert und je nach Erfolg weitergeführt. Sie präsentieren jeweils eine abgeschlossene Episode, konstruieren über Genre, Figurenensemble, Schauplatz usw. jedoch einen größeren, episodenübergreifenden Handlungszusammenhang. Beispielsweise ist *Ein Fall für zwei* eine Kriminalserie (Genre) mit einem Privatdetektiv und einem Anwalt als Hauptfiguren, die stets in Frankfurt spielt (im Vergleich dazu sind *Tatort* oder *Inga Lindström* keine Serien i.e.S., sondern Reihen).

Serien starteten im deutschen Fernsehen in den 1950er Jahren als Umfeld für die Platzierung von Werbung in einem eigens dafür eingerichteten Vorabendprogramm (18–20 Uhr) (vgl. Heidtmann 1993a). Zu den ersten Fernsehserien zählten *Der Polizeibericht meldet* (ARD: 1953–1958) und „*Unsere Nachbarn heute abend – Familie Schölermann*" (NWDR: 1954–1960) als erste deutsche Familienserie. Mit *Dallas* und den Ewings begann die Mediengattung ab 1981, sich auch die Hauptsendezeit nach 20 Uhr zu erobern. Generell war die Serienlandschaft im deutschen Fernsehen stets von US-amerikanischen Produktionen dominiert. Dies hat sich seit der Installierung des kommerziellen Privatfernsehens in den 1980er Jahren noch verstärkt, denn Serien sind nicht nur profitable Umgebungen für Werbung, sie halfen und helfen auch, die sich auf 24 Stunden am Tag ausdehnende

8. Audiovisuelle Medien

Sendezeit einigermaßen kostengünstig zu füllen. Öffentlichkeit und Ökonomie werden in einer medialen Überangebotsgesellschaft wie der unseren von den Gesetzen der Aufmerksamkeit regiert (vgl. Rötzer 1999, S. 41). Mit **Serialisierung und Magazinisierung** reagiert das Fernsehen auf diesen Umstand: Die immer gleichen Sendungen täglich an denselben Sendeplätzen schaffen im unübersichtlichen Angebotsstrom Fixpunkte und Strukturen, an denen sich die Aufmerksamkeit der Rezipienten dauerhaft anlagern kann (vgl. Hickethier 2001, S. 218; Holly 2004, S. 11). Einschlägige Serien-Genres und -Beispiele sind:

- Krimi (*Der Kommissar, Derrick, Starsky & Hutch, Die Straßen von San Francisco, Miami Vice*)
- Familie (*Bonanza, Dallas, Die Waltons, Diese Drombuschs, ALF*)
- Tier- und/oder Action-Zeichentrick (*Schweinchen Dick, Biene Maja, Tom und Jerry*)
- Comedy bzw. Sitcom (*Bill Cosby, Eine schrecklich nette Familie, Die Nanny*)
- Arzt (*Schwarzwaldklinik, Der Landarzt, Dr. Quinn – Ärztin aus Leidenschaft, Emergency Room*)
- Sci-Fi/Mystery (*Twilight Zone, Star Trek, Akte X*)

Neben der kommerziellen Konfektionsware wurden immer wieder auch Serien mit explizit künstlerischem, politischem oder erzieherischem Anspruch realisiert. Beispiele sind die Familienserien *Acht Stunden sind kein Tag* (1972/73) von R.W. Fassbinder und *Ein Herz und eine Seele* (1973ff.) von Wolfgang Menge. Gegen angekaufte Billigware für Kinder konzipiert waren *Pumuckl* (1982ff.) und *Janoschs Traumstunde* (1986ff.). Der amerikanische Regisseur David Lynch wagte mit *Twin Peaks* (1990f.) eine inhaltlich hochkomplexe und filmästhetisch experimentelle Produktion. Der hohe Bedarf an Serienware in einem Fernsehen mit Dutzenden rund um die Uhr sendenden Kanälen und der dem Seriellen innewohnende Produktionsdruck sind mit der Idee des Kunstwerks jedoch schlecht vereinbar.

Obwohl **ambitionierte Produktionen** die Ausnahme sind, kann das Serienangebot des Fernsehens schwerlich über einen Kamm geschoren werden. Ohne Frage gab und gibt es Serien, die simplistische Weltbilder sowie schematische Figurenkonstellationen (z.B. den guten und immer siegreichen Helden) und einfache Erzählmuster vorführen, wie etwa *Knight Rider* oder *Drei Engel für Charlie*. Gerade jüngere Serien wie *Seinfeld, 24* oder *Emergency Room* erfordern aufgrund ihrer narrativen Fülle und Komplexität aber eine erhebliche Rezeptionsleistung (vgl. Johnson 2006, S. 77ff.). Einer besonders gehaltvollen Serie soll nun unser Augenmerk gelten:

- **The Simpsons**

Matt Groening ist der Schöpfer dieser mehrfach ausgezeichneten Zeichentrickserie. Seit 1989 auf Sendung, genießen die *Simpsons* eine bemerkenswerte **Medienpräsenz**. Die Serie läuft aktuell (August 2007) sowohl im US-amerikanischen Fernsehen als auch mehrfach im deutschsprachigen Raum (Pro7, ORF 1, SF 2). Im Mai

8.5 Beispiele und sachanalytische Aspekte (4): Fernsehen

2007 strahlte Fox Network die 400. Episode aus, Pro7 sendete bereits 17 Staffeln, und *The Simpsons Movie* war eines der Kinoereignisse 2007. Sukzessive werden die Serienstaffeln auch als DVD-Kollektionen auf den Markt gebracht. Im Internet gibt es neben der offiziellen Homepage zahlreiche Fansites (vgl. http://www.the simpsons.com/index.html bzw. http://www.die-simpsons.de/news.php, 16.08. 2007).

Die Simpsons sind eine chaotische Familie, in der vor allem der vorlaute und gewitzte Sohn Bart und der wenig inspirierte Vater Homer für aktionsgeladene Turbulenzen sorgen (Zu musikanalytischen Aspekten vgl. Kaspar 1996, S. 47ff.). **Episodenübergreifende Kohärenz** stiftet einmal der Vorspann, der die Familienmitglieder auf ihren hastigen, ereignisreichen Heimwegen zeigt, dies aber immer leicht variiert: Die abstrusen (Vor)sätze, die Bart beim Nachsitzen an die Schultafel zu schreiben hat (z.B. *I will not waste chalk!*), ändern sich ebenso wie die Szenarien beim Zusammentreffen der Familie vor dem Fernsehgerät.

Verbunden werden die Einzelfolgen auch durch das Arsenal der Figuren sowie die Schauplätze und Konstellationen, in denen sie agieren: Mr. Burns, der skrupellose Kernkraftwerkbetreiber, ist der Arbeitgeber Homers. Die Bierschwemme *Moe´s* ist der Inbegriff für Homers bescheidene Ambitionen, die Schule ist der Ort, der hellwachen Querköpfen wie Barts Schwester Lisa nicht gerecht und vitalen Bengeln wie Bart nicht Herr wird. Krusty der Clown taucht immer wieder als Inbild des am Abgrund tanzenden Showstars auf.

Dass der Ort Springfield hauptsächlich von einem mehr als unsicheren Atomkraftwerk lebt, gibt der Bezeichnung *nuclear family* (Kernfamilie) eine beißende Doppeldeutigkeit. Die *Simpsons* sind eine **Persiflage** auf die Erfolgsideologie der amerikanischen Mittelschicht, die jeden Menschen als *special* und als *achiever* ansieht. Homer aber ist es egal, dass er strahlendes Material nach draußen trägt, und *Angestellter des Monats* wird er nur einmal, als er durch panisches Knöpfedrücken einen von ihm selbst fahrlässig heraufbeschworenen Störfall beseitigt. Seine Freizeit verbringt er bevorzugt vor dem Fernseher oder in der Bar, seine sämtlichen eher zufälligen Ambitionen auf ökonomischen Erfolg scheitern. An Bart wiederum prallen sämtliche Konditionierungsversuche der Skinner-Schule ab.

Die Simpsons persiflieren die Lebensart und die Wertorientierung der US-amerikanischen Mittelschichtfamilie. Die Figurentypen, die sozialen Rollen und die Handlungssituationen, die das Geschehen prägen, sind jedoch nicht kulturspezifisch, sondern in der Tat ein „Spiegel menschlichen Verhaltens" (Matthias 1993). Die **Komik** der Serie lebt wesentlich davon, dass interkulturell vertraute Rollen (z.B. Familienvater, Tochter, Chef) und Situationen (z.B. Essen im Familienkreis, Vater-Sohn-Gespräch, Auftritt eines Showstars vor Publikum) aufgegriffen und dann ad absurdum geführt werden, indem sie unsere Wahrnehmungserwartungen negieren. So ist die hoch musikalische, intelligente und reflektierte Lisa ihren Eltern weit überlegen und konterkariert damit die Rolle einer achtjährigen „kleinen" Tochter. Zur kulturübergreifenden Verstehbarkeit und Attraktivität der Serie mögen neben dem Allgemeinmenschlichen der dargestellten Welt die starke visu-

8. Audiovisuelle Medien

elle Stilisierung der Figuren und ihre Hässlichkeit beitragen. Die Simpsons sehen nicht „amerikanisch" und/oder attraktiv aus wie z.b. die (meisten) Figuren in Realserien wie *Eine schrecklich nette Familie*, *Die Nanny* oder *Reich und Schön*, ihre Hässlichkeit aber ermöglicht Überlegenheitsgefühle, die wiederum das Lachen erleichtern (vgl. ebd., S. 58).

Stärker kulturspezifisch sind die *Simpsons* freilich in dem, was sie besonders ausmacht und auszeichnet, nämlich in den zahlreichen parodistischen Filmzitaten und anderen **satirischen Referenzen**. Die Halloween-Episode 1995 enthielt knapp 20 Gags, die auf Filmzitaten basierten, darunter *Godzilla*, *Terminator*, *Poltergeist* und *Shining* (vgl. Johnson 2006, S. 97). Satirisches Potenzial enthalten allein schon Namen wie Homer und Skinner (für einen Schulleiter). Die Serie entlarvt auch, woran sie selbst mitwirkt: die Bedeutung des Showbusiness und der Massenmedien als Wunsch- und Traummaschine der amerikanischen Mittelklasse. Repräsentiert wird dies durch Krusty den Clown und den Entertainer Troy McClure; bei Bedarf werden real existierende Figuren eingebaut, etwa der Rockmusiker Sting bei einer publicitywirksamen Aktion für den in einem Höhlenloch steckenden Bart – eine beißende Parodie auf alle Wohltätigkeits- und Solidaritätskonzerte. Auch blendet sich der Wahlkämpfer Homer einmal gewaltsam in die Videoleinwand eines Konzertes der notorischen Gutmenschen-Rockband U2 ein, die ironischerweise gerade *In the Name of Love* spielt (vgl. Abb. 55):

Spott kippt Groening nicht nur über die Medien, sondern auch über kulturelle Modeerscheinungen und Klischees aus, etwa die selbstverliebten Bewegtheiten linksliberaler Intellektueller oder die Vorstellung vom Stahlarbeiter als Inbegriff rauer Männlichkeit: In der Arbeitspause mutieren die harten Männer zu tanzenden Tunten. Im Abspann dieser Folge heißt es, kaum noch zu überbieten: *Dedicated to the steel workers of America – Keep reaching for the rainbow!*

Abb. 55: Die Band U2 „In the Name of Love" mit Homer Simpson

Kritisch lässt sich gewiss sehen, dass die *Simpsons* mit Comic, Spielfilm, Fansites und zahlreichen Merchandising-Artikeln ein stramm kommerziell orientierter Medienverbund sind (vgl. Josting/Maiwald [Hrsg.] 2007). Man hat der Serie auch das Familienbild angelastet, das sie vordergründig zeichnet. Jedoch sind Homer und Marge mit ihren Kindern weit mehr als eine „Versammlung von Menschen unterschiedlicher Altersgruppen vor dem Fernseher" (Hildebrand 2001, S. 284) oder eine Version „der gestörten amerikanischen Familie des Fernsehzeitalters" (Monaco 2002, S. 514f.). Schon gar nicht repräsentieren sie die „Destruktion des

Ideals der bürgerlichen Familie" (vgl. Moser 1995, S. 102f.). Solche **Vorbehalte** übersehen, dass im Grunde zwischen den Simpsons familiäre Zuneigung und Solidarität herrschen. In all ihrer materiellen Erfolglosigkeit und ihrem alltäglichen Chaos wirken sie weitaus sympathischer, echter und weniger „gestört" als die frömmelnde Musterfamilie von nebenan. Was die *Simpsons* fraglos tun, ist, „den Blick [...] gegenüber wenig legitimierten Autoritäten [zu] schärfen" (ebd., S. 104).

Man kann die *Simpsons* lediglich als lustige Familienserie rezipieren und sie als solche großartig finden. Viele Kinder tun dies. Das **raffiniert gestrickte Spiel** mit kulturellen Klischees, Mythen und Diskursen lässt die Serie aber auch zu einer intellektuellen Herausforderung und zu einem lohnenden Fernseherlebnis für Erwachsene werden.

8.6 Filmanalyse und ‚Filmsprache'

In den vorangehenden Beschreibungen filmischer Texte tauchten Begriffe auf wie *Szene* und *Untersicht, split screen* und *Texteinblendung, Kamerabewegungen* und *pull back, Einstellungsgrößen und -perspektiven*. Wie für den Umgang mit literarischen Texten, gibt es auch für den mit AV-Medien eine Fachterminologie. Begriffe und Kategorien sind stets notwendig, um einen Phänomenbereich für sich selbst gedanklich zu ordnen und sich mit anderen darüber auszutauschen. Begriffe und Kategorien sind daher kein Selbstzweck und dienen auch nicht der Einnebelung von Experten und der Ausgrenzung von Laien. Sie sind vielmehr notwendig, um auch über filmische Texte einen Diskurs, d.h. eine „geordnete Rede" für sich selbst und mit anderen, führen zu können. Will man beispielsweise einen Werbespot wie den für *Yogurette* in der vorgeführten Weise protokollieren (s.o.), muss man geklärt haben, was eine *Einstellung* ist und braucht man ein Vokabular, das etwa den Unterschied der Einstellungen 3 und 4 beschreibbar und mitteilbar macht:

Als *Einstellung* (oder auch *shot*) bezeichnet man ein Stück Film, welches ohne Unterbrechung der Kontinuität zwischen zwei Schnitten abläuft (vgl. Monaco 2002, S. 129; Rußegger 2003, S. 20). In beiden Einstellungen ist die *Kameraperspektive* hier die *Normalsicht*, in Augenhöhe mit der Figur. Für beide Einstellungen gaben wir zu Protokoll: Die tanzende Frau blickt in die Kamera. Differenzieren lässt sich nach der *Einstellungsgröße*. Wir sehen die Figur:

- in Einstellung 3: *nah,* d.h. vom Kopf bis zur Mitte des Oberkörpers (mimische Details wären ggf. erkennbar)
- in Einstellung 4: *halbnah/„amerikanisch",* d.h. etwa vom Knie oder Oberschenkel an aufwärts (ihre Bezeichnung verdankt diese Einstellungsgröße der häufigen Verwendung in Duellszenen amerikanischer Western)

Mithilfe der Kategorien *Perspektive* und *Einstellungsgröße* sowie mit den Begriffen *Normalsicht* bzw. *nah* und *„amerikanisch"* lässt sich heuristisch (für die eigene Erkenntnis) und kommunikativ (für die Mitteilung an andere) genauer bestimmen, was diese Einstellungen gemeinsam haben und was sie unterscheidet.

8. Audiovisuelle Medien

Im Folgenden werden wichtige Begriffe und Kategorien der **Filmanalyse** im Überblick referiert. Dies stützt sich auf die ausführlicheren Darstellungen bei Hildebrand (2001), besonders das mit zahlreichen Bildbeispielen versehene Kapitel 3 über „Terminologie der Filmanalyse (deutsch/englisch)" sowie bei Monaco (2002, Kapitel 2 und 3). Verwendung fand auch die kompakte und dennoch gehaltvolle „Kleine Einführung in die Filmanalyse" von Rußegger (2003). Analysieren heißt zerlegen. In der Analyse filmischer Texte liegt eine Trennung ihrer Zeichencodes nahe, v.a. des *Visuellen* und des *Auditiven*. Insofern filmische Bilder bewegt sind und eine Geschichte erzählen, lässt sich des Weiteren untersuchen, wie im kinematografischen Code das *Narrative* realisiert wird (vgl. zu dieser Aufteilung Hickethier 2001, S. 110ff.; Rußegger 2003, S. 28).

8.6.1 Analyse des Visuellen

Eine Reihe filmanalytischer Kategorien und Begriffe kann dem *Einzelbild* zugeordnet werden. Blicken wir noch einmal auf die Schlusseinstellung von *The Graduate* (Abb. 37, S. 150), die den davonfahrenden Bus zeigt.

- **Einstellungsgröße**

Die Einstellungsgröße besagt, wie groß Figuren oder Objekte im Bild zu sehen sind. Sie stellt damit auch Nähe bzw. Entfernung des Zuschauers zum Leinwandgeschehen her. In Abb. 37 liegt als Einstellungsgröße eine *Halbtotale* bis *Totale* vor. Man unterscheidet im Allgemeinen folgende Größen:

weit	weite Landschaften, Panoramen
Totale	Gesamtüberblick, einzelne Figuren aber erkennbar
Halbtotale	Ganzansicht, Figurumgebung mit Eigengewicht
halbnah/ „*amerikanisch*"	Figur bis zum Oberschenkel
nah	Figur bis zur Brust/zum Bauch
groß	Gesicht der Figur, Objekt bildfüllend
Detail	stark vergrößerter Ausschnitt (z.B. Wimper, Mundwinkel)

- **Perspektive**

Die Perspektive bezeichnet die Sicht des Zuschauers auf das Geschehen. In der *Normalperspektive* sind wir auf Augenhöhe mit den Figuren, die *Froschperspektive* ist hingegen eine *Untersicht*, die *Vogelperspektive* eine *Aufsicht* des Geschehens. In Abb. 37 liegt eine Normalperspektive vor; Abb. 33 (Ben als Erlöser) und Abb. 38 (Audi vor der Kirche) wären Beispiele für Untersichten.

8.6 Filmanalyse und ‚Filmsprache'

- **Farbe, Format, Licht**

Für Einzelbilder relevant sind auch die Kategorien *Farbe* (oder *Schwarz-Weiß*) und *Format* (z.B. Cinemascope oder 16:9). *Licht* kann Vorder-, Gegen- oder Unterlicht sein, die Ausleuchtung kann normal, hell (*high key*) oder eher dunkel (*low key*) wirken.

- **Komposition**

In der Komposition des Einzelbildes wird ein Teil der Inszenierung bereits sichtbar. In Abb. 37 liegt eine *geschlossene* (und keine *offene*) Anordnung vor. Der perspektivische Fluchtpunkt sitzt mittig am unteren Rand des oberen Bilddrittels. Der Bus nimmt die Bildmitte ein, er wird von Straßenrändern, Brückengeländern und Strommasten annähernd symmetrisch begrenzt. In den Formen und Linien herrscht Ausgewogenheit zwischen geraden/„männlichen" einerseits und kurvigen/„weiblichen" (Umrisse des Busses, Baumkronen) andererseits. Mit eher langen Linien und relativ großen Flächen wirkt das Bild ruhig und ausgeglichen.

- **Denotation und Konnotation**

Dieses Begriffspaar ist im Zusammenhang mit dem Werbespot für *Yogurette* bereits aufgetaucht (s.o.). Die Wohnung der gezeigten Frauenfigur konnotiert Jugend und Erfolg, ihre Kleidung und ihre Bewegungen konnotieren sexuelle Attraktivität und Aktivität. Die Denotation ist der direkte Sachbezug eines Zeichens, sozusagen das wörtlich Gesagte; Konnotationen sind hingegen unterschwellige Bedeutungen, welche in Denotaten aufgrund kultureller Konventionen mitschwingen (vgl. Barthes 1981; Gast 1994, S. 390; Hickethier 2001, S. 117; Monaco 2002, S. 162ff.; Rußegger 2003, S. 21).

Auch im Schlussbild aus *The Graduate* lassen sich diese beiden Bedeutungsebenen erkennen. Denotiert werden ein Bus, eine Straße, Bäume, Häuser usw. Eine Konnotation wird bereits durch die geschlossene, ruhige und ausgeglichene Bildkomposition transportiert, weitere ergeben sich aus dem Gesamtzusammenhang des Filmes: Die geradlinige Bewegungsrichtung („Flucht") nach vorne, das öffentliche Verkehrsmittel, die bescheidenen Häuser, die Überquerung der Brücke und die Bäume suggerieren einen bedeutungsvollen, aber auch hoffnungsträchtigen Neubeginn.

Eine weitere Konnotation wird wirksam, wenn wir den Bereich des Einzelbildes verlassen und uns der bewegten Bildfolge zuwenden. Bewegungen im Film vollziehen sich auf drei Ebenen, nämlich als Bewegung der Figuren und der Objekte, in der Kamerabewegung und als Resultat von Schnitt und Montage. Figuren können sich parallel zur Bildfläche (z.B. von links nach rechts), aber auch parallel zur Blickachse bewegen (auf den Betrachter zu oder vom Betrachter weg). Besonderes Augenmerk verdienen die

- **Kamerabewegungen**

Kameras können (horizontal oder vertikal) *schwenken*. Sie können Objektbewegungen parallel zur Bildfläche in einer *Kamerafahrt* begleiten und sich parallel zur

8. Audiovisuelle Medien

Blickachse auf Figuren oder Objekte zu oder von ihnen weg bewegen *(pull back)*. (Zu weiteren Bewegungen wie Reißschwenks, Rollen, Kranaufnahmen vgl. Hildebrand 2001, S. 251ff.)

In der Schlusseinstellung von *The Graduate* liegt eine Kombination von Kamera- und Objektbewegung vor. Die Kamera bewegt sich mit dem Bus, aufgrund seiner schnelleren Eigenbewegung entfernt er sich jedoch vom Betrachter und wird zusehends kleiner. Die Konnotation könnte lauten: Wir haben Ben und Elaine begleitet, müssen sie nun aber loslassen. (Eine ähnliche Erfahrung machen Menschen, wenn sie mit einem abfahrenden Zug noch kurz mitlaufen.) Zweitens entspricht diese Schlusseinstellung klassisch der kulturellen Konvention für den harmonischen Filmschluss, wonach „der Held in Richtung der Blickachse gleichsam in den Film hinein entschwindet" (Rußegger 2003, S. 24).

- **Schnitt und Montage**

Schnitt i.e.S. bezeichnet die Art des Überganges von einer Einstellung zur nächsten. Als Möglichkeiten stehen beispielsweise zur Verfügung:

einfacher Schnitt	ohne Übergang
Abblende	Bild wird allmählich verdunkelt
Aufblende	Bild wird allmählich erhellt
Überblendung	Schlussbild geht ins Anfangsbild der nächsten Einstellung über (vgl. Abb. 50 und 51 zu *Dieser Weg*)
Wischblende	Alte Einstellung wird von neuer (z.B. seitwärts) aus dem Bild gewischt
Iris-Blende	Alte Einstellung wird kreisförmig aus-, neue kreisförmig eingeblendet

Im Gegensatz zum reinen Schnitt betrifft die Montage auch bereits die Organisation des Erzählten durch unterschiedliche Zusammenfügungen der geschnittenen Einstellungen. Die folgenden Beispiele verdeutlichen, dass diese Kategorie zum Visuellen wie auch schon zum Narrativen gehört:

straight cut	Die Einstellungsabfolge orientiert sich an der natürlichen Handlungskontinuität
jump cut	Eine Bewegung (z.B. ein Sturz) wird nur in Ausschnitten gezeigt
match cut	Zwei Einstellungen werden durch ein visuelles, akustisches oder Motivelement verbunden. (Das klassische Beispiel ist der in Kubricks *2001: A Space Odyssey* hochgeworfene Knochen, aus dem in der Folgeeinstellung ein Raumschiff wird)

8.6 Filmanalyse und ‚Filmsprache'

split screen	In einem Mehrfachbild laufen Handlungen parallel
Rückblende/ flashback	Bereits Geschehenes/Gezeigtes wird in den Handlungsgang einmontiert
Vorausschau	Noch Zukünftiges wird in den Handlungsgang einmontiert
Zwischentitel	Eine Texttafel wird eingeblendet

8.6.2 Analyse des Auditiven

Grundsätzlich lässt sich Auditives danach unterscheiden, ob es im Bild und Teil der Handlung ist (*on*/synchron) oder ob es von außen dazukommt (*off*/asynchron). Die Tonspur eines Filmes enthält mehrere Komponenten:

- **Hintergrundmusik/Soundtrack**

Hintergrundmusik wird in der Regel eingesetzt, um die dargestellte Handlung atmosphärisch zu verstärken: Schmetternde Fanfaren begleiten das Herannahen der Kavallerie, Geigenchöre den Kuss im Mondschein. Wichtige musikalische Elemente sind Melodie, Harmonie, Rhythmus, Tonalität, Instrumentierung, Dynamik, Tempo. Die Hintergrundmusik eines Filmes verwendet oft Leitmotive, also kurze Signale oder Melodien, die z.b. immer dann ertönen, wenn ein bestimmter Schauplatz oder eine bestimmte Figur ins Bild kommen oder wenn eine besondere Stimmung herrschen soll (z.B. Romantik oder Spannung). Beachtung verdienen auch Titelmusiken von Serien und Filmen sowie eigenständige Filmsongs wie *Mrs. Robinson* (Simon & Garfunkel 1967 zu *The Graduate*) oder *My Heart Will Go On* (Celine Dion 1997 zu *Titanic*).

- **Geräusche aus der dargestellten Wirklichkeit**

Hierzu zählt auch Musik, wenn sie etwa aus einem Radio ertönt oder von einer Kapelle gespielt wird. Die Rockmusik aus dem Autoradio von Lester Burnham in *American Beauty* (1999) oder der Choral der Bordkapelle in *Titanic* (1997) sind wichtige Stimmungselemente. Vor allem aber geht es bei Geräuschen aus der Filmwirklichkeit um Dinge wie Verkehrslärm, Stimmengewirr, Donner, peitschende Schüsse, quietschende Reifen, knarrende Türen, tickende Uhren. Solche Geräusche sind nur vordergründig realistisch: Vieles wird im Rahmen der sogenannten *post-production* erst nachvertont und in der Regel auch überakzentuiert (z.B. Hufgetrappel und Kinnhaken im Western). Vor allem können Geräusche auch Erfordernisse der Inszenierung sein: Begräbnisse oder Trennungen finden bevorzugt im Regen statt; in der grausigen Nacht heult der Wind; eine Zeitbombe tickt laut.

- **gesprochene Sprache**

Der Großteil der gesprochenen Sprache in einem Film stammt von den Figuren, ihren Reden und Dialogen. Zu beachten sind hier nicht nur die verbalsprachlichen

8. Audiovisuelle Medien

Inhalte, sondern auch nonverbale Elemente der Mündlichkeit. Hierzu zählen paralinguistische Phänomene wie Pausen, Sprachmelodie (Prosodie), Seufzen, Lachen und der gesamte Bereich der Körpersprache (z.B. Gestik, Mimik, Raumbewegungen). Gesprochene Sprache kann aber auch aus Geräuschquellen innerhalb der Handlung stammen. In der Verfilmung von George Orwells Roman *1984* (1984) tönen unablässig Propagandabotschaften aus Bildschirmen und Lautsprechern. Die Schluss-Sequenz von R.W. Fassbinders Wirtschaftswunderfilm *Die Ehe der Maria Braun* (1979) ist deshalb so bemerkenswert, weil die letzten Minuten der Hauptfiguren vor der tödlichen Gasexplosion von der legendären Radioreportage des Berner Endspiels 1954 übertönt und damit sarkastisch kommentiert werden („Aus! Aus! Deutschland ist Weltmeister!") (vgl. Paech 1997, S. 191). Gesprochenes kann schließlich auch in Form von Kommentaren aus dem Off zu hören sein, entweder von einer der Figuren oder von einem externen Erzähler. Ausführlichen Gebrauch davon macht z.B. Billy Wilders Komödie *The Seven Year Itch* (1955). Ein Erzähler erläutert zu Beginn das Ritual, wonach Ehefrauen und Kinder den Sommer über Manhattan verlassen, sodann hören wir unablässig die fahrigen inneren Monologe eines (von Marilyn Monroe) erotisch gepeinigten Strohwitwers.

8.6.3 Analyse des Narrativen

Der Film galt den Brüdern Lumière lediglich als Vervollkommnung der Fotografie. In der Frühzeit von Jahrmarkt, Varieté und *music-hall* erzählten Filme noch keine Geschichten, alsbald jedoch folgte der Film einem narrativen Programm, das aus der realistischen Erzählliteratur des 19. Jahrhunderts (Dickens, Flaubert, Fontane) stammte und den filmischen Mainstream bis heute prägt: lineares Erzählen im Sinn einer kontinuierlich vorgestellten Handlung (vgl. Paech 1997, S. 30).

Jedes Erzählen besteht darin, „etwas durch Anfang und Ende als in sich Geschlossenes zu begrenzen und zu strukturieren" (Hickethier 2001, S. 111). Insofern lässt sich das Narrative eines Filmes teilweise mit den Kategorien der Literaturanalyse erfassen. Die Frage *Was will ich erzählen und wie?* stellen sich Autor und Filmemacher gleichermaßen. Film ist jedoch ein mimetisches Medium, welches das Erzählte in dramatischer Handlung verkörpert und dabei fortlaufend etwas ins Bild setzen kann – und muss. Daher gründet das Narrative des Filmes in hohem Maße in den Besonderheiten des Mediums.

- **Figuren**

In einem Roman wie in einem Film kann es einen Protagonisten, Hauptfiguren und Nebenfiguren geben, einen Helden und einen Gegenspieler, Helfer und Schädiger. In beiden Medien lassen sich sogenannte „runde" und „flache" Charaktere modellieren. Erstere sind facettenreich, entwickeln sich und überraschen, Letztere repräsentieren einen statischen Typus (z.B. die böse Schwiegermutter). Der Cowboy trat im Film lange nur als flacher Charakter von der Art des Marlboro Man auf, bis der Film *Brokeback Mountain* (2005) die Lebens- und Liebesgeschichte zweier Homosexueller vorführte.

8.6 Filmanalyse und ‚Filmsprache'

In der **Figurenzeichnung** hat ein Film spezifische Grenzen, aber auch Möglichkeiten. Er kann innere Handlung (Gefühle, Gedanken) nur begrenzt, durch Kommentare aus dem Off, so ausdrücken, wie dies ein literarischer Text durch Erzählerkommentare, erlebte Reden oder Bewusstseinsstrom vermag. Er kann umgekehrt, wenn er eine Figur länger ins Bild setzt, von ihrem Äußeren nichts aussparen, sondern muss zeigen, ob sie blond oder schwarz, groß oder klein, grobschlächtig oder feingliedrig, hübsch oder hässlich ist. (Man hat z.B. Tom Tykwers Verfilmung von *Das Parfum* [2006] vorgeworfen, dass der Hauptdarsteller für die Figur des Grenouille viel zu gut aussehe.) Andererseits kann der Film quasi beiläufig den Habitus einer Figur zeigen, also wie sie sich bewegt und spricht, wie sie gekleidet ist und sich gibt. Ein Film kann Figuren auch dadurch charakterisieren, wie er sie ins Bild setzt. In der berühmten Verhör-Szene aus *Basic Instinct* (1992) sehen wir eine gleichzeitig verführerisch laszive und kaltblütig mörderische Frau: Catherine (Sharon Stone) blickt spöttisch, sitzt mit übereinandergeschlagenen nackten Beinen lässig in einem Stuhl, trägt ein (ironischerweise blütenweißes) Minikleid mit (wie der Zuschauer weiß) nichts darunter und ihre blonden Haare streng nach hinten, und sie hält provokant eine Zigarette, obwohl in dem Raum Rauchverbot herrscht. Eine zusätzliche Charakterisierung dieser Figur erfolgt indirekt durch die Großaufnahmen zuckender und schwitzender Gesichter der sie verhörenden Polizisten.

- **objektive und subjektive Kamera**

Es gibt in einem Roman auktoriales und personales Erzählen. Eine Filmhandlung erleben wir in der Regel aus der Außenperspektive einer „objektiven" Kamera, die natürlich nicht mit einem allwissenden Erzähler gleichzusetzen ist. Möglich ist demgegenüber auch eine „Subjektivierung des Kamerablicks" aus der Sicht einer „Reflektorfigur" (Rußegger 2003, S. 28f.). So wurde in Wolfgang Petersens Film *Das Boot* (1981) das Abtauchen bei Alarm oft mit subjektiver Kamera aus der Sicht eines durch das enge und dunkle Boot hastenden Besatzungsmitglieds gezeigt, um die emotionale Spannung zu intensivieren.

- **narrative Einheiten: Einstellung, Szene, Sequenz**

Die kleinste narrative Einheit ist die von zwei Schnitten begrenzte Einstellung. Eine Szene besteht aus mehreren Einstellungen, die eine Einheit der Zeit, des Ortes oder der Figuren konstituieren. (Im klassischen Drama sind Szenenwechsel meist durch den Auftritt oder den Abgang einer Figur oder durch den Wechsel des Schauplatzes bestimmt.) Sequenzen sind aus mehreren Szenen bestehende, größere Handlungsblöcke. In dem Film *The Graduate* (s.o.) lassen sich diese narrativen Einheiten z.B. wie folgt belegen:

- *Sequenz:* Ben eilt zur Hochzeit, verhindert die Trauung und flieht mit Elaine.
- *Szene:* Ben steigt aus dem Auto und sprintet den restlichen Weg.
- *Einstellung:* Ben läuft auf den Betrachter zu.

8. Audiovisuelle Medien

- **geschlossene und offene Form**

Ein Film kann eine Handlung kontinuierlich, chronologisch und kausallogisch darstellen, er kann von einer solchermaßen geschlossenen Form aber auch abweichen: Voraus- und Rückblenden (*flashbacks*) können die Chronologie aufheben, mehrere Handlungsstränge können parallel laufen, Rahmenhandlungen können die Haupthandlung umgeben (*Amadeus* 1984; *Forrest Gump* 1994). Ein Film kann verschiedene Wirklichkeitsebenen verschachteln (*Matrix* 1999; *Mulholland Drive* 2001), ein Geschehen nacheinander in Variationen oder aus der Sicht unterschiedlicher Figuren wiedergeben (*Lola rennt* 1998; *Mystery Train* 1989). Ein Film kann auch komplett aus mehr oder weniger zusammenhängenden Episoden bestehen (*Night On Earth* 1991).

Solche offenen Formen gibt es sowohl im Drama, z.B. in Brechts epischem Theater als auch im Roman der klassischen Moderne (z.B. Döblin, Faulkner, Dos Passos). Im Film werden sie aber auch mit **medienspezifischen Darstellungsmitteln** realisiert: Rückblenden sind oft von besonderen Schnitteffekten und Musikuntermalungen eingeleitet und erscheinen in Schwarz-Weiß; in einen Realfilm lassen sich Zeichentricksequenzen einmontieren (*Annie Hall* 1977; *Lola rennt* 1998); auf einem *split screen* können simultan zwei Handlungen ablaufen; kurze Einstellungen, harte Schnitte und *fast motion* können eine Handlung dramaturgisch beschleunigen. Die Beispiele verdeutlichen, dass Schnitt und Montage ganz wesentlich darüber entscheiden, ob das filmische Realitätskonstrukt eher geschlossen oder offen ist. Die geschlossene Form suggeriert die Illusion eines ununterbrochenen Geschehensflusses und ist typisch für den klassischen Hollywood-Film mit Aktionsorientierung und *happy ending*. Unter dem Einfluss von Fernsehen, Musikvideo und Computer hat sich in den 1990er Jahren jedoch eine filmische Ästhetik formiert, die sehr viel stärker nichtlinear und offen ist und bei der Schnitt und Montage als künstlerische und künstliche Organisation des Geschehens sichtbar werden (z.B. *Pulp Fiction* 1994) (vgl. Hickethier 2001, S. 150, 167f.).

- **Genres und Plotmuster**

Die Mediengattung Spielfilm tritt in verschiedenen Genres auf, z.B. Western, Thriller, Melodram, Science-Fiction. Genres sind Bündel von stofflich-thematischen und formal-ästhetischen Darstellungskonventionen, welche die Produktion, die Rezeption und auch die Kommunikation über Medienangebote steuern (vgl. Hickethier 2001, S. 215; Mikos 1994, S. 65f.; Schmidt 1994, S. 164ff.). So gehört zum Western ein Duell-Showdown, zum Thriller ein Wettlauf gegen die Zeit, zum Melodram ein(e) böse(r) Nebenbuhler(in), und auch in der Sci-Fi muss es eine Liebesgeschichte geben (z.B. Neo und Trinity in *Matrix*). Zum Verständnis und zur Interpretation eines filmischen Textes trägt das (Vor-)Wissen um solche Genrekonventionen maßgeblich bei (vgl. Mikos 1996, S. 76f.).

Genreübergreifend lässt sich am Mainstream-Film ein **dramaturgisches Grundmuster** nachweisen, das sich auch in der Komödie *The Graduate* (s.o.) zeigt: Am

8.6 Filmanalyse und ‚Filmsprache'

Ende einer Einleitung, in der die Figuren eingeführt werden (Exposition), steht ein sogenannter *point of attack*, ein handlungsauslösender Konflikt, der das weitere Geschehen motiviert: Mrs. Robinson präsentiert sich nackt vor Ben. An zwei *plot points* trifft die Hauptfigur wichtige Entscheidungen: Ben geht mit Elaine aus und gesteht ihr sein Verhältnis mit ihrer Mutter; und er beschließt, Elaine nachzureisen und sie zurückzugewinnen. Kurz vor der abschließenden Auflösung (Abfahrt im Bus) verdichtet sich die Konfrontation in einem Höhepunkt: Ben reißt Elaine im Handgemenge vom Traualtar weg. Dieses Plotmuster lässt sich grafisch folgendermaßen darstellen (Abb. 56):

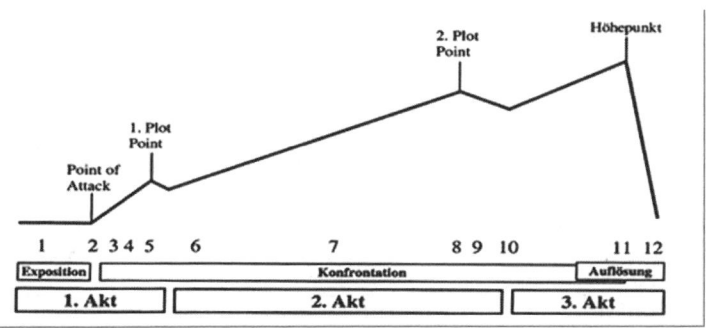

Abb. 56: *Plotmuster des Mainstream-Films* (aus Hildebrand 2006, S. 245)

Die in der Abbildung erscheinenden Zahlen von 1 bis 12 bezeichnen die Stationen eines universellen epischen Handlungsweges, dem viele Spielfilme unabhängig von ihrer Genrezugehörigkeit folgen, der **„Reise des Helden"** (vgl. Hildebrand 2006, S. 207ff.): Der Held wird aus der normalen Welt in ein Abenteuer gerufen, lehnt dies zunächst ab, überschreitet dann aber doch die Schwelle. Er durchläuft Prüfungen und Herausforderungen, macht sich dabei Verbündete und Feinde. Nach Bestehen der „größten Qual" in der „innersten Höhle" erfolgen Belohnung und Rückkehr. Mustergültig abgeschritten wird dieser Weg nicht nur von Ben, sondern auch von dem Erlöser Neo in *Matrix* (1999) oder von den Helden in Jan de Bonts Tornado-Thriller *Twister* (1996). Ein Film kann also daraufhin untersucht werden, wie weit er das Plotmuster des Mainstream-Kinos erfüllt oder davon abweicht.

8.6.4 ‚Filmsprache'

Wie gesehen, lässt sich ein Spielfilm im Hinblick auf das Visuelle, das Auditive und das Narrative analysieren. In der Beschreibung und Bewertung eines Filmes sind diese Codes natürlich in ihrem Zusammenhang und nicht isoliert zu sehen. Deutlich werden sollte auch, dass ein Film nur zum geringen Teil mit Begriffen und Kategorien der Literaturanalyse oder auch der Theaterkritik zu erfassen ist. Es hat sich gezeigt, dass die Art der Inszenierung (*Mise en scène*) und die Dramaturgie eines Filmes auf spezifischen Darstellungsmitteln des Mediums beruhen. Der Be-

8. Audiovisuelle Medien

griff *Filmsprache* ist insoweit sinnvoll, als er verdeutlicht, dass AV-Medien in der Tat eine eigene „Sprache" haben; er ist aber auch potenziell irreführend, weil er suggeriert, dass Filme wie sprachliche Texte analysiert und begriffen werden können. Dies ist aber nicht der Fall: In keinem Roman gibt es eine amerikanische Einstellung, eine Wischblende, einen Soundtrack oder ein *split screen*. Die „Sprache des Films" beruht nicht auf linguistischen Strukturen, vielmehr entsteht sie aus technischen Mitteln, die **eigene Stiltraditionen** herausgebildet haben (vgl. Schnell 2000, S. 183). Filme sind daher nicht an printmedialen Standards zu messen, sondern als eigenständige Medien aufzufassen.

8.7 Didaktische Überlegungen

Eine Didaktik audiovisueller Medien fragt danach, aus welchen Gründen und mit welchen Zielen (welche) Medienangebote Gegenstand von Lernprozessen werden. Worin der **Bildungswert** von audiovisuellen Texten liegen kann, sollte zum Spielfilm am Beispiel *The Graduate*, zu Werbespots, zu Musikvideoclips am Beispiel *Dieser Weg* und zu Fernsehserien am Beispiel der *Simpsons* deutlich geworden sein. Im Folgenden werden weitere didaktische Entscheidungsfelder umrissen.

8.7.1 Funktion und Reichweite filmanalytischer Arbeit

Zu klären ist der didaktische Stellenwert der im vorangegangenen Abschnitt referierten filmanalytischen Kategorien und Begriffe. Man könnte anstreben, dieses Instrumentarium selbst zum Gegenstand und zum Ziel von Unterricht zu machen; entgegen einer solchen „Abbilddidaktik" meinen wir jedoch, dass **Analyse kein (Selbst)zweck** werden sollte. Ähnlich wie literarische sind auch filmische Texte nicht dazu da, um an ihnen „Merkmale" nachzuweisen und Analysewerkzeuge zu erarbeiten. Weil Deutschunterricht weder Literatur- noch Filmwissenschaftler ausbildet, sollte vermieden werden, dass im Windschatten eines erweiterten Gegenstandsspektrums wieder eine auf distanzierende Analyse verengte und somit überkommene Didaktik einzieht.

Analytische Begriffe und Kategorien sind gleichwohl notwendig. Sie ermöglichen es, filmische Phänomene überhaupt zu erkennen und darüber in einen sachbezogenen Austausch zu treten. Entsprechende analytische Wissensbestände und Fertigkeiten sollen aber nicht systematisch zum Selbstzweck, sondern situativ im Zusammenhang mit konkreten Verstehenszielen aufgebaut werden (vgl. Leubner/Saupe 2006). Man kann zu Volker Schlöndorffs *Die verlorene Ehre der Katharina Blum* (1975) fragen, ob der Film die Tötung des Journalisten Töttges als Mord oder als Totschlag konstruiert – und mit welchen filmischen Mitteln dies geschieht (vgl. Gast 1996). Im Zusammenhang mit dem Film *The Graduate* wurde untersucht, wie die Schlusseinstellung die Positivwertung der Hauptfiguren unterstreicht. Auf der Grundlage eines bildunterstützten Einstellungsprotokolls ließ sich fragen, wie ein Werbespot eine Schokolade sexualisiert. Ohne filmanalytische

8.7 Didaktische Überlegungen

Begriffe und Verfahren lassen sich derartige Erkenntnisziele nicht sachgerecht verfolgen.

Filmanalyse ist also kein Selbstzweck der Zergliederung filmsprachlicher Elemente und Strukturen, sondern dient „der **Klärung inhaltlicher Fragen**" (Gast 1996, S. 14). Auch darf sich Filmbetrachtung nicht auf analytische Distanznahme beschränken, sondern muss „Formen emotionaler Sensibilisierung und sinnlicher Erfahrungsgewinnung" beinhalten (ebd., S. 15).

8.7.2 Der Stellenwert der Literaturverfilmung

Schon bald nach seinen Anfängen übernahm der Film die Funktion des Geschichtenerzählens mit, die bis dato vor allem der Literatur gehörte. Man kann sogar sagen, dass der realistische Film in Kino und Fernsehen im 20. Jahrhundert „der direkte Nachfolger des Romans des bürgerlichen Realismus" wurde (Paech 1997, S. 178). Die literarische Moderne wiederum reagierte mit filmästhetisch inspirierter Innovation, indem „filmische Schreibweisen" von Autoren wie Dos Passos, Döblin, Joyce und Brecht die Illusionsbildung des chronologisch-kausalen Erzählkontinuums aufbrachen (vgl. Paech 1997, S. 122; Schnell 2000, S. 151).

Literaturverfilmungen als direkte Kontaktnahmen der beiden Medien sind hingegen vergleichsweise randständig. Dass sie im Deutschunterricht, zu dessen Kerngeschäft der Umgang mit literarischen Texten zählt, überrepräsentiert sind, liegt nahe. Bemerkenswerte Verfilmungen gibt es zahlreich und teils mehrfach (vgl. Gast 1993a), so etwa *Effi Briest* u.a. in einer DEFA-Produktion und von R.W. Fassbinder (1974); *Der Tod in Venedig* von Luchino Visconti (1971), *Die verlorene Ehre der Katharina Blum* und *Homo faber* von Volker Schlöndorff (1975 bzw. 1991), Schnitzlers *Traumnovelle* von Stanley Kubrick (*Eyes Wide Shut* 1999), *Das Parfum* von Tom Tykwer (2006). Auch im kinder- und jugendliterarischen Bereich liegen etliche Verfilmungen vor, etwa von Erich Kästners *Emil und die Detektive* (1931, 1954, 2001), Astrid Lindgrens *Ronja Räubertochter* (1984), Charlotte Kerners *Blueprint. Blaupause* (2003), Cornelia Funkes *Der Herr der Diebe* (2005) oder Gudrun Pausewangs *Die Wolke* (2005).

Auch eine Literaturverfilmung ist zunächst als *Film*, d.h. als **eigenständiges Medienangebot**, wahrzunehmen und zu bewerten. Beim medienvergleichenden Rückbezug auf den literarischen Text sollte es keinesfalls darum gehen, lediglich „Abweichungen vom Buch" zu bilanzieren und dies zur Grundlage von Negativurteilen zu machen. Vielmehr gilt es, Veränderungen eines Sujets bei einem Medienwechsel zu beschreiben, zu erklären und differenziert zu bewerten. Hierfür einige Beispiele:

1) In Franziska Buchs Verfilmung von *Emil und die Detektive* (2001) ist Pony nicht mehr Emils Cousine, sondern die Chefin einer Kinderbande und die Anführerin der Detektive. Diese Differenz spricht aber nicht gegen den Film, der damit eher einen Mangel des Buches behebt, nämlich das Fehlen einer starken Identifikationsfigur für Mädchen.

8. Audiovisuelle Medien

2) Unterschiedliche Akzentuierungen in Verfilmungen des *Schimmelreiters* sind nicht nur unter dem Aspekt der „Vorlagentreue" zu Storms Novelle, sondern auch aus der jeweiligen Entstehungszeit bzw. den Intentionen heraus zu sehen: Die UfA-Produktion von 1933/34 zeigt die Figur des Hauke Haien als Helden- und Führergestalt und reflektiert damit nationalsozialistisches Gedankengut. Die bundes-deutsche Produktion von 1977/78 ist v.a. von der Absicht geprägt, publikumsnahe Unterhaltung zu schaffen und beinhaltet deshalb eine dem Text widersprechende Versöhnung zwischen Hauke und seinem Erzrivalen Ole, die schließlich eine Doppelhochzeit feiern. Die Koproduktion DDR/Polen von 1984 greift hingegen die Rahmentechnik der Novelle auf und versucht das Erinnerungsmotiv filmsprachlich umzusetzen (vgl. http://www.storm-gesellschaft.de/Schimmelreiter/files/filme.htm, 16.08.2007).

3) In der Verfilmung von Charlotte Kerners *Blueprint.Blaupause* (2004) nimmt eine Liebesbeziehung der geklonten Siri viel mehr Raum als im Roman (2000) und auch einen eigenen Schauplatz (in der kanadischen Wildnis) ein. Man kann kritisieren, dass der Film mit dem Liebesplot und dem exotischen Setting in Abweichung vom Buch gängige Erwartungen eines größeren Publikums bedient. Andererseits benötigt ein (abendfüllender) Spielfilm mehr szenisches Geschehen als es der Roman in seiner tagebuchähnlichen Form hergibt.

4) *The Shining* ist ein plakativer Horrorroman von Stephen King (1977), *The Graduate* eine schmucklose Liebesgeschichte von Charles Webb (1963). Die Regisseure Stanley Kubrick (1980) (vgl. Hildebrand 2001) bzw. Mike Nichols (1967) haben daraus Filme gemacht, die ihre literarischen Vorlagen an künstlerischer Raffinesse bei Weitem übertreffen. Das Gütekriterium einer Verfilmung ist nicht die „Werktreue", sondern die „Kreativität der Transformation" (Schnell 2000, S. 165).

Die Beispiele verdeutlichen, dass Literaturverfilmungen und Buch-Film-Vergleiche legitime Gegenstände bzw. lohnende Aktivitäten sein können, wenn das Anliegen nicht eine „fruchtlose Aufrechnung von Defiziten" (Paech 1997, S. 183), sondern eine **wertneutrale Reflexion der Leistungen unterschiedlicher Medien** ist. Dies belegen auch hierzu zahlreich erschienene Analysen und didaktische Anregungen (vgl. Gast 2002; Heck 2001; v. Hoff 2003 und 2004; Hübner 2000; Joyeux 2004; Köppert/Spinner 2003; Kriechbaum 2003; Lange 1999; Matthias 1995; Rudloff 2002; Schönleber 2006). Genauso wenig wie ein Übungsgerät für die Analyse ist der Film freilich ein bloßer „Literaturtransporteur" (Schörkhuber 2003). Filmbetrachtung als bloße Folgeaktivität zur Lektüre entsprechender (Kanon-)Literatur birgt die Gefahr, dass AV-Medien 1) nicht als eigenständige Medienangebote, sondern primär in ihrem Verhältnis zu literarischen Vorlagen gesehen (und abgewertet) werden; und dass sie 2) nur in Gestalt „wertvoller" Produktionen unter Ausklammerung des populären Mainstreams in den Blick kommen. Didaktisches Bemühen um audiovisuelle Medien kann daher nicht mit Literaturverfilmungen „abgedient" werden (Kern 2002, S. 225), und keinesfalls dürfen Buch-Film-Vergleiche zum Alibi für die Bewahrung des reinen Literaturunterrichts werden (vgl. Denk 2003, S. 443).

8.7.3 Textauswahl und Kanonfragen

Unter einem Kanon versteht man einen Bestand an Texten, den eine Gesellschaft als besonders sinnstiftend für ihre Selbstvergewisserung wertet und deshalb bewusst pflegt. Medienangebote werden kanonisiert, indem diskursmächtige Aktanten des Kulturbetriebs (z.b. Literaturwissenschaftler, Feuilletonisten, Kultuspolitiker) einem Einzeltext, einem Autor oder einer ganzen Mediengattung einen herausragenden kulturellen Wert zuschreiben. Ein Kanon entsteht aus **relativen Werturteilen** heraus – und verändert sich auch stets mit diesen.

Mit Lehrplänen, Leselisten und Entscheidungen für oder gegen „Klassenlektüren" ist die Schule eine wichtige Instanz solcher Kanonisierungsprozesse. Vor allem aber (re)produziert sie fortwährend einen systemeigenen Kanon: Gedichte und Kurzgeschichten, Barocklyrik und „Trümmerliteratur" spielen im Deutschunterricht eine bedeutende Rolle, im literarischen Leben nicht. Texte wie *Ein Tisch ist ein Tisch*, *ottos mops* oder *Rolltreppe abwärts* sind nur deshalb weithin bekannt, weil sie im Deutschunterricht einen Platz haben. Max Frischs Roman *Homo faber* (1957) wurde ein Schulklassiker, als 1991 die Schlöndorff-Verfilmung herauskam. Für die Auswahl einer Schullektüre lässt sich also auf einen kulturell anerkannten, kultusbürokratisch legitimierten und habituell eingespielten Textbestand zugreifen.

Bis in die 1960er Jahre hinein bestand der schulische Lektürekanon v.a. aus Werken der Hochliteratur. Im Zeichen der „kommunikativen Wende" um 1970 fanden auch Trivialliteratur, Werbung und Zeitungstexte Eingang in den Deutschunterricht (vgl. Ehmer [Hrsg.] 1971). Die Durchdringung der Lebenswelt durch auditive, audiovisuelle und digitale Medien erfordert heute abermals eine **Erweiterung des schulischen Kanons** über das Printmediale und das Hochkulturelle hinaus. Die Symbolsysteme und Sinninstanzen Sprache, Literatur und Theater verlieren zusehends an Relevanz für die Orientierung des Individuums und für das kulturelle Gedächtnis der Gesellschaft (vgl. Erlinger 2004, S. 25).

Wenn es heute weniger um „literarische Bildung" als um eine „Medien-Kultur-Kompetenz" (ebd., S. 35; Staiger 2007) gehen muss, sind AV-Medien in einem allgemeinen Sinn bereits didaktisch legitimiert. Dessen ungeachtet sind weitere Auswahlentscheidungen zu treffen. Zu Beginn dieses Kapitels wurden aus dem breiten Spektrum der AV-Medien nonfiktionale Gattungen wie Dokumentarfilme, Nachrichtensendungen oder Talkshows ausgeklammert zu Gunsten des (Spiel-) Films sowie fiktionaler Angebote des Fernsehens als kulturellen Leitmedien. Im weiteren Verlauf wurden *bestimmte* Spielfilme, Werbespots, Videoclips und Fernsehserien als betrachtenswert herausgehoben. Auszuwählen waren also zunächst Mediengattungen und dann Beispieltexte.

8. Audiovisuelle Medien

Eine **„Kanonbildung bei audiovisuellen Medien** im Deutschunterricht" (Erlinger/ Lecke [Hrsg.] 2004), auf die sich hierfür zurückgreifen ließe, gibt es vor allem jenseits der Literaturverfilmung noch kaum. Der Videoclip ist von pädagogischer und fachdidaktischer Seite thematisiert worden (z.B. Bullerjahn/Röhlig 1998; Kubik; Maiwald 2005a und 2005b; Matthias 1999; Neuß 1998; Orgass 1998; Röll 1998; Zabka 2001), dabei wird als früher Klassiker dieser Gattung wegen seiner ungewöhnlichen Länge und seiner Spezialeffekte gerne *Thriller* (1983) von Michael Jackson genannt. Ein Kanon könnte sich in Form von Clip-Kollektionen auf DVD herausbilden. Werbespots können breite Aufmerksamkeit und temporären Kultstatus erlangen, bilden aber wegen ihres immer nur kurzfristigen Gebrauchswertes keinen Kanon aus. (Eine gewisse Klassizität haben freilich Figuren wie Meister Proper oder der Marlboro Man.) Ein Kinderfilm-Lexikon des Fördervereins deutscher Kinofilm (http://www.kinderfilm-online.de/, 16.08.2007) stützt die These einer „beginnende[n] Kanonbildung" (Abraham 2002, S. 7) für den Kinder- und Jugendfilm. In Abrahams Auswahlliste (ebd., S. 12f.) erscheint auch *Lola rennt* (1998), der aufgrund seiner experimentellen Ästhetik zu Recht eine Art filmdidaktischer Klassiker geworden ist (vgl. die Praxisanregung unten).

Tykwers Film fehlt hingegen in einem 2003 von einem Expertengremium unter Schirmherrschaft der Bundeszentrale für politische Bildung erstellten Kanon von 35 Filmen für die Behandlung an allgemeinbildenden Schulen. Dieser berücksichtigt deutsche und internationale Produktionen, filmgeschichtliche Epochen, ästhetische Strömungen, bedeutende Regisseure, typische Genres und wichtige Einzelwerke. Der Bogen spannt sich von Fritz Murnaus *Nosferatu* (1922) über Filme wie Orson Welles' *Citizen Kane* (1941), Bernhard Wickis *Die Brücke* (1959), Ridley Scotts *Blade Runner* (1981) bis hin zu Pedro Almodovars *Alles über meine Mutter* (1999). (Titel, Daten und Zusammenfassungen aller 35 Filme finden sich unter http://www.bpb.de/veranstaltungen/QUFU7Z,0,0,Filmkanon.html,16.08.2007.) Eine komplette Abarbeitung dieser Liste ist aber selbst für das Gymnasium unrealistisch; überdies fehlen nach 1999 entstandene Filme, Produktionen des Mainstreams (die vermutlich näher an den Interessen und Gewohnheiten von Schülern und Schülerinnen liegen) und Literaturverfilmungen.

Wir meinen, dass audiovisuelle Texte wie die in diesem Kapitel beschriebenen **legitime Gegenstände** einer Mediendidaktik Deutsch sind. Das Bemühen um eine Medien-Kultur-Kompetenz sollte sich aber nicht auf einen cineastisch exklusiven Kanon beschränken, sondern auch den „Unterhaltungsfilm" (Zeitlinger 2003), den „schlechten Film" (Holzmann 2003) und das „Erfolgskino" einbeziehen (vgl. Fehr 2001; Hübner 2002; Maiwald 2006b). Und es sollte auch Fernsehserien (vgl. Heidtmann 1993b; Matthias 1993; Lecke 2004; Opresnik 2004), Fernsehwerbung (Gast 1994; Hurrelmann 2000; Maiwald 1999b und 2005a) und Musikvideoclips exemplarisch aufgreifen, weil sie die Wirklichkeit unserer Medienkultur und die Lebenswelten unserer Schüler und Schülerinnen durchwirken. Konkrete Auswahlentscheidungen leiten sich natürlich erst von spezifischen didaktischen Zielsetzungen ab.

8.7 Didaktische Überlegungen

8.7.4 Didaktische Zielbereiche

Man kann in Vorabend-Soaps wie *Gute Zeiten – Schlechte Zeiten* mediale Inszenierungen von Partnerschaft und Freundschaft untersuchen (vgl. Opresnik 2004, S. 143), man kann sich aber auch vornehmen, TV-Serien auf ihre literarischen Gattungsvorbilder zurückzuführen (vgl. Lecke 2004, S. 132). Eine Beschäftigung mit dem Videoclip *Dieser Weg* (s.o.) könnte darauf zielen,

- welches Wirklichkeitsbild und Sinnmodell er vorstellt;
- in welchem Verhältnis Bilder, Musik und Text stehen;
- inwieweit er visuelle Elemente des Surrealismus verarbeitet;
- wie er filmtechnisch realisiert wurde (z.b. *blue screen*);
- welchem Clip-Genre er entspricht (Performance, Narration, Konzept);
- wie er narrativ konstruiert ist (vgl. eingebettetes „Stationendrama" des Liebespaares);
- in welchen kommerziellen Zusammenhängen er steht (Musikfernsehen, Absatz von DVDs).

Diese Liste zeigt **unterschiedliche didaktische Zielsetzungen**, die im Folgenden medienübergreifend verallgemeinert werden sollen.

- **Filmlesefähigkeit**

Wie ‚Filmsprache' ist der Begriff ‚Filmlesefähigkeit' ein Notbehelf, weil Filme nur im übertragenen Sinn ‚gelesen' werden. Anderseits macht der Begriff deutlich, dass auch die Rezeption audiovisueller Texte ein mental aufwändiger und lernbarer Prozess ist.

Dieser beinhaltet einmal die **Auseinandersetzung mit den fiktionalen Wirklichkeitsmodellen**, die auch AV-Texte vorstellen. Sie können auf ihren Realitätsbezug, ihre Problemhaltigkeit, ihr Sinnpotenzial befragt werden: Verdient Mrs. Robinson eher unser Mitleid als unsere Kritik? Was macht den in der Yogurette-Werbung gezeigten Lebensstil attraktiv? Welche Werte prägen das familiäre Miteinander der Simpsons? Zeigt der Videoclip *Dieser Weg* einen Wunschtraum oder einen Alptraum? Die in AV-Medien erfundenen Wirklichkeiten sind stets auch als „Diskussionsangebote über Lebensfragen" (Bütow 2002) zu lesen.

Die Auseinandersetzung mit solchen inhaltlichen Fragen setzt die **Dekodierung** des filmischen Textes voraus. Diese besteht darin, medienspezifische Darstellungscodes und ihr Zusammenspiel als bedeutungsgenerierend wahrzunehmen (z.B. Musik und Geräusche, Lichtregie, Schnitt und Montage); sie betrifft aber auch medienübergreifende narrative Kategorien (z.B. Figuren, Haupt- und Nebenhandlung, Symbole, Rückblenden, Konflikt, Auflösung).

Zum „Lesen" eines Filmes gehört die Realisierung **intertextueller und transmedialer Zusammenhänge**. Intertextualität bezeichnet das Phänomen, dass ein Text implizit oder explizit auf einen anderen Text Bezug nimmt. So greifen, wie oben deutlich wurde, Tchibo und Renault für Werbezwecke das Märchen vom Schnee-

8. Audiovisuelle Medien

wittchen auf; im Werbespot für Mercedes erscheint ein Motiv aus dem Spielfilm *Vanilla Sky*, dessen Titel wiederum mit dem eines Gemäldes von Monet identisch ist; der Videoclip *Dieser Weg* zitiert surrealistische Malerei. Unter Transmedialität versteht man das Wandern eines Stoffes oder Motivs durch verschiedene Medien: *Ronja Räubertocher* gibt es als Buch, als Film und als interaktive CD-ROM. Das Motiv der aus einer Notlage zu rettenden *damsel-in-distress* gibt es in der Höfischen Literatur um 1200, in dem Theaterstück *Endstation Sehnsucht* (1947) von Tennessee Williams, in dem Spielfilm *Spider-Man* (2002) und auch in dem Videoclip *All About Us* (TATU, 2005).

Relevant für die Wahrnehmung eines audiovisuellen Textes sind auch **Kontexte**, in denen er steht: Entstehungszeit, Programmumgebung (z.B. Vorabend, Kinderfernsehen), Gattungs- und Genrezugehörigkeit oder Einordnung in filmgeschichtliche Epochen, filmästhetische Programme oder ins Œuvre eines Regisseurs („typischer Hitchcock"). Aus solchen Kontexten lassen sich beispielsweise *Edgar Wallace*-Kultnächte im Fernsehen oder Parodien wie *Der Wixxer* (2004) erklären, deren Anspielungsdichte eine „geradezu generationenübergreifende Medienkompetenz" erfordert (Rezension von Johannes Pietsch unter http://www.filmstarts.de/kritiken/Der%20Wixxer.html, 16.08.2007). **Gattungs- und Genrewissen** ist auch für ästhetische Urteilsbildung relevant: Der *cliffhanger* am Ende einer Serienepisode ist kein Makel, sondern ein Funktionsprinzip der Gattung. Der Spielfilm *Open Water* (2003) verzichtet auf „horrible Effekte" (Rezension von Stefan Höltgen unter http://www.jumpcut.de/filmkritik-openwater.html, 16.08.2007), lässt beide Hauptfiguren umkommen und bricht damit gängige Hollywood-Klischees. Der Videoclip *Dieser Weg* fällt mit einer langsamen Dramaturgie aus dem Rahmen des für die Gattung Üblichen.

Das Erfassen intertextueller, transmedialer und kontextueller Zusammenhänge vertieft das Verständnis eines Textes und erweitert den ästhetischen Genuss, weil es Kultur als großen **symbolischen Sinnzusammenhang** erkennbar werden lässt.

- **Kulturelle Handlungsfähigkeit**

Medien-Kultur-Kompetenz für AV-Medien bedeutet aber nicht nur, Texte differenziert beschreiben und analysieren zu können. Es bedeutet vor allem, im „Medienkommunikationsfeld" (Gast 1996) der Produktion, Distribution und Rezeption handlungsfähig zu sein. Wie Literatur, sind auch AV-Medien keine bloße Ansammlung von Texten, sondern sie konstituieren eine kulturelle Praxis (vgl. Abraham/Kepser 2005). Kulturelle Handlungsfähigkeit bedeutet, an dieser Praxis reflektiert und souverän teilzuhaben. Zu dieser **Teilhabe** gehört

- zu wissen, wie Fernsehen und Kino als kulturelle und kommerzielle Institutionen funktionieren (z.B. Trennung von öffentlich-rechtlichem und Privatfernsehen, Bildung von „Senderfamilien" und Medienkartellen, Verwischungen von Programm und Werbung, Hollywood- vs. Autorenkino);
- Medienangebote gezielt für eigene Bedürfnisse und Interessen auszuwählen und zu rezipieren;

8.7 Didaktische Überlegungen

- dabei auch emotionale Gratifikationen erleben zu können (Angstlust, Spannung, moralische Befriedigung, Mitleid/Erschütterung, erotische Stimulation, Überwältigung durch Bildrasanz und Bildmächtigkeit);
- unterschiedliche Rezeptionssituationen (z.b. Multiplexkino, häuslicher Fernseher, Videobildschirm in der Wartehalle) zu kennen, in ihren Wirkungen einzuschätzen und bedürfnisbezogen zu nutzen;
- Informationsquellen und Diskurse über AV-Medien zu kennen und zu nutzen (z.b. Filmlexika im Internet, Programmzeitschriften, Feuilleton);
- an der Aushandlung ästhetischer Urteile (damit letztlich an der Kanonbildung selbst) teilzunehmen: von informeller mündlicher Anschlusskommunikation unter Freunden bis zu formalisierten schriftlichen Anschlüssen (z.b. Filmempfehlung, Rezension).

Zu einer reflektierten und souveränen Medienpraxis gehört auch **kritische Distanznahme**. Im Zusammenhang mit visuellen Medien (vgl. Kap. 7) wurde einer einseitig ideologiekritischen Didaktik eine begründete Absage erteilt. Ein abermaliger Blick auf unsere Beispieltexte macht deutlich, dass dies ein Bemühen um kritisches Bewusstsein und Urteilsfähigkeit nicht ausschließt. Musikfernsehen *ist* ein kommerzielles Projekt, Videoclips dienen vor allem im Performance-Typus in erster Linie der Promotion und sie führen nicht selten fragwürdige Wirklichkeitsmodelle vor (Konsum, Luxus, Gewalt, Sex). Der Werbespot für *Yogurette* macht die Frau subtil zum Sexualobjekt und er suggeriert, dass in einer leichten Schokolade reichlich Erdbeeren stecken. (Tatsächlich enthält sie nur 5,5% Granulat und es fehlt auf der Packung eine Kalorienangabe.) *The Graduate* ist ein gut gemachter, unterhaltsamer Film, der jedoch dem typischen Mainstream-Muster samt (überzogenem?) *happy ending* folgt. Die *Simpsons* sind eine anspruchsvolle Serie, aber auch ein kommerzieller Medienverbund.

Bewusstsein für ökonomische Zusammenhänge und kritische Distanzierung bilden daher einen wichtigen didaktischen Zielbereich. Es kann aber nicht darum gehen, populärkulturelle Medienangebote, wie sie in diesem Kapitel dargestellt wurden, als Teufelswerk der Kulturindustrie zu verdammen, und junge Menschen davor bewahren oder dagegen immunisieren zu wollen. Dies wäre nicht nur vergebliche Mühe, es würde auch medienkulturelle Realitäten und Potenziale für ästhetisches Lernen ignorieren.

8.7.5 Fragen der curricularen und unterrichtsorganisatorischen Verankerung

Dieser Abschnitt widmet sich der Frage, wie eine Didaktik der AV-Medien in Lehrplänen und im Unterricht verankert werden kann.

Ein eigenes Fach für Medien ist aus Kapazitätsgründen wenig realistisch und aufgrund der Vielgestaltigkeit des Medienbegriffes auch wenig zielführend. Sinnvoller scheint es, Inhalte, Ziele und Methoden eines Faches medienbezogen zu konzipieren (bzw. immer wieder neu zu denken). Das Leitfach einer solchermaßen **integrierten**

8. Audiovisuelle Medien

Medienerziehung (Wermke 1997) ist der Deutschunterricht. Denn erstens enthalten auch AV-Medien sprachliche Anteile; zweitens betreffen nicht nur sprachlich-literarische, sondern alle symbolischen Ordnungen, die Individuen und Gesellschaften für ihre Selbst- und Fremdverständigung nutzen, das Fach Deutsch. Drittens sind alle Prozesse des Textverstehens sprachlicher und kommunikativer Natur.

Ist Deutsch auch Leitfach, so legen die Multimedialität, die technische Beschaffenheit und die lebensweltliche Präsenz von AV-Medien die **Kooperation mit anderen Fächern** nahe. Zu denken ist nicht nur an Kunst und Musik zur Erschließung visueller bzw. auditiver Codes, sondern auch an Naturwissenschaften für technische oder an Wirtschaft für ökonomische Medienaspekte. Die immer noch starke Dominanz US-amerikanischer Produktionen ruft auch den Englischunterricht auf den Plan.

Idealerweise wären Medien(angebote) in Richtlinien und Lehrplänen durch Spiralcurricula verankert. Ein **Spiralcurriculum** sieht vor, dass ein Lerninhalt oder Lernziel von Jahrgangsstufe zu Jahrgangsstufe in steigender Komplexität erneut aufgegriffen wird. Wolfgang Gast (1994) hat für Werbung ein Spiralcurriculum entworfen, das die Kategorien Produktion, Distribution, Gestaltung und Rezeption in den Jahrgangsstufen 5/6, 7/8 und 11/12 thematisiert. So beginnt die Gestaltung mit dem Grundaufbau einer Anzeige: Bildmotiven, Logo, Slogan, Fließtext, Dialogen. Auf der mittleren Stufe geht es um Bildaufbau, Farbgestaltung, Wort-Bild-Beziehungen und rhetorische Mittel und am Ende des Curriculums um Fragen der Werbeästhetik (Symbole, Metaphern, Ironie/Humor/Satire, Denotation/Konnotation).

Mögen hochdifferenzierte (und platzgreifende) Curricula auch realitätsfremd sein (vgl. Kern 2002, S. 219), so hat sich die fachorientierte Medienintegration in **Richtlinien und Lehrplänen** gleichwohl niedergeschlagen. Die seit 2003/04 formulierten Bildungsstandards definieren sowohl im Primarbereich als auch für den Mittleren und Hauptschulabschluss *Lesen* als „mit Texten und Medien umgehen" (vgl. http://www.kmk.org/schul/Bildungsstandards/bildungsstandards-neu.htm, 16.08.2007). Der Lehrplan für die Bayerische Grundschule (2000) (vgl. http://www.alp.dillingen.de/ref/sp/material/lehrplaene/Grundschule%20Lehrplan.pdf, 16.08.2007) überschreibt den Lernbereich noch traditionell mit *Lesen und Literatur begegnen*, sieht darunter aber auch „audiovisuelle Medien" vor. Auch nicht explizit medienorientierte Curricula lassen sich so auslegen, dass sie einen medienintegrativen Unterricht decken (vgl. Jost 2000). Dieser muss und sollte auch nicht auf *Lesen/Literatur* begrenzt sein. Die Auseinandersetzung mit einem Hollywood-Kastrophenfilm kann im Bereich *Literatur und Sachtexte, Medien* narrative Kategorien berühren (Konflikt, Handlung, Figuren), im *mündlichen Sprachgebrauch* das Begründen und Vertreten von Standpunkten, im *schriftlichen* die Inhaltsangabe sowie das Erörtern einfacher Sachverhalte und in der *Reflexion über Sprache* Fragen der Wortbedeutung und des Stils (vgl. Maiwald S. 2005a, S. 268ff. und 2006b).

Die Beispieltexte und -analysen in diesem Kapitel zeigen, dass audiovisuelle Texte komplex und vielschichtig und entsprechende Verstehensprozesse schwierig sein können. Konnotationen eines Settings, Paradoxien einer Geschlechterkonstruktion, intertextuelle oder transmediale Bezüge zu begreifen sind anspruchsvolle Unterfangen. Filmlesefähigkeit und kulturelle Handlungsfähigkeit im Mediensystem betreffen jedoch keineswegs nur die Sekundarstufen oder womöglich nur die Gymnasiasten. Bereits in der Primarstufe kann damit begonnen werden, Filmbilder zu betrachten und dabei erste filmanalytische Begriffe aufzubauen (vgl. Matthias 1996; Metzger 2000 und 2002). Eine Didaktik der AV-Medien umfasst **alle Schularten und Schulstufen**.

Schon weil auch Sprache und literarische Texte Medien sind, wäre es unsinnig, aus dem Deutschunterricht ein (wie auch immer geartetes) „Medienfach" zu machen. Auch geht es nicht darum, Literatur durch Spielfilme, Werbespots, Videoclips und Fernsehserien zu ersetzen. Die doppelte Realität der Medien als kulturelle Instanzen und als fiktionale Wirklichkeitsmodelle (vgl. Luhmann 1996) erfordert jedoch einen Deutschunterricht, der einen schriftfixierten Textbegriff und eine „spätabendländische Originalitätsästhetik" (Kern 2002, S. 223) nicht nur zögerlich, etwa durch das Anschauen einer Verfilmung zur Belohnung nach der Lektüre, sondern entschlossen überschreitet. Diese **Überschreitung** muss darin bestehen, an exemplarischen und ergiebigen Texten Filmlesefähigkeit und die Kompetenz zur reflektieren Teilhabe an einer von AV-Medien dominierten Kultur zu entwickeln.

8.8 Methodische Fragen

Die methodische Organisation von Lehr-Lern-Prozessen folgt stets aus didaktischen Begründungen und Zielsetzungen, daher gibt es auch für den Umgang mit audiovisuellen Medien keine methodischen Pauschallösungen. Im Folgenden sollen einige grundsätzliche und vor allem medienspezifische Methodenfragen umrissen werden.

8.8.1 Textpräsentation

Die Beschaffung audiovisueller Medienangebote ist heute wesentlich einfacher als noch vor zehn Jahren. In immer kürzeren Abständen zu ihrer Vermarktung im Kino kommen Blockbuster als DVDs (meist mit interessantem Zusatzmaterial wie Szenen aus dem *director's cut*) auf den Markt. Parallel zu Musik-CDs werden meist DVDs mit der Hitsingle, dem Videoclip und weiterem Bonusmaterial veröffentlicht. DVD-Kollektionen gibt es von Musikvideos und auch von erfolgreichen Fernsehserien. DVD-Rekorder erleichtern das Mitschneiden, Aufbereiten und Archivieren von Fernsehsendungen aller Art. Schließlich gibt es noch das Internet als Fundus für alle möglichen Unterrichtsmaterialien.

Ein Beamer und ein Laptop sind mittlerweile in der Regel vorhanden und ermöglichen eine angemessene Textpräsentation. In einem Computerraum können die Textrezeption und der Textumgang auch individualisiert werden. Je nach Zielsetzungen und Rahmenbedingungen (z.B. Zeitbedarf) ist für die Textbegegnung zu überlegen, ob sie

8. Audiovisuelle Medien

- kollektiv oder individuell,
- unterbrochen oder zusammenhängend,
- vollständig oder in Ausschnitten

erfolgen soll. Eine ergiebige methodische Option kann der Einsatz von Einzelbildern (*stills*) sein.

Die häufige Unterbrechung eines Films wirkt für Schüler rasch demotivierend. Vor allem bei Spielfilmen sollte (spätestens abschließend) eine Ganzrezeption vorgesehen werden. Umgekehrt ist in Rechnung zu stellen, dass zwischen avancierter audiovisueller Darstellungsästhetik einerseits und spezifischen Rezeptionsmustern (Nebenbeischauen, Zappen) andererseits ein enger Zusammenhang herrscht. AV-Rezeption steht zwischen der (alten) „Versenkung in ein Originalkunstwerk" und einer (neuen) „Repetitions- und Vernetzungsästhetik" (Kern 2002, S. 229). Ohne Zweifel verlangt der Aufbau einer Filmlesefähigkeit aber die **Verlangsamung, Intensivierung und Verfremdung** gängiger Rezeptionsmuster z.B. über Einzelbilder, *slow motion*, Wiederholungen, Wiedergaben ohne Ton oder in Schwarz-Weiß.

8.8.2 Umgang mit dem Text

Wie an literarische, so lassen sich auch an audiovisuelle Texte Leitfragen, Gesprächsimpulse, Analyseaufträge, expositorische wie kreative Schreibaufgaben oder auch szenische Verfahren (vgl. Abraham 2006; Krämer 2006) anschließen.

Wenig praktiziert werden, aber zu empfehlen sind Fragebögen zu allgemeinen Medienpräferenzen und/oder zu konkreten Rezeptionseindrücken. Unbeeinflusst von der Dynamik „öffentlicher" Unterrichtskommunikation mit Lehrerdominanz und Meinungsführern zeigen sie, wie Schüler und Schülerinnen einen Text wahrgenommen haben, was wiederum zum Ausgangspunkt für den Umgang mit dem Text werden kann. Beispiele für den Einsatz dieser **„kleinen Empirie"** finden sich für den Literaturunterricht (Maiwald 1999a, S. 294ff., 333ff.) und auch für die Auseinandersetzung mit einer Verfilmung (Marci-Boehncke 1996). Auch in der unten dargestellten Sequenz über Fernsehwerbung wurde ein Fragebogen zur Erhebung von Vorkenntnissen und zur Sensibilisierung für das Thema eingesetzt.

Ein medienspezifisches Mittel zur Erfassung eines filmischen Textes sind **Einstellungs- oder Sequenzprotokolle**. So kann man zu einem Werbespot für jede Einstellung Handlung bzw. Bildinhalt, Einstellungsgröße, Musik und Geräusche sowie Dialog bzw. Off-Kommentar festhalten (vgl. Rußegger 2003, S. 30ff.). In einer mit Bildbeispielen unterlegten Sequenzanalyse protokolliert Jens Hildebrand (2001, S. 63–191) ausgiebig Stanley Kubricks *Shining* (1980) nach Einstellung, Montage, Kamera und Ton. Auch die Analyse des Werbespots für *Yogurette* oben beruht auf einem Einstellungsprotokoll. (Siehe zum Filmprotokoll Heck 2001, S. 131ff.; Hickethier 2001, S. 36ff.) Derartige schriftliche Transkriptionen erfordern eine sorgfältige Wahrnehmung, machen Strukturzusammenhänge erkennbar und schaffen eine Grundlage für die Verständigung über den audiovisuellen Text. Sie sind jedoch auf-

8.8 Methodische Fragen

wändig, anspruchsvoll und potenziell ermüdend; als „Textsicherung" sollten sie zudem nicht suggerieren, dass ein filmischer Text auf sprachliche Kategorien reduziert und seine Rezeption allgemeingültig objektiviert werden kann. Aufwand und (didaktischer) Ertrag sollten hier in einem vernünftigen Verhältnis stehen.

Filmemacher auszubilden ist kein Anliegen des Deutschunterrichts, dennoch ist auch die Produktion eigener Medienangebote eine methodische Option (vgl. z.b. Belgrad/Niesyto [Hrsg.] 2001; Berger 2000; Güldner 1996). **Produktionsorientierung** sollte jedoch nicht unter dem ideologiekritischen Signum des Durchschauens von medialem Lug und Trug stehen, und sie sollte weder ein funktionsloser Anhang des ‚richtigen' Unterrichts noch ein methodischer Automatismus werden. Eigenproduktionen machen die (technische, rhetorische, ästhetische) Machart von AV-Texten erfahrbar und können somit zur Filmlesefähigkeit beitragen; außerdem tangieren sie als eigene ästhetische Praxis den Zielbereich kultureller Handlungsfähigkeit. Mehr und mehr Jugendliche nutzen Videoportale und Blogs im Internet ohnehin bereits zum Selbstausdruck, etwa unter http://www.youtube.com/ (16.08.2007), wo sich große Mengen selbstproduzierter Kurzfilme, Musikvideoclips usw. finden. Moderne Digitalkameras und Videobearbeitungssoftware sind mittlerweile einfach handhabbar und bieten auch für Laien reizvolle Gestaltungsoptionen. Ergiebig für produktionstechnische und -ästhetische Fragestellungen sind auch Zusatzmaterialien, die das *making of* von Filmen oder Videoclips auf DVD dokumentieren – so zum Beispiel auch für den in diesem Kapitel besprochenen Videoclip *Dieser Weg*.

Verwandt, aber nicht identisch mit der Produktionsorientierung sind **handlungsorientierte Verfahren**, mit denen in einen gegebenen Text eingegriffen wird. Für den Umgang mit literarischen Texten lassen sich drei Grundtypen unterscheiden (vgl. Haas/Menzel/Spinner 1994):

- vom Fragment zum Text (z.B. wird eine Überschrift oder ein ausgespartes Ende ergänzt;
- vom Original zur Transformation (z.B. wird eine Erzählung in einen dramatischen Text oder ein Monolog aus einem klassischen Drama in Jugendsprache übersetzt;
- visuelle, akustische, szenische Gestaltungen (z.B. wird ein Gedicht mit Musik unterlegt oder der Schauplatz einer Erzählung gemalt).

Die Zielsetzungen solcher Verfahren können eher textorientiert (Analyse) oder leserorientiert (Imagination, Fremdverstehen) sein. Sie eignen sich prinzipiell auch für den Umgang mit filmischen Texten, wobei **medienspezifische Grenzen und Möglichkeiten** gegeben sind. Anders als Texte auf Papier lassen sich Filme (i.S. des Leinwandgeschehens) nicht anfassen, anders als das individuell steuerbare Lesen hat die Filmrezeption normalerweise eine feste Ablaufstruktur. Indes flexibilisieren neuere Medien (DVD, PC) nicht nur die Rezeptionsoptionen, sie ermöglichen auch besondere handelnde Eingriffe. So können per Videobearbeitung filmische Texte neu geschnitten, mit Untertiteln oder Zwischentiteln (Texttafeln) versehen,

8. Audiovisuelle Medien

mit einem gesprochenen Kommentar oder Musik unterlegt werden. Mit dem Internet steht überdies eine hervorragende Plattform für Arbeitsprozesse und -ergebnisse des Umgangs mit AV-Medien bereit.

8.9 Praktische Beispiele für den Umgang mit audiovisuellen Medien

Die folgenden Praxisbeispiele verstehen sich nicht als normative Vorgaben oder Schablonen für den Umgang mit AV-Medien. Sie illustrieren exemplarisch unterschiedliche didaktische Akzentuierungen und methodische Ansätze, und zwar zu unterschiedlichen Mediengattungen und für unterschiedliche Schulstufen.

8.9.1 Film: *Lola rennt* in der Sekundarstufe II

Tom Tykwers *Lola rennt* (1998) ist ein ungewöhnlicher Spielfilm: Erzählt wird die Geschichte eines jungen Mannes, der in der Abwicklung eines dunklen Geschäftes in eine Zwangslage geraten ist. Er muss binnen kürzester Zeit 100.000 DM auftreiben und ruft in der Not seine Freundin an. Lola begibt sich auf einen hindernisreichen Weg, um Manni beizuspringen. Ungewöhnlich ist einmal, dass der Film entgegen konventioneller Narrationserwartungen die Geschichte dreimal hintereinander in Variationen und mit wechselndem Ausgang erzählt (Die dritte Version hat ein unglaubwürdig kitschiges *happy ending*). Zweitens durchbricht der Film die Ästhetik des realistischen Illusionskinos mit rasend schnellen Schnitten, abrupten Kamerabewegungen, jähen Übergängen in Trickfilmsequenzen oder das Einmontieren von Einzelbildfolgen, die in Sekundenschnelle ganze Lebensgeschichten von Nebenfiguren ablaufen lassen.

Aufgrund seiner experimentellen Ästhetik hat *Lola rennt* zu Recht deutsch- bzw. filmdidaktische Aufmerksamkeit erregt (vgl. Hickethier 2002; Kepser 2002). Christine Köppert hat angeregt, das Leerstellen- und Anspielungsangebot des Filmes durch eine „produktiv-imaginationsorientierte Beschäftigung" (2001, S. 252) wahrzunehmen und somit auch den Blick für filmspezifische Darstellungsmittel zu schärfen. Der didaktische Akzent liegt aber nicht auf der Analyse der „Filmsprache", sondern auf der **Vorstellungs- und Interpretationstätigkeit** zu einem Wirklichkeitsmodell, in dem Zeit und Zufall entscheidend das Leben bestimmen.

Methodisch geschieht dies z.B. in einem „verzögerten Lesen' mit Standbildetappen", bei dem sich die Aufmerksamkeit auf das Aussehen und das Handeln der Figuren, auf optische und akustische Einzelheiten, auf die Kameraführung, auf Licht und Farbe richtet (vgl. Köppert 2001, S. 254). In Standbildbeobachtungen und Kommentierungen der Schüler rekonstruiert sich die bruchstückhafte und enorm beschleunigte Handlung bzw. Darstellungsästhetik des Filmes. Zweitens wird zu der Sequenz, in der die ominöse Geldtüte in der U-Bahn den Besitzer wechselt, eine „dramatische Geschichte mit dem Titel ‚Die Tasche'" (ebd., S. 257; vgl. auch Köppert/Spinner 2003, S. 70f.) verfasst. Dieser Medienwechsel erfordert Transformationen der Filmtechnik, welche den raschen Schnitten und dem Inein-

8.9 Praktische Beispiele für den Umgang mit audiovisuellen Medien

andergreifen von verschiedenen Zeitebenen als filmischem Subtext auf die Spur kommen. Beispielsweise korrespondieren die sich verändernden Redewarten in einem Schülertext mit den kaskadenartigen Schnitten im Film (vgl. Köppert 2001, S. 259).

Der Umgang mit dem Film zielt also weniger auf die Analyse von Textstrukturen denn auf die Förderung von Wahrnehmungsaktivitäten. Methodisch werden für dieses Ziel **produktive Anschlüsse** angesetzt, wie sie Köppert und Spinner ursprünglich für den Umgang mit literarischen Texten entwickelt haben (vgl. Köppert 1997; Spinner 2002).

8.9.2 Werbung: Fernsehwerbung in der Primarstufe

Sich auf Werbung genießend einlassen zu können, ohne ihr erliegen zu müssen, war das Anliegen dieser Unterrichtssequenz (Maiwald 2005a, S. 230ff., 301ff.; http://www.philhist.uni-augsburg.de/Germanistik/did/Kaulberg/index.html,16.08.2007). Sie bestand aus fünf Einheiten zu jeweils zwei bis drei Schulstunden. Ihr Gegenstand war ein Auszug aus dem Kinderprogramm von K-RTL (Mai 2003) mit Comic-Serien, Trailern und Werbespots.

Zu Beginn erfolgte ein **„imaginatives Wahrnehmen"** von Einzelbildern. Gegensätzlichen Mutterfiguren wurden Sprechblasen unterlegt, zu anderen Bildern wurden Geschichten geschrieben, für die Sprachzitate aus den Spots vorgegeben waren (*Noch keiner weiß* bzw. *Der Auftrag*). In diesen sprachlichen Anschlüssen sollte sich die „Sprache" der Bilder (Kleidung, Mimik, Farben) niederschlagen. Eine Reflexion im Plenum und ein kleiner Fragebogen über Werbung schlossen die Einheit ab.

Bilder, Schreibaufträge und Schülerprodukte wurden ins Internet gestellt und waren so für die zweite Einheit verfügbar, die der Betrachtung der entstandenen Texte und dem Erkennen von Konnotationen gewidmet war. Vor dem PC schlossen die Schüler an ihre Texte erneut an: Zu den „sprechenden" Müttern waren passende Adjektive zu finden, aus den Geschichten waren die besten auszuwählen bzw. Zitate zu identifizieren. Im Gespräch wurde der Zusammenhang zwischen den Bildern und den **Versprachlichungen** reflektiert: Woran *sieht* man, dass die eine Mutter *streng, sauer, zickig* ist, die andere *lieb, nett, entspannt*? Nach Anschauung der Spots für „Oral B" und „Manhattan" wurde überlegt, warum Wörter wie *Raumschiff, Agent, Computerzentrale* bzw. *jubeln, tanzen, fliegen* in den dazu geschriebenen Geschichten auftauchen, warum also Hightech für eine Zahnpasta und Cheerleader für eine Eiscreme gezeigt werden. Die Begründungen wurden auf Plakaten dargestellt (z.B. *weil es geheimnisvoll ist*).

In der dritten Einheit wurde der Einzelspot überschritten und rückte der **Programmausschnitt als Ganzes** in den Blick. Im Anschluss an die Erstrezeption bearbeiteten die Schüler einzeln folgende Fragen: 1) Welcher Spot hat dir (nicht) gefallen? (Warum?) 2) In welchem Spot würdest du gerne mitspielen? (Warum?) 3) Wofür (für welche Produkte) wurde alles Werbung gemacht? Vor allem die Reaktio-

8. Audiovisuelle Medien

nen auf die zweite Frage führten auf eine Beobachtung der Erlebnisqualitäten von Werbung, z.B. *Tanzen ist schön* (Manhattan) oder *Das ist cool beim Hundeausführen* (Nesquik). Ein Teil der Auswertung bestand darin, Einzelbilder aus jedem Spot nach Nennung des Produktes an die Tafel zu kleben, wodurch die große Zahl von über 20 Spots und Trailern sinnfällig wurde. Für die Zweitrezeption konzentrierten sich Expertengruppen auf Sprache, Settings, Figuren, Aktivitäten und Genres. Die Ergebnisse wurden auf Papierbögen festgehalten und auch der Webseite beigefügt, so dass sie zu Beginn der vierten Einheit für eine Vorstellung an den PCs verfügbar waren.

Hauptanliegen der vierten Einheit war die Beobachtung **visueller und ästhetischer Mehrwerte**. Um diese herauszuheben, wurde Alternativwerbung inszeniert: Die Unterrichtenden brachten einige der Produkte mit und führten eine primär informative Werbung vor, die die Produkte zeigt, zum Kauf bzw. Gebrauch auffordert, sagt, was sie kosten und wo sie erhältlich sind. Die Kinder reagierten sofort auf die Differenzen, z.B.: *Da sind keine Gefühle drin ...; da haben die Bilder gefehlt, z.B. wie man die Hunde ausführt*. Zumindest in Ansätzen wurde ihnen auch das Gemenge aus Werbung, Sendungen und Trailern bewusst: Die Werbespots verwenden Comics, weil man es dann *kauft, weil es schön ist*; das Ineinander führe dazu, *dass man nicht mehr unterscheiden kann*. Sodann wurden nochmals Werbesprüche, Schauplätze, Aktivitäten und Figuren aus den Spots aufgelistet und geeignete Oberbegriffe aufgeschrieben. Daraus wurde im Klassenzimmer eine Wandcollage, im Netz eine Unterseite „Werbung im Fernsehen macht VIEL MEHR" (vgl. Abb. 57).

Abb. 57: *Internetseite über eine Unterrichtssequenz zu Fernsehwerbung*

Die abschließende Einheit hatte drei Programmpunkte: Sie begann mit einem freien Surfen auf der Webseite, bei dem nach Neuem bzw. Erweiterungen zu suchen war. Von daher war es natürlich, dass in der anschließenden Feedbackrunde

8.9 Praktische Beispiele für den Umgang mit audiovisuellen Medien

Computer/Internet über die fachlichen Inhalte dominierten. Dass die Klasse auch in ihrer Beobachtung von Fernsehwerbung fortgeschritten war, zeigten die Einschätzungen verschiedener Zwecke von Werbung, die aus den Fragebögen entnommen worden waren. Eine Bepunktung durch die Schüler und Schülerinnen spiegelte, dass Werbung eben nicht in erster Linie informieren und Produkte zeigen, sondern sehr viel mehr anlocken und zum Kauf motivieren will.

Werbung wie die hier betrachtete macht didaktische Konzepte hinfällig, welche sie primär als sprachlichen Appell zum Konsum begreifen und kritisch dessen Glaubwürdigkeit hinterfragen. Diese Unterrichtssequenz zielte vor allem auf die für heutige Werbung prägenden visuellen Anteile, vom Einzelbild bis zum Programmkontext. Die visuelle Erlebniswelt wurde durch eine Deutungsgemeinschaft zur Sprache gebracht, bloße Wahrnehmung wurde in **differenziertere Beobachtung** überführt. Medien waren nicht nur in Form der Werbespots präsent, sie wurden auch im Textumgang funktional. Die Internetseite war häufiger Ausgangspunkt für Arbeitsprozesse und veröffentlichte sukzessive die Lernergebnisse.

8.9.3 Fernsehserie: *The Simpsons* in der Sekundarstufe I

Für seinen Unterrichtsvorschlag geht Dieter Matthias davon aus, dass in Matt Groenings Serie (s.o.) **kulturübergreifende soziale Situationstypen und Rollenbilder** vorgestellt werden wie z.b. das Vater-Sohn-Gespräch, die festliche Tafel oder die Liebeserklärung (1993, S. 57). Die von den Figuren repräsentierten Typen kollidieren jedoch teilweise mit den Erwartungen, die mit bestimmten Rollen verbunden sind: Ein Familienoberhaupt sollte kein beschränkter Versager sein, eine achtjährige Tochter sollte ihre Eltern nicht an Intelligenz und sozialer Kognition übertreffen.

Hieraus werden vier Lernziele abgeleitet. Die Schüler sollen

- sich bewusst werden, dass bzw. welche Wahrnehmungsmuster unseren Alltag und unsere Kultur prägen (Stereotypen, Klischees);
- erkennen, dass die Simpsons soziale Stereotypen aufgreifen, sie aber durch karikaturhafte Überzeichnungen verfremden;
- dabei auch formale Darstellungsmittel des Trickfilms erfassen;
- den Zusammenhang zwischen gesellschaftlichen Phänomenen (z.B. Werteskeptizismus, Politikverdrossenheit) und Unterhaltungsmedien zur Diskussion stellen (vgl. ebd., S. 58f.).

Die Vorschläge für die Realisierung dieser Ziele beziehen sich auf eine Episode mit dem Titel *Die 24-Stunden-Frist*: Sie handelt von den letzten wichtigen Unternehmungen, die Homer am vermeintlich letzten Tag seines Lebens startet. Die Unterrichtseinheit enthält folgende Bausteine:

In einem einführenden Gespräch soll die Frage diskutiert werden, warum die Simpsons nicht nur in den USA verstanden und lustig gefunden werden können. Sodann wird der Filmbeginn in Etappen betrachtet und es werden die soziale Ste-

8. Audiovisuelle Medien

reotypie der Handlung und die Vorhersehbarkeit des jeweils Folgenden thematisiert. Der weitere Handlungsverlauf nach der Diagnose des Arztes wird durch schriftliche Textproduktionen antizipiert: Was wird Homer in der ihm verbleibenden Zeit unternehmen? Die Schüler erkennen im eigenen Erzählen, dass sie selbst Schemata und Typisierungen benutzen und dass Komik v.a. aus Verstößen gegen entsprechende Erwartungen resultiert (vgl. ebd., S. 59). Einen ähnlichen Zweck erfüllt ein Rollenspiel, in dem Schüler und Schülerinnen ein (typisches) Vater-Sohn-Gespräch inszenieren und dies dann mit dessen Persiflage durch Homer und Bart vergleichen. Der Kontrast zwischen gängigen Medienklischees sozialer Situationen und ihrer ironisierenden Darstellung in den *Simpsons* wird in einem weiteren Schritt verallgemeinert: Die Schüler erstellen Collagen, in denen Einzelbilder aus der Serie neben Abbildungen entsprechender Situationen in anderen Medien (z.B. Illustrierte, Gemälde, Fotokalender) gestellt werden. Die Einzelbilder aus der Serie dienen dann als Grundlage für eine Analyse der Darstellungsästhetik der *Simpsons* (Hässlichkeit der Figuren, plakativ naive Farbgebung, ruckartige Bewegungen aufgrund der Teilanimierung, Stimmlagen der Sprecher). Vorgesehen sind hierfür auch handlungsorientierte Verfahren, indem z.B. die Bilder durch Überzeichnen verändert oder die originalen Synchronstimmen ausgeblendet und ersetzt werden. Anhand der Einzelbilder lassen sich auch filmanalytische Kategorien, z.B. Einstellungsgröße und ihre Wirkungen erarbeiten. Im Rahmen einer kleinen Sprachanalyse wird schließlich noch untersucht, wie soziale Situationen durch Sprache bzw. sprachliche Stereotypen markiert oder auch karikiert werden können. Ein abschließendes Transfergespräch stellt Bezüge zu anderen *Simpsons*-Episoden und anderen Serienangeboten her.

In der Sekundarstufe I ist das reiche intertextuelle Potenzial dieser Serie noch nicht vollständig rekonstruierbar. Gleichwohl würdigt dieser Unterrichtsvorschlag die *Simpsons* als **vielschichtige Fernsehserie**, die keineswegs nur lustig, sondern ein karikierender Spiegel menschlichen Verhaltens ist. Streng bezogen auf didaktische Zielsetzungen kommen verschiedene Methoden zum Einsatz: Gespräche, schriftliche Textproduktion, szenisches Gestalten, handelndes Eingreifen in den AV-Text. Auch rund anderthalb Jahrzehnte nach dem Erscheinen dieser Praxisanregung sind die *Simpsons* in der Medienlandschaft präsenter denn je und die hier vorgeschlagenen Ziele sinnvoll. Erheblich erweitert wären heute hingegen Möglichkeiten der Textbegegnung und -bearbeitung durch damals noch unbekannte Medien wie DVD, Videobearbeitung und Internet (als Informations- und Präsentationsmedium).

8.9 Praktische Beispiele für den Umgang mit audiovisuellen Medien

> **Zusammenfassung**
>
> Audiovisuelle Medien sind technisch erzeugte Verbindungen von (in der Regel) bewegten Bildern und Tönen. Im Mittelpunkt stehen hier der Film und fiktionale Angebote des Fernsehens als kulturelle Leitmedien. Eine Reihe von Einzeltexten wird ausführlich analysiert: der Spielfilm *The Graduate* (dt. *Die Reifeprüfung*), zwei Werbespots, die Serie *The Simpsons* und der Musikvideoclip *Dieser Weg*. Der Blick weitet sich jedoch auch auf Programmzusammenhänge sowie auf die jeweilige Mediengattung und ihre kulturelle Bedeutung. Wichtige Begriffe und Kategorien der Filmanalyse werden für das Visuelle, das Auditive und das Narrative systematisiert. Didaktisch stellen sich Fragen nach der Funktion und Reichweite filmanalytischer Arbeit, nach dem Stellenwert der Literaturverfilmung sowie nach der Textauswahl bzw. der Kanonbildung. Als didaktische Zielbereiche werden Filmlesefähigkeit und kulturelle Handlungsfähigkeit im Kommunikationsfeld audiovisueller Medien beschrieben. Für die curriculare Verankerung ist eine integrierte Medienerziehung mit Deutsch als Leitfach vorgesehen. Drei Praxisbeispiele verdeutlichen dies: der Spielfilm *Lola rennt*, Werbung im Kinderfernsehen und die Serie *The Simpsons*.

Weiterführende Literatur: Frederking, Volker (Hrsg.) (2006): Filmdidaktik – Filmästhetik. München (= Jahrbuch Medien im Deutschunterricht 2005, Bd. 4). **Hickethier, Knut (2001):** Film- und Fernsehanalyse (3. Aufl.). Stuttgart und Weimar (= SM 277). **Kern, Peter Christoph (2002):** Film. In: Bogdal, Klaus-Michael/Korte, Hermann (Hrsg.): Grundzüge der Literaturdidaktik. München, S. 217–229. **Maiwald, Klaus (2005a):** Wahrnehmung – Sprache – Beobachtung. Eine Deutschdidaktik bilddominierter Medienangebote. München (= Medien im Deutschunterricht, Beiträge zur Forschung 2). **Rußegger, Arno (2003):** Nulla dies sine kinema. Eine kleine Einführung in die Filmanalyse in sechs Abschnitten. In: Informationen zur Deutschdidaktik 27, H. 4, S. 17–35. **Wermke, Jutta (Hrsg.) (2001):** Hören und Sehen: Beiträge zu Medien- und Ästhetischer Erziehung. München.

9. Die neuen Symmedien Computer und Internet

9.1 Definitorische Überlegungen

Jede tiefgreifende Neuerung findet auf der Ebene der Sprache ihren Niederschlag. Dies gilt auch für die durch Computer- und Internet eingeleiteten Veränderungen. Ohne Frage markieren beide einen epochalen medienkulturgeschichtlichen Einschnitt (vgl. McLuhan/Powers 1982–89; Münker/Roesler 1997). Vilém Flusser (1991c, S. 190) sah mit ihnen einen medialen Paradigmenwechsel verbunden, einen grundlegenden Wandel der medialen Grundlagen unserer Kultur. Dessen sprachliche Erfassung gestaltet sich aber sehr viel schwieriger als gemeinhin angenommen wird. Zwei alternative Begrifflichkeiten haben lange die Diskussionen beherrscht. Zum einen ist hier die Rede von den ‚**neuen Medien**' zu nennen. Diese Bezeichnung, die auch heute noch Verwendung findet (vgl. Gölitzer 2003; Kurzrock 2003), ist durchaus ambivalent. Schließlich wird aus jedem neuen Medium irgendwann ein altes (vgl. Frederking 2006c, S. 554ff.). Auch der Mitte der neunziger Jahre des letzten Jahrhunderts aufgekommene Begriff ‚**Multimedia**' hat sich als nicht unproblematisch erwiesen. 1995 von der Gesellschaft für deutsche Sprache noch zum Wort des Jahres gekürt und von Medientheoretikern wie Ludwig J. Issing und Paul Klimsa (1995, S. 1) als „Sammelbegriff für solche hybriden Medien" verstanden, „die auf der Übertragungstechnik, Displaytechnik, Mikroprozessortechnik und Speichertechnik basieren und dabei mehrere Mediendarstellungsformen (Text, Video, Audio usw.) verfügbar machen", wird der Begriff ‚Multimedia' im wissenschaftlichen Sprachgebrauch heute kaum noch verwendet. Zu unspezifisch erscheint sein Gegenstandsfeld, zu heterogen ist seine populärwissenschaftliche und massenmediale Verwendung.

Damit sind terminologische Probleme angedeutet, die sich in komplexen Begriffsdiskussionen vertiefen ließen. Darauf soll an dieser Stelle verzichtet und stattdessen ein theoretisch fundierter und pragmatisch ausgerichteter Lösungsvorschlag erläutert werden, der zumindest im Bereich der Deutschdidaktik viele terminologische und theoretische Probleme überwindet. Gemeint ist die bereits im Rahmen des Kapitels 3 im Grundansatz angeführte Interpretation des Computers und des Internets als ‚**Symmedien**'. Dieser Definitionsvorschlag geht auf Volker Frederking (2003, S. 37; 2005a, S. 189) zurück, der diese Bezeichnung in Weiterentwicklung des von Matthias Berghoff (1998, S. 283) mit Bezug auf Norbert Meder eingeführten Begriffs ‚Symmedia' geprägt hat.

Definition: Mit der Bezeichnung „Symmedium" wird auf den Sachverhalt abgehoben, dass der Computer – wie das Internet – „nicht nur ein Simulationsmedium [ist], wie Alan Turing (1936/37) antizipierte, sondern auch ein Integrationsmedium par excellence, das alle medialen Optionen – Text, Bild, Ton, Film etc. – in sich vereint" (Frederking 2005a, S. 189). Dabei ist **Symmedialität** nicht

9. Die neuen Symmedien Computer und Internet

> erst mit dem Computer bzw. mit dem Internet entstanden. Schon die altavoce-Tradition oder die in Antike und Mittelalter verbreiteten Verbindungen von Bild und Text sind, wie in Kapitel 3 detaillierter beschrieben, als vortechnische Formen von Symmedialität zu verstehen. Das erste vortechnische **Symmedium** war in diesem Sinne das Bild und Text verbindende Buch, die erste elektronisch generierte symmediale Form der Tonfilm, der bewegtes Bild und gesprochenes Wort vereint hat. Mit dem Computer und dem Internet hat das Prinzip der Symmedialität also lediglich seine bislang weitreichendste technische Ausformung gefunden, insofern nun alle medialen Einzelformen digital reproduziert und damit auf einer Bildschirmseite integriert werden können (vgl. Frederking 2006b, S. 206ff.).

Dabei erlauben diese beiden neuen Digitalmedien Arbeitsprozesse einer neuen Art, die auch und gerade im Deutschunterricht fruchtbar zu machen sind, weil sie mit Ton, Text und bewegtem Tonbild die medialen Kernformen des oralen, des literalen und des audiovisuellen Paradigmas in sich vereinen und gleichzeitig weiterentwickeln. Besonders Lese- und Schreibprozesse erfahren durch Computer und Internet medienspezifische Veränderungen. Sie werden interaktiv und synästhetisch.

Dass Computer interaktiv sind, bedeutet zunächst auf einer technischen Ebene lediglich, dass es für einen Nutzer möglich ist, ein ablaufendes Programm mithilfe von Eingaben über eine Maus, eine Tastatur etc. in Echtzeit zu manipulieren (vgl. z.B. Manovich 2001, S. 55; Aarseth 1997, S. 47f.). Dieser technische Begriff der **Interaktivität** wird dann – manchmal recht unkritisch – in andere Kontexte übertragen, so dass z.B. auch das Lesen einer Internetseite als interaktiv bezeichnet wird, weil der Nutzer hier im Gegensatz zum Leser eines Buches in der Lage ist, einen Text bzw. ein Text-Bild-Ton-Gemenge durch das Anklicken bestimmter Links aktiv zu manipulieren (vgl. hierzu kritisch Heibach 2003a, S. 48ff.). In Kapitel 9.2.2. wird der Begriff ‚Interaktivität' ausführlicher diskutiert.

Die synästhetische Qualität der neuen Digitalmedien ist in der Fachliteratur ebenfalls bereits verschiedentlich thematisiert worden. Roberto Simanowski hat vom ‚synästhetischen Faktor digitaler Ästhetik' (Simanowski 2002, S. 155) gesprochen, Michael Giesecke von einem „synästhetischen und multimedialen Kommunikationskonzept" (Giesecke 2002, S. 317). Synästhetik bezieht sich dabei „auf die durch einen künstlerischen Gegenstand ausgelöste bzw. in diesem verarbeitete Mehrfachkodierung der Wahrnehmung, d.h. auf die Aktivierung verschiedener Wahrnehmungskanäle im Prozess der Rezeption bzw. Produktion" (Frederking 2006b, 212). **Synästhetik** ist in diesem Sinne ein besonderes Kennzeichen der neuen Symmedien Computer und Internet, weil in ihnen Lese- und Schreibprozesse in immer stärkerem Maße mit anderen medialen Formen – Bild, Ton, Film etc. – verbunden werden. Auch darauf wird im Folgenden noch verschiedentlich einzuge-hen sein.

Welche didaktischen Optionen sich aus diesen Spezifika der Symmedien Computer und Internet ergeben, soll nachfolgend im Grundansatz verdeutlicht werden.

9.2 Sachanalytische Aspekte

Die Analyse der fachspezifisch einschlägigsten Besonderheiten bildet dafür die Voraussetzung. Deren Darstellung wird Aufgabe des nachfolgenden Kapitels sein.

9.2 Sachanalytische Aspekte

Für den Deutschunterricht bzw. die Deutschdidaktik zeigen sich interessante Erscheinungsweisen und Nutzungsmöglichkeiten der interaktiven bzw. synästhetischen Qualität von Computer bzw. Internet auf der Ebene der Sprache wie der Literatur. Beide gilt es gründlich zu analysieren, um vor diesem Hintergrund die didaktischen Potentiale der beiden neuen Symmedien Computer bzw. Internet diskutieren und an ausgewählten Unterrichtskonzepten exemplifizieren zu können.

9.2.1 Computerbasierte Schreib- und Kommunikationsprozesse

Prinzipiell ist zwischen computerbasiertem Sprachgebrauch und computerbasierten Schreibprozessen im Offline- und im Online-Modus zu unterscheiden, wobei der Offline-Modus lange Zeit die einzig verfügbare Nutzungsmöglichkeit des Computers war. Die elektronische **Textverarbeitung** stellt einen Quantensprung in der Kulturtechnik des Schreibens dar, weil handschriftliche bzw. schreibmaschinenbasierte Schreibprozesse nicht mehr linear-sukzessiven Rahmenbedingungen unterworfen waren. Tatsächlich erhält der Schreibende durch die computerbasierte Textverarbeitung eine vollkommen neuartige Freiheit im sprachlichen Selbstausdruck, indem er nach Beendigung eines Schreibprozesses bzw. währenddessen beliebig oft und beliebig umfangreich Veränderungen an seinem Text vornehmen kann, ohne dass dies im ausgedruckten Text sichtbar wird (bzw. werden muss). Technische Grundlage ist eine grandiose Innovation, die heute – im Abstand von Jahrzehnten – aber kaum noch als technische Revolution wahrgenommen wird: die Möglichkeit zur digitalen **Speicherung** von Informationen auf Festplatte, Diskette, CD, DVD etc. Damit ist die Chance zur individuellen Datenverarbeitung selbstverfasster Schriftdokumente eröffnet.

Computervermittelter Umgang mit Sprache in schriftsprachlicher Form ist aber nicht nur im Offline-, sondern auch im Online-Modus bzw. mit dem Ziel einer späteren Nutzung im Internet möglich. Informatorische Online-Lese- und Schreibprozesse sind mit so genannten **Homepages** (engl. ‚Heimseite') verbunden. Als solche werden Start- bzw. Eingangsseiten eines digitalen Informationsbereichs im WWW (World Wide Web) bezeichnet, die über spezielle Web-Adressen, eine so genannte URL (Uniform Resource Locator), zugänglich sind. Dabei sind Homepages in der Regel über ‚**Hyperlinks**', d.h. digitale Knotenpunkte, mit anderen Texten bzw. Seiten im Netz verbunden. Diese Verlinkungen sind Basis der hypertextuellen Grundstruktur des Internet (aber z.B. auch von vielen Angeboten auf CD-ROM), auf die noch unter 9.2.2 aus anderer Perspektive einzugehen sein wird. Technisches Fundament von Hypertexten sind spezielle Programmier- bzw. Auszeichnungssprachen wie die so genannte **Hyper Text Markup Language** (HTML). Der ‚HTML-Editor' erlaubt die Erstellung von Dokumenten in netzkompatibler Form. Spezielle

9. Die neuen Symmedien Computer und Internet

Umwandlungsprogramme machen aber mittlerweile Schreibprozesse zur Erstellung von Web-Dokumenten ohne HTML-Kenntnisse möglich.

Noch grundlegender als diese Formen des computerbasierten Sprachgebrauchs im Offline-Modus haben internetgestützte Kommunikationen im Online-Modus das Feld des schriftsprachlichen Selbstausdrucks verändert bzw. erweitert. Hier sind asynchrone und synchrone, d.h. zeitversetzte und zeitgleiche Formen der computergestützten Kommunikation zu unterscheiden (vgl. Weingarten 1997; Beißwenger 2002).

- **Asynchrone Kommunikationsmedien**

Das am weitesten verbreitete netzbasierte asynchrone Kommunikationsmedium ist die **E-Mail** [von engl. „Electronic Mail" = „Elektronische Post"]. Dabei handelt es sich um einen Internet-Dienst, der durch das Senden und Empfangen digitaler Nachrichten die asynchrone schriftsprachliche Individualkommunikation und Datenübermittlung in zeitunabhängiger bi- bzw. polydirektionaler Form ermöglicht. Gleichzeitig bezeichnet E-Mail die elektronisch vermittelte Nachricht selbst. Dass diese elektronische Post zu den beliebtesten Internet-Diensten zählt, erklärt sich aus ihren großen praktischen Vorteilen. Denn im Unterschied zum herkömmlichen Briefverkehr – in Computerkreisen auch ‚snail-mail' (Schneckenpost) genannt – erlaubt die E-Mail zum einen eine schnellere und preisgünstigere Übermittlung. Zum anderen können nicht nur auf Papier festgehaltene Informationen versandt werden, sondern auch solche im digitalen Text-, Bild-, Audio- und Video-Format. Im Gegensatz zum Telefon als synchronem Medium erlaubt die E-Mail aufgrund ihrer asynchronen Funktionalität eine größere Flexibilität, insofern der Zeitpunkt der kommunikativen Aktivität vom Sender wie vom Empfänger frei gewählt werden kann. Gegenüber dem Telefax besitzt die E-Mail den Vorteil, dass übertragene Nachrichten und Dateien stets digital vorliegen und sofort weiterverarbeitet werden können (vgl. Döring 2003; Runkehl/Schlobinski/Siever 1998). Dabei lässt sich die E-Mail nicht nur zur individuellen Interaktion nutzen, sondern auch zur Gruppenkommunikation in Form so genannter Mailinglisten. Diese können die E-Mail-Adressen beliebig vieler Personen umfassen und die zeitgleiche digitale Übermittlung von Daten an alle in der Mailingliste enthaltenen Adressaten ermöglichen. Besonders themenspezifische Gruppendiskussionen lassen sich per Mailingliste oder auch durch **Newsgroups**, die einen eigenen Internetdienst (USENET) darstellen, realisieren (vgl. Pansegrau 1997; Gruber 1997). Während die Teilnahme an einer Mailingliste deren Abonnement voraussetzt und die einzelnen Diskussionsbeiträge per E-Mail in den persönlichen Postfächern der Listen-Teilnehmer abgelegt werden, sind die Newsgroups für alle Internetbenutzer offen und wie ein gigantisches Nachrichtenbrett aufgebaut, auf das jeder lesend und schreibend Zugriff hat. Der Zugang zu den Newsgroups ist mithilfe spezieller Client-Programme (z.B. „Forté Free Agent") oder auch über das WWW (vgl. z.B. http://groups.google.de/) möglich.

Andere durch das Internet generierte Kommunikations- und Kooperationsmöglichkeiten ergeben sich über so genannte **virtuelle Arbeitsplattformen**. Sie gestat-

9.2 Sachanalytische Aspekte

ten ortsunabhängige kooperative Arbeitsprozesse aller Art. Bekannte Beispiele sind der BSCW und LoNet. Der BSCW ist ein von der ‚Gesellschaft für Mathematische Datenverarbeitung' (GMD) entwickeltes Tool, das Schulen und Universitäten kostenlos zur Verfügung steht (http://bscw.gmd.de). BSCW bedeutet 'Basic Support for Cooperative Work' und ermöglicht einer beliebigen Anzahl von Personen, die in einen Arbeitsbereich eingeladen werden, gemeinsame ortsunabhängige Arbeitsprozesse, asynchrone Kommunikationen und das orts- und zeitunabhängige Ablegen, Korrigieren und Weiterverarbeiten von Text-, Bild-, Ton- oder Film-Dokumenten und URLs (vgl. Berghoff/Frederking 1999a, S. 121ff.; 2001, S. 175f.) Eine Alternative stellt LoNet dar, ein vom Bundesministerium für Bildung und Forschung initiiertes Angebot einer Service-, Netzwerk- und Informationsplattform für Lehrende (http://www.lo-net.de) (vgl. Möbius 2004). Sowohl LoNet als auch der BSCW sind ideale Arbeitsplattformen für die virtuelle Kommunikation und Kooperation lokal getrennter Arbeitsgruppen.

Eine andere Form asynchroner schriftsprachlicher Kommunikation wird durch den „Short Message Service", kurz **SMS**, möglich. Hierbei handelt es sich um einen Mobilfunkdienst, der das Versenden und Empfangen von Textnachrichten erlaubt, die in der Regel aus höchstens 160 Zeichen bestehen[1]. Diese Kurznachrichten selbst werden in der Umgangssprache ebenfalls „SMS" genannt. Als Bezeichnung für das Versenden einer SMS sind die Verben „simsen", „texten" und manchmal auch „mailen" gebräuchlich. Im Jahr 2006 wurden knapp 23 Milliarden SMS-Nachrichten durch die deutschen Mobilfunknetze geschickt. Bemerkenswert ist, dass beim Schreiben der SMS das archaische Morsen gleichsam eine neumediale Wiederkehr erlebt, denn aus dem rhythmischen *Geben* der Morsezeichen am Handtaster („dah-di-dah-dit" für „C") wird das mechanische *Simsen* mit dem Daumen auf der Cell-Phone-Tastatur („222" für „C") (vgl. hierzu Krommer 2004a). Mittlerweile können SMS-Nachrichten auch am Computer erstellt und über verschiedene Web-Dienste oder andere Kommunikationsprogramme (z.B. Instant Messenger, Skype etc.) verschickt werden. Das umständliche Tippen der Texte wird zumeist durch eine spezielle Software („T9") erleichtert, die bereits während der Eingabe erkennt, welche Wörter wahrscheinlich erstellt werden sollen. Ähnlich wie der Chat (vgl. S. 206ff.) ist auch die medial schriftliche SMS durch ihre konzeptionelle Nähe zur Mündlichkeit geprägt, so dass z.B. einige non-verbale Aspekte der Sprache durch Emoticons kompensiert werden und umgangssprachliche, manchmal auch dialektal gefärbte Ausdrücke auftauchen. Die Kürze der SMS bedingt, dass mit zahlreichen Abkürzungen gearbeitet wird, die jedoch – entgegen einem populären Vorurteil – nicht dazu führen, dass die Texte vollkommen kryptisch erscheinen und nur noch für Eingeweihte verständlich sind. SMS-Nachrichten haben eine primär soziale Funktion, die Steinle und Wippermann zu folgendem Vergleich veranlasst hat: „So wie sich Affen gegenseitig das Fell kraulen, um sich ihre Verbundenheit zu

---

1 Wenn zusätzlich Bilder verschickt werden, spricht man von „MMS" („Multimedia Messaging Service").

9. Die neuen Symmedien Computer und Internet

zeigen, so greift man heute zum Handy. Bei den Affen nennt man dieses Phänomen Grooming, bei den Jugendlichen SMS [...]. Die Kurznachrichten sind Bekundungen der Aufmerksamkeit" (Steinle/Wippermann 2003, S. 126). An den folgenden Beispielen – die Dürscheid 2005, S. 105 entnommen sind –, lassen sich einige der skizzierten sprachlichen Besonderheiten von SMS-Nachrichten verdeutlichen:

> (1) Bekomme laptop ja erst zum geburtstag deswegen habe ich jetzt noch keine hast du flat sz
>
> (2) Na wie geht es dir? Morgen geht es ab nach england da hab ich jetzt voll bock drauf! Hdl mb

In Nachricht (1) wird vollständig auf die Interpunktion verzichtet, Substantive werden nicht großgeschrieben, Sätze bleiben unvollständig und spezifische Abkürzungen („sz" für „schreib zurück!") werden verwendet. Ähnliches gilt für Nachricht (2), hier tauchen neben umgangssprachlichen Wendungen („hab ich jetzt voll bock drauf") zusätzlich die Abkürzungen „Hdl" für „Hab dich lieb!" und „mb" für „mail back" auf.

- **Synchrone Kommunikationsmedien**

Doch nicht nur die asynchrone Kommunikation hat sich im Computerzeitalter grundlegend verändert. Gleiches gilt für die synchrone, d.h. zeitgleiche Kommunikation. Zu nennen sind hier vor allem der Chat und die Videokonferenz.

Der Chat ist eine computervermittelte Form der Individual- oder Gruppenkommunikation, die den (nahezu) synchronen Austausch von schriftlichen Nachrichten erlaubt, indem diese gewöhnlich über eine Tastatur eingegeben werden (vgl. hierzu Krommer 2006a). Als „Vater" des Internet-Chats gilt Jarkko Oikarinen, der als Student im Jahre 1988 den **IRC** („Internet Relay Chat") entwickelte und damit einen Internet-Dienst schuf, der sich rasch als weltweit nutzbares System miteinander verbundener Chat-Server etablierte (vgl. hierzu Siedler 1994; Reid 1991).

Wer via IRC kommunizieren will, muss zunächst mithilfe eines speziellen Programms, das als **„Chat-Client"** bezeichnet wird (z.B. mIRC, vgl. www.mirc.com), die Verbindung zu einem Chat-Server (z.B. irc.fu-berlin.de) herstellen. Dort stehen dann unzählige Chat-Räume („channels") zur Verfügung, in denen man sich unter einem selbst gewählten Pseudonym („nickname" oder kurz: „nick") an den getippten Diskussionen beteiligen kann. Ein großer Vorteil des IRC besteht darin, dass der Nutzer mithilfe zahlreicher Befehle z.B. selbst Chat-Räume erstellen, Diskussionsthemen festlegen, Schreibrechte verteilen, Teilnehmerzahlen begrenzen, vorgefertigte Texte zeilenweise von der Festplatte in den Chat-Raum senden oder störende Chatter des Raumes verweisen kann. Es erweist sich (auch für die Unterrichtspraxis) allerdings oft als Nachteil, dass sich dieser große Funktionsumfang nur ausschöpfen lässt, wenn man zuvor einen geeigneten Chat-Client installiert hat. Denn auf den meisten (Schul-)Rechnern sucht man eine entsprechend konfigurierte Software, die den Zugang zum IRC erlaubt, vergeblich. Hinzu kommt, dass viele Nutzer ausschließlich das WorldWideWeb erkunden, so dass ihnen In-

9.2 Sachanalytische Aspekte

ternet-Dienste, die standardmäßig nicht (oder nur auf Umwegen) mit einem Browser erreichbar sind, vollkommen unbekannt bleiben.

Ohne Installation einer zusätzlichen Software (d.h. nur mithilfe eines normalen Internet-Browsers) kann hingegen ein **Web-Chat** genutzt werden. Die erleichterte Zugänglichkeit des Web-Chats wird jedoch häufig durch einen Verlust an Bedienkomfort und Funktionalität erkauft: Insbesondere didaktisch interessante Optionen, wie das automatische Abspeichern von Chat-Protokollen, die Einrichtung passwortgeschützter Räume oder das Versenden einer Nachricht in mehrere Chat-Räume gleichzeitig, sucht man bei vielen Web-Chats vergebens. Eine Ausnahme stellt der **„Didaktische Chat-Raum" (DCR)** dar, der sämtliche Konfigurations-, Moderations-, Kontroll- und Speicherungsmöglichkeiten besitzt, die einen Einsatz im Rahmen umfassenderer Lernarrangements erleichtern (nähere Informationen sind unter www.medid.de verfügbar) und der bereits im Rahmen zahlreicher Kooperationsprojekte erfolgreich eingesetzt wurde (vgl. u.a. Berghoff/Frederking 199a9; Frederking/Berghoff/Jünger/Steinig 1998; Frederking/Berghoff/ Steinig 1998; Frederking/Berghoff/Krommer 2000; Frederking/Steinig 2000a, 2000b, Frederking 2002). Auch viele pädagogisch ausgerichtete Internetangebote (z.B. www.lehrer-online.de oder www.primolo.de) bieten inzwischen Web-Chats an, die im Unterricht sinnvoll einsetzbar sind.

Eine dritte bedeutsame Variante des Chats stellt das **Instant Messaging** (kurz: IM) dar, das ähnlich wie die Nutzung des IRC die Installation einer speziellen, zumeist kostenlosen Software voraussetzt, die man **Instant Messenger** nennt. Bekannte Instant Messenger sind u.a. *ICQ* (www.mirabilis.com), der *Yahoo!-Messenger* (messenger.yahoo.com) oder der *Windows-Live-Messenger* (messenger.live.com). Typisch für diese Programme ist die sogenannte „Buddy List", ein Verzeichnis der Freunde und Bekannten, mit denen man Sofortnachrichten austauschen kann. Per Doppelklick auf einen Eintrag der Buddy List, die im Normalfall auch anzeigt, welche Kontakte gerade online sind, lässt sich ein Chat mit der gewünschten Person starten.

Inzwischen haben sich die Instant Messenger von rein textbasierten Chat-Programmen zu virtuellen Multifunktions-Werkzeugen entwickelt, mit denen man bei Bedarf auch (Musik-)Dateien austauschen, Fotoalben online ansehen, Grafikprogramme gemeinsam nutzen, **Videokonferenzen** starten, Radio hören, Nachrichten verfolgen, an Online-Spielen teilnehmen, Gruppenchats realisieren, telefonieren etc. kann. Mit derselben Berechtigung, mit der Ertelt (2007, S. 14) das Handy als „Schweizer Messer" der Mobilkommunikation bezeichnet, können Instant Messenger als die Schweizer Messer der Online-Kommunikation gelten. Dass sie in vielen Fällen bereits auf Handys zum Einsatz kommen, ist lediglich ein weiterer logischer Schritt der Medienevolution.

Es überrascht daher nicht, dass das Instant Messaging noch vor dem E-Mail-Schreiben die beliebteste Online-Aktivität junger Internetnutzer ist: Im Jahr 2006 ermittelte die JIM-Studie, eine Basisuntersuchung zum Medienverhalten Jugendlicher, dass mehr als die Hälfte der Jungen und Mädchen im Alter zwischen 12 und

9. Die neuen Symmedien Computer und Internet

19 Jahren täglich oder mehrmals in der Woche einen Instant Messenger nutzt. Außerdem gibt rund ein Viertel der Befragten an, Chaträume aufzusuchen (vgl. Feierabend/Rathgeb 2006b, S. 38ff.). Die JIM-Studie macht leider keine Angaben darüber, welche Überschneidungen es zwischen den „klassischen" Web- oder IRC-Chattern und der Gruppe derjenigen gibt, die einen Instant Messenger zum Chatten verwenden. Die Zahlen machen aber auch in der vorliegenden Form deutlich, welche Bedeutung die Online-Kommunikation via Chat für Schüler(innen) ganz offensichtlich besitzt.

Dürscheid (2003) grenzt das Instant Messaging (i.F.\M) vom Chat mit dem Hinweis ab, dass man via IM „den Kommunikationspartner gezielt auswählen kann, dieser nicht anonym ist und in der Regel Eins-zu-Eins-Gespräche geführt werden" (Dürscheid 2003, S. 40f.). Doch diese Merkmale treffen auch auf die Kommunikation im IRC und in Web-Chats zu. Dort gibt es statt der „Buddy List" des IM eine Liste der momentan im Chat-Raum registrierten Personen, aus der man per Doppelklick gezielt einen (zumindest virtuell) Bekannten auswählen und zum parallelen Eins-zu-Eins-Chat einladen kann. Dieses Beispiel zeigt, wie schwierig es ist, funktional flexible Online-Angebote trennscharf voneinander abzugrenzen (vgl. hierzu auch Döring 2003, S. 81f.).

Der textbasierte Chat lässt sich als ein Basiselement ansehen, das als möglicher oder gar notwendiger Bestandteil in komplexere Formen synchroner computervermittelter Kommunikation integriert werden kann. Beispielhaft lässt sich das an den sogenannten **„Multi-User-Dungeons" (MUD)** verdeutlichen: MUDs sind textbasierte virtuelle Interaktionsräume, deren Inventar programmierbar ist und von den Nutzern flexibel gestaltet werden kann (vgl. Krommer 2006c). Ein MUD besteht letztlich aus Beschreibungen („Du siehst links ein großes Gebäude, rechts eine alte Eiche"), die dem Nutzer den Eindruck vermitteln, sich in einem vielschichtig ausdifferenzierten Umfeld zu bewegen. Der Chat dient in dieser virtuellen Umgebung als Kommunikationsmittel zwischen den Teilnehmern und kann daher als Kennbestandteil des MUD und als Basiselement einer komplexen Form synchroner computervermittelter Kommunikation gelten. Diese Funktion kann der Chat z.B. auch im Rahmen einer **Videokonferenz** oder eines **grafikbasierten Online-Rollenspiels** erfüllen. Selbst in „Second Life" (http://secondlife.com), einer aktuellen computergenerierten 3-D-Welt, die in besonderer Weise die interaktiven und synästhetischen Potentiale des Internet nutzt und in die Schlagzeilen geriet, weil große Wirtschaftsunternehmen dort virtuelle Filialen gründeten, wird in der Regel nicht gesprochen, sondern gechattet.

Wenn im Folgenden die **medientheoretischen Besonderheiten des Chats** beleuchtet werden, bleibt die analytische Perspektive bewusst auf den Text-Chat als Basiselement im oben genannten Sinne begrenzt. Hier zeigt sich das Zusammenwirken der vier Dimensionen des Medienkonzepts von Schmidt besonders deutlich, und hier lassen sich – sensu Sandbothe – die Auswirkungen des Chats (als Medium im engsten Sinne) auf Sprache und Schrift (als Medien im engen Sinne) sehr eindeutig nachweisen (vgl. Kapitel 2).

9.2 Sachanalytische Aspekte

Die Eigenschaften und Funktionen von Sprache und Schrift bzw. der mündlichen und der schriftlichen Sprache lassen sich traditionell sehr klar voneinander abgrenzen: „Bei der schriftlichen Sprache ist der, an den die Sprache gerichtet ist, entweder überhaupt nicht da oder hat mit dem Schreibenden keinen Kontakt. Es ist eine Monolog-Sprache, das Gespräch mit einem weißen Blatt Papier" (Wygotski 1934, S. 224f.). Das geschriebene Wort gilt als öffentlich, emotionslos, reflektiert, geplant und nicht an konkrete Situationen oder Handlungen gebunden. Das gesprochene Wort hingegen dient in erster Linie der dialogischen Kommunikation von Angesicht zu Angesicht und impliziert daher ursprünglich eine durch Emotionalität und Vertrautheit gekennzeichnete Sprache der Nähe (vgl. Koch/Oesterreicher 1994, S. 587f.).

Die klare Trennung zwischen den Sphären der Mündlichkeit (**Oralität**) und Schriftlichkeit (**Literalität**) wird jedoch unter den Bedingungen computervermittelter Kommunikation aufgehoben, denn im Chat richtet sich die Schrift nicht länger monologisch an ein weißes Blatt Papier, sondern wird dialogisch zur synchronen Interaktion mit (mindestens) einem Kommunikationspartner genutzt. Die schriftlichen Äußerungen im Chat sind durch eine „Orientierung [...] an Strukturen und Organisationsmustern informeller gesprochener Sprache" (Androutsopoulos 2007, S. 81) gekennzeichnet. Schmitz (2006) spricht von einer sekundären Schriftlichkeit, die Aspekte mündlicher Kommunikation integriert bzw. „mit medienmöglichen Mitteln nach[ahmt]" (Schmitz 2006, S. 192). Durch diese „Verschriftlichung der Sprache" (vgl. Sandbothe 1997b) entsteht die neue Kategorie der **„Oraliteralität"** als Mischform aus Oralität und Literalität (vgl. Döring 2003, S. 184).

Die Besonderheiten oraliteraler Kommunikationsformen werden häufig auf der Grundlage eines Modells beschrieben, das paradoxerweise „noch vor dem Siegeszug der Neuen Medien konzipiert wurde und diese nicht einmal am Rande berücksichtigt" (Androutsopoulos 2007, S. 79) und das inzwischen in seiner Anwendung auf schriftbasierte Netzkommunikation nicht mehr unumstritten ist (vgl. z.B. Dürscheid 2003, 2004; Androutsopoulos 2007). Gemeint ist der Ansatz von Koch und Oesterreicher (1985, 1994), in dem zwischen **medialer** und **konzeptioneller Mündlichkeit** bzw. **Schriftlichkeit** differenziert wird: Äußerungsformen werden medial *entweder* mündlich (wie z.B. eine Rede oder ein Telefonat) *oder* schriftlich (wie z.B. ein Zeitungstext oder ein Brief) realisiert. Die konzeptionelle Dimension einer Äußerungsform bezieht sich hingegen auf den Gesprächduktus und die gewählte Ausdrucksweise (z.B. Hochsprache vs. Umgangssprache). Hier bezeichnen die Begriffe „mündlich" und „schriftlich" kein Entweder-oder, sondern Endpunkte einer kontinuierlichen Skala: So steht ein Privatbrief der konzeptionellen Mündlichkeit näher als ein wissenschaftlicher Text, und ein Gespräch unter Freunden liegt weiter von der konzeptionellen Schriftlichkeit entfernt als eine politische Rede (vgl. Koch/Oesterreicher 1994, S. 587f.). Mithilfe dieser Kategorien lässt sich der oraliterale Chat als eine Äußerungsform charakterisieren, die medial schriftlich realisiert ist, konzeptionell jedoch der Mündlichkeit sehr nahe steht.

9. Die neuen Symmedien Computer und Internet

Die mediale Schriftlichkeit verändert im dialogischen Chat die aus der mündlichen Kommunikation bekannten Gesprächsstrukturen: Denn da die einzelnen Chat-Beiträge in der Reihenfolge auf dem Bildschirm erscheinen, in der sie beim Server eintreffen, müssen Äußerungen, die unmittelbar hintereinander auf dem Bildschirm zu lesen sind, nicht unbedingt inhaltlich aufeinander bezogen sein. Vielmehr wird die Wahrscheinlichkeit, dass thematisch verbundene Chat-Sequenzen durch andere Redebeiträge unterbrochen werden, mit steigender Teilnehmerzahl immer größer. Im Gegensatz zur mündlichen Kommunikation, in der Wortbeiträge flüchtig sind („verba volant"), stellt die Schriftlichkeit des Chats Mitteilungen jedoch auf Dauer („scripta manent"), so dass auch ältere Redebeiträge verfügbar bleiben. Im Chat kann man sich daher problemlos an mehreren Diskussionssträngen gleichzeitig beteiligen oder sogar simultan in unterschiedlichen Chaträumen diskutieren.

Dass schriftbasierte Netzkommunikation mündlich-dialogisch funktioniert, hat auch weitreichende Auswirkungen auf die **Sprache des Chats**. Denn nach traditioneller Auffassung setzt ein Dialog „stets die Wahrnehmung des Gesprächspartners, seiner Mimik, seiner Gesten und der Intonationsseite der Sprache voraus" (Wygotski 1934, S. 335). Mimik, Gestik und die Intonationsseite der Sprache gehören zum analogen Beziehungsaspekt einer Äußerung, der in Bezug auf den digitalen Inhaltsaspekt stets den Charakter einer qualifizierenden Meta-Botschaft besitzt (vgl. Watzlawick/Beavin/Jackson 1985, S. 53ff.): Ob eine Äußerung lediglich als ironischer Seitenhieb oder als verletzende Beleidigung aufzufassen ist, ergibt sich in der typischen *face-to-face* Kommunikation zumeist aus der Beobachtung des Gesprächspartners, die in rein textbasierten Chats jedoch nicht möglich ist. Gerade ein Novize wird wahrscheinlich keine sinn- und gehaltvollen Gesprächssequenzen, sondern eher einen wilden und wirren Zeichenstrom wahrnehmen, wenn er zum ersten Mal einen gut frequentierten Chat-Raum betritt, in dem sich mehrere Nutzer gleichzeitig per Tastatur unterhalten. Und selbst dann, wenn man diesen dynamischen Zeichenfluss gleichsam „einfriert" und als statisches Text-Protokoll verfügbar macht, bleibt die Komplexität „getippter Gespräche" (vgl. Storrer 2002) – zumindest für einen Neuling – beträchtlich, wie das folgende Beispiel zeigt:

1 <[Holunder]> Fred007, hui, klingt ja GANZ neu =) ;-)
2 <garfield> die körperfresser kommen
3 <[Holunder]> garf =)
4 <Wolf> *kau*
5 <Wolf> garffried!
6 <[Holunder]> Fred007, haste denn wenixtens absolut gesehn?
7 <garfield> hey gescheinse ;-)
8 <garfield> huuuhuuuuuuuuuu wolphiger
9 <Fred007> [Holunder]: nope
10 <[Holunder]> Fred007, ... da binsch ja fast sprachlos

9.2 Sachanalytische Aspekte

11 <Wolf> nist, schon wieder elf und ich bin muede
12 <Wolf> wenn man malm so schoen freitag abend hat, ist man auch wieder ruck zuck zu muede :(
13 <Fred007> [Holunder]: mir sacht ja nie einer was, und haeltst dich ja schoen dem netz fern!
14 <[Holunder]> Fred007, bin doch werktax im ICQ?
15 <[Holunder]> Fred007, mache ab MO btw. wieder breitband :)
16 <_Trinity_> ICH GEH SCHLAFEN!!!
17 <_Nik_> n8, trinie
18 <Wolf> n8 trinity!
19 Trinity_ has quit IRC
20 <Fred007> [Holunder]: na ich auch.
21 FeDeRiCo89 has joined #berlin
22 <[Holunder]> Fred007, ja ich weiss :)

(Auszug aus einem IRC-Protokoll)

Bereits anhand dieser wenigen Zeilen lassen sich **typische Merkmale der Chat-Sprache** verdeutlichen. Auf der Ebene der Gesprächsstruktur zeigt sich beispielsweise, dass inhaltlich direkt aufeinander bezogene Äußerungen keinesfalls unmittelbar hintereinander stehen müssen: Die Frage in Zeile 6 wird erst in Zeile 9 beantwortet, weil in Zeile 7 und 8 eine andere Gesprächssequenz einsetzt. Aus diesem Grund werden den Beiträgen sehr häufig die Pseudonyme derjenigen vorangestellt, an die sie adressiert sind: „Holunder" richtet sich auf diese Weise stets direkt an „Fred007". Die Äußerung in Zeile 1 wird inhaltlich durch das abschließende, Ironie signalisierende **Emoticon** „;-)" negiert, und „Wolf" bedient sich in Zeile 4 des **Inflektivs** „*kau*", d.h. eines unflektiert-freistehenden Prädikats, um den anderen mitzuteilen, was er gerade tut. Die **graphostilistischen Mittel** umfassen u.a. Buchstabenwiederholungen als Zeichen für Emphase (vgl. Zeile 8), durchgängige Großschreibung als schriftliches Äquivalent des Schreiens (vgl. Zeile 16), den Einsatz **homophoner Grapheme** in Ausdrücken wie „n8" für „Nacht" (vgl. Zeile 17, 18) oder ungewöhnliche, bewusst verfremdete Schreibweisen wie „wenixtens" (Zeile 6) oder „werktax" (Zeile 14). Eine für den Chat typische Abkürzung („btw" für „by the way", Zeile 15) ist ebenfalls zu finden. Die Kurzform „ICQ" in Zeile 14 bezieht sich auf den gleichnamigen Instant Messenger. Dieses Chat-Protokoll verdeutlicht eindrucksvoll, dass sich Sprache unter den Bedingungen computervermittelter Kommunikation verändert. Und wenn es um Veränderungen im Sprachgebrauch geht, scheint die „typische Form, den Wandel der Sprache wahrzunehmen, [...] darin zu bestehen, ihn als Verfall zu erleben" (Keller 2003, S. 23). Es ist daher nicht verwunderlich, dass kritische Sprachpuristen, die bereits bei umgangssprachlichen Phänomenen wie dem Verzicht auf die Inversion in Kausalsätzen („Ich spreche so, weil das klingt besser!") entsetzt aufschreien, im Chat und in SMS-Nachrichten einen eindeutigen Beleg für den **Niedergang der deutschen Sprache** durch den schädlichen Einfluss interaktiver Medien sehen.

211

9. Die neuen Symmedien Computer und Internet

Aus ihrer Sicht genügt ein Blick in ein beliebiges Chat-Protokoll, um zu erkennen, dass die Rechtschreibregeln im anarchischen „Kauderwebsch" (vgl. Benning 1998) des Internets außer Kraft gesetzt werden und dass Chat und SMS neue Tiefpunkte der kontinuierlich **schlechter werdenden Rechtschreibleistungen** markieren. Die Industrie- und Handelskammer Saarbrücken findet angesichts dieser beängstigenden Entwicklung deutliche Worte:

> Nach einmütiger Auffassung der Prüfungsämter und Prüfungsausschüsse sind die [...] von der Schule zu vermittelnden Elementarkenntnisse der Prüflinge in Deutsch [...] im allgemeinen wenig befriedigend, zum Teil sogar ausgesprochen mangelhaft. In dem Elementarfach Deutsch findet dies – wie die schriftlichen Arbeiten zeigen – vor allem seinen Ausdruck in dem schwer lesbaren Schriftbild, in der Ausdrucksform und in der oft bodenlosen Orthographie. Interpunktion scheint es für einen erheblichen Prozentsatz der Prüflinge überhaupt nicht zu geben.

Diese vehemente Klage, die sich harmonisch in das vielstimmige Lamento über die defizitären Rechtschreibkenntnisse der „Netzwerkkinder" (vgl. Steinle/Wippermann 2003) einfügen ließe, stammt jedoch – für viele sicherlich überraschend – aus dem Jahre 1938 (vgl. Ingenkamp 1967, S. 17). Die Befürchtung der Erwachsenen, dass sich die deutsche Sprache in akuter Gefahr befindet, gehörte also bereits zur kulturpessimistischen Grundausstattung, bevor die „Generation @" mit dem Chatten begann (vgl. Brügelmann 2003; Olbrich 1985). Bislang hat sie sich stets als unbegründet erwiesen. Um es an einem weiteren Beispiel pointiert zu verdeutlichen: Wenn der SPIEGEL (28/1984) vor knapp einem Vierteljahrhundert mit der Überschrift „Deutsch: Ächz, Würg. Eine Industrienation verlernt ihre Sprache" tatsächlich Recht gehabt hätte, wäre im Jahre 2006 wohl nicht mehr viel zu retten gewesen, als die Schlagzeile „Rettet dem Deutsch. Die Verlotterung der deutschen Sprache" das Titelblatt zierte.

Einen hartnäckigen Skeptiker wird eine solche historisch-induktive Argumentation jedoch nicht überzeugen. Es mag zwar zutreffen, dass die gesellschaftlichen Reaktionen auf die jeweils neuen Medien einem charakteristischen Muster folgen, in dem kulturpessimistische Vorbehalte eine Art Vorstufe der kritisch-produkt(ions)orientierten Auseinandersetzung mit neuen kulturell-künstlerischen Potenzialen darstellen (vgl. Lecke 2002). Doch was z.B. für das Kino gilt, das sich von einer obskuren Jahrmarktattraktion, der man „schädlichen Einfluß [...] auf Jugendliche und auf Nervöse" attestierte (Hellwig 1914, S. 115), zu einer eigenständigen Kunstform entwickelte (vgl. Vollbrecht 2001, S. 26ff.; Kümmel 2004), muss selbstverständlich nicht automatisch auch für den Chat gelten. Mit Hinweisen auf mediengeschichtliche Entwicklungsmuster kann man die skeptische These, dass der Chat die deutsche Sprache bedroht und die Rechtschreibung untergräbt, daher nicht widerlegen.

Um herauszufinden, ob sich die Praxis des Chattens tatsächlich in der befürchteten Weise auf die Rechtschreibleistungen auswirkt, müsste man auf generationsübergreifende empirische Studien zur schulischen Leistungsentwicklung zurückgreifen können. Brügelmann weist jedoch darauf hin, dass „uns forschungsmethodisch akzeptable Vergleichsdaten fehlen" (2003, S. 72) und dass es prinzipiell

9.2 Sachanalytische Aspekte

schwierig ist, die Rechtschreibleistung eines Schülers aus den 1960er Jahren mit denen eines heutigen Schülers valide ins Verhältnis zu setzen. Wichtige Faktoren wie die sich rasch wandelnden Lebens- und Medienwelten (vgl. Kap. 4.11) und die zum Teil dramatisch gestiegenen gesellschaftlichen Anforderungen an das Lesen und Schreiben müssen berücksichtigt werden, wenn man nicht Gefahr laufen will, Äpfel mit Birnen zu vergleichen (vgl. hierzu Brügelmann 2003, S. 72f.). Überlegungen zu forschungsmethodischen Fragen („Wie vergleicht man Rechtschreibleistungen unterschiedlicher Generationen?") und Hinweise auf kulturpessimistische Topoi (wie die Klage über immer schlechter werdende Rechtschreibleistungen) lassen sich auch für den Deutschunterricht fruchtbar machen. Denn sie stellen einen kritisch-mediengeschichtlichen Kontext her, der sprachliche Veränderungen nicht automatisch als Zeichen des Verfalls erscheinen lässt und der dazu beiträgt, übertriebene Schreckensszenarien vom Untergang der Sprache zu relativieren.

Da viele dieser beschriebenen sprachlichen Besonderheiten auch außerhalb netzbasierter Kommunikation auftreten (man denke etwa an den Gebrauch von Inflektiven in Comics) und da das Internet aus linguistischer Sicht das Medium ist, „das heterogener [ist] als alle Medien zuvor" (Dürscheid 2004, S. 142) trägt die Rede von einer eigenen **„Netzsprache"** bzw. **„Netspeak"** (vgl. Crystal 2001) jedoch „eher zur Verschleierung der tatsächlichen Variabilität von Schreibstilen im Chat bei als zu deren Erhellung" (Androutsopoulos 2007, S. 84).

In einem textbasierten Chat müssen nicht nur die nonverbalen Aspekte der Sprache kompensiert werden, sondern auch weitere soziale Hinweisreize, die „im Alltag einen entscheidenden Einfluss darauf [haben], wie wir eine andere Person auf den ersten Blick einschätzen und ob und wie wir überhaupt mit ihr in Kontakt kommen (wollen)" (Döring 2003, S. 154). Im Chat herrscht zunächst eine Art Informationsvakuum, das mit *schriftlichen* Informationen über Alter, Geschlecht, Aussehen, Aufenthaltsort, sozialen Status etc. gefüllt werden muss, damit man sich ein Bild von seinem virtuellen Gegenüber machen kann. Die **anonymisierende und nivellierende Wirkung** der computervermittelten Schrift ist dabei so groß, dass man sich im Chat nicht einmal sicher sein kann, es tatsächlich mit Menschen zu tun zu haben: Nicht ohne Grund lässt Peter Steiner in einem berühmten Cartoon (vgl. Abb. 58) einen chattenden Hund „On the internet nobody knows you're a dog!" ausrufen, und in vielen Chaträumen tummeln sich seit jeher spezielle Computerprogramme, sogenannte „Chat-Bots", die das menschliche Gesprächsverhalten softwaremäßig so gut simulieren, dass es hin und wieder sogar zu „Flirts mit einem Roboter" (vgl. Turkle 1995, S. 119ff.) kommen kann, wenn die Texte der Chat-Bots als menschliche Äußerungen gedeutet werden.

9. Die neuen Symmedien Computer und Internet

Internet-Chats können als **Laboratorien für die Identitätskonstruktion** (vgl. Turkle 1995, S. 297) genutzt werden, in denen vom möglichst genauen Abbild des „wahren" Ichs, bis zur vollkommen fiktiven Online-Identität, sämtliche experimentellen Selbst-Versuche denkbar sind. Aus kulturpessimistischer Sicht lauert hier die Gefahr, dass sich Menschen hinter der Maske einer Scheinidentität verbergen und im Netz vollkommen enthemmt ihre dunklen Seiten ausleben (vgl. Döring 1997b, S. 379). Doch es gibt auch positive Effekte der Anonymität und Enthemmung: So ist es beispielsweise für einen Menschen, der sich wegen seines Aussehens schämt und der deswegen kaum noch soziale Kontakte sucht, im Chat sehr einfach möglich, „visuelle Besonderheiten zu maskieren

Abb. 58: „On the Internet, nobody knows you're a dog".
Peter Steiners Internet Cartoon
The New Yorker, July 5, 1993, © Peter Steiner/Cartoonbank.com

und somit soziale Interaktionen zu erleben, in denen endlich einmal nicht die stigmatisierte Identität im Zentrum steht" (Döring 1997b, S. 384).

Die metaphorische Rede von einer **Maskierung**, die im Chat möglich wird, weil man sich gleichsam hinter dem getippten Text wie hinter einer Larve verbergen kann, rückt die theatralen Aspekte des schriftbasierten Chats ins Blickfeld, die hier jedoch nur angedeutet werden können (vgl. hierzu vertiefend u.a. Beißwenger 2002; Danet u.a. 1993; Laurel 1991; Sandbothe 1998). Wenn man sich der traditionellen Sichtweise anschließt und von Theater genau dann spricht, „wenn es eine Person A gibt, die X verkörpert, während S zuschaut" (Fischer-Lichte 1983, S. 25), dann ist die Rede von theatralen Aspekten des Internets bzw. von **virtueller Theatralik** (vgl. Frederking/Krommer 2003) jedoch erklärungsbedürftig. Denn in der zitierten Minimaldefinition ist das Wort „verkörpert" entscheidend: Das Theater wird insbesondere durch die Körperlichkeit und physische Präsenz des Schauspielers und des Zuschauers geprägt und als spezifische Form einer „bilateralen ‚face-to-face'(Mensch-Mensch)-Kommunikation" (Uka 2004, S. 359) bezeichnet. In dieser Hinsicht unterscheidet es sich grundlegend von allen elektronischen Medien. Pross zählt das Theater daher zu den primären Medien (vgl. Kapitel 2) und Faulstich (vgl. 2002b, S. 25) spricht vom letzten verbliebenen Menschmedium. In diesem Sinne spielt das Theater als Ort ästhetischer Praxis auch innerhalb der Deutschdidaktik und des Deutschunterrichts seit langem eine bedeutende Rolle (vgl. z.B. Schuster 1994; Waldmann 1996; Scheller 1996, 1997; Kunz 1997; Belgrad 1997; Schülein/Zimmermann 1998). Wenn Körperlichkeit jedoch

9.2 Sachanalytische Aspekte

eine Grundvoraussetzung des Theatralen ist, dann scheinen sich die Begriffe ‚Theater' und ‚Internet' zu widersprechen, weil ‚echte' Körperlichkeit in der virtuellen Sphäre des Internets unmöglich ist (vgl. Sack 2000). Danet u.a. (1993, o.S.) bringen es auf den Punkt: „The expression ‚virtual theatre' is, consequently, an oxymoron, bringing together two contradictory elements in a manner which creates an explosion of new meaning." Die neuen Facetten des virtuellen Theaters, die hier angedeutet werden, lassen sich verdeutlichen, wenn man die Funktion der Maske im traditionellen und im virtuellen Theater näher beleuchtet: Masken gelten als „fundamentales Symbol des Theatralen" (Beißwenger 2002, S. 108), weil man hinter einer Maske „eine (reale oder fiktive) Figur [verkörpert], die man selbst nicht ist, und [...] damit einem (selbst- oder fremdentworfenen) Figurenkonzept Ausdruck [verleiht]" (Beißwenger 2002, S. 107). So wurde insbesondere die Rolle des Schauspielers in der griechischen Antike maßgeblich durch eine Gesichtsmaske bestimmt, durch die seine Worte hindurchtönten und die man daher als **Persona** (von *personare* = „durchtönen") bezeichnete. Auf der virtuellen Bühne eines Chat-Raums definiert sich die Rolle des Schauspielers hingegen nicht mehr durch das gesprochene, sondern durch das geschriebene Wort. „Aus der oralen *Persona*, der Gesichtsmaske des körperlich und wortsprachlich agierenden Schauspielers, wird das **Personascript**, die Textmaske des virtuell und schriftsprachlich handelnden Rollenspielers im Chat" (Frederking/Krommer 2003, S. 34). „Sein heißt geschrieben sein" lautet daher eine Grundregel des textbasierten Chats und der dort realisierbaren **virtuellen Rollenspiele**, die „gerade wegen des Fehlens körperlicher Präsenz individuelle und soziale Erfahrungsmöglichkeiten einer ganz neuen Art eröffnen. Denn die virtuellen Rollen-, Szene- bzw. Theaterspiel-Teilnehmer(innen) betreten Handlungsräume, die frei von ihrem physisch verankerten Selbst bzw. Selbstausdruck zum Experimentieren mit Rollenmustern einladen" (Berghoff/Frederking 1999b, S. 100).

An dieser Stelle sei abschließend nur kurz darauf hingewiesen, dass die theatralen Aspekte des Computers als universeller Simulationsmaschine weit über virtuelle Rollenspiele hinausgehen. So hat Brenda Laurel in ihrem visionären Buch **„Computers as Theatre"** bereits Anfang der 1990er-Jahre für die These argumentiert, dass Computer nicht in erster Linie interessant sind, weil sie komplizierte Berechnungen durchführen können, sondern weil sich mit ihrer Hilfe Handlungen repräsentieren lassen, in die der Mensch eingreifen kann (vgl. Laurel 1991, S. 1). Das Design einer grafischen Benutzeroberfläche vergleicht sie mit der Gestaltung einer Theaterbühne, weil in beiden Fällen Repräsentationen der Welt angestrebt werden *„that are like reality only different"* (Laurel 1991, S. 10. Hervorhebung im Original). Die Technik, die diese Repräsentationen unterstützt bzw. ermöglicht, bleibt sowohl im Theater als auch beim Computer zumeist unsichtbar: „[W]hen a play is ‚working', audience members are simply not aware of the technical aspects at all" (Laurel 1991, S. 15). Entsprechend gilt: Wenn die Illusion der Benutzeroberfläche funktioniert, dann werden wir uns der hochkomplexen Prozesse gar nicht mehr bewusst, die beispielsweise durch das Verschieben einer Datei in den Pa-

9. Die neuen Symmedien Computer und Internet

pierkorb oder das Öffnen eines Fensters ausgelöst werden. Selbst den metaphorischen Charakter dieser Beschreibungen („Fenster", „Papierkorb" etc.) nehmen wir zumeist gar nicht mehr wahr, wenn wir uns wie Schauspieler auf der Bühne des Desktops bewegen und in einem Raum virtueller Repräsentationen handeln.

Diese allgemeinen theatralen Aspekte des Computers können hier leider nicht weiter vertieft werden. Wie sich die skizzierten Charakteristika des Chats für den Deutschunterricht fruchtbar machen lassen, wird jedoch in Kapitel 9.4. konkretisiert.

9.2.2 Hypertext(e)

Doch nicht nur im Bereich des schriftsprachlichen Selbstausdrucks und der Kommunikation ergeben sich durch Computer bzw. Internet signifikante Veränderungen. Auch im Bereich der Literatur sind grundlegende Wandlungen feststellbar, die durch die neuen Digitalmedien bedingt sind und für den Deutschunterricht eine erhebliche Bedeutung besitzen. Zu denken ist hier vor allem an medienspezifische Formen der Literaturrezeption, Literaturpräsentation bzw. Literaturproduktion im Kontext neuer Medien, sei es durch **Literatur-CD-ROMs, E-Books, Hypertexte oder Internetliteratur**. Beachtung verdient aber auch die besonders an Webseiten zu beobachtende Veränderung der Sprachverwendung zu multimedialen Gesamttexten, in denen schriftbasierte Dokumente mit Bild-, Ton-, Film- und animierten Multimedia-Dokumenten in einer kognitiv wie assoziativ fundierten semantischen Verweisstruktur verbunden sein können (vgl. Schmitz 2003; Frederking 2006d, 2006e). Viele Seiten im Internet zeichnen sich in diesem Sinne durch eine synästhetische Qualität aus, insofern alle Wahrnehmungs- bzw. Erkenntnisdimensionen angesprochen werden – das Lesen von Texten, das Sehen von Bildern, das Hören von auditiven Texten, das Hören, Sehen und Lesen von audiovisuellen Filmtexten etc. Dass Computer und Internet synästhetische Medien sind, hat als erster Michael Giesecke formuliert, als er die „Überwindung der Isolierung der Sinne" und die „Entwicklung einer neuen, integrativen Erkenntnistheorie" (Giesecke 1991, S. 655) mit den neuen Digitalmedien in Verbindung brachte. Christiane Heibach hat ganz ähnlich argumentiert und **‚synästhetische Multimedialität'** (2000, S. 258) als wesentliches Charakteristikum von Netzliteratur bezeichnet, insofern diese oftmals „Formen der Text-, Bild- und Tondarstellung und -kombination" (2000, S. 259) zum Einsatz bringt. Volker Frederking hat Synästhetik als „die durch einen künstlerischen Gegenstand ausgelöste bzw. in diesem verarbeitete Mehrfachkodierung der Wahrnehmung bzw. Aktivierung verschiedener Wahrnehmungskanäle im Prozess der Rezeption bzw. Produktion" definiert und diese in besonderer Weise als Charakteristikum der audiovisuellen Medien und des **Computers als Symmedium** (2006b, 212) verstanden. In diesem Sinn kann von computer- bzw. netzgestützten synästhetischen Gesamtkunstwerken gesprochen werden, für die Paul Harrison (1997) oder Thorsten Schumm (2005) schöne Beispiele im Netz präsentiert, und Roberto Simanowski (2002) oder Michael Goltz (2000) erhellende theoretische Analysen geliefert haben.

9.2 Sachanalytische Aspekte

Wesentliche Grundlage der Synästhetik multimedialer Gesamttexte ist die Hypertextualität. Der Begriff und das Konzept des Hypertextes sind untrennbar mit **Vannevar Bush** und **Ted Nelson** verknüpft. Bush, der als Direktor des „Office of Scientific Research and Development" das „Manhattan Project" koordiniert hatte, veröffentlichte im Jahre 1945 einen Aufsatz mit dem Titel *As we may think*. In diesem Text imaginiert er u.a. einen neuen Mikrofilm, mit dessen Hilfe sich die komplette *Encyclopædia Britannica* auf die Größe einer Streichholzschachtel reduzieren ließe, und eine mechanische „Supersecretary of the coming age" (ebd., S. 41), die als interaktive Diktiermaschine per Spracheingabe gesteuert werden könnte. Zu den Klassikern der Mediengeschichte zählt Bushs Aufsatz jedoch einzig und allein, weil er die Beschreibung einer revolutionären Maschine namens **„Memex"** (Kurzform für „Memory Extender", Abb. 59) enthält, deren Einfluss auf die Technik- und Geistesgeschichte immens werden sollte:

> A Memex is a device in which an individual stores all his books, records, and communications, and which is mechanized so that it may be consulted with exceeding speed and flexibility. It is an enlarged intimate supplement to his memory (Bush 1945, S. 45).

Doch nicht die Speicherung vielfältiger Informationen in nahezu unbegrenzter Menge oder deren Anzeige auf verschiedenen Bildschirmen ist das entscheidende Merkmal der Memex, sondern die Art und Weise, wie diese Informationen miteinander verknüpft werden können. Denn der Memex-Nutzer ist in Bushs Vision in der Lage, auf der Basis seiner persönlichen Assoziationen beliebige Informationen miteinander dauerhaft zu verbinden:

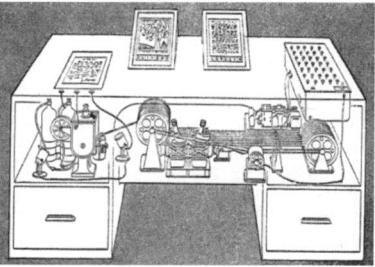

Abb. 59: *Vannevar Bushs „Memex" in Form eines Schreibtisches*
(Bush 1945, S. 44)

> The user taps a single key, and the items are permanently joined. [...] Thereafter, at any time, when one of this items is in view, the other can be instantly recalled merely by tapping a button [...] It is exactly as though the physical items had been gathered together from widely separated sources and bound together to form a new book (Bush 1945, S. 45).

Zwei Jahrzehnte nach Bushs *As we may think* dachte **Ted Nelson** u.a. darüber nach, wie man Wissenschaftler und Schriftsteller beim Schreiben ihrer Manuskripte möglichst effektiv unterstützen könnte. Sein Traum bestand darin, ein Dateisystem zu entwickeln,

> (...) that would have every feature a novelist or absentminded professor could want, holding everything he wanted in just the complicated way he wanted it held, and handling notes and manuscripts in as subtle and complex ways as he wanted them handled (Nelson 1965, S. 134).

Wenn ein Autor z.B. in sehr einfacher Weise auf verschiedene Notizen, frühere Entwürfe, unterschiedliche Überarbeitungsstadien, Quellen, Kommentare, Zitate, Skizzen, einzelne Kapitel etc. zugreifen könnte, dann – so Nelsons Überlegung – könnte es für ihn leichter werden, die endgültige Fassung eines Manuskripts zu erstellen.

9. Die neuen Symmedien Computer und Internet

Und hier kommt nun die Memex wieder ins Spiel, denn Nelson weist explizit darauf hin, dass Bushs visionärer Assoziations-Schreibtisch die genannten komplexen Funktionen theoretisch übernehmen könnte und dass Computer inzwischen die technische Grundlage für ein Memex-System bilden könnten: „The hardware is ready" (Nelson 1965/2003, S. 136). Doch die Hardware alleine genügt nicht:

> [N]o programs, no file software are standing ready to do the intricate filing job (keeping track of associate trails and other structures) that the active scientist or thinker wants and needs (Nelson 1965, S. 136).

Nelson versucht, diese Software-Lücke auf der Basis eines komplexen Dateisystems namens „ELF" (Evolutionary List File) zu schließen und mit den Mitteln des Computers die komplexe assoziative Verknüpfung unterschiedlichster Daten zu realisieren, die papierbasierte Ordnungs- und Präsentationssysteme nicht leisten können. Im Rahmen dieser Überlegungen gelangt er dann schließlich zu einer ersten Bestimmung des Begriffes **„Hypertext"**:

> Let me introduce the word ‚hypertext' to mean a body of written or pictorial material interconnected in such a complex way that it could not conveniently be presented or represented on paper (Nelson 1965, S. 144).

In einem Hypertext-Geflecht werden einzelne Segmente durch sogenannte **„Links"** bzw. **„Hyperlinks"** miteinander verknüpft:

> A link is simply a connection between parts of text or other material. [...] Links are made by individuals as pathways for the reader's exploration; thus they are part of the actual document, part of the writing. [...] The link facility [...] permits fully non sequential writing, or hypertext (Nelson 1981, S. 452).

Wenn mithilfe von Hyperlinks nicht nur Printtexte, sondern auch Bilder, Tondokumente, Videos, Animationen etc. miteinander verwoben werden, d.h. wenn die Hypertext-Einheiten nicht nur textueller Art sind, spricht man auch von **Hypermedia** bzw. **Hypermedialität**.

Nelson wurde für seine Idee, mithilfe eines Hypertext-Systems eine universelle intertextuelle Bibliothek (das „Docuverse") zu realisieren, jahrelang von der Fachwelt regelrecht verspottet (vgl. Heibach 2003a, S. 49). Dass uns heute der Umgang mit vielfältig vernetzten Dokumenten sowie der Zugriff auf umfassende Medienarchive und Datenbanken ganz selbstverständlich vorkommt, liegt vor allem an der maßgeblich auf Tim Berners-Lee zurückgehenden Entwicklung des **WorldWideWebs** (WWW) und einfach zu bedienender **Internet-Browser** (z.B. „Firefox" oder „Internet Explorer"). Grundlage des WWW ist die Seitenbeschreibungssprache **HTML** („Hypertext Markup Language"). HTML-Code ist vom Browser interpretierbar und enthält neben Informationen über den Inhalt einer Internetseite auch strukturelle Anweisungen darüber, wie diese Seite dargestellt, d.h. formatiert werden soll.[2] „Hinter"

---

[2] Prinzipiell ist in Hypertexten eine Trennung zwischen Struktur und Inhalt möglich, d.h. die Struktur von Hyperlinks kann unabhängig von konkreten Inhalten beschrieben werden. Hyperlinks definieren lediglich Verweisstrukturen, die mit unterschiedlichem Inhalt „gefüllt" werden können (vgl. hierzu z.B. Manovich 2001, S. 40f.).

9.2 Sachanalytische Aspekte

der Oberfläche einer Internetseite liegt stets die in der Regel unsichtbare Ebene des HTML-Codes, mit der sich der Internet-User jedoch nicht notwendigerweise auseinandersetzen muss. Auch Laien können daher mithilfe eines Browsers durch komplexe Hypertexte navigieren. Aus Bushs und Nelsons Visionen ist medialer Alltag geworden.

Um die für den Deutschunterricht bedeutsamen Aspekte des Hypertextes gezielt in den Blick nehmen zu können, bietet es sich an, zunächst Nelsons ursprüngliche Begriffsbestimmung (vgl. S. 218) noch einmal zu präzisieren. Ein Hypertext kann dann verstanden werden als eine nichtlineare, mithilfe eines Computers realisierte Struktur, innerhalb deren verschiedene digital vorliegende Medienobjekte (Texte, Töne, Bilder, Videos) durch Hyperlinks miteinander verknüpft werden können. Ergänzen ließe sich noch ein typisches Merkmal der Rezeption von Hypertexten: Denn während der Leser eines ‚herkömmlichen' Textes lediglich einen durch den Autor vorgefertigten eindimensionalen Lesepfad von A nach B zu beschreiten scheint, kann der Leser eines Hypertextes in mehr oder weniger großem Ausmaß selbst bestimmen, welchen Links er folgt. Durch diese Wahlmöglichkeiten erzeugt er in Interaktion mit dem Hypertext individuelle Sinndimensionen, die vom Autor möglicherweise gar nicht vorgezeichnet waren. „Der Autor gibt damit einen Teil seiner Macht an den Leser ab, der Leser wird zum ‚wreader' (der Hybridform aus writer und reader)" (Heibach 2003a, S. 50). Es lassen sich somit **drei wesentliche Merkmale** zur Charakterisierung des Begriffes ‚Hypertext' festhalten: „[E]rstens die *Nichtlinearität* als Struktureigenschaft, zweitens die *Interaktivität* als Rezeptionsmerkmal und drittens der **Computer als technische Voraussetzung** für die Existenz von Hypertexten" (Grube 2005, S. 86, Kursivierung im Original).

Wer diese Kriterien zur Unterscheidung zwischen ‚herkömmlichen' Texten und Hypertexten verwenden will, muss sich jedoch einer Reihe kritischer Gegenargumente erwehren. Ein Einwand lautet, dass streng genommen *alle* Texte linear sein müssen, weil man als Leser auch in hochkomplexen Link-Strukturen stets nur einen einzigen Pfad gleichzeitig verfolgen kann. Im Nachhinein lässt sich daher jeder individuelle Lektüreweg durch einen beliebigen Hypertext mit einem roten, d.h. linearen Faden nachzeichnen. Wer so argumentiert, macht jedoch in Wahrheit keine Aussage über die Struktur des Gelesenen, sondern über den Prozess des Lesens selbst, der sich – wie das gesamte menschliche Dasein – stets zeitlich-sukzessiv vollzieht: „To say that hypertext readings must be linear is just another way of saying that they are temporal" (Aarseth 1997, S. 46).

Anstatt generell zu bezweifeln, dass es nichtlineare Texte gibt, könnte man die These vertreten, dass Nichtlinearität kein brauchbares Unterscheidungskriterium zwischen traditionellen Texten und Hypertexten darstellt. Schließlich lassen sich, „angefangen beim Talmud über die randkommentierten Codices des Mittelalters, Samuel Johnsons Tristram Shandy bis zu James Joyce' Stream of Consciousness" (Heibach 2003a, S. 48), Max Frischs Roman *„Mein Name sei Gantenbein*, Arno Schmidts Roman *Zettels Traum* und Grass' Novelle *Im Krebsgang"*, zahlreiche Bei-

9. Die neuen Symmedien Computer und Internet

spiele aus dem Bereich der Printliteratur finden, in denen nicht mehr die lineare Reihenfolge und die eindimensionale Orientierung an einem Erzählfaden, sondern netzartige Strukturen vorherrschen, z.b. weil – um es mit Musil zu sagen – „alles schon unerzählerisch geworden ist und nicht einem ‚Faden' mehr folgt, sondern sich in einer unendlich verwobenen Fläche ausbreitet" (Musil 1930, S. 650). Aus dieser Perspektive stellt sich nicht erst der Hypertext oder das WorldWideWeb, sondern schon die traditionelle Printliteratur als nichtlineares Netzwerk intertextuell verwobener Bezüge dar. Denn jeder Text „bezieht sich unweigerlich, sei es explizit oder implizit, auf frühere Texte und ist wiederum Basis für zukünftig entstehende Materialien" (Heibach 2003a, S. 48). Interessanterweise hat Ted Nelson, einer der Väter des Hypertextes, Literatur ganz allgemein als ein „system of interconnected writings" (Nelson 1981, S. 445) bezeichnet und damit aus seiner Sicht verdeutlicht, dass **Nichtlinearität** und **Intertextualität** keineswegs Merkmale sind, die ausschließlich Hypertexte charakterisieren.[3] Aarseth (1997, S. 47) hält es geradezu für gefährlich, wenn man versucht, eine „fundamental dichotomy between linear and nonlinear types of media" zu konstruieren.

Kritisch überprüft werden muss auch, ob sich Hypertexte hinsichtlich ihrer **Interaktivität** tatsächlich von linearen Texten unterscheiden. Hier lassen sich zwei Argumente anführen, um die Rede von interaktiven Hypertexten grundsätzlich zu problematisieren: Denn Interaktivität meint bezogen auf den modernen Computer zunächst nur, dass ein Nutzer z.b. über eine Tastatur bestimmte Rechenprozesse in Echtzeit manipulieren kann, während früher auf älteren Computern lediglich Programme abliefen, in die man nicht eingreifen konnte. Interaktivität ist in diesem Sinne ein Wesensmerkmal des modernen, mit einem „Human-Computer-Interface" (HCI) ausgestatteten Computers. So wie jeder Kreis per definitionem rund ist, ist jeder mit einem HCI ausgestattete Computer per definitionem interaktiv. Die Behauptung, dass ein Hypertext am Computer realisiert wird und außerdem durch Interaktivität gekennzeichnet ist, stellt vor diesem Hintergrund schlicht eine Tautologie dar (vgl. hierzu Manovich 2001, S. 55), so als würde man behaupten, dass eine bestimmte geometrische Figur nicht nur ein Kreis, sondern außerdem noch rund sei. Wenn man den Begriff „Interaktivität" in dieser sehr technischen Weise auffasst, verliert das Konzept offensichtlich seinen Wert. Verschärft man jedoch die begrifflichen Anforderungen dahingehend, dass eine Interaktion zwischen A und B nur dann möglich ist, wenn sich A und B wechselseitig verstehen und z.b. gemeinsame Ziele festlegen können, dann muss man – trotz aller Fortschritte auf dem Gebiet der künstlichen Intelligenz – wohl feststellen, dass es immer noch keine wirklich interaktiven Maschinen gibt und dass daher auch der Umgang mit Hypertexten nicht in einem anspruchsvollen Sinne „interaktiv" genannt werden kann. Folgt man den beiden hier skizzierten Argumen-

---

[3] An dieser Stelle wird ganz bewusst auf eine Diskussion des poststrukturalistischen Begriffs der Intertextualität verzichtet. Eine interessierte Leserin möge z.b. bei Heibach (2003a, S. 51–54) nachschlagen, um sich näher zu informieren.

9.2 Sachanalytische Aspekte

tationslinien, ist die These von der Interaktivität von Hypertexten also entweder trivial oder falsch. Man wird sich daher von diesen beiden extremen Lesarten verabschieden müssen, wenn man an seinen Vorurteilen über bestimmte Besonderheiten von Hypertexten im Gegensatz zu herkömmlichen Printtexten festhalten möchte. Veranschaulicht man diese Vorstellungen bildlich, dann ist der Leser eines linearen Textes vergleichbar mit einem Zugreisenden, der zwar die vorbeiziehende Landschaft betrachten oder gar die Notbremse ziehen und aussteigen kann, der aber nicht in der Lage ist, dem Zug eine neue Richtung zu geben. Der Leser eines Hypertextes ist hingegen kein machtlos-passiver Zuschauer, sondern ein aktiver Spieler, der in das Geschehen eingreifen und das Spiel zu seinem Spiel machen kann (vgl. Aarseth 1997, S. 4). Die hier gepriesene Freiheit des aktiven Spielers erweist sich jedoch häufig als trügerischer Schein. Denn da sich der Hypertext-Leser häufig „in einer Welt bewegt, die er nicht kennt, kann er den Links auch keine semantische Funktion zuschreiben; so reduziert sich die angebliche Freiheit schnell auf die rein zufallsgesteuerte Klicktätigkeit mit der Maus" (Heibach 2003a, S. 51). Um dem Phänomen des **„lost in hyperspace"** vorzubeugen, weisen die meisten Hypertexte daher eine **metatextuelle Steuerungsebene** auf, die z.B. aus Menus, Registern, Bookmarks etc. besteht und die es dem Nutzer u.a. ermöglicht, die semantische Funktion eines Links *vor* dem Mausklick abzuschätzen. Doch selbst dann, wenn Links nicht vollkommen blind und zufällig angeklickt, sondern wohlüberlegt ausgewählt werden, ist das nicht automatisch gleichbedeutend mit einer sinnvollen Interaktion. Denn wenn Hyperlinks tatsächlich eine Objektivierung vormals privater Assoziationsprozesse darstellen, reduziert sich die Interaktion mit einem Hypertext im schlimmsten Fall darauf, fremden und vorprogrammierten Assoziationen zu folgen, anstatt selbst nachzudenken: „[W]e are asked to mistake the structure of somebody's else mind for our own. [...] [T]he computer user is asked to follow the mental trajectory of the new media designer" (Manovich 2001, S. 61).

Um die These zu stützen, dass keineswegs nur der Leser eines Hypertextes interaktiv handeln muss bzw. kann, ließe sich z.B. auf die literaturtheoretische Position der Rezeptionsästhetik hinweisen, in deren Rahmen sich ein literarisches Werk als „das Produkt einer Interaktion von Text und Leser" (Iser 1975, S. 229) erweist. Dem (impliziten) Leser wird „ein konstitutiver Anteil an der Textaktualisierung zugeschrieben" (Heibach 2003a, S. 53), weil unter Beachtung textlicher Vorgaben bestimmte Leerstellen füllen und dadurch, wenn auch in recht begrenztem Rahmen, die „Richtung" eines Textes mitbestimmen kann. Er ist, um auf den o.g. Vergleich zurückzukommen, also mehr als nur ein Reisender in einem Zug, dessen Laufweg er nicht verändern kann.

Die hier skizzierten Überlegungen verdeutlichen, dass die Konzepte der Interaktivität und Nichtlinearität, die auf den ersten Blick in ganz besonderer Weise nur den Hypertext auszuzeichnen scheinen, durchaus auch auf traditionelle Texte bezogen werden können. Doch während Nichtlinearität und Interaktivität im Bereich der Printliteratur zumeist auf der Ebene abstrakter Ideen verbleiben, werden

9. Die neuen Symmedien Computer und Internet

diese Konzepte durch den Einsatz des Computers radikalisiert und konkretisiert. Auch intertextuelle Bezüge, die in Printtexten – manchmal nur implizit als Spuren – nachweisbar sind (vgl. oben S. 220), vermag der Hypertext durch die Einbindung digital vorliegender Medienobjekte ganz konkret und explizit zu realisieren. Es gibt beispielsweise Passagen in Günter Grass' Novelle *Im Krebsgang*, in denen auf so viele unterschiedliche Medien (Postkarten, Fotos, das Radio, Telegramme, Romane, Filme, das Internet etc.) Bezug genommen wird (vgl. Hesse/Krommer 2003), dass sich eine hypertextuelle Umsetzung geradezu anbietet: Man verknüpft ein digitales Medienobjekt per Hyperlink mit einer entsprechenden Textpassage und kann dann *tatsächlich* einen Film sehen oder eine Radiosendung hören, während diese Medien im Buch lediglich beschrieben, benannt, erwähnt oder zitiert werden können. Ebenso gilt, dass die Interaktion zwischen Text und Leser unter Hypertextbedingungen nicht mehr nur ein gedanklicher Vorgang oder ein mentales Konstrukt ist, sondern eine konkrete Handlung, ein direktes Eingreifen bzw. Ein-Klicken in die Linkstruktur. Und selbst Skeptiker, die das simple Auswählen und Anklicken von Hyperlinks als ebenso (wenig) interaktiv empfinden wie das Umblättern einer Buchseite, werden spätestens seit der Popularisierung des sogenannten **Web 2.0** Formen netzspezifischer Interaktivität entdecken, die den Hypertext-Leser tatsächlich zu einem (inter)aktiven Spieler bzw. „wreader" (vgl. S. 219) werden lassen. Unter dem Begriff „Web 2.0" lassen sich zahlreiche interaktive und kollaborative Phänomene des Internets zusammenfassen:[4] So wird beispielsweise die Online-Enzyklopädie **Wikipedia** (http://de.wikipedia.org) von den Internetnutzern nicht nur gelesen, sondern auch geschrieben und permanent redaktionell überarbeitet. Möglich wird das, weil keine speziellen Software- bzw. Programmierkenntnisse mehr notwendig sind, um eigene Inhalte ins Netz zu stellen. Persönliche Homepages, die früher oft recht statisch wirkten, werden zunehmend ersetzt durch **Blogs** bzw. **Web-Logs,** die wie ein Online-Tagebuch genutzt werden. Ihre Dynamik erhalten gute Blogs nicht nur durch die regelmäßige Veröffentlichung neuer Texte, sondern vor allem durch die intensiven Interaktionsmöglichkeiten für Leser, die ihre Kommentare zu einzelnen Blog-Einträgen abgeben können und auf diese Weise mit anderen Lesern und dem Initiator des jeweiligen Blogs selbst in Diskussionen eintreten können. Ein hoher Grad an Interaktivität und die konsequente Nutzung von „user generated content" sind typische Merkmale des Web 2.0, die sich am Beispiel des Online-Schreibspiels „Sensation!" (http://sensation.tagesspiegel.de) besonders gut veranschaulichen lassen. „Sensation!" sieht auf den ersten Blick wie eine gewöhnliche Online-Zeitung aus, besteht in Wahrheit jedoch vollständig aus „user generated content": Jeder Besucher der Internetseite kann als Autor aktiv werden und eigene Artikel schreiben, wenn er zuvor Texte seiner Mitspieler bewertet hat. Die besten Artikel werden auf der Titel-

---

4   Was dieser Ausdruck genau meint, ist derart unklar, dass es netzintern inzwischen zahlreiche ironische Auseinandersetzungen mit der Frage „Was ist eigentlich Web 2.0?" gibt. Hier sei exemplarisch auf den „Elektrischen Reporter" (www.elektrischer-reporter.de) verwiesen, der sich in einem Video-Podcast regelmäßig mit diesem Problem auseinandersetzt.

seite veröffentlicht und können dort zusätzlich kommentiert werden. Ein Internetnutzer, der vormals lediglich redaktionell aufbereitete Inhalte einer Online-Zeitung rezipiert hat, wird auf diese Weise im „Mitmach-Web" zum Leser, Autor, Juror und Kommentator in einer Person.

9.2.3 Internetliteratur: Schreiben im Netz und vernetztes Schreiben

Im Anschluss an die Klärung der besonderen Merkmale des Hypertextes soll im Folgenden nun gezielt der Frage nachgegangen werden, welche Auswirkungen Hypertext und Internet auf den Literaturbegriff und das **Verhältnis von Autor, Text und Leser** haben. Denn gerade hier gibt es für den Deutschunterricht viele fruchtbare Anknüpfungspunkte.

Festzuhalten ist zunächst, dass der Begriff ‚Literatur', der hier nicht grundlegend problematisiert werden kann, „in der Literaturwissenschaft nach wie vor in enger Korrelation zu den medialen Eigenschaften des Buches gesehen [wird]" (Heibach 2003b, S. 54). Doch diese Perspektive wird schon problematisch, wenn man versucht, die traditionelle Vorstellung eines abgeschlossenen literarischen Werkes auf Hypertexte (vgl. Kap. 9.2.2) zu übertragen: Denn wenn die Grenzen eines Romans durch zwei Buchdeckel bestimmt werden, was begrenzt dann einen Hypertext? Genügt ein einziger externer Link in die Weiten des WWW, um aus einer Literatur-CD-ROM, der man noch einen gewissen Werkcharakter attestieren könnte, einen Teil des unüberschaubaren Internets zu machen? Sind Hypertexte grenzenlos? Sind Hypertexte überhaupt Texte, wenn man darunter – wie etwa in der Linguistik – „eine begrenzte Folge von sprachlichen Zeichen [versteht], die in sich kohärent ist und die als Ganzes eine erkennbare kommunikative Funktion signalisiert" (Brinker 1988, S. 17)? An diesem Beispiel wird bereits deutlich, dass sich aus der Perspektive einer buchorientierten Literatur- und Sprachwissenschaft künstlerische Phänomene, die durch die Struktur neuer Medien geprägt werden, nicht angemessen in den Blick nehmen lassen. Heibach schlägt daher vor, den Begriff ‚Literatur' durch ‚Sprachkunst' zu ersetzen, sich von einem **buchorientierten Literaturbegriff** zu lösen und die „Monomedialität und Interaktionsarmut des Buchs zu durchbrechen" (Heibach 2003a, S. 25).

Ein einfacher Weg, literarische Texte von ihrer Koppelung an das Buch zu „befreien", besteht darin, sie zu digitalisieren und in einem **Internetarchiv** wie dem *Projekt Gutenberg* (http://gutenberg.spiegel.de/) zur Verfügung zu stellen. Ein literarisch interessierter Internetnutzer kann dann beispielsweise online auf Kafkas *Das Schloss* im Volltext zugreifen. Doch in diesem Fall wird lediglich fiktionale Literatur, die keinerlei internet-spezifische Ästhetik aufweist, über das Netz verbreitet (vgl. Kepser 1999, S. 285f.; Kepser 2006, S. 269), so dass sich vielleicht von fiktionaler Literatur im Internet, nicht jedoch von Internetliteratur sprechen lässt. Unter dem Begriff **„Schein-Internetliteratur"** subsumiert Kepser (2006, S. 269) Texte, die zwar computerspezifische Ausdrucksmittel verwenden, das Internet jedoch lediglich als Distributionskanal nutzen. Als Beispiele für Schein-Internetlite-

9. Die neuen Symmedien Computer und Internet

ratur in diesem Sinne gelten „Bildschirmgedichte in der Tradition der Visuellen Poesie [...], zufallsprogrammierte Lyrik [...], und vor allem zahlreiche Hyperfictions" (Kepser 2006, S. 269).

Eine genauere Betrachtung verdienen in diesem Zusammenhang die Hyperfictions, die als die traditionellste „Umsetzung narrativer Texte in eine spezifisch elektronische Struktur [gelten]" (Heibach 2003a, S. 49). Michael Joyce veröffentlichte 1987 die erste **Hyperfiction**, d.h. die erste fiktionale Erzählung, die für eine hypertextuelle Darstellung konzipiert war. *Afternoon, a story* erschien auf Diskette und benötigte eine eigens entwickelte Software („Storyspace"). Vor allem die amerikanische Literaturtheorie verband mit dieser Form der Offline-Hyperfiction die Hoffnung auf grundlegende Veränderungen (vgl. hierzu kritisch Heibach 2002, S. 185ff.): Aus dem passiven Rezipienten, der in einem linearen, abgeschlossenen und vollständig vom Autor gestalteten Werk „gefangen" ist, sollte in Hyperfictions der aktive Leser werden, der sich frei in einer offenen, nicht-hierarchischen Textstruktur bewegt, der durch die individuelle Auswahl einzelner Erzählstränge immer neue Textvarianten erzeugt und der in dieser Hinsicht Funktionen erfüllt, die vormals dem Autor vorbehalten waren. Doch dieser hehre theoretische Anspruch konnte von der traditionellen, auf Diskette oder CD-ROM ausgelieferten Offline-Hyperfiction nicht eingelöst werden, weil sie sich zu sehr an der Printliteratur orientierte und beispielsweise Hypertextsegmente lediglich wie digitale Buchseiten gestaltet waren. Auch die Freiheit des Lesers erweist sich als trügerisch, weil letztlich doch nur die Linkstrukturen genutzt werden können, die ein Autor vorgegeben hat,[5] und weil es fraglich ist, welche Freiheit ein Leser besitzt, der sich in einem unüberschaubaren Labyrinth unterschiedlichster Lesarten auf die Suche nach Kohärenz und Sinn begibt und sich „leicht in den multilinearen Textanordnungen verliert, ohne jemals die Struktur der Erzählung zu durchschauen" (Heibach 2002, S. 186). Angesichts dieser Defizite verwundert es nicht, dass sich in den zwei Jahrzehnten des Bestehens der Hyperfiction „kaum Leser, dafür aber umso mehr Wissenschaftler gefunden haben, die sich mit dem Phänomen beschäftigen" (Heibach 2002, S. 186). Heibach zieht daher ein (er)nüchtern(d)es Fazit:

> Mehr Last als Lust also mit dem Konzept des literarischen Hypertextes – da liegt es nahe, sich nach der medialen Angemessenheit solcher digitaler Literatur zu fragen. Intensives Lesen am Bildschirm, mühsame Suche nach Kohärenz und narrativen Strängen scheint nicht unbedingt der digitalen Literatur letzter Schluß zu sein und entspricht schon gar nicht der Struktur des World Wide Web. (Heibach 2002, S. 187f.)

Ganz neue Perspektiven ergeben sich jedoch, wenn man Hypertexte so konzipiert, dass sich ihre spezifische Ästhetik erst dann entfalten kann, wenn ihre Produk-

---

5   Hinzu kommt, dass die o.g. Hypertext-Software „Storyspace" Funktionen beinhaltet, mit denen man z.B. festlegen kann, dass ein Link erst dann aktiv wird, wenn zuvor andere Links bereits genutzt wurden. Auf einer unsichtbar-technischen Ebene wird hier durch den Autor der Hypertext-Struktur die Freiheit des Lesers ebenfalls beschränkt.

9.2 Sachanalytische Aspekte

tion und/oder Rezeption ausschließlich online möglich ist (vgl. auch Kepser 1999, S. 286). Generell lässt sich dann zwischen Schreiben im Netz und vernetztem Schreiben differenzieren (vgl. z.B. Heibach 2002). Unter dem Begriff ‚**Schreiben im Netz**' werden kooperative und partizipative Projekte zusammengefasst, die durch Formen individuellen Schreibens gekennzeichnet sind. **Kooperative Formen** des Schreibens gelten als nicht netzspezifisch, weil Künstler schon immer vielfältige Formen der Zusammenarbeit organisiert haben und es dazu nicht unbedingt des Internets als technisch-kommunikativer Grundlage bedarf.

Partizipative Formen des Schreibens im Netz „beruhen auf einer prinzipiellen Offenheit für die Teilnahme aller" (Heibach 2002, S. 192). Gemeinsam ist den verschiedenen Ausprägungen solcher Projekte, dass die Beiträge stets einzelnen Autoren zugeordnet werden können und dass es ein gewisses Maß an redaktioneller Kontrolle gibt, die u.a. verhindern soll, dass rechtlich problematische Inhalte veröffentlicht werden. Zu den ersten deutschen partizipativen Projekten gehörte *Beim Bäcker* von Claudia Klinger.[6] Eine kurze Geschichte, in der eine Frau beim Einkauf in einer Bäckerei von einem erotischen Abenteuer träumt, findet dort 37 Fortsetzungen von zahlreichen Autoren, die dem ursprünglichen Text zunächst bemerkenswerte und überraschende Wendungen verleihen. Mit zunehmender Entfernung vom Ausgangstext und steigender Autorenzahl verlieren die Storys jedoch ihren Zusammenhang, weil Widersprüche auftreten, Handlungsfäden nicht weitergesponnen werden, die Perspektiven unübersichtlich werden etc. Das Projekt *Beim Bäcker* erweckt den Eindruck, „als wollten die meisten Autoren doch ein individuelles Werk schaffen" (Heibach 2002, S. 192). Eigenständige Texte sind jedoch mit der Idee einer gemeinschaftlichen Textproduktion nur sehr schwer zu vereinbaren. Was die Produktion und die Rezeption sowie den Werkbegriff angeht, verbleiben literarische Mitschreibprojekte in großer Nähe zur Buchkultur. Immerhin erlauben sie es dem Leser aber, leichter in die Rolle eines Autors zu schlüpfen, als dies außerhalb des elektronischen Raumes möglich ist (vgl. Heibach 2003a, S. 172). Einige partizipative Schreibprojekte wie z.B. *Mein Pixel-Ich*[7] oder *Am Pool*[8] sind als Buch veröffentlicht worden, nachdem sie im Netz eine gewisse Popularität erlangt hatten. Das zeigt unter anderem, dass das traditionelle System der Literatur offensichtlich noch sehr großen Einfluss besitzt. Interessant ist in solchen Fällen der Vergleich zwischen der Online- und der Buchversion eines literarischen Netzprojekts, denn hier wird evident, wie schwierig es ist, netzspezifische Eigenarten des Schreibens adäquat in einem Buch wiederzugeben. Die chaotisch-sprunghafte Anordnung der Beiträge in einem Online-Tagebuch, die Spontaneität und die Kontextabhängigkeit, die das Schreiben im Netz kennzeichnen, wurden beispielsweise in der Printfassung des „Pixel-Ichs" (Ortmann/Peter 2001) dadurch gespiegelt, dass „sowohl die Chronologie der Beiträge als auch die

---

6 Vgl. http://claudia-klinger.de/archiv/baecker/index.htm (01.12.2007)
7 http://www.tage-bau.de/ (01.12.2007)
8 Zurzeit im Netz nicht mehr verfügbar.

9. Die neuen Symmedien Computer und Internet

für die Online-Kommunikation typischen Kennzeichnungen (wie z.B. Email-Header [sic!], Emoticons etc.) in den Druck übernommen wurden" (Heibach 2002, S. 193). Das Buch wird hier zum **„Zweitmedium"**, das sich in seiner Ästhetik am Internet orientieren muss und dessen literarische Qualität nicht mehr ausschließlich mit den Maßstäben der Printliteratur gemessen werden kann. Angesichts dieser Sachlage wagt Heibach (2002, S. 194) folgende Prognose:

> Weitergedacht könnte die Nutzung des Internets tatsächlich auch zu einer Modifikation des Schreibens im Medium Buch führen. So wie das Buch die Schreibtechniken im Internet derzeit noch prägt [...] könnten in naher Zukunft netzspezifische Schreibweisen auf die Printliteratur zurückwirken.

Diese Veränderungen und Wechselwirkungen kritisch zu reflektieren, stellt eine weitere didaktische Herausforderung für den Deutschunterricht dar.

Unter dem Begriff **„vernetztes Schreiben"** fasst man kollaborative und kommunikative Projekte zusammen, bei denen vor allem der Werkbegriff und die Rolle des Autors/Lesers im Vergleich zur Buchkultur gravierende Veränderungen erfahren. Eines der bekanntesten **kollaborativen Projekte** ist Douglas Davis' *The World's First Collaborative Sentence*, das 1994 gestartet wurde und immer noch im Netz verfügbar ist[9]. In den Erläuterungen dazu, wie man sich an der Fortschreibung des ersten und inzwischen sehr langen kollaborativen Satzes beteiligen kann, heißt es:

> WRITE, PERFORM, OR SING ANYTHING YOU WISH TO ADD IN WHATEVER LANGUAGE YOU LOVE TO THIS COLLABORATIVE WORK, JOINING HANDS AND MINDS WITH YOUR SISTERS AND BROTHERS OF WHATEVER RACE, REGION, OR BELIEF ANYWHERE IN THE WORLD...[10]

Beiträge können unmittelbar auf einer Internet-Seite eingegeben, per E-Mail und Briefpost geschickt oder auch auf eine Mailbox gesprochen werden. Sie werden dann entsprechend digitalisiert und ins Netz gestellt. Schließlich kann man sich auch per Fax für ein persönliches Treffen mit den Initiatoren des Projekts anmelden und dann seine Vorschläge für die Fortsetzung des kollaborativen Satzes vorbringen. Kurz: Das Projekt öffnet sich nicht nur für alle Menschen, sondern auch für alle Medien. Es ist wenig überraschend, dass auf dieser Basis kein sinnvoller Gesamttext entsteht, sondern ein chaotisch-multilinguales Gemenge aus allen möglichen Textsorten und –fragmenten, das von der stupiden Aneinanderreihung einzelner Buchstaben über Metakommentare zum Projekt („now, of course, we can make links") bis hin zu Beschimpfungen, Grüßen, Links auf externe Seiten, literarischen Texten etc. reicht. Die völlige Freiheit und die Strukturlosigkeit kollaborativer Projekte, die typischerweise auf jede redaktionelle Kontrolle verzichten, führt in der Regel dazu, dass die Texte schlicht unlesbar werden, wie der folgende, recht zufällig ausgewählte Auszug aus Davis' Kollaborativ-Satz-Projekt zeigt:

---

9 Vgl. http://artport.whitney.org/collection/davis/Sentence/sentence1.html (01.12.2007, durchgehende Großschreibung im Original)
10 http://artport.whitney.org/collection/davis/writesentence.html (01.12.2007)

9.2 Sachanalytische Aspekte

calcium disodium edta, brominated vegitable oil, and the most disguting thing of all, backwash, so dont give me any of that or i'll just ^v^v^v^v^v^v^v^v^v^v^v^ and so <*><*><*><*><*><*><*> Adhogamhe is awful he picks his nose and eats it de mi tierra bella, de mi tierra santa, oigo este grito de los tambores y los timbales al encumbanchar

The World's First Collaborative Sentence vereint in mustergültiger Weise die **Merkmale kollaborativ-vernetzten Schreibens**, denn das Projekt ist

> (...) theoretisch niemals vollendet, ständig in Veränderung begriffen, zumindest teilweise kommunikativ und keinen Einzelautoren zuordenbar – also weder werk- noch autorenorientiert, sondern schlicht prozessual, dynamisch und unabgeschlossen. (Heibach 2002, S. 196)

In der am Buch orientierten Literaturwissenschaft wird die metaphorische These vom Verschwinden oder gar vom **Tod des Autors** sehr kontrovers diskutiert (vgl. Jannidis u.a. 1999). Doch immerhin kennt die Buchkultur seit dem Sturm und Drang den Autor als einmaliges Individuum, das man literaturtheoretisch wahlweise für seine Werke verantwortlichen machen oder – z.B. im Sinne Roland Barthes' (1968) – kurzerhand durch einen Schnittpunkt von Diskursen ersetzen kann. Im Rahmen kollaborativer Schreibprojekte lässt sich ein solcher Autor jedoch weder finden noch ersetzen, weil die Inhalte gleichsam per definitionem von einem anonymen Kollektiv beigesteuert werden. Allenfalls die Funktion derjenigen, die dem Projekt den Rahmen geben, ließe sich als „**konzeptuelle Autorschaft"** (vgl. Heibach 2002, S. 197) oder als „procedural authorship" (vgl. Murray 1997, S. 185ff.) beschreiben. Dass sich kollaborative Texte, die „ihren Wert aus der globalen Interaktion der Internet-Nutzer, der Spontaneität und Prozessualität [beziehen]" (Heibach 2002, S. 197), nicht nach bekannten literarischen Qualitätskriterien messen lassen, wird sofort deutlich. Heibach fordert daher, dass die Literaturtheorie „neue Einordnungs- und letztlich auch Beurteilungskriterien in ihren ästhetischen Katalog integrieren bzw. ein weiteres, am neuen Medium orientiertes ästhetisches Konzept entwerfen [muss]" (Heibach 2002, S. 198). Auch hier sind die Spannungen zwischen der Buchkultur und neuen Formen vernetzten Schreibens sehr deutlich wahrnehmbar.

Unter den Begriff des vernetzten Schreibens fallen auch **kommunikative Projekte**, die synchrone Interaktionsmöglichkeiten im Netz künstlerisch nutzen. Formen virtueller Theatralik in Chat-Rooms oder MUDs (vgl. Kapitel 9.2.1) lassen sich durchaus zu den ersten Ausprägungen dieser spezifischen Variante des vernetzten Schreibens zählen. Hier werden die wesentlichen Veränderungen der Kulturtechnik des Schreibens durch das Internet noch einmal sehr deutlich: Die traditionelle Trias Autor-Text-Leser wird aufgebrochen, aus dem Leser wird im Chat ein lesender Autor und schreibender Leser, und anstatt des abgeschlossenen Werkes steht ein dynamischer Entstehungsprozess im Mittelpunkt. Kommunikative Projekte beruhen „auf unmittelbaren Rückkopplungsmöglichkeiten, die ein Novum für die Entstehung von Literatur und Kunst darstellen" (Heibach 2003a, S. 189). Hier lässt sich eine aufschlussreiche medienhistorische Parallele nachzeichnen: Michael Giesecke hat gezeigt, dass kurz nach der Erfindung des Buchdrucks das Problem entstand, im neuen, rückkopplungsarmen Medium des gedruckten Buches Informationen zu vermitteln. War man es jahrhundertelang gewohnt, dass Wissen „mit dem Mechanismus von Nachfrage und Antwort ausgehandelt werden kann" (Giesecke 1998, S. 90), so musste ein Buchautor nun den Erfahrungsraum des potenziellen Lesers bereits vorab möglichst genau einschätzen und seinen Text dementsprechend organisieren. Viele Autoren waren mit dieser Aufgabe offensichtlich überfordert, so dass sie in ihrer Fachprosa auf geschriebene Dialoge zurückgriffen und im Buch die gewohnte Situation des gesprochenen Wortes wiederherzustellen versuchten. Im Internet stehen wir heute vor einem vergleichbaren Problem:

> Es wird die Aufgabe sein, rückkopplungsintensive Wissens- und auch Literaturproduktion für andere, nicht am Kommunikationsprozess Beteiligte lesbar und transparent zu machen. (Heibach 2003a, S. 189)

Rein textbasierte künstlerische Chats lassen sich zwar in Form von Protokollen für nicht direkt Beteiligte verfügbar machen, angesichts der Komplexität von oraliteralen Dialogen (vgl. Kap. 9.2.1) ist es jedoch fraglich, ob sie tatsächlich auch für Außenstehende verstehbar bzw. nachvollziehbar sind. Möglicherweise sind wir angesichts der literarischen Optionen, die sich plötzlich in rückkopplungsintensiven, d.h. interaktiven Medien bieten, ähnlich überfordert wie der Autor des frühen 16. Jahrhunderts. Das würde zumindest erklären, warum die künstlerischen Potenziale des Chats oder der virtuellen Theatralik (auch in der Schule) so selten genutzt werden.

9.3 Didaktisch-methodische Ansatzpunkte

9.3.1 Geschichte und Status quo der Computernutzung im Deutschunterricht

Dass sich durch den Siegeszug von Computer und Internet neue Herausforderungen für die Schule im Allgemeinen und den Deutschunterricht im Besonderen ergeben, ist eine Erkenntnis, die Anfang der achtziger Jahren erstmals in das Bewusstsein eines kleinen Kreises von Pädagogen (vgl. z.B. Brügelmann 1984) bzw. Deutschdidaktikern (Kübler 1981; Schanze 1983; Bremerich-Vos 1983) gerückt ist. Eine Breitenwirkung ging von diesen ersten Auseinandersetzungen mit den Chancen und Risiken der Computertechnologie für den Sprach- bzw. Literaturunterricht allerdings noch nicht aus. Ähnliches gilt für die von der Bund-Länder-Kommission 1984 als Kernbestandteil schulischer Ausbildung beschlossene ‚Informationstechnische Bildung' (ITB), die 1987 in ihrem Aufgabenbereich noch einmal präzisiert wurde (vgl. Berndt 1997). Auch diese medienpädagogische Initialzündung, die nicht zuletzt durch Klaus Haefners Diagnose, dass sich die deutsche Schulwirklichkeit im internationalen Vergleich durch erhebliche informationstechnische Defizite auszeichne (Haefner 1982), ausgelöst worden war, fand innerhalb der Deutschdidaktik zunächst nur eine eingeschränkte Resonanz (vgl. z.B. Huber-Thoma 1986; Wichert 1988). Dieser Sachverhalt muss im Rückblick umso

9.3 Didaktisch-methodische Ansatzpunkte

mehr erstaunen, als die zur Realisierung der ITB in den Mittelpunkt rückende ‚Informationstechnische Grundbildung' (ITG) nicht einem eigenen Fach, sondern innerhalb des bestehenden Fächerkanons sogenannten ‚Leitfächern' übertragen wurde. Dabei war dem Fach ‚Deutsch' eine exponierte Rolle zugedacht worden (vgl. Leuffen/Tulodziecki 1996; Berndt 1997).

Gleichwohl setzte innerhalb der Deutschdidaktik erst mit Beginn der neunziger Jahre eine breitere Diskussion über Möglichkeiten und Probleme einer **fachspezifischen Nutzung des Computers im Deutschunterricht** ein. Durch den Siegeszug des Internet hat dieser Prozess noch einmal an Dynamik und Breitenwirkung gewonnen (Kepser 1999, S. 3f.), ohne dass dies in der Schule bzw. im Deutschunterricht bereits hinreichende Berücksichtigung gefunden hätte.

Alarmierend sind in dieser Hinsicht aktuelle statistische Erhebungen. So zeigen OECD-Daten zur Verfügbarkeit und Nutzung von Computern im schulischen und häuslichen Bereich (vgl. Abb. 60 und 61; vgl. Frederking 2005c, S. 131; OECD 2002, S. 331 und 338f.; vgl. auch Wirth/Klieme 2003, S. 203), dass Deutschland bei der **schulischen Verfügbarkeit von Computern** hinter Russland und vor Brasilien den vorletzten und in Bezug auf die schulische Nutzung hinter Russland und vor Mexiko und Brasilien den drittletzten Platz belegt.

Noch katastrophaler sind die Zahlen bei **PISA 2003**: Hier landet Deutschland bei der schulischen Computernutzung sogar auf dem letzten Platz (vgl. Senkbei/ Drechsel 2004, S. 181ff.). Entsprechend heißt es auch in der PISA 2003-Studie: „In den Schulen müßten den Jugendlichen [...] in sehr viel stärkerem Umfang als bisher sinnvolle Nutzungsmöglichkeiten neuer Medien nahe gebracht und die entsprechenden computerbezogenen Kenntnisse und Lernstrategien vermittelt werden" (Senkbeil/Drechsel 2004, S. 189).

Dass hier der Deutschunterricht besonderen Nachholbedarf hat, verdeutlicht eine im Jahre 2007 von ‚forsa' durchgeführte repräsentative Umfrage unter 1001 deutschen Schüler(inne)n zwischen 14 und 20 Jahren zur schulischen Computernutzung. Nur 14% der befragten Schüler(innen) haben angegeben, im Fach Deutsch häufiger mit dem PC zu arbeiten, 79% hingegen haben bislang eher selten eine Nutzung im Deutschunterricht erlebt (Abb. 62). Dieser Sachverhalt ist insofern bedenklich, weil die sich darin manifestierende **Technik- bzw. PC-Skepsis der Deutschlehrer(innen)** in diametralem Widerspruch zu den Mediennutzungsgewohnheiten der Schüler(innen) steht (vgl. dazu die Statistik in Kap. 5.2.3).

229

9. Die neuen Symmedien Computer und Internet

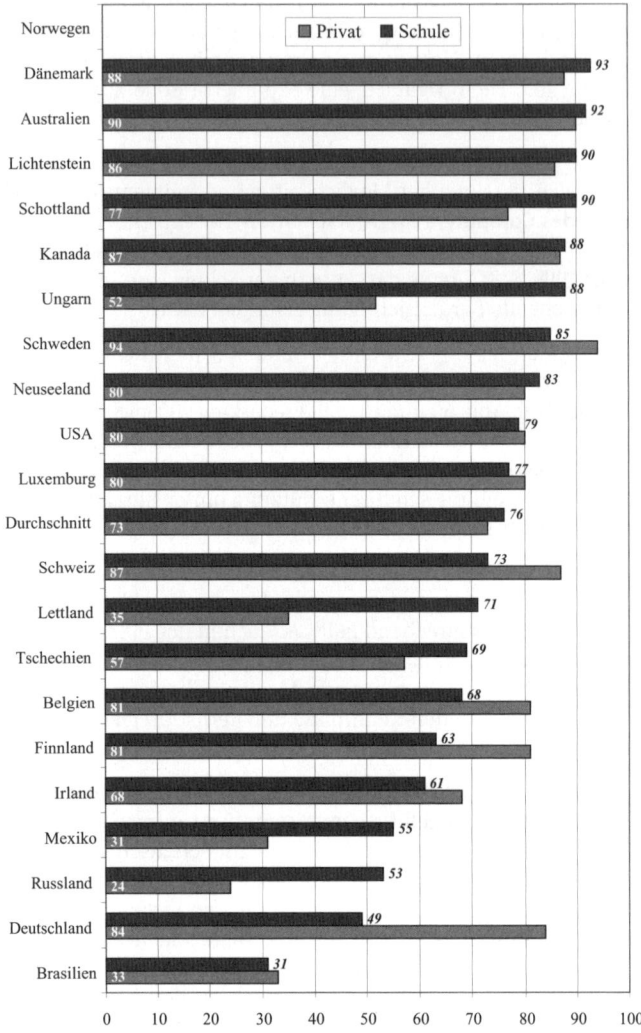

Abb. 60: Verfügbarkeit von Computern (täglich, wöchentlich bzw. zumindest monatlich) für 15-Jährige zu Hause und in der Schule in Prozent (Frederking 2005c, 132; Grafik erstellt nach Daten in: OECD 2002: 338)

9.3 Didaktisch-methodische Ansatzpunkte

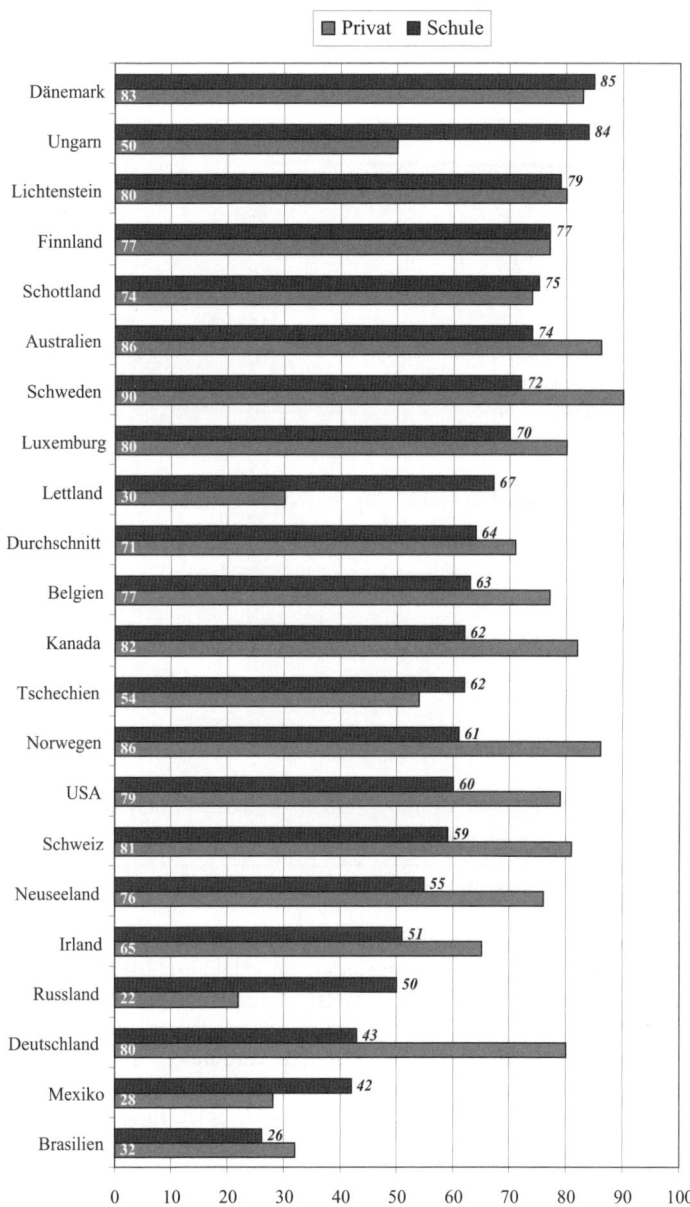

Abb. 61: Nutzung von Computern (täglich, wöchentlich bzw. zumindest monatlich) durch 15-Jährige zu Hause und in der Schule in Prozent (Frederking 2005c, 133; Grafik erstellt nach Daten in: OECD 2002: 339)

231

9. Die neuen Symmedien Computer und Internet

Arbeit am Computer im Unterricht – nach Schulfächern

Es arbeiten in folgenden Fächern
mit dem Computer

	eher häufig %	eher selten *) %
Informatik	68	17
Wirtschaft	20	66
Physik	19	71
Mathematik	18	74
Geografie/ Erdkunde	18	69
Fremdsprachen	16	77
Geschichte	16	74
Deutsch	14	79
Gemeinschaftskunde	10	67
Chemie	7	82
Biologie	7	81
Musik	6	78
Ethik	6	61
Kunst	5	82
Religion	5	81
Sport	1	86

*) an 100 Prozent fehlende Angaben = „weiß nicht"/ „keine Angabe"

Basis: Schüler, die nicht angeben, dass sie dieses Fach nicht belegt haben

Abb. 62: *Nutzung von Computern im Fachunterricht.* Eigene Darstellung

Dabei steht gerade der Deutschunterricht in besonderer Weise in der Verantwortung, weil sich seine fachlichen Gegenstände – Sprache und Literatur - durch die neuen Digitalmedien in grundlegender Weise verändert haben bzw. verändern, wie Kapitel 9.2 gezeigt hat. Gleichzeitig sind mit den Symmedien Computer und Internet fachspezifische Nutzungsmöglichkeiten verbunden, die das Spektrum unterrichtlicher Lernprozesse sinnvoll erweitern und das Interesse an den fachlichen Gegenständen gerade bei den für ihre Technikbegeisterung bekannten Jungen (vgl. dazu Kap. 5.2.4) vergrößern können, wie nachfolgend differenzierter erläutert werden soll.

9.3 Didaktisch-methodische Ansatzpunkte

9.3.2 Fachspezifische Einsatzmöglichkeiten der Symmedien Computer und Internet

In beiden zentralen Gegenstandsbereichen des Deutschunterrichts – ‚Sprache' und ‚Literatur' – gibt es signifikante medienspezifische Veränderungen, die eine Integration der neuen **Digitalmedien als Lerngegenstand wie als Lernmedium** zu einer fachlichen Notwendigkeit machen (vgl. Kepser 1999; Frederking 2003; Jonas/ Rose 2002). Allerdings sind die Widerstände unverändert beträchtlich. So wurde die Notwendigkeit des Einsatzes neuer Medien im Deutschunterricht noch Ende der neunziger Jahre mit dem Argument in Zweifel gezogen, dass sie erst „eine verhältnismäßig kurze „Anwendungs- und Reflexionsgeschichte" (Paefgen 1999, S. 156) hätten. Dieser offene Widerstand ignoriert allerdings – wie die noch zahlreicheren unausgesprochenen bzw. nicht publizierten Vorbehalte – die paradigmatische Qualität des mit Computer und Internet verbundenen medialen Wandels (vgl. dazu Kap. 3.4). Damit werden unwissend viele fachspezifische Chancen vergeben, die mit den neuen digitalen Symmedien verbunden sind. Dies gilt insbesondere, weil einige Anzeichen dafür sprechen, dass der Bereich der Schriftlichkeit durch Computer und Internet eine medienspezifische Aufwertung erfährt, die sowohl fachwissenschaftlich als auch fachdidaktisch erhebliche Konsequenzen besitzt. Denn während Medienphilosophen in Anlehnung an Marshall McLuhan noch zu Beginn der neunziger Jahre das Ende der Gutenberg-Galaxis (vgl. Bolz 1993) bzw. das Ende der schriftbasierten Kulturtechniken (vgl. Flusser 1991a) prognostizierten, mehren sich die Anzeichen, dass **Schreib- wie Leseprozesse** und damit die primären Kulturtechniken des printmedialen Zeitalters mit der Computertechnologie eine gesteigerte Bedeutung erlangen (vgl. dazu die Ausführungen zum vernetzten Schreiben in Kap. 9.2.3). Anders als das vor allem auf bewegtem Bild und zugeordnetem Ton basierende Medium Fernsehen geben die neuen Digitalmedien nämlich Lese- und Schreibprozessen in spezifischer Weise Raum. In Erweiterung einer Definition von Jay D. Bolter lassen sich die Symmedien Computer und Internet deshalb „als eine neue Technologie des Schreibens" (Bolter 1997, S. 37) und Lesens verstehen.

Daraus resultieren vielfältige **deutschdidaktische Nutzungsoptionen im Offline- und im Online-Modus**, die seit Ende der neunziger Jahre zunehmend wissenschaftlich aufgearbeitet werden (vgl. z.B. Kepser 1999; Blatt/Hartmann/Voss 2001; Jonas/Rose 2002; Frederking 2002; Gölitzer 2003; Blatt/Hartmann 2004). „Eine fachspezifische Didaktik des E-Learning steht zwar noch aus", wie Volker Frederking (2006c, S. 559) zu Recht festgestellt hat. Dennoch lassen sich in seinem Urteil nach gegenwärtigem Stand sechs mögliche Funktionen der neuen digitalen Symmedien Computer und Internet im Deutschunterricht festmachen, die sich allerdings partiell überschneiden:

9. Die neuen Symmedien Computer und Internet

Didaktisch-methodische Fokussierung	Technisch-mediales Fundament
1. Lernmedium	z.B. Lern- bzw. Übungssoftware
2. Schreibmedium	z.B. Textverarbeitungssoftware
3. Informationsmedium	z.B. Elektronisches Buch; CD-ROM; Internet
4. Kommunikationsmedium	z.B. E-Mail, Mailingliste, Newsforum, Chat, Videokonferenz
5. Kooperationsmedium	z.B. BSCW, LoNet, Content-Management-Systeme
6. Synästhetisches Handlungsmedium	z.B. Webseite; Grafikprogramme; Software

(Frederking 2006c, S. 559)

Die ersten vier Funktionen dieser Übersicht wurden bereits sehr früh als Chancen für den Deutschunterricht ausgewiesen (vgl. Blatt 1996, S. 601ff.; Kepser 1999), die kooperativen und ästhetischen Funktionen der neuen Digitalmedien rücken hingegen erst seit einiger Zeit in den Fokus deutschdidaktischer Theoriebildung (vgl. Berghoff/Frederking 1999b; Jonas/Rose 2002; Krommer 2003; Frederking/Krommer 2003; Frederking 2005a; 2006b; 2006c, S. 559f.). Folgende Möglichkeiten sind mit den einzelnen Funktionen verbunden:

- **Lernmedium**

Als *Lernmedium* findet der Computer vor allem durch den Einsatz fachspezifischer **Lern- bzw. Übungssoftware** für den Sprach- bzw. den Literaturunterricht Anwendung. Im Mittelpunkt der meisten Software-Angebote für den Sprachunterricht steht die gezielte Arbeit an Problembereichen der deutschen Rechtschreibung und Grammatik. Aufsatzdidaktische Software, die Kompetenzen zum Verfassen eigener Texte systematisch schult, bildet noch die Ausnahme. Die Mehrzahl der Angebote richtet sich entweder an Schüler(innen) der Klassen 1–4 bzw. 5–8. Dabei haben die meisten Angebote weniger den Einsatz im Unterricht als die individuelle häusliche Nutzung oder das gemeinsame Lernen in Fördergruppen im Fokus. Das Spektrum reicht vom reinen Lern- und Übungsprogramm bis zu Lern- bzw. Edutainmentangeboten. Der didaktische Nutzen gerade der Lern- und Übungssoftware ist beträchtlich:

> Lernsoftware für den Sprachunterricht hat generell den Vorteil, dass sie das Ergebnis sofort bewertet, Fehler anzeigt und teilweise auch erklärt, Lösungen korrigiert, auf induktivem oder deduktivem Wege Hilfen durch Beispiele oder Regeln erteilt und Lernfortschritte oder -lücken sichtbar macht. Die jeweils erreichten Ergebnisse können gespeichert und damit Ausgangspunkt für weitere Lernprozesse werden. (Jonas 2006, S. 402).

Die **Einsatzmöglichkeiten der Sprachlernsoftware** im Unterricht sind vielfältig. Auf der einen Seite sind kollektive Nutzungsformen didaktisch sinnvoll, in denen die gesamte Lerngruppe gezielt ein Problem- oder Themenfeld bearbeitet, um auf dieser Grundlage in einer anschließenden gemeinsamen Diskussionsphase die ge-

9.3 Didaktisch-methodische Ansatzpunkte

machten Erfahrungen und gewonnenen Erkenntnisse zu reflektieren und zu diskutieren. Auf der anderen Seite kann Sprachlernsoftware für individuelle Lernprozesse genutzt werden, indem jede(r) Schüler(in) seinen Interessen im Bereich Sprache nachgeht oder an individuellen Lernschwächen arbeitet. Allerdings mangelt es in Teilen immer noch an didaktisch anspruchsvoller Software, bei deren Gestaltung konstruktivistische, eigenaktive und selbstregulierte Formen des Lernens leitend gewesen sind (vgl. Jonas/Rose 2002). Dennoch gibt es eine Reihe von empfehlenswerten Angeboten. Zu nennen ist hier z.b. *TIM 7 und der Gesandte der UNO* (2001), eine Sprachlernsoftware für die 5. Klasse, bei der Schreib- und Leseaufgaben in ein ‚Adventure Game', eine abenteuerliche Spielhandlung, eingebettet sind. Für legasthene Kinder stellt *Klex 11* im Erstlernunterricht sowie bei Kindern mit Rechtschreibproblemen ein sehr gutes Angebot dar (vgl. außerdem Josting 2004). In 21 Übungen können Schwächen im Bereich der Rechtschreibung individuell und gezielt angegangen werden. Fortlaufende Rechtschreibtests mit statistischen Auswertungen zu Fehlerschwerpunkten geben Aufschluss über den jeweiligen Lernfortschritt. *Lollipop und die Schlaumäuse* (2006) eröffnet Schüler(inne)n der 1. bis 4. Klasse unter Nutzung einer speziellen Schreiblerntabelle den Zugang zum Lesen und Schreiben, indem an acht verschiedenen Lernorten auf spielerische Weise Aufgaben zu lösen sind, die die phonologische Bewusstheit erhöhen, den Wortschatz erweitern und die Sicherheit beim Lesen und Schreiben stärken. An Schüler(innen) der Sekundarstufe I und II richtet sich das materialreiche und didaktisch sehr innovativ gestaltete Angebot *Texte, Themen und Strukturen – Sprache* (2006).

Lern- bzw. Übungssoftware für den Literaturunterricht enthält Angebote für den Umgang mit Literatur, bei der Primär- und Sekundärtexte mit themenspezifischen Bildern, Audio-Dateien, Filmen, Videoclips, Hyperliteratur etc. in didaktisch reflektierter Form verbunden werden. Die implementierten Lehr-Lern-Prozesse machen dabei den Unterschied zu so genannter ‚Bildungssoftware' (vgl. Baumgartner/Payr 1999, S. 137ff.) aus – Literatur-CD-ROMs, Primärtextsammlungen im Internet, E-Books, Nachschlagewerke etc. Diese kann zwar ebenfalls für unterrichtliche Lehr-Lernprozesse genutzt werden, wurde aber nicht speziell dafür entwickelt. Allerdings ist das Spektrum an Lern- bzw. Übungssoftware für den Literaturunterricht im Vergleich zum Sprachunterricht noch relativ begrenzt. Nur eine kleine Zahl an Angeboten – wie die Reihe *Panorama der deutschen Literatur* (2001) – enthält über die reine Inhaltspräsentation hinaus auch didaktische Modellierungen wie methodische oder sachanalytische Hinweise, Arbeitsanregungen, interaktive Lernarrangements etc. Die weitergehenden technischen und didaktischen Möglichkeiten der neuen digitalen Symmedien, wie sie in so genannten „multimedialen Erfahrungs- und Handlungsräumen" (Berghoff/Frederking 2002) zur Verfügung stehen, werden allerdings gegenwärtig nur in sehr wenigen Lernsoftware-Konzepten für den Literaturunterricht genutzt. Zu nennen sind hier vor allem *Texte.Medien – Literatur des 20. Jahrhunderts* (2001) und *Texte, Themen und Strukturen – interaktiv* (2005). In diesen beiden Angeboten tritt das Leitprin-

9. Die neuen Symmedien Computer und Internet

zip der Konstruktion an die Stelle der Instruktion. Schüler(innen) vollziehen nicht vorgegebene Lernwege nach, sondern entdecken eigene. Dabei ist partiell auch die freie Integration eigener Text-, Bild-, Ton- oder Filmdokumente möglich, was die didaktischen Einsatzmöglichkeiten noch einmal erheblich erweitert (vgl. dazu das praktische Beispiel in Kap. 9.4.6).

- **Schreibmedium**

Zum *Schreibmedium* können die neuen digitalen Symmedien im Offline- und im Online-Modus avancieren. Offline bieten **Textverarbeitungsprogramme** interessante fachspezifisch Anwendungsmöglichkeiten. So erleichtert die Korrektur-, Einfüg-, Gestaltungs- und Speicherfunktion für Schüler(innen) die Bearbeitung von Texten grundlegend. Besonders Formen der Textproduktion – gleich ob sie nun pragmatisch oder fiktional, analytisch-erörternd oder handelnd-produktiv ausgerichtet sind, bieten ein breites Nutzungsspektrum (vgl. Kepser 1999, S. 9ff.). Gerade auch Kinder bzw. Jugendliche mit Schreibschwierigkeiten finden in Textverarbeitungsprogrammen wirkungsvolle Hilfen, weil das Überarbeiten und Verbessern von selbstgeschriebenen Texten mehrfach erfolgen kann und dennoch – anders als beim handschriftlichen Text – immer ein ästhetisch ansprechendes Textdokument ohne erkennbare Überarbeitungsschritte ausgedruckt werden kann. Auch kreative bzw. handelnd-produktive Formen der Textgestaltung – zum Beispiel das Verbinden eines Textes mit Bild-, Ton- oder Filmdokumenten – sind im Rahmen von Textverarbeitungs- oder Präsentationssoftware möglich und können den Deutschunterricht bereichern (vgl. Wichert 1992, 1994; Maxlmoser/Söllinger 1993, S. 45ff.; Wagner 1994, S. 4ff.; Kepser 1999, S. 34ff.).

Computerbasierte Schreibprozesse sind aber nicht nur im Offline-, sondern auch im Online-Modus bzw. mit dem Ziel einer späteren Online-Nutzung deutschdidaktisch fruchtbar zu machen. Zu nennen sind hier als erstes Homepages, jene Informationsseiten im World Wide Web, die aus privaten, sozialen, institutionellen, ökonomischen oder politischen Motiven heraus entstehen (Simanowski 2002). Der Sprachunterricht kann diese internetspezifischen Formen der schriftsprachlichen Information bzw. Selbstpräsentation z.B. zur Analyse medienbedingten Sprachwandels oder zur Steigerung der Schreibmotivation nutzen, indem Schüler(innen) zur Gestaltung von themen- bzw. lerngruppenspezifischen Homepages angeregt werden. Dem Deutschunterricht eröffnen sich mit diesen hypertextuellen Schreibformen bzw. hyperlinkbasierten Verknüpfungen weit reichende neue Betätigungsfelder (vgl. Kepser 1999; Maiwald 2001). Dabei ist der Vergleich zwischen print- und netzbasierten Schreibformen ebenso sinnvoll wie die gemeinsame Erstellung einer Homepage zu einem zu behandelnden Themengebiet.

Kreativ-ästhetische Schreibprozesse im Internet bilden eine weitere innovative sprachdidaktische Nutzungsoption. Dadurch finden die im modernen Aufsatzunterricht verbreiteten Formen handelnd-produktiven, kreativen, freien, assoziativen oder personalen Schreibens eine medienspezifische Erweiterung. Dies gilt für beide von Christiane Heibach unterschiedenen Grundtypen des Schreibens im

9.3 Didaktisch-methodische Ansatzpunkte

World Wide Web – ‚Schreiben im Netz' und ‚vernetztes Schreiben' (Heibach 2002, S. 182). Ersteres realisiert sich in Kooperation kleiner, abgeschlossener Gruppen von Autor(inn)en. Ein schönes Beispiel, das Klaus Maiwald (2004c) vorgestellt hat, soll unter 9.4.5 noch in akzentuierter Form zur Darstellung gelangen. Vernetztes Schreiben ist zwar prinzipiell offen für beliebige andere Ko-Autor(inn)en, die Erkennbarkeit individueller Autorschaft allerdings bleibt in diesen virtuellen literarischen Gemeinschaften zumeist gewahrt (vgl. dazu Kap. 9.2.3) Die schulischen Nutzungsmöglichkeiten von Internet- bzw. Netzliteratur sind durchaus vielfältig.

> Kooperative, partizipative und kollaborative Formen digitalen Schreibens können den Deutschunterricht bereichern, beispielsweise indem eine Lerngruppe – oder eine Kleingruppe im Rahmen einer entsprechenden Lernzirkelstation – eine der zahlreichen Web-Seiten besucht, auf denen die Nutzer zum Lesen, Weiterschreiben und anschließenden Online-Publizieren literarischer Texte im Netz angeregt werden. Alternativ könnte aber auch eine eigene Schreibumgebung gestaltet werden, die dann für kooperative, partizipative oder kollaborative Formen kreativen Schreibens im Netz genutzt werden kann. (Frederking 2005b, S. 126; vgl. dazu auch Jonas 1998, S. 4–16)

- **Informationsmedium**

Als Informationsmedien fungieren Computer bzw. Internet, wo entweder Bücher oder Texte in digitaler Form (**E-Book, Literatur-CD-ROM** bzw. im Internet) mit dem Ziel der Informationsentnahme gelesen oder gezielt Recherchen im Rahmen von Literatur- bzw. Lexikon-CDs oder auch im Internet über Suchindexe bzw. **Suchmaschinen** durchgeführt werden.

Dabei verschwimmen die Grenzen zwischen Offline- und Online-Modus gerade im Zusammenhang mit digitalisierter Literatur, weil CD-ROMs mittlerweile zumeist über implementierte Hyperlinks den unmittelbaren Zugang zu weiteren Materialien im Netz ermöglichen und gleichzeitig Online-Literatur durch Kopieren und Abspeichern auch offline genutzt werden kann. Bekannte Beispiele sind digitale Archive und Bibliotheken wie der CD-Klassiker *Von Lessing bis Kafka* (2004), der die wichtigsten Werke von einer Vielzahl deutschsprachiger Literat(inn)en in textkritischen Ausgaben enthält sowie darüber hinaus umfassende literaturhistorisch, literaturtheoretisch oder biografisch vertiefte Zusatzmaterialien. Wertvoll für Lehrende wie Lernende im Fach Deutsch ist überdies das ‚Projekt Gutenberg.de' (http://gutenberg.spiegel.de/), das eine beeindruckende Zahl an literarischen Texten von der Antike bis zu den zwanziger Jahren des 20. Jahrhunderts kostenlos im Netz zur Verfügung stellt (vgl. dazu Kap. 9.2). Diese und andere textorientierte Digitalisierungen gedruckter Literatur können im Literaturunterricht insbesondere zur Informationsrecherche und Weiterbearbeitung Anwendung finden. Dafür sind allerdings spezifische Rezeptions- und Verarbeitungskompetenzen erforderlich, die im Deutschunterricht vermittelt werden sollten, weil sie nur in Teilen denen im Umgang mit printmedialer Literatur ähneln. Denn hier müssen spezifische Lesestrategien erworben bzw. genutzt werden, um aus den digitalen Angeboten autor-, werk- oder epochenspezifische Informationen zu Begriffen oder Motiven zu erhalten und weiterverarbeiten zu können.

9. Die neuen Symmedien Computer und Internet

Verfeinerte bzw. noch reflektiertere Strategien sind bei der kompetenten Nutzung von Internet-Suchmaschinen bzw. Metasuchmaschinen erforderlich, die die Suche nach Begriffen, Begriffskombinationen, Bildern, Audiodateien etc. erlauben (z.B. www.altavista.de; www.google.de; www.yahoo.de bzw. www.metager.de oder www.ixquick.com). Für den Sprach- wie für den Literaturunterricht ergeben sich hier fast unbegrenzte Möglichkeiten. Allerdings ist dafür nicht nur das pragmatisch orientierte Nachdenken über erfolgversprechende Suchstrategien erforderlich, wie Kap. 9.4.4 zeigt, sondern auch die theoretisch-kritische Reflexion der Funktionsweisen von Suchmaschinen, „um die scheinbar neutralen Hilfsmittel als wirtschaftlich, politisch und publizistisch einflussreiche Metamedien zu entlarven, die durch ihre Trefferlisten mitbestimmen, welche Informationen letztlich den Weg ins öffentliche Bewusstsein finden und welche nicht" (Krommer 2006, S. 750). Axel Krommer weist zu Recht darauf hin, dass ein problematisches Stadium erreicht ist, wenn „die Technologie einer einzigen Suchmaschine (aktuell: Google ™) so dominierend ist, dass ihr Name in verbalisierter Form („googeln") alltagssprachlich bereits als Synonym für ‚etwas im Internet suchen' verwendet wird" (Krommer 2006, S. 750).

- **Kommunikationsmedium**

Als Kommunikationsmedium kann der Computer im Deutschunterricht nur unter Nutzung seiner Online-Funktion fungieren. Dies gilt für seine asynchronen und synchronen Formen (vgl. Weingarten 1997; Frederking 2002). Die **E-Mail** als bekanntestes webbasiertes asynchrones Kommunikationsmedium kann im Deutschunterricht zur zeitunabhängigen bi- bzw. polydirektionalen schriftsprachlichen Kommunikation und Datenübermittlung zwischen Schüler(inne)n lokal getrennter Lerngruppen (vgl. dazu Kap. 9.4.1) oder innerhalb einer Lerngruppe bei arbeitsdifferenzierten Aufgaben, die nicht zeitgleich erfolgen können, verwendet werden. Projekte mit Erstklässler(inne)n haben gezeigt, dass solche E-Mail-gestützten Kommunikationen sogar schon im Anfangsunterricht der Grundschule didaktisch sinnvoll sein können, weil authentische Schreibsituationen die kindliche Schreiblust anregen (vgl. Frederking/Steinig 2000a, 2000b). Über die Kommunikation zwischen oder innerhalb von Lerngruppen hinaus kann die E-Mail auch als Medium authentischer schriftsprachlicher Kommunikation im außerschulischen Bereich fungieren, beispielsweise indem ein Kontakt zu Autor(inn)en, Verlagen, Politikern, Medienvertretern etc. per Mail gesucht wird. Außerdem stellen sich E-Mail-Kommunikationen natürlich für Sprachbetrachtungen über die für die neuen schriftbasierten digitalen Kommunikationsmedien typischen Symbolisierungsformen eine wertvolle Grundlage dar (vgl. dazu Wirth 2002, S. 224ff.). Dies gilt auch und gerade im Vergleich zur SMS. Denn die für SMS- und E-Mail-Kommunikationen typischen sprachlichen Codes (‚Emoticons', Akronyme' etc.) sollten im Deutschunterricht reflexiv aufgearbeitet werden, um Sprachbewusstheit zeitgemäß zu fördern.

9.3 Didaktisch-methodische Ansatzpunkte

Dies liegt sich natürlich auch im Zusammenhang mit **Chat**-Kommunikationen nahe (Quasthoff 1997, S. 23ff.; Wirth 2002, S. 224ff.), gerade im Hinblick auf den oraliteralen Charakter dieser schriftbasierten digitalen Synchron-Interaktionen (vgl. Wirth 2002, S. 210ff.). Darüber hinaus sind aber auch unmittelbare kommunikative Nutzungsvarianten sinnvoll und unterrichtspraktisch erprobt. Auf der Grundlage geschlossener Chats wie dem ‚Didaktischen Chat-Raum' (DCR) bzw. zu schließender Chats wie im IRC (vgl. Kap. 9.2.1) sind netzgestützte Interaktionen zwischen zwei Lerngruppen möglich. Der didaktische Mehrwert solcher computergestützter Synchron-Kommunikationen ergibt sich aus ihrer schriftsprachlichen Basis. Gerade für die Sekundarstufe I, in der Schreibmotivation ab der Klasse 7 oftmals abnimmt, kann der Chat ein Mittel zur Schreibförderung bzw. zur Motivierung zum schriftsprachlichen Selbstausdruck in authentischen Kommunikationssituationen sein.

- **Kooperationsmedium**

Als Kooperationsmedien können Computer und Internet über entsprechende Tools genutzt werden, um innerhalb einer Lerngruppe zeitunabhängige Arbeitsprozesse oder **virtuelle Kooperationen** zwischen zwei lokal getrennten Lerngruppen organisieren und durchführen zu können. Als technische Grundlage bieten sich – je nach Rahmenbedingungen – zum einen E-Mail und Chat als asynchrone bzw. synchrone Kommunikationsmedien an. Sinnvoll ist aber zumeist die Einbeziehung einer virtuellen **Arbeitsplattform** (vgl. Kap. 9.2.1). Für den Einsatz im Deutschunterricht bewährt haben sich z.B. der BSCW („Basic Support for Cooperative Work'; http://bscw.gmd.de), ein von der Gesellschaft für Mathematische Datenverarbeitung (GMD) entwickeltes Tool, oder die im Auftrag des Bundesministeriums für Bildung und Forschung entstandene Service-, Netzwerk- und Informationsplattform „Lo-Net" (http://www.lo-net.de) (vgl. Berghoff/Frederking 1999a, S. 121ff.; Frederking/Berghoff/Krommer 2000; Möbius 2004). Beide stehen Schulen kostenlos zur Verfügung und erlauben Lerngruppen das orts- und zeitunabhängige Ablegen, Korrigieren und Weiterverarbeiten von Dokumenten (Text, Bild, Ton, Film etc.) und das Einbinden von Webseiten. Problemlos realisieren lassen sich aber auch Kommunikationen innerhalb der Arbeitsbereiche – asynchron über integrierte E-Mail-, Notiz-, Forum- oder Instant-Message-Funktionen, synchron vermittels implementierter Chat-Tools. Ein weiterer Vorteil ist die Möglichkeit zur Planung und Organisation gemeinsamer virtueller oder realer Treffen (Adressbuch, Terminkalender). Einsatzmöglichkeiten ergeben sich beispielsweise, wenn ein gemeinsames Thema – z.B. ein literarischer Text wie Goethes *Faust* oder ein Kinder- und Jugendbuch – innerhalb von zwei Lerngruppen ganz oder in Teilen im Horizont unterschiedlicher Schwerpunktsetzungen und auf der Grundlage unterschiedlicher literaturwissenschaftlicher oder literaturdidaktischer Konzeptionen (z.B. motivgeschichtlich versus psychologisch bzw. analytisch versus handelnd-produktiv) behandelt wird. Im BSCW können die jeweiligen Ergebnisse der anderen Lerngruppe zugänglich gemacht werden, um sie anschließend im Chat zu diskutieren und metareflexiv zu verarbeiten (Berghoff/Frederking 1999b; Frederking 2006). Auch internationale Kooperationen können den Deutschunterricht bereichern, insofern interkulturelle Gemeinsamkeiten und kulturspezifische Besonderheiten z.b. in der Einschätzung eines literarischen Textes erkennbar werden und vertiefende Verstehensprozesse einleiten (Berghoff/Frederking 2001, S. 169ff.).

Eine Zusatzoption bei virtuellen Kooperationen ist die computervermittelte mündliche Kommunikation über **Videokonferenzen.** Diese sind zwar noch die Ausnahme in der Unterrichtswirklichkeit der Gegenwart, allerdings didaktisch sinnvoll, wenn zwei lokal getrennte Lerngruppen an einem Thema zusammenarbeiten. Denn die Möglichkeit, sich per Computer und Videokamera synchron miteinander verständigen und sich dabei sehen wie hören zu können, kann eine erhebliche Erleichterung für die Kommunikationsprozesse sein.

- **Synästhetisches Handlungsmedium**

Als synästhetische Handlungsmedien kommen Computer und Internet zum Einsatz, wenn textuelle, visuelle, auditive oder audiovisuelle Symbolisierungsformen in einem der beiden digitalen Symmedien im Verbund rezipiert bzw. im handelnden Umgang gestaltet werden können. Dies kann offline wie online geschehen, d.h. im Rahmen von CD-ROMs oder von Webseiten mit Text-Bild-Ton-Film-Elementen. Damit eröffnen sich vielfältige didaktische Chancen (Frederking 2005a; 2006b; Spinner 2004). Einerseits sind hier produktiv-kreative mediendidaktische Ansätze von Bedeutung, die Schüler(innen) zum multi- bzw. **symmedialen Gestalten eines literarischen Textes** unter Hinzuziehung von Bild-, Ton-, Film- oder animierten Multimedia-Dokumenten im Rahmen eines Textverarbeitungsprogramms, interaktiver Software, Computerspielen bzw. einer hypermedial gestalteten Web-Seite auffordern. Andererseits können aber analytisch-diskursive Zugriffe auf multimediale Gesamttexte, in denen ein literarisches Motiv oder ein Text in unterschiedlicher medialer Form auf einer Handlungsebene zugänglich ist, das synästhetische Potential der Symmedien Computer und Internet spezifischer nutzen und Schüler(inne)n Raum für vertiefte Verstehensprozesse eröffnen.

So ermöglichen spezielle Software-Komponenten, wie sie auf den bereits erwähnten CD-ROMs *Texte.Medien – Literatur des 20. Jahrhunderts* (2001) oder *Texte, Themen und Strukturen – interaktiv* (2004) enthalten sind oder im Netz als ‚Online-Kreativraum' (www.medid.de) zur Verfügung stehen, Formen einer so genannten symmedialen Filmanalyse. Hier können unterschiedliche Verfilmungen eines literarischen Textes auf einer Rezeptions- und Handlungsfläche einander vergleichend gegenübergestellt, nebeneinander rezipiert und kommentierend verarbeitet werden, wie Volker Frederking am Beispiel von drei Verfilmungen von Erich Kästners *Emil und die Detektive* (1931, 1954, 2001) gezeigt hat (vgl. 2006b, S. 217ff.; vgl. Abb. 63). Kap. 9.4.6 wird ein anderes Beispiel für die Nutzung des Computers als synästhetisches Handlungsmedium detaillierter entfalten, bei dem handelnd-produktive und analytisch-vergleichende Verfahren im Zusammenhang mit Text-

9.3 Didaktisch-methodische Ansatzpunkte

, Bild-, Ton- und Filmmaterialien zu Goethes Ballade *Der Zauberlehrling* in symmedialer Perspektive aufeinander bezogen werden (vgl. Frederking 2007b).

Abb. 63: *Symmediale Filmanalyse*

Die Synästhetik multimedialer Gesamttexte kann aber nicht nur eigenaktiv genutzt und damit erfahren werden. Auch ihre metareflexive Untersuchung bietet sich an, um Schüler(inne)n mediengeschichtliche und medientheoretische Besonderheiten des mit dem Computer und dem Internet verbundenen medialen Wandels bewusst werden zu lassen. In ihren intermedialen und medienästhetischen Verweisstrukturen lassen sich in diesem Sinne sowohl künstlerisch gestaltete webbasierte Formen visueller Poesie oder multimedialer Collagen etc. untersuchen als auch die in vielen Homepages in pragmatischer Absicht erzeugten Vernetzungen von Text-, Bild-, Ton- und Filmdokumenten (vgl. Simanowski 2002, S. 155; Giesecke 2002, S. 317; Frederking 2006, S. 210ff.). Schülernahe Untersuchungsgegenstände könnten in dieser Hinsicht auch **narrative Computerspiele** sein – im Anschluss an eigenaktive Erkundungen und analytische Aufarbeitungen, wie sie Petra Josting (2004a) vorgeschlagen bzw. in ihren didaktischen Potenzialen aufgearbeitet hat.

9.3.3 Lehr-Lern-Konzepte für den Einsatz von Computer und Internet

Eine kompetente Nutzung von Computer und Internet im Deutschunterricht hat das Wissen um die **veränderten Rollenmuster** zwischen Lehrenden und Lernenden und die prinzipiellen Möglichkeiten der damit verbundenen Lehr-Lern-Ar-

9. Die neuen Symmedien Computer und Internet

rangements zur Voraussetzung. Während sich Lehrende primär darauf beschränken, die Lernprozesse in schülerzentrierter, situierter und problemorientierter Weise zu arrangieren und zu moderieren, rücken die Lernenden in verstärktem Maße in den Mittelpunkt der Unterrichtsszenarien. Sie sind eigenaktiver und erhalten Raum zur selbstbestimmten Wissenskonstruktion (vgl. Mandl/Gruber/Renkl 1997; Jonas/Rose 2002, S. 70f.).

Die Lernkonzepte für einen didaktisch reflektierten fachspezifischen Einsatz von Computer und Internet müssen darauf abgestimmt sein. Nach Jonas/Rose (2002) lassen sich in diesem Zusammenhang zwei Grundformen unterscheiden:

1. Zunächst besteht die Möglichkeit der **Integration der neuen digitalen Symmedien** in face-to-face-basierte Lehr-Lern-Prozesse. Computer und Internet ergänzen mit anderen Worten traditionelle Lernformen wie das Unterrichtsgespräch, die Arbeit mit Buch, Heft usw. Diese Einbeziehung kann nach dem Prinzip integrierter Medienerziehung (vgl. Wermke 1997) erfolgen, sie kann mit intermedialer Zielsetzung (Bönnighausen/Rösch 2004) eingeleitet werden oder im Horizont eines symmedialen Grundansatzes (Frederking 2003) geschehen. Auf diese Weise lassen sich beispielsweise themenspezifische Recherchen im Internet sinnvoll in den Unterrichtsprozess einbeziehen, Informationen digital auf der Basis von Textverarbeitungsprogrammen aufbereiten und/oder in virtuellen Arbeitsplattformen speichern, Schreibprozesse zu einem bestimmten Thema in Offline- oder Online-Form anregen, Lernsoftware zum Erarbeiten, Üben oder Vertiefen nutzen, Arbeitsergebnisse über entsprechende Tools wie PowerPoint präsentieren etc. Dabei kann die Hinzuziehung des Computers bzw. des Internets einen kleinen Teil einer Stunde umfassen oder mehrere Unterrichtsstunden im Rahmen einer umfangreicheren Reihe. Die beiden digitalen Symmedien haben dabei eine primär unterstützende bzw. ergänzende Funktion: „Das jeweilige Lernziel könnte auch ohne den Computer erreicht werden – allerdings nicht so komplex, flexibel, differenziert, effektiv, vor allem nicht so selbstgeregelt" (Jonas 2006, 400).

2. Der Einsatz des Computers bzw. des Internets kann aber auch **an die Stelle traditioneller Lernmedien und Unterrichtsprozesse** treten. Der Deutschunterricht erfolgt im Rahmen eines solchen Konzepts ausschließlich computerbasiert im „virtuellen" Lernraum. Virtuelle Arbeitsplattformen (vgl. z.B. Berghoff/Frederking 2002; Frederking/Berghoff/Krommer 2000; Möbius 2004) mit asynchronen und synchronen Kommunikations- und Kooperationsmöglichkeiten bilden in der Regel das Fundament solcher internetbasierter Lehr-Lern-Arrangements. Der medienspezifische Mehrwert dieser virtuellen Lernarrangements gegenüber traditionellen Unterrichtsformen ist ein dreifacher: Die Lehr-Lern-Prozesse werden ortsunabhängig, erfolgen individualisiert und sind schriftsprachlich fundiert (Filk 2003). Auf dieser Basis entstehen situierte Lernkontexte für einen primär informatorisch orientierten Schriftsprachgebrauch.

9.4 Praktische Beispiele

Bei all den verschiedenen im letzten Kapitel aufgezeigten Nutzungsoptionen bzw. Konzepten zum Einsatz der neuen Digitalmedien Computer und Internet ist einerseits evident, dass sie einander nicht ausschließen, sondern ergänzen bzw. miteinander verbunden werden können. Andererseits sollte stets die Frage leitend sein, worin der medienspezifische Mehrwert eines Einsatzes im Deutschunterricht liegt (Frederking 2002, S. 154). Nur wenn dieser Mehrwert deutlich bestimmbar ist, ist der fachspezifische Einsatz von Computer und Internet wirklich sinnvoll. Zumeist ist dies aber sehr präzise möglich, wie die nachfolgenden Beispiele verdeutlichen.

9.4.1 Internetkooperationen

Im Folgenden sollen zwei realisierte Internetkooperationen zum Thema „Fremde" kurz und skizzenhaft unter didaktischen, inhaltlichen und technisch-organisatorischen Aspekten vorgestellt werden, in deren Verlauf per **Chat, E-Mail, virtueller Lernplattform und Videokonferenz** kommuniziert wurde. Beteiligt waren Studierende, Realschüler(innen) und Gymnasiast(inn)en. Dass selbst in der **Grundschule** Chat- und E-Mail-Kooperationen möglich und didaktisch sinnvoll sind, haben Frederking und Steinig eindrucksvoll gezeigt (vgl. Frederking/Steinig 2000a; 2000b). Wer vor allem daran zweifelt, dass die technische Ausrüstung in den Schulen anspruchsvolle Internetkooperationen erlaubt, der möge bedenken, dass die nachfolgend beschriebenen Projekte aus dem letzten Jahrhundert stammen und dass beispielsweise Videokonferenzen, die vor einem Jahrzehnt wegen langsamer Internetanschlüsse, spezieller Softwareanforderungen und aufwendiger Technik in der Regel sehr schwierig realisierbar waren, inzwischen im Zeitalter schneller DSL-Flatrates mit (fast) jedem Instant-Messenger, einer 20-Euro-Webcam und einem Beamer in akzeptabler Bild- und Tonqualität durchgeführt werden können. Bei der kritischen Beurteilung der Projekte, die heute technisch sicher ohne großen Aufwand realisierbar sind, sollte der/die Leser(in) jedoch vor allem deshalb didaktische Maßstäbe anlegen.

Unter dem Motto „Fremde im Zug – Fremde im Netz" führten Frederking, Berghoff, Jünger und Steinig 1997 ein internationales Kooperationsseminar mit Studierenden der Pädagogischen Hochschule Heidelberg und der Pädagogischen Hochschule Debrecen (Ungarn) durch, in dessen Rahmen u.a. auch der **„Didaktische Chat-Raum"** (DCR, vgl. Kapitel 9.2.1) genutzt wurde (vgl. Frederking/Berghoff/Jünger/Steinig 1998). Im Zentrum des Projekts stand das Thema „Fremde" und „Fremdheit", dem sich die beiden Lerngruppen zunächst im Rahmen einer Schreibmeditation zu fünf Schlüsselbegriffen („der Fremde", „die Fremde", „das Fremde", „fremd" und „Ich") annäherten. Anschließend wurden die Seminare mit dem Anfangsteil einer von Hans Magnus Enzensberger verfassten Prosaskizze konfrontiert:

9. Die neuen Symmedien Computer und Internet

Zwei Passagiere in einem Eisenbahnabteil. Wir wissen nichts über ihre Vorgeschichte, ihre Herkunft oder ihr Ziel. Sie haben sich häuslich eingerichtet, Tischchen, Kleiderhaken, Gepäckablagen in Beschlag genommen. Die Tür öffnet sich, und zwei neue Reisende treten ein.

In Heidelberg und Debrecen wurden von den Studierenden individuelle Fortsetzungen erstellt, mit einer Überschrift versehen und per E-Mail an Partner aus der anderen Stadt geschickt, mit denen man sich anschließend im DCR traf. In interkulturellen Kleingruppen entwickelten sich nun vielschichtige **computervermittelte Schreibgespräche** über circa 1400 Kilometer hinweg: Fremde versuchten sich kennenzulernen, sammelten Erfahrungen mit der (damals noch für viele unbekannten) Chat-Kommunikation und diskutierten über ihre „Fortsetzungsgeschichten". Der Internet-Chat ermöglichte auf diese Weise personale Erfahrungen der Fremdheitsproblematik im Rahmen eines kreativen, produktiven und interkulturell angelegten didaktischen Arrangements. Die literarische Verarbeitung der Annäherung von Fremden im Zug, die gemeinsamer thematischer Gegenstand der Seminare war, fand ihre Entsprechung in der persönlichen Annäherung von Fremden im Netz. Da sämtliche Schreibgespräche automatisch als Text-Protokolle gespeichert wurden, konnten außerdem sehr detaillierte Erkenntnisse über die spezifische Form des synchronen interaktiven Schreibens sowie die sozialpsychologischen und fremdsprachdidaktischen Implikationen der Chat-Kommunikation gewonnen werden. Hier sei nur darauf hingewiesen, dass der Chat den ungarischen Studierenden **authentische Kommunikationsprozesse mit Muttersprachlern** ermöglichte, die zudem im „lernerfreundlichen" Medium der Schrift stattfanden: Wer eine Fremdsprache lernt, hat oft Schwierigkeiten, im mündlichen Dialog spontan, schnell sowie situativ und thematisch angemessen zu reagieren. Die mediale Schriftlichkeit des Chats bietet hier die Chance, Formulierungen und syntaktische Fügungen zu planen und eventuell sogar zu überarbeiten, bevor man sie abschickt. Auch die Angst, Wörter der Fremdsprache falsch auszusprechen, entfällt im Chat. Unter fremdsprachendidaktischer Perspektive wird daher noch einmal sehr deutlich, dass sich im Chat die Vorzüge der Schrift nutzen lassen, ohne dass man auf die Interaktivität synchroner Kommunikationsprozesse verzichten muss.

Auf schulischer Ebene wurde von Frederking, Berghoff und Krommer 1999 eine Internetkooperation zwischen zwei achten Klassen eines Gymnasiums in Gütersloh und einer Realschule in Walldorf initiiert (vgl. Frederking/Berghoff/Krommer 2000; Berghoff/Frederking 2001). Auf einer Metaebene bestand die Grundidee des Projekts einerseits darin, zu überprüfen, ob sich die auf Hochschulebene erprobten Formen virtueller Kooperationen auch im Bereich des „normalen" Deutschunterrichts realisieren lassen. Andererseits konnten Studierende der Universitäten Bielefeld und Heidelberg, die im Rahmen ihrer Praktika an den Unterrichtsreihen beteiligt waren, im Sinne des **situierten Lernens** (vgl. Mandl/Gruber/Renkl 1997) die während des Studiums erworbene fachspezifische Medienkompetenz in der direkten Interaktion mit Schülern praktisch anwenden. Auf der Ebene der konkreten Unterrichtsplanung vereinte das Projekt **Zielsetzungen interkultu-**

9.4 Praktische Beispiele

reller, medienintegrativer und identitätsorientierter Deutschdidaktik und eröffnete den Schülern kognitive, emotionale, theoretische und praktische Zugänge zum Thema „Umgang mit Fremdem und Fremden", da nicht nur Texte gelesen, geschrieben und diskutiert werden sollten, sondern – vermittelt über das Internet – auch Begegnungen mit einer (zunächst) fremden Lerngruppe möglich wurden. Die neuen, interaktiven Medien erwiesen sich im Rahmen der Unterrichtsreihe als komplementäre Bestandteile des traditionellen Deutschunterrichts, computergestützte Phasen wechselten sich mit „normalen" Unterrichtsequenzen ab, in denen der Rechner keine oder nur eine untergeordnete Rolle spielte. Der Aufbau interkultureller Kompetenz und die Förderung der Medienkompetenz sollten den Schüler(inne)n Raum zur kritischen Auseinandersetzung mit dem eigenen Welt- und Selbstverhältnis ermöglichen. Neben dem „Didaktischen-Chat-Raum" **(DCR)** als Medium der synchronen Kommunikation kam der **„BSCW"** (vgl. http://public.bscw.de/) zum Einsatz, der die asynchrone Kommunikation, das orts- und zeitunabhängige Ablegen, Korrigieren und Weiterverarbeiten von Dokumenten und das Einbinden von Web-Seiten ermöglichte. Zusätzlich gehörte ein **Videokonferenzsystem** zum technischen Fundament – damals technisch noch recht umständlich über zwei zusammengeschaltete ISDN-Leitungen und die Konferenzsoftware „Proshare" realisiert. Der didaktische Vorteil der Videokonferenz gegenüber dem ebenfalls synchronen Chat besteht darin, dass hier ein relativ großes virtuelles Gesamtplenum aus zwei Schulklassen sinnvoll überschaubar bleibt und produktive Arbeitsphasen sowie gemeinsame Diskussionen problemlos angeleitet werden können. Während der BSCW gleichsam die Grundausstattung des virtuellen Klassenzimmers bereitstellt (Gruppentische, Foren etc.), jedoch nur asynchrone Kommunikationsformen ermöglicht, und sich der Chat als ideal für synchrone Arbeitsprozesse in Kleingruppen erweist, bietet „die Videokonferenz die Chance zum Erleben einer tatsächlichen ‚Virtual Community', mit der eine didaktische Variante des Globalen-Dorf-Gedankens für die SchülerInnen erfahrbar wird" (Berghoff/Frederking 2001, S. 185).

Da auf die inhaltlichen Details des Unterrichtsprojekts nicht eingegangen werden kann, mag die folgende Übersicht in Form eines Phasenmodells genügen, um die Grundintentionen der Sequenz zu verdeutlichen:

9. Die neuen Symmedien Computer und Internet

Walldorf	Stundenthema	Gütersloh
Mi 14.4	**1. Stunde (lokal getrennt) Annäherung an das Thema „Fremde"** Cluster „fremd"/Kreatives Schreiben/Präsentation im Plenum/kooperationsinterne Veröffentlichung im BSCW	Fr 16.4.
Di 20.4 Mi 21.4	**2.+3 Stunde (lokal getrennt) Konkrete Erfahrungen mit Fremdheit** Sinnliche Erfahrungen mit Fremdheit: fremde Dinge/ fremde Klänge/fremde Gerüche/fremde Menschen/Metagespräch	Di 20.4. Do 22.4.
Fr 23.4.	**4. Stunde (synchrone virtuelle Kommunikation) Fremden Menschen in einem fremden Medium begegnen** Chat-Kommunikation zwischen den beiden Klassen in separaten DCR-Räumen in 4er- bis 6er-Gruppen	Fr 23.4.
Di 27.4. Mi 28.4.	**5.+6. Stunde (asynchrone virtuelle Kooperation) Literarische Rollenspiele zum Thema „Fremden begegnen"** Metareflexion zum Chat auf dem BSCW/ Beschreiben fiktiver Begegnungen zwischen den Lerngruppen/Präsentation und Diskussion auf dem BSCW	Di 27.4. Do 29.4.
Fr 30.4.	**7. Stunde (synchrone virtuelle Kommunikation) Virtuelles Rollenspiel zum Thema „fremd"** Theatrale Chat-Kommunikationen in klassenübergreifenden Kleingruppen im DCR	Fr 30.4.
Di 4.5.	**8. Stunde (asynchrone virtuelle Kooperation) Literarische Variationen zum Thema „Fremdheit" I** Meta-Reflexion zum Chat auf dem BSCW/ Rezeption und Diskussion des Textes ‚Spagetti für zwei' im Plenum und auf dem BSCW	Di 4.5.
Di 4.5.	**9. Stunde (asynchrone virtuelle Kooperation) Literarische Variationen zum Thema „Fremdheit" II** Rezeption und Diskussion des Textes „Fremd ist der Fremde nur in der Fremde" von Karl Valentin im Plenum und auf dem BSCW	Di 4.5.
Mi 5.5.	**10. Stunde (synchrone virtuelle Kooperation und Kommunikation) Voraussetzungen für einen positiven Umgang mit Fremdem** Erarbeitung von Thesen in virtuellen Kleingruppen per Chat/Präsentation und Diskussion der Ergebnisse per Videokonferenz / Metareflexion	Do 6.5.

9.4 Praktische Beispiele

Angesichts der Komplexität dieser Unterrichtsreihe ist es angebracht, abschließend noch einmal herauszustellen, welche besonderen Funktionen synchronen und asynchronen computervermittelten Kommunikationsformen im Rahmen der Auseinandersetzung mit dem Thema „Fremde" zukommen können: Mithilfe der neuen Medien kann die Intensität der Auseinandersetzung mit den Unterrichtsgegenständen erhöht werden, weil das Thema aus entfernten theoretischen Sphären in den unmittelbaren Lebensraum der Schüler(innen) geholt und auf diese Weise zumindest in Teilaspekten konkret erfahrbar wird. Im Kontext der Fremdheits-problematik gilt dies in besonderer Weise, denn der Zusammenhang zwischen Identität, Interkulturalität und Internet wird in der sich etablierenden Weltgesellschaft des globalen virtuellen Dorfes von grundlegender Bedeutung sein, weil interkulturelle Kompetenz zu einem zentralen Bestandteil von Medienkompetenz avanciert. Und genau dazu kann – wie das skizzierte Projekt zeigt – der Deutschunterricht einen spezifischen Beitrag leisten.

9.4.2 Virtuelle Theatralik / virtuelle Rollenspiele

Virtuelle Rollenspiele, d.h. Chatkommunikationen mit theatralem Charakter (vgl. Kapitel 9.2.1), sind in der Schule zumeist eingebettet in komplexe Internetkooperationen zwischen zwei räumlich getrennten Lerngruppen. So wurden z.B. auch im Rahmen des in Kapitel 9.4.1 skizzierten Schulprojekts zum Thema „Fremde" virtuelle Rollenspiele durchgeführt. Dass diese beiden Themen hier in separaten Unterkapiteln behandelt werden, akzentuiert lediglich verschiedene Schwerpunkte und soll keinesfalls so verstanden werden, als würde es sich bei Internetkooperationen und virtuellen Rollenspielen um völlig disjunkte Gegenstandsbereiche handeln. Auch in der nachfolgend beschriebenen Unterrichtsreihe mit dem Titel **„Chatten mit dem lyrischen Ich"** (vgl. Krommer 2003; 2004a) waren virtuelle Rollenspiele eingebunden in vielschichtige computervermittelte Kooperationsprozesse zweier Deutsch-Grundkurse aus Lünen (bei Dortmund) und Bünde (Westf.). Als technische Grundlagen dienten der **IRC** (vgl. Kapitel 9.2.1) und der **BSCW** (vgl. Kapitel 9.4.1). Zu Beginn der Unterrichtssequenz erfuhren die Schüler lediglich, dass die Zusammenarbeit mit einem anderen Deutschkurs u.a. das Ziel verfolge, neuartige Zugänge zu Gedichten zu finden. Die erste produktive Phase des Projekts kam jedoch ganz ohne Computer und Internet aus, denn die Kursteilnehmer in beiden Städten wurden mit dem Konzept von „Erde und Zwerde" konfrontiert:

> Jeder Mensch hat teil an zwei Welten: Die erste Welt ist die Welt, in der wir leben, die beeinflusst, wer wir sind und wie wir sind. Wir werden bestimmt durch ihre Regeln, Konventionen, auch durch die Rollen, die uns auferlegt werden. – Der zu dieser Welt gehörige Planet heißt Erde. Doch es gibt auch noch eine zweite Welt. Diese Welt ist das Produkt unserer Phantasie. Jene Welt also, in der alles möglich ist; auch der Wechsel der eigenen Identität, des eigenen Verhaltens, der Regeln und Konventionen. Diese Welt gehört allein Ihnen. Sie entwerfen und bestimmen diese Welt – Der zu dieser Welt gehörige Planet heißt Zwerde.

9. Die neuen Symmedien Computer und Internet

Der erste und gleichzeitig zentrale Arbeitsauftrag lautete entsprechend für beide Lerngruppen:

> „Versetzen Sie sich auf den Planeten Zwerde und erschaffen Sie sich eine neue Identität, eine neue Persönlichkeit mit einem eigenen Namen: Sammeln Sie Ideen, welche Identität Sie in welcher Welt entwerfen wollen und **verdichten** Sie diese zu einem kurzen Konzept, zu einem **Selbst- und Weltentwurf in Gedichtform!**"

Um die Anzahl der Gedichte überschaubar zu halten, arbeiteten sowohl in Lünen als auch in Bünde stets mindestens zwei Schüler(innen) zusammen, so dass letztlich in beiden Kursen genau elf Texte entstanden, die unter Angabe der jeweiligen „Zwerde-Identität" auf dem BSCW abgelegt wurden. Ein Beispielgedicht ist in dem Kasten rechts zu finden. Nun wurde jeder Zwerde-Identität ein Selbst- und Weltentwurf aus dem Kooperationskurs zugeordnet, den es folgendermaßen zu bearbeiten galt:

Der Säulenheilige

Mit einer Trommel
auf einer Säule
den Blick in die Ferne,
marschierend im Takt die andern,
böswillig gelenkt
kleiner, unscheinbar,
fast unsichtbar.

Keine Zeit
Kein Raum
kein Wort.

Außer ich spreche
auf einer Säule
mit meiner Trommel.

Ein paar Schläge
– bei Bedarf
nur mir zur Freude.

> „Setzen Sie sich mit dem vorliegenden Text auseinander, indem Sie Hypothesen über den zum Ausdruck gebrachten Selbst- und Weltentwurf bilden. Entwickeln sie auf der Grundlage dieser Hypothesen eine erste Interpretation des verdichteten Textes, die Sie anschließend auf dem BSCW ablegen."

Diese über den BSCW vermittelte Phase der asynchronen Kommunikation und intensiven schriftlichen Auseinandersetzung mit den Gedichten der anderen Lerngruppe erwies sich als wichtige Vorbereitung der synchronen IRC-Interaktion mit den Zwerde-Identitäten des Kooperationskurses. Die asynchrone Kommunikationsphase der intensiven schriftlichen Auseinandersetzung mit den Selbst- und Weltentwürfen via BSCW bereitete die synchrone Interaktion mit den „Zwerde-Identitäten" des Kooperationskurses via IRC vor, die durch den folgenden Arbeitsauftrag eingeleitet wurde:

> „Jeder Selbst- und Weltentwurf ist unvollständig, hinterlässt Lücken und bedarf der Ausdeutung. Und genau dies sollen Sie heute versuchen, indem Sie Ihre Begegnung aus Ihrer virtuellen Identität heraus gestalten. Versetzen Sie sich also ganz in das von Ihnen geschaffene Selbst und in die von Ihnen geschaffene Welt und versuchen Sie Kontakt mit der virtuellen Identität der Gegenseite aufzunehmen. Dabei ist das Vorgehen einem ‚Rollenspiel' vergleichbar. Es gilt, im virtuellen Dialog die vorhandenen ‚Leerstellen' der Selbst- und Weltentwürfe zu füllen.
>
> Wichtig: Bleiben Sie bitte ganz in Ihrer neuen Identität und versuchen Sie die virtuelle Identität des Gegenübers aufzuschlüsseln, nicht die dahinterstehenden Autoren."

Dieses didaktische Arrangement beruht auf folgenden Überlegungen, die deutlich werden lassen, wie man die spezifischen Besonderheiten des Mediums Chat nutzen kann, um unterrichtspraktische Probleme zu lösen bzw. Lernwege zu ermög-

9.4 Praktische Beispiele

lichen, die ansonsten gar nicht zu beschreiben wären. Denn wenn man innerhalb *einer* Klasse über selbstgeschriebene Gedichte diskutieren will, sind einige Schüler bereits beim Schreiben der Texte gehemmt, weil sie befürchten, dass ihr Text gleichsam „öffentlich" besprochen wird. Ein anderes Problem ist die literaturtheoretisch bedeutsame, unterrichtspraktisch jedoch häufig schwierige Trennung zwischen dem empirischen Autor und dem lyrischen Ich eines Gedichtes. Selbst in der Oberstufe fällt es Schüler(inne)n schwer, das „Ich" in einem Gedicht, das von Mitschüler X geschrieben wurde, nicht automatisch auch auf X zu beziehen. Zumeist begeben sich Schüler dann unter der Leitfrage „Was will uns X damit sagen?" auf die äußerst **fragwürdige Suche nach der *intentio auctoris***, der Autorintention im Sinne Ecos (vgl. 1990, S. 35–37), die dann eine rezeptionsästhetisch verstandene Konstituierung des Werkes als Interaktion zwischen Text (*intentio operis*) und Leser (*intentio lectoris*) ersetzt. Um den empirischen Autor und das lyrische Ich selbstgeschriebener Gedichte strikt getrennt zu halten, müsste man den Urheber des jeweiligen Textes geheim halten. „Doch innerhalb *einer* Klasse, in der sich die Schüler(innen) gut kennen, wird es im Unterrichtsalltag schwierig, Gedichte dauerhaft zu anonymisieren: Schüler A verrät sich durch eine unbedachte Äußerung („So habe ich das nicht gemeint!") bei der Diskussion seines Textes, Schülerin B wählt ihr exotisches Hobby als Thema des Gedichts, Schülerin C ist aufgrund eines allen bekannten biografischen Details sofort als Autorin zu identifizieren etc. pp." (Krommer 2003, S. 97) Kurz: Klassenintern schließen sich *synchrone* Interaktion und Anonymität in der Regel aus. Wenn man jedoch eine unbekannte Lerngruppe als Chat-Partner wählt, dann lassen sich synchrone Interaktionen im Medium der Schrift initiieren, ohne dass die Anonymität der miteinander Kommunizierenden aufgehoben werden muss. Damit ist im Kontext des Unterrichtsvorhabens sowohl die Notwendigkeit der Kooperation *zweier* Lerngruppen als auch der Einsatz des neuen Mediums begründet: Die Autorschaft von selbstgeschriebenen Gedichten wird dadurch verschleiert, dass man Texte von unbekannten, d.h. zunächst anonymen Kooperationspartnern wählt, und der gewünschte synchrone Austausch über diese Texte wird durch den Chat ermöglicht, ohne dass die Anonymität aufgehoben wird.

Die spezifischen Eigenschaften des Chats können vor diesem Hintergrund genutzt werden, um virtuelle Rollenspiele zu inszenieren, die wahrscheinlich in keinem anderen Medium möglich sind. So kann z.B. im Chat die abstrakte rezeptionsästhetische Idee, dass sich ein literarisches Werk als „das Produkt einer Interaktion von Text und Leser" (Iser 1975, S. 229) erweist, ganz konkret veranschaulicht werden, wenn z.B. ein Schüler, der die Rolle des lyrischen Ichs übernimmt, auf einen Chatpartner trifft, der den Leser spielt. Im oraliteralen Dialog der beiden kann dann tatsächlich der Sinn eines Textes ausgehandelt bzw. konstituiert werden. Auch wenn – wie in der Unterrichtsreihe geschehen – der Autor eines Textes im virtuellen Rollenspiel vergeblich versucht, die Deutungshoheit über „seinen" Text zu erlangen und sich gegen die Interpretationen wehrt, die das lyrische Ich und ein Leser zuvor im Chat ausgehandelt haben (vgl. Krommer 2003,

9. Die neuen Symmedien Computer und Internet

S. 99), bietet sich die Chance, das Zusammenspiel von Autor, Text und Leser in völlig neuer Weise zu thematisieren und dadurch auch die angekündigten neuartigen Zugänge zu Gedichten zu eröffnen.

Abschließend sei darauf hingewiesen, dass die Mehrzahl der Chatgespräche sehr intensiv und themenbezogen geführt wurde und dass die **positiven Effekte einer Enthemmung durch Anonymisierung** eindeutig überwogen. Wenn man die Chat-Protokolle betrachtet, die während des Projekts automatisch aufgezeichnet wurden, dann scheinen sich zunächst die beiden Haupteinwände der Kritiker zu bestätigen, dass erstens ein **Verfall der Sprache** drohe und dass zweitens im Chat nur oberflächliches Geplänkel möglich sei. Dem kann zum einen entgegen gehalten werden, dass im Chat nur derjenige sprachliche Korrektheit erwartet, der ein oraliterales Medium irrtümlich mit den Maßstäben des literalen Paradigmas misst (vgl. auch Kapitel 9.4.3), zum anderen muss man jedoch zugeben, dass virtuellen Rollenspielen *auf den ersten Blick* oft der für den Unterricht wünschenswerte „Tiefgang" fehlt. Dieser Einwand verliert allerdings an Gewicht, wenn man die Protokolle nicht schon als Ergebnis betrachtet, sondern vielmehr als Ausgangspunkt komplexer Überlegungen ansieht, sie im Unterricht einer sorgfältigen Analyse unterzieht und den vielfältigen *Spuren* nachgeht, die in den vermeintlich „flachen" Dialogen oftmals erst *auf den zweiten Blick* sichtbar werden. Zu beachten ist auch, dass Internet-Chats für Schüler(innen) im Alltag vor allem eine sozial-gemeinschaftsstiftende Funktion haben. Im Unterricht ist man jedoch bestrebt, das neue Medium primär inhaltlich-thematisch zu nutzen. Die Erfahrungen des hier in seinen Grundzügen skizzierten Projekts haben gezeigt, dass Schüler(innen) nicht sofort in das vertraute Muster des „sozialen Chattens" verfallen, wenn ihnen deutlich wird, welchen Mehrwert dieses Medium bei der Auseinandersetzung mit einem bestimmten Unterrichts*inhalt* hat, und wenn – was im Alltag nie geschieht – die Protokolle virtueller Dialoge in der analytischen Retrospektive vor einem fachwissenschaftliche Hintergrund analysiert werden.

9.4.3 Reflexion über Sprache am Beispiel von Chat und SMS

Die Frage, ob die **SMS** einen legitimen Platz im Deutschunterricht beanspruchen kann, ist nicht eindeutig zu beantworten. So legt ein Blick in die Mediengeschichte die Vermutung nahe, dass es um die didaktischen Potenziale der SMS nicht besonders gut bestellt ist, denn die Kurznachrichten gehören zu den Kommunikationstechnologien, die – im Gegensatz zu Repräsentationstechnologien wie dem Film – zumeist **keine medienspezifische Kunstformen** entwickeln. So stellt Peter Lunenfeld in Bezug auf das Telefon fest:

> [T]here has been no telephone opera, no Wagnerian total work of art, no gesamtkunstwerk, for this communication medium. (Lunenfeld 2000, S. 76)

Wenn sich die Tatsache, dass das Festnetztelefon niemals eine Rolle im Deutschunterricht gespielt hat, mit dem Hinweis auf dessen „Kunstferne" erklären lässt, dann liegt der Analogieschluss nahe, dass auch das Mobiltelefon und die SMS kei-

9.4 Praktische Beispiele

nen dauerhaften Platz im Deutschunterricht beanspruchen können werden, weil sie ebenfalls keine spezifisch-künstlerischen Ausdrucksformen ermöglichen. An dieser Stelle könnte man einwenden, dass es sehr wohl eine „Kunstform SMS" gibt, die sich in zahlreichen SMS-Wettbewerben manifestiert, in denen z.B. die poetischen Möglichkeiten der elektronischen Kurznachrichten ausgelotet werden (vgl. Röller 2001). Wenn man jedoch genauer hinschaut, stellt sich zumeist heraus, dass nahezu alle Texte, die nicht mehr als 160 Zeichen haben, mit dem Etikett „SMS-Kunst" versehen werden, so als ob jede ausreichend knappe Botschaft, ganz gleich unter welchen medialen Bedingungen sie entstanden ist, bereits den Geist einer neuen Ästhetik atmete. Und so darf auch Goethe in dem dtv-Bändchen *SMS-Lyrik. 160 Zeichen Poesie* (Leitner 2002) verkünden: „Sieh, das Gute liegt so nah." Im Vergleich mit den oft sehr angestrengten Bemühungen der Etablierung einer „SMS-Kunst" wirken selbst die Experimente der Dadaisten erfrischend originell, die in den zwanziger Jahren des letzten Jahrhunderts versuchten, Formen der „Telefon-Kunst", z.B. das Erstellen eines Gemäldes nach fernmündlicher Anleitung, zu ersinnen (vgl. Lunenfeld 2000, S. 74).

Anders verhält es sich mit der **SMS als Gegenstand der Sprachreflexion**. Wenn man SMS-Nachrichten – wie auch Chat-Kommunikationen – im Unterricht angemessen thematisieren will, setzt das natürlich auch eine kritische Überprüfung der Maßstäbe voraus, mit denen man die Güte dieser Texte beurteilt. Ein Chat ist kein Diktat und eine SMS-Nachricht kein Erlebnisaufsatz. Ein Lehrer, der von seinen Schülern verlangt, beim Chatten oder SMS-Schreiben peinlich genau auf den korrekten Satzbau und auf die Einhaltung der Rechtschreibregeln zu achten, macht de facto *seine* Probleme mit neuen Medien zu Problemen der Schüler (vgl. hierzu allgemein Wermke 1997, S. 61f.) Denn die Jugendlichen werden dann gezwungen, die aus dem literalen Paradigma (vgl. Kapitel 3.2) stammenden Regeln traditioneller schulischer Textsorten wider besseres Wissen im multimedialen Paradigma (vgl. Kapitel 3.4) des Chats oder der SMS anzuwenden.

Interessanterweise sorgte der umgekehrte Fall, d.h. die Anwendung neumedialer Äußerungsformen in einer traditionellen Textsorte, im Jahre 2003 für erhebliches Aufsehen. SPIEGEL ONLINE[11] berichtete unter der Überschrift „SMS-Sprachalarm an Schulen" über einen Aufsatz, den (angeblich) eine schottische Schülerin im SMS-Stil geschrieben hatte und der im Original folgendermaßen ausgesehen haben soll:

> My smmr hols wr CWOT. B4, we usd 2 go 2 NY 2C my bro, his GF & thr 3 :-@ kds FTF. ILNY, its gr8. Bt my Ps wr so {:-/ BC o 9/11 tht they dcdd 2 stay in SCO & spnd 2wks up N. Up N, WUCI-WUG -- 0. I ws vvv brd in MON. 0 bt baas & ^^^^^. AAR8, my Ps wr :-) -- they sd ICBW, & tht they wr ha-p 4 the pc&qt...IDTS!! I wntd 2 go hm ASAP, 2C my M8s again. 2day, I cam bk 2 skool. I feel v O:-) BC I hv dn all my hm wrk. Now its BAU ...

---

[11] http://www.spiegel.de/schulspiegel/0,1518,238539-2,00.html (27.10.2007)

9. Die neuen Symmedien Computer und Internet

Die „Übersetzung" lautet:

> My summer holidays were a complete waste of time. Before, we used to go to New York to see my brother, his girlfriend and their three screaming kids face to face. I love New York, it's a great place. But my parents were so worried because of the terrorism attack on September 11 that they decided we would stay in Scotland and spend two weeks up north. Up north, what you see is what you get – nothing. I was extremely bored in the middle of nowhere. Nothing but sheep and mountains. At any rate, my parents were happy. They said that it could be worse, and that they were happy with the peace and quiet. I don't think so! I wanted to go home as soon as possible, to see my mates again. Today I came back to school. I feel very saintly because I have done all my homework. Now it's business as usual...

Aus deutschdidaktischer Sicht ist es relativ unbedeutend, ob dieser Text tatsächlich jemals von einer Schülerin geschrieben wurde oder ob es sich lediglich um einen der vielen medialen Mythen handelt, deren Ursprung sich nicht mehr ermitteln lässt.[12]

Entscheidend ist vielmehr, dass der SMS-Aufsatz in der Regel sehr einseitig als deutliches Zeichen des fortschreitenden sprachlichen Verfalls interpretiert wurde. Hier zeigt sich, wie wirkmächtig die **Wertmaßstäbe des literalen Paradigmas** sind und wie schwierig es ist, neumediale Äußerungsformen im öffentlichen Diskurs angemessen zu würdigen. Die Empörung darüber, dass Lehrer inzwischen einfache Aufsätze (die sie doch benoten müssen!) gar nicht mehr verstehen können, weil die Schüler das Schreiben verlernt haben, war so groß, dass besonnene und reflektierte Äußerungen kaum Gehör fanden. Die von linguistischer Seite hervorgebrachte Einschätzung, dass es sich bei dem Text der Schülerin um ein höchst kreatives „Spiel mit Normen" und ein sehr bewusst „inszeniertes Schreiben" (Dürscheid 2005, S. 107) handeln könnte, beherrschte jedenfalls *nicht* die Schlagzeilen. Angesichts der immer wieder geäußerten Befürchtung, die Jugend büße durch neue Medien einen Teil ihrer Sprachfähigkeit ein, hat sich Dürscheid aus deutschdidaktischer Perspektive mit wünschenswerter Klarheit positioniert:

> Wenn die Jugendlichen wissen, in welcher Situation sie welche Ausdrucksweise verwenden können, dann stellt die Schreibweise im Chat und in der SMS keinen Grund zur Sorge, kein Anzeichen für nachlassende Sprachfähigkeit dar. Im Gegenteil: Die Schreiber passen sich ja offensichtlich den medialen Gegebenheiten an. Sie reagieren auf die dialogische Situation im Chat, sie operieren mit dem begrenzten Zeichenvorrat in der SMS-Kommunikation, sie sparen sich mühevollen Tippaufwand, wenn sie elliptische Schreibungen und Abkürzungen verwenden. Es gibt nur dann einen Grund zur Sorge, wenn die Schreiber dies in allen Kontexten tun würden. Und hier wiederum liegt die Aufgabe für den Deutschunterricht: Welche funktionale Ebene des Schreibens jeweils die passende ist, das muss gelernt werden. (Dürscheid 2005, S. 108)

Hier spricht Dürscheid bereits die Lernzieldimension einer Unterrichtseinheit an, die die sprachlichen Besonderheiten des Chats und der SMS zum Gegenstand hat. Denn zum **Sprachbewusstsein** gehört nicht nur, dass man charakteristische Ausdrucksmittel identifizieren, den Einfluss des Mediums auf sprachliche Mittel er-

---

[12] Christa Dürscheid (2005, S. 107) berichtet, dass es ihr nicht gelungen ist, die Hintergründe der Entstehung des SMS-Aufsatzes zu klären.

9.4 Praktische Beispiele

kennen und Texte unter dem Aspekt der Einhaltung bestimmter Normen beurteilen kann, sondern auch, dass man in der Lage ist, die **funktionale Angemessenheit eines Textes** abzuschätzen und Medien situationsadäquat einzusetzen (vgl. Dürscheid 2002, S. 11 und Dürscheid 2005, S. 112).

Aspekte der Reflexion über Sprache sind vor diesem Hintergrund eng mit der Reflexion über das eigene Kommunikationsverhalten verknüpft. Dürscheids Forderung, man müsse Schüler(inne)n im Unterricht vermitteln, wie sie ihr Mobiltelefon sozialverträglich einsetzen können (vgl. Dürscheid 2002, S. 11), muss jedoch sehr differenziert betrachtet werden. Denn die Vorstellungen davon, was beim Telefonieren und SMS-Schreiben noch als sozialverträglich gilt, sind momentan einem radikalen Wandel ausgesetzt. Hier besteht erneut die Gefahr eines Paradigmenkonflikts, wenn Lehrer im Zeitalter des nomadischen Telefonierens noch Wertmaßstäbe anlegen, die aus der Zeit des Festnetzes stammen. So neigen diejenigen, „deren Sozialisation noch in der Vor-Handy-Zeit erfolgte" (Freyermuth 2002, S. 78) zum Beispiel häufig dazu, laute öffentliche Mobiltelefonate privaten Inhalts als störend zu empfinden. Gundolf S. Freyermuth diagnostiziert bzw. prognostiziert in seiner **„Kommunikette 2.0"** jedoch eine „Verlagerung der Sitten zugunsten einer Etikette des Weghörens. [...] Nicht weghören zu können, würde dann zu einem Zeichen sozialer Rückständigkeit" (Freyermuth 2002, S. 78). Diesen gesellschaftlichen Entwicklungen kann man im Unterricht z.B. dadurch Rechnung tragen, dass man gemeinsam mit den Schülern eine „Kommunikette" nach dem Freyermuth'schen Vorbild aufstellt, in der ein möglichst effizienter, sozialverträglicher und situationsadäquater Umgang mit Medien wie dem Chat und der SMS be-, aber nicht normativ vorgeschrieben wird (vgl. Dürscheid 2002, S. 19f.).

Wenn Chat und SMS im Deutschunterricht thematisiert werden, sieht man sich unter Umständen mit den Vorwürfen konfrontiert, dass hier lediglich ein Modethema aufgegriffen wird, zu dem die Schüler keinerlei kritische Distanz aufbauen können, und dass mit der Analyse banaler Kurznachrichten, die das Normbewusstsein untergraben, wertvolle Unterrichtszeit verschwendet wird, die man besser für die Untersuchung gehaltvoller Texte reservieren sollte (vgl. hierzu auch Dürscheid 2005, S. 109f.).

Eine naheliegende, aber sachlich wenig überzeugende Entgegnung auf diese Einwände ist der Hinweis auf die Lehrpläne der einzelnen Bundesländer. Hier finden sich zahlreiche Formulierungen, mit denen man Unterrichtseinheiten über Chat und SMS legitimieren kann: So nennt beispielsweise der sächsische Lehrplan unter der Rubrik **„Sprachfunktionen und Sprachkritik"** neben journalistischen Texten und Werbetexten explizit die elektronischen Medien als mögliche Gegenstände, an denen in der Jahrgangsstufe 10 des Gymnasiums Aspekte sprachlicher Angemessenheit diskutiert werden sollen (vgl. Sächsisches Staatsministerium für Kultus 2004, S. 50). Der bayerische Lehrplan sieht unter der Überschrift **„Sprache untersuchen, verwenden und gestalten"** u.a. in der gymnasialen Jahrgangsstufe 12 die Untersuchung des Einflusses der Medien auf die Sprache vor (vgl. ISB 2007).

9. Die neuen Symmedien Computer und Internet

Gewichtiger als diese curriculare Legitimation ist sicherlich die Tatsache, dass sich gerade in der Auseinandersetzung mit Texten, in denen gegen schriftsprachliche Normen verstoßen wird, ein Normen- und Sprachbewusstsein besonders gut ausbilden kann. Außerdem kann die höhere Motivation, die von authentischen Chat- und SMS-Texten ausgeht, dazu beitragen, die dem Lernprozess möglicherweise abträgliche Nähe der Schüler zum Unterrichtsgegenstand in eine kritisch-produktive Distanz zu verwandeln. Im Anschluss an Dürscheid (2005, S. 112f.) sollen drei konkrete Unterrichtsvorschläge genannt werden, die in unterschiedliche Lernbereiche des Deutschunterrichts gehören. Unter der Rubrik **„Reflexion über Sprache"** können zunächst die sprachlichen Besonderheiten von Chat und SMS herausgearbeitet werden: Anschließend lässt sich deren mediale Bedingtheit durch einen Vergleich mit anderen Ausdrucksformen (z.B. Briefen) verdeutlichen. Auch im Bereich **„Umgang mit Texten und Medien"** sind inner- und intermediale Vergleiche sinnvoll, wenn z.B. eine E-Mail an einen guten Freund mit einer E-Mail an einen Vorgesetzten oder ein Chat mit einem Gespräch von Angesicht zu Angesicht verglichen wird. Wenn es um **„Sprechen und Schreiben"** geht, können die Schüler selbst produktiv werden und z.B. Gedichte, Kurzgeschichten, Werbebotschaften etc. in SMS-Form verfassen oder das Experiment wagen, ein und denselben Inhalt (z.B. die Zusammenfassung der letzten Deutschstunde) auf unterschiedliche Weise (z.B. als ausführlich-klassisches Protokoll oder als extrem komprimierte SMS-Nachricht) zu präsentieren, um sich erneut der medialen Charakteristika verschiedener Kommunikationsformen bewusst zu werden.

9.4.4 Gute Seiten, schlechte Seiten: Informationssuche im Internet

Im politischen, wirtschaftlichen, pädagogischen und kulturellen Diskurs wird häufig der Begriff **„Wissensgesellschaft"** benutzt, wenn darauf hingewiesen werden soll, dass Wissen inzwischen die wichtigste gesellschaftliche Ressource darstellt und in dieser Hinsicht z.B. Kapital und Rohstoffe als zentrale Größen der Industriegesellschaft abgelöst hat. Im historischen Rückblick ließe sich auch die These vertreten, dass im Grunde jede Gesellschaftsform (auch die Agrargesellschaft) letztlich auf Wissen basiert. Im Zeitalter des Computers und des Internets scheint der Begriff „Wissensgesellschaft" jedoch eine ganz neue Bedeutungsdimension zu bekommen. Denn noch nie zuvor wuchs das Wissen derart rasant wie heute und noch nie zuvor hatten so viele Menschen die Möglichkeit, auf dieses Wissen in gespeicherter Form auch zuzugreifen. Auf den ersten Blick besitzt die Rede von der Wissensgesellschaft daher durchaus eine gewisse Plausibilität. Äußerst fraglich ist jedoch, ob der Begriff des Wissens, von dem hier ausgegangen wird, tatsächlich angemessen ist. Denn Wissen wird völlig unkritisch gleichgesetzt mit einer bestimmten Menge an verfügbaren Informationen, ohne dass berücksichtigt wird, dass diese Informationen für ein Individuum nur dann wirkliches Wissen darstellen, wenn sie bewusst verstanden und in bestehende Sinnsysteme integriert werden können und anschließend z.B. Handlungen und Entscheidungen des Individuums beeinflussen können. Dass die Möglichkeit, Infor-

9.4 Praktische Beispiele

mationen gezielt aus einem Datenpool zu entnehmen, keineswegs identisch ist mit der Aneignung von Wissen, hat Aarseth illustriert:

> Armed with a good search engine and a digital library, any college dropout can pass for a learned scholar, quoting the classics without having read any of them. (Aarseth 1997, S. 11)

Aarseths Beispiel verdeutlicht ein Problem, das auch im Unterricht immer häufiger zu beobachten ist: Schüler(innen) präsentieren (z.b. im Rahmen eines Referats oder einer Facharbeit) kein eigenständig erworbenes und gedanklich durchdrungenes Wissen mehr, sondern lediglich Informationen, die sie mithilfe einer Suchmaschine (zumeist www.google.de) entdeckt und aus dem Internet kopiert haben. Wenn fremde Texte dann auch noch als eigene Produkte ausgegeben und nicht als Zitate gekennzeichnet werden, diagnostiziert Weber das **„Google-Copy-Paste-Syndrom"** und spricht von einer „Textkultur ohne Hirn" (Weber 2007, S. 9). Inzwischen gehören **Suchmaschinen** wie Google zu den wichtigsten Diensten des Internets, da sie de facto festlegen, was im elektronischen Raum existiert und was nicht. Denn für die Masse der Nutzer(innen) gibt es nur das, was sie mithilfe einer Suchmaschine auch finden können. Die problematischen Aspekte der Suchmaschinen sind hingegen nur den wenigsten Internet-Nutzer(innen) bekannt. Der Erfolg von Google lässt z.B. in der Regel vergessen, dass selbst die automatisch generierten Indexdateien der besten Suchdienste stets nur einen kleinen Bruchteil des gesamten Internets erfassen (können).

Welche grundlegenden Schwierigkeiten insbesondere Schüler(innen) unterer Jahrgangsstufen beim Umgang mit den Ergebnissen einer Internetrecherche haben können, zeigt das folgende Beispiel. Im Rahmen eines Kooperationsprojekt zwischen der Käthe-Kollwitz-Gesamtschule Lünen und einem mediendidaktischen Seminar der Universität Erlangen-Nürnberg, das im Sommersemester 2002 stattfand, sollten Schüler einer siebten Jahrgangsstufe u.a. Informationen, die sie im Internet über die Stadt Nürnberg gefunden hatten, zu *eigenen, selbst geschriebenen* Texten verarbeiten.[13] Hier zwei typische Ergebnisse:

Beispiel 1:
Zu Weihnachten gibt es leckere Lebkuchen. Jetzt war vor kurzem die Bürgerversammlung am 29.05.2002. Im Sommer gibt es im Park bei Nürnberg immer ein großes Fest.

Beispiel 2:
In Nürnberg ist was los / woher haben sie nur das Moos? / Beim Altstadtfest, da trinken sie / den letzten Rest / Die U-Bahn wurde 30 Jahre alt / die Opas haben es nicht geschnallt [...]

Ein Text fiel jedoch vollkommen aus dem Rahmen. Er begann so:

Beispiel 3:
Es berührt sympathisch, wenn eine Stadt so unblutig und menschenfreundlich in die Geschichte eintritt wie „nourenberc", wo am 16. Juli 1050 Kaiser Heinrich III. die Freilassung einer Leibeigenen beurkundete, vermutlich weil ein Höhergestellter sie heiraten wollte.

---

[13] Auf eine detaillierte Beschreibung des Projekts muss hier aus Platzgründen verzichtet werden.

9. Die neuen Symmedien Computer und Internet

Hier hatten zwei Schüler ganz offensichtlich mit der Google-Copy-Paste-Strategie gearbeitet, den Text aber dennoch mit ihren Namen unterzeichnet und als ihr eigenes Produkt ausgegeben. Erstaunlicherweise waren sie überrascht, dass allen an dem Projekt beteiligten Lehrpersonen sofort klar war, dass sie den Text nicht selbst geschrieben hatten. Hier wird deutlich, dass die Schüler zwar in der Lage waren, mithilfe einer Suchmaschine Informationen über das vorgegebene Thema zu finden, dass sie jedoch große Schwierigkeiten hatten, mit diesen Ergebnissen angemessen umzugehen. Dass auch studentische Hausarbeiten immer wieder **plagiierte Passagen** enthalten, die stilistisch wie Fremdkörper wirken und sofort ins Auge stechen, dass also das hier erkennbar werdende Problem auch auf universitärer Ebene virulent ist, sei nur am Rande erwähnt.

Wie man Schüler dafür sensibilisieren kann, dass nicht alle Informationen, die im Internet gefunden werden können, auch tatsächlich wahr sind und dass man Strategien und Kriterien entwickeln muss, um die **Qualität und Vertrauenswürdigkeit einer Internetseite beurteilen** zu können, zeigt das folgende Unterrichtsmodell, das für eine Jahrgangsstufe 7 konzipiert und 2002 an der Käthe-Kollwitz-Gesamtschule in Lünen realisiert wurde.[14] Die Grundidee, die sich in einer Doppelstunde umsetzen lässt, bestand darin, die Schüler im Rahmen einer gesteuerten Internetrecherche gezielt auf Seiten zu führen, die widersprüchliche Informationen enthalten, und diese Diskrepanzen dann zum Anlass zu nehmen, Qualitätskriterien für ‚gute' Seiten zu formulieren, denen man vertrauen kann.

Ganz konkret wurde eine geplante Klassenfahrt nach Kaltenbach (Zillertal) zum Anlass genommen, die Schüler in arbeitsteiligen Gruppen Informationen über das Reiseziel im Internet recherchieren zu lassen. An acht Kleingruppen wurden vier Arbeitsblätter ausgegeben, auf denen Fragen zum Zillertal, zur Unterkunft und zu möglichen Aktivitäten in der Freizeit zu finden waren, so dass sich jeweils zwei unterschiedliche Gruppen einem Arbeitsblatt widmen konnten. Die Suche im Internet gestaltete sich dann nicht völlig frei, sondern wurde gesteuert durch eine für die Schüler in MS-WORD vorbereitete Linkliste, die eine Besonderheit aufwies: Neben offiziellen Internetseiten über das Zillertal und den Ort Kaltenbach befanden sich dort auch Links auf zwei Seiten, die von der Lehrerin selbst im Vorfeld bewusst so gestaltet worden waren, dass sie sich inhaltlich in Details und im Hinblick auf die Professionalität des Layouts sehr deutlich von den anderen Seiten unterschieden, die ihrerseits jedoch auch *widersprüchliche* Informationen enthielten. Die Aufgabe, die die Schüler dann bearbeiten sollten, lautete:

> Sucht im Internet nach Informationen zu eurem Thema, gebraucht hierfür die Linkliste eurer Gruppe. Tragt die Ergebnisse in Stichpunkten auf dem Arbeitsblatt ein. Vergesst nicht den passenden Link (a, b ...) zu notieren, damit ihr später noch wisst, wo ihr die Informationen gefunden habt.

---

14 Wir danken unserer Kollegin Dana Vomhof für die Erlaubnis, das von ihr erarbeitete Konzept hier skizzenhaft vorzustellen.

9.4 Praktische Beispiele

Auf diese Weise wurden dann die vorbereiteten Links genutzt, um im Internet Antworten auf Fragen wie „Wie viele Betten hat die Unterkunft insgesamt?" oder „Womit ist der Aufenthaltsraum ausgestattet?" zu finden. Anschließend sollten diese im Plenum vorgestellt und kritisch überprüft werden. Hierbei stellte sich dann natürlich heraus, dass die Informationen, die die einzelnen Gruppen gefunden hatten, manchmal nicht übereinstimmten oder sich gar widersprachen, wenn sie bei der Recherche unterschiedlichen Links gefolgt waren. Wer bislang noch glaubte, dass alles, was im Internet zu finden ist, ungeprüft als Wahrheit oder Wissen übernommen werden kann, musste jetzt erkennen, dass auch Webseiten Fehler und Falsches enthalten können. Und da die ermittelten Daten ganz pragmatisch als Planungsgrundlage für die anstehende Reise ins Zillertal dienen sollten, ergaben sich sofort schwerwiegende Probleme: Wie soll man z.B. innerhalb der Klasse das sensible Thema der Zimmerbelegung angehen, wenn nicht klar ist, wie viele Räume überhaupt zur Verfügung stehen? Die Schüler hatten also durchaus ein echtes Interesse daran, herauszufinden, welche Internetseiten verlässliche Informationen bereithielten. Im Plenum wurden dann die folgenden Kriterien erarbeitet, die man beachten sollte, wenn man die **Qualität einer Internetseite** beurteilt:

(a) Gibt es Hinweise darauf, wann die Internetseite zum letzten Mal aktualisiert wurde? Ist die Seite vielleicht schon veraltet?
(b) Lässt sich ermitteln, wer die Seite ins Netz gestellt hat? Gibt es ein Impressum, in dem ein für die Seite Verantwortlicher genannt wird?
(c) Sind die Texte auf der Internetseite sprachlich korrekt oder weisen sie viele Fehler auf?
(d) Wie sieht das Layout der Seite aus? Wirkt es ansprechend und professionell oder blinken z.B. inmitten von wild animierten Grafiken grüne Schriftzeichen auf einem lilafarbenen Hintergrund?
(e) Wie sieht die Internetadresse (URL) aus? Handelt es sich um eine offizielle Adresse (wie www.berlin.de) oder um eine Adresse, die privat registriert wurde (wie www.gratishomepage.de/bjoern-kevin-und-freunde.de)?
(f) Lassen sich die Informationen, die man auf der Internetseite findet, mithilfe anderer Quellen bestätigen? Welche Informationen lassen sich auf anderen Internetseiten zum selben Thema finden, welche Informationen kann man Büchern, Zeitschriften, Prospekten etc. entnehmen?
(g) Wird die Internetseite im Internet oder einer anderen Quelle (z.B. in einer Zeitschrift) empfohlen?

Dieser Kriterienkatalog lässt sich sicher noch erweitern, als erste Orientierung für Schüler ist er jedoch durchaus brauchbar. Wichtig ist, dass die einzelnen **Kriterien nicht verabsolutiert** werden: Nicht alle Seiten, die von Privatpersonen gestaltet wurden, sind minderwertig, nicht immer ist fehlende Professionalität beim Layout mit inhaltlichen Defiziten verbunden etc. Es kommt letztlich darauf an, den Schülern ein Gespür dafür zu vermitteln, wie die genannten Kriterien abhängig von konkreten Einzelfällen zu gewichten sind, um ein begründetes Urteil über die

Qualität einer Internetseite abgeben und entscheiden zu können, aus welchen *Informationen* tatsächlich *Wissen* gewonnen werden kann.

9.4.5 Grundschüler(innen) schreiben ein Hypertext-Abenteuer

Wenn es um den Einsatz von Computern im Unterricht geht, gerät die Grundschule besonders leicht und häufig ins Zentrum der Kritik. Hartmut von Hentig, der von sich selbst sagt, er würde sich für Tafel und Kreide entscheiden, wenn er „unter alten und neuen Unterrichtsmitteln ein einziges zu wählen [hätte]" (von Hentig 2002, S. 125), hat sich beispielsweise mit folgendem Argument gegen den frühen Einsatz des Computers ausgesprochen:

> In den ersten Schuljahren heutiger (Stadt-)Kinder sind ganz andere Erfahrungen ‚dran', ganz andere Weisen des Wahrnehmens, Handelns, Übens, Lernens – und die Zeit für diese ist knapp. Später, auf der Sekundarstufe, vollends im Oberstufenunterricht ist das anders. (von Hentig 2002, S. 148)

Während von Hentig seine Medienkritik noch sehr moderat formuliert, wird der Ulmer Hirnforscher Manfred Spitzer sehr viel deutlicher: Er versucht, **bewahrpädagogische und kulturpessimistische Thesen** empirisch zu stützen, kommt zu dem Ergebnis, dass Kinder durch den schädlichen Einfluss von Bildschirmmedien in einem buchstäblichen (!) Sinne dick, dumm und gewalttätig werden (vgl. Spitzer 2006, S. 12), und findet mit diesen Thesen in der Öffentlichkeit erstaunlichen Anklang und große Zustimmung. Gegen Kulturpessimismus und Bewahrpädagogik lässt sich aus mediendidaktischer Perspektive mit Klaus Maiwald (2004c, S. 135) jedoch darauf hinweisen,

> (...) dass Medienwirkungen in der selektiven, adaptiven und konstruktiven Anverwandlung symbolischer Wirklichkeiten äußerst kontingent, somit variabel sind und dass Schädlichkeiten deshalb nur in einem Gemenge belasteter Lebensumstände entstehen. Vielmehr, so die These *gegen* Kulturpessimismus und Bewahrpädagogik, machen die Kinder etwas mit den Medien, als umgekehrt die Medien mit den Kindern.

Und *wenn* Kinder im Deutschunterricht etwas mit dem Computer und dem Internet machen, dann sollten die zum Teil gravierenden Veränderungen der **sprachlichen Grundtätigkeiten** in den Mittelpunkt gestellt werden, die sich durch diese Medien ergeben. Vor diesem Hintergrund hat Klaus Maiwald (2004c) im Rahmen eines Grundschulprojekts die Veränderungen in den Blick genommen, die sich durch den Einsatz des **Hypertextes** (vgl. Kap. 9.2.2) in besonderer Weise im Bereich des Lesens, Schreibens und Erzählens ergeben.

Die Schüler hatten zuvor im Unterricht das Buch *Die Insel der 1000 Gefahren* (Packard 1996) gelesen, das unter dem Motto „Du entscheidest selbst!" Wahlmöglichkeiten bei der Lektüre bietet, lineare Rezeptionsmuster durchbricht und somit als Printmedium bereits rudimentäre hypertextuelle Strukturen aufweist. Ausgangspunkt des Unterrichtsvorhabens war dann ein kurzer Text, in dem sich ein Ich-Erzähler unter der Überschrift „Der Dschungel der 1000 Gefahren" in eine andere Welt hineinträumt:

9.4 Praktische Beispiele

An einem besonderen Tag im Sommer sitze ich an einen Baum gelehnt im Garten und wünsche mich an einen anderen Ort. Ich trage andere Kleider. Der Garten, der Baum – alles ist verschwunden. Ich schließe die Augen und denke ganz fest an eine andere Welt und mit einem Mal wird alles ganz ungewöhnlich. Ich heiße anders ...

Im Rahmen des Projekts sollte dieser Erzählfaden von den Schüler(inne)n aufgenommen und hypertextuell verzweigt werden. Zu diesem Zweck wurden zunächst aus zahlreichen möglichen Fortsetzungen, die im Rahmen von Schreibkonferenzen entstanden waren, fünf Varianten ausgewählt und auf die Homepage des Projekts gestellt.[15] Durch einen Mausklick auf verlinkte Bilder von Farbklecksen konnte man anschließend eine „blaue", „rote", „grüne", „braune" und „orange" Fortsetzung auswählen (s. Abb. 64).

Abb. 64: *Startseite des Hypertext-Abenteuers*

Die Schüler(innen) waren im Rahmen des Projekts also nicht nur Leser, sondern gleichzeitig auch Autor(inn)en einer fiktionalen gemeinschaftlichen Erzählung, die sich nicht linear, sondern in Form eines verzweigten Textbaumes entfaltete. Als Leser(in) kann man sich immer wieder neu entscheiden, welche Erzählstränge man auswählt und ob man ggf. einen „Zurück"-Link anklickt, um eine Entscheidung zu revidieren. Als Autor(in) muss man seine Texte gleichsam bidirektional konzipieren, so dass sie einerseits an das bislang Erzählte anknüpfen und andererseits gute Anschlussmöglichkeiten zum Weiterschreiben bieten. Obwohl viele Layout-Optionen die Schüler(innen) manchmal dazu (ver)führten, der Form eines Textes größere Aufmerksamkeit zu widmen als seinem Inhalt, be-

---

15 Vgl. http://www.vs-gaustadt.bnv-bamberg.de/projekt/geschichte.html (01.12.2007). Die technische Realisierung dieser Website lag in der Hand der Lehrer(innen).

9. Die neuen Symmedien Computer und Internet

währte sich der **Computer** im Rahmen des Projekts nicht nur als notwendiges Medium zur Realisierung des Hypertextes, sondern auch **als Schreibmedium**. Besonders positiv ist hervorzuheben, dass die „Phasen der Planung, Ausführung und Überarbeitung von Texten [...] offener [werden]". Texte entstehen viel mehr in einem mäandernden Prozess schreibenden Denkens als in der geradlinigen Fixierung bereits vorgefasster Gedanken" (Maiwald 2004c, S. 137). Die Qualität der Schüler-Hypertexte bemisst sich nicht mehr daran, ob sie einer fragwürdigen „**Mauskurvendramaturgie**" gehorchen (vgl. hierzu Karg 1999), sondern z.b. an der Anzahl ihrer Fortsetzungen. Denn wenn ein Text viele andere Leser(innen) dazu inspiriert, an genau diesem Erzählstrang als Autor(in) weiterzuarbeiten und ihn nicht per Mausklick sofort wieder zu verlassen, dann ist er in einem sehr pragmatischen Sinne erfolgreich und genügt offensichtlich den Anforderungen des Lesens/Schreibens unter hypertextuellen Bedingungen in besonderer Weise. In diesem Sinne war die „rote" Fortsetzung des Einleitungstextes, an die sich immerhin acht weitere Varianten anschlossen, von sehr guter Qualität:

> Ich bin an Bord eines Helikopters. Im Dschungel soll ich als Arzt nach einem verschollenen Forscher suchen. Um in den Dschungel zu kommen, lasse ich mich an einem Seil herunter. Plötzlich reißt das Seil. Der Helikopter verschwindet einfach. Ich finde zwar den Forscher, aber nun sitze ich ohne Gepäck im Urwald und muss mit diesem Mann ein Abenteuer bestehen.

Der Erfolg dieses Textes lässt sich auch inhaltlich recht plausibel erklären, denn hier wird dem Leser ein attraktives Identifikationsangebot gemacht (Arzt im Dschungel), eine abenteuerliche Suche inszeniert und bereits angedeutet, dass turbulente Zeiten kommen werden („ein Abenteuer bestehen"). An den unterschiedlichen Endpunkten des verzweigten Hypertextes zeigte sich ein weiterer Unterschied zu schulischen Erlebnisaufsätzen: Während „Mauskurventexte" häufig in die dröge Stereotypie des ‚Gerade-noch-einmal-gut-gegangen' münden, variierten die Schlüsse des „Dschungels der 1000 Gefahren" zwischen einer erleichterten oder betrübten Rückkehr aus dem Tagtraum bzw. einem glücklichen oder unglücklichen Ende innerhalb des Traumes. Maiwald betont, dass trotz des hypertextuellen Schwerpunkts des Projekts „eine Ergänzung von Computerraum und anderen Lernorten, eine Verknüpfung digitaler mit analogen Aktivitäten" (Maiwald 2004c, S. 144) besonders wichtig war und dass „die Entstehung von Texten und ihre Präsentation im Internet kein Selbstzweck werden [darf]" (ebd.). Kritisch zu fragen ist auch, ob Hypertexte zu einer sehr flüchtigen Lektüre verführen, ob diese schnelle Leseweise dem Medium in besonderer Weise entspricht und Fiktionserfahrungen neuer Qualität ermöglicht oder ob man mit Schülern üben sollte, den Drang zum schnellen Klick zu überwinden und auch Hypertexte sehr langsam und „textnah" zu lesen. Eine gründliche **Reflexion und Evaluation**, die sich auf drei Bereiche bezog, bildete den Abschluss des Projekts. Erstens ging es darum, Kenntnisse und Fertigkeiten im Umgang mit Computer und Internet noch einmal anzuwenden, d.h. verschiedene Aufgaben innerhalb eines Hypertextes zu bearbeiten (z.B. bestimmte Pfade zu suchen) und grundlegende Fertigkeiten wie das Starten des Computers, das Einloggen ins Internet und das Navigieren im Hypertext unter Beweis zu stellen. Der zweite Evaluationsbereich bezog sich auf den Computer als Schreibmedium und das Schreiben am PC selbst. Die Kinder sahen den Computer einerseits als motivierendes Schreibgerät, das beim Rechtschreiben helfen kann, andererseits jedoch auch als fehleranfällige und zeitraubende Maschine. Besonders positiv wurden das kollektive Schreiben und die Möglichkeit der Veröffentlichung der Texte im Internet bewertet. Drittens wurde eine vergleichende Analyse von Erzähl- und Leseweisen beim linearen Buch, beim hypertextuellen Buch („Die *Insel* der 1000 Gefahren") und beim elektronischen Hypertext („Der *Dschungel* der 1000 Gefahren") vorgenommen. Besonders bemerkenswert war hier der Umstand, dass die neuen Freiheiten und Möglichkeiten des Hypertextes der Wertschätzung der Schüler(innen) für lineare, spannende Geschichten offensichtlich keinen nennenswerten Abbruch tun konnten. Möglicherweise ist unser Verlangen nach „traditionellen" Erzählungen eine Art anthropologische Grundkonstante, möglicherweise ist sie jedoch auch das Ergebnis einer jahrhundertelangen Prägung durch den Buchdruck und die Schriftlichkeit. Die Ergebnisse des hier skizzierten Grundschulprojekts verweisen also durchaus auch auf eine medien- und literaturtheoretische Metaebene, die didaktisch zu nutzen ist. Denn ob uns lineare Erzählungen in Zukunft einmal so seltsam vorkommen werden wie die alten mündlichen Heldenepen, weil linear-gründliches Lesen gänzlich von einem flüchtigen Surfen im Hypertextgeflecht abgelöst werden wird, ist auch eine für den Deutschunterricht relevante Frage.

9.4.6 Goethes *Zauberlehrling* digital, symmedial und synästhetisch

Dass der Computer als Uni- bzw. Symmedium alle Text-, Bild-, Ton-, Film- und Hypermedia-Dokumente in sich vereint und damit neuartige didaktisch-methodische Möglichkeiten für den Deutschunterricht eröffnet, ist bereits im Kap. 9.3.2 detaillierter zur Darstellung gelangt. Nachfolgend soll veranschaulicht werden, wie sich diese symmedialen Potenziale konkret in der unterrichtlichen Praxis nutzen lassen.

Mit Goethes *Zauberlehrling* wird ein Beispiel gewählt, zu dem es vielfältige mediale Adaptationen gibt. Diese sind teilweise bereits in der Fachliteratur in ihren unterrichtlichen Chancen beschrieben worden (vgl. z.B. Drummer/Maiwald 2007; Maiwald/Drummer 2007). Von Dieter Matthias (1999, S. 32ff.) stammt ein Unterrichtskonzept, das in sehr überzeugender Weise Goethes printmedialen Balladentext mit der Verfilmung von Walt Disney (1940) und der auditiven Aneignung von Paul Dukas (1897) vergleichend in Beziehung setzt. Diese intermediale Analyse ist ohne Frage fruchtbar und führt Schüler(inne)n die unterschiedlichen Wirkpotentiale der einzelnen medialen Formate überzeugend vor Augen. Gleiches gilt für die hörästhetisch ausgerichtete intermediale Analyse von fünf verschiedenen Vertonungen des *Zauberlehrlings* – Lutz Görner 1 (2001), Lutz Görner 2 (2001), Gert Westphal (1995), Klaus Kinski (1990), Willi Hagemeier (2001) –, die Anita Schilcher (2004, S. 27ff.) beschreibt. Hier werden in didaktisch sinnvoller Weise hörästhetische Zugänge zu Goethes Balladenklassiker empfohlen. Im Anschluss an ei-

9. Die neuen Symmedien Computer und Internet

gene stimmliche Erkundungen der Textvorlage sollen die Fassungen zunächst als Hörerlebnis zugänglich gemacht werden, ehe in einem zweiten auditiven Rezeptionsakt spezielle Inszenierungs- und Sprechmerkmale erschlossen werden (Schilcher 2004, S. 30).

Beiden Zugangsweisen ist allerdings gemeinsam, dass sie sich auf kollektive Rezeptionsprozesse beschränken und den Schüler(inne)n ausschließlich nicht-technische, d.h. mündlich-diskursive bzw. handschriftliche Verarbeitungsformen ermöglichen. Natürlich ist auch auf diese Weise ein sinnvoller und fruchtbarer Lernprozess möglich. Der Computer allerdings bietet weiter reichende Möglichkeiten. Die Individualisierung der Rezeptionsprozesse und die Erfahrbarkeit eines komplexen Medienverbundes sind zwei Vorteile, die Klaus Maiwald und Almut Drummer in einem Unterrichtsprojekt mit Grundschüler(inne)n im Grundansatz genutzt haben. Im Anschluss an eine sorgsam aufeinander abgestimmte Abfolge von sinnlichen Zugängen über Sprechen und Hören, von visuellen Impulsen und Schreibprozessen unternehmen beide den Versuch, den Schüler(inne)n über eine eigens erstellte Homepage bewusst zu machen, dass von Goethes *Zauberlehrling* ein „vielfältiges transmediales Überlieferungsgeschehen" (Maiwald/Drummer 2007, S. 156) ausgegangen ist. Zu diesem Zweck werden im Netz nicht nur Ergebnisse der Unterrichtsreihe dokumentiert, sondern über Hyperlinks auch Verweise auf die auditiven und audiovisuellen Verarbeitungen des Sujets eingebunden, die jedem Schüler individuell zugänglich sind.

Allerdings werden in diesem Projekt noch längst nicht alle didaktischen Chancen, die der Computer als Symmedium bietet, ausgeschöpft. Diese sollen nachfolgend an Kernphasen eines mehrstufigen Unterrichtsvorschlags exemplarisch veranschaulicht werden, den Volker Frederking (2007b) gemacht hat. In diesem wird ein didaktisch eher ungewöhnlicher Ausgangspunkt gewählt. Das Konzept geht von der Verfilmung aus, um erst daran anschließend Goethes Originaltext und seine verschiedenen auditiven Verarbeitungen im Unterricht zu behandeln. Zwar ist mit dem Einstieg über eine Verfilmung die Vorstellungsbildung der Rezipient(inn)en eingeschränkt. Die Disney-Verfilmung mit der Mickey Mouse-Figur als Protagonisten ist aber per se keine auf Realität abzielende audiovisuelle Aneignung, sondern stark verfremdungsästhetisch angelegt, so dass hier sogar bei einem Einstieg über den Film Freiräume für eigene Vorstellungen bleiben, die später im Unterrichtsprozess genutzt werden können. Der Vorteil der thematischen Annäherung über die Verfilmung ist vor allem auf der motivationalen Ebene zu sehen. Unter Nutzung der integrativen Potenz des Computers sind hier nämlich sehr kreativ-spielerische Zugangsweisen möglich, die ungewöhnlich sind und gerade deshalb Lust auf die vertiefende Auseinandersetzung machen können.

Als technische Basis eines solchen computergestützten kreativen Arrangements, wie es Volker Frederking (2007b) vorgeschlagen hat, empfiehlt sich ein interaktives Software-Tool, wie es bislang allerdings erst im Rahmen einiger weniger Angebote zur Verfügung steht: *Texte, Themen und Strukturen* (2004), *Literatur des 20.*

9.4 Praktische Beispiele

Jahrhunderts (2001) und im symmedialen Kreativraum (www.medid.de). In einer solchen interaktiven Lernumgebung können nach dem Prinzip des **multi- bzw. symmedialen Erfahrungs- und Handlungsraumes** (vgl. Berghoff/Frederking 2002), wie bereits im Kapitel 9.3.2 beschrieben, in idealtypischer Weise Text-, Bild-, Ton- und Filmdokumente miteinander kombiniert und analytisch-diskursiv wie handelnd-produktiv bearbeitet werden. Im vorliegenden Zusammenhang erscheint – unter der Voraussetzung, dass die Schüler(innen) weder den Goethe-Text noch die Disney-Verfilmung bereits kennen – folgendes Arrangement spannend (vgl. Frederking 2007b): Auf einer **Textbühne**, auf der alle Elemente frei beweglich sind, werden Screenshots aus der Walt-Disney-Verfilmung des Zauberlehrlings in unsystematischer Form platziert – verbunden mit der Arbeitsanregung, die ‚Film-Fotos' in eine schlüssige Reihenfolge zu bringen. Durch die uneingeschränkte Verschiebbarkeit aller Einzelbilder ist es für die Schüler(innen) sehr einfach möglich, eine eigene Geschichte aus Bildern zu konstruieren (Abb. 65). Der ergänzende Arbeitsauftrag, unter die Bilderfolge eine entsprechende Geschichte zu schreiben oder die einzelnen Bilder wie in einem Comic mit Text zu versehen – Abb. 66 zeigt Ansätze möglicher Einlösungen – werden die Schüler(innen) zu eigener Textproduktion angeregt.

Abb. 65: *Screenshots der Walt-Disney-Version des „Zauberlehrlings" ordnen*

Dieser Übergang von der Bild- zur Textebene erweitert das Feld der eigenaktiven Verarbeitung der Vorlagen – unter Nutzung der medienspezifischen Vorteile des

9. Die neuen Symmedien Computer und Internet

Computers. Denn die Schreibprozesse erfolgen auf derselben Handlungsebene wie die Bildcollage.

Abb. 66: *Mit den Screenshots produktiv arbeiten*

Zeigen sich schon hier spezifische Vorteile des **Computers als integrativem Unimedium**, treten diese mit den Folgearrangements noch deutlicher in Erscheinung. Denn im Anschluss an den von den Schüler(inne)n vollzogenen Transfer der Bild- auf die Textebene können diese – wiederum im selben medialen Rezeptions- und Handlungsraum – den beiden zugrunde liegenden Originalen – dem Film und dem Goethe-Text – begegnen und diese in analytischer wie handelnd-produktiver Form bearbeiten.

Zunächst könnte der Film in digitaler Form im Rahmen der Lernumgebung zugänglich gemacht werden. Dessen Rezeption fordert zum Vergleich zwischen den bildlich-textlichen Erzählvarianten der Schüler(innen) und der Filmerzählung heraus.

Die Arbeitsanregung, die Filmgeschichte aus der Perspektive von Mickey nachzuerzählen, stellt einen weiteren sinnvollen Schreibanlass dar, insofern der Disney-Film komplett auf gesprochene oder geschriebene Sprache verzichtet und die Schüler(innen) damit zur Schließung der real bestehenden sprachlichen Leerstelle veranlasst werden. Dass dies auf einer Handlungsebene unmittelbar neben dem Film geschehen kann und jede(r) Schüler(in) ganz individuell nach den eige-

9.4 Praktische Beispiele

nen Bedürfnissen den Film noch einmal hin- und herspulen und einzelne Szenen beliebig oft anschauen kann, rückt **zwei große medienspezifische Vorteile des Computers** bzw. seiner synästhetischen Optionen ins Blickfeld. Mit der Versprachlichung der Filmhandlung bereiten sich die Schüler(innen) überdies in spezifischer Weise auf die Begegnung mit dem textlichen Original vor, das der Verfilmung zugrund liegt. Denn sie erkunden sprachliche Darstellungsweisen des Handlungsgeschehens und werden so für Goethes literarischen Entwurf sensibilisiert.

Die Erkenntnis, dass dieser berühmte Klassiker der Disney-Verfilmung zugrunde liegt, birgt auf der einen Seite ein gewisses Überraschungsmoment, das Neugier auf den Text wecken dürfte. Auf der anderen Seite ist vor diesem Hintergrund ein Film-Text-Vergleich der besonderen Art möglich. Denn die Schüler(innen) könnten aufgefordert werden, wiederum im digitalen Handlungsraum auf dem Computerbildschirm den textlichen Vorgaben Goethes die entsprechenden Bilder aus den Verfilmungen zuzuordnen. Dabei könnten sich die Schüler(innen) – je nach zur Verfügung stehender Zeit – auf die ersten Zeilen der Ballade und die entsprechenden Bilder aus dem Anfangsteil des Films beschränken oder in Gruppen einzelne Strophen der Ballade bearbeiten. Der Screenshot (Abb. 67) zeigt eine mögliche Lösung.

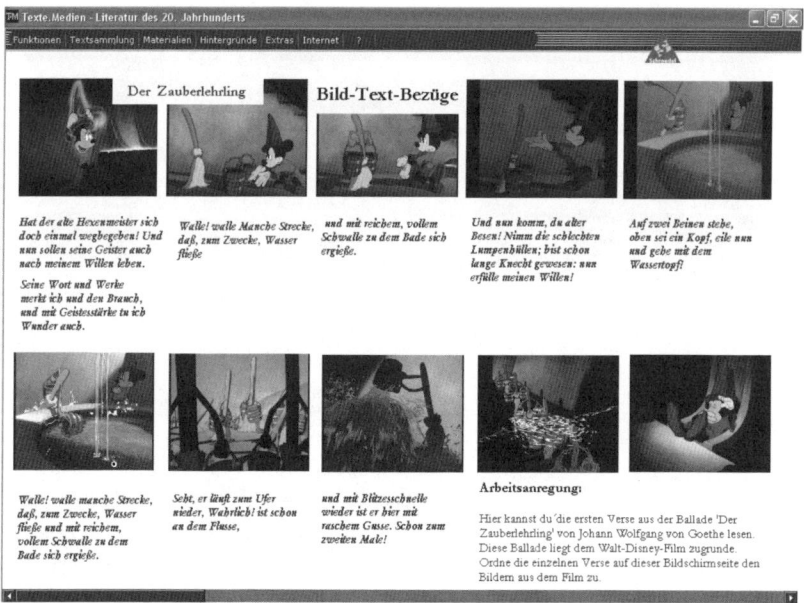

Abb. 67: *Screenshots und Goethe-Text verbinden*

9. Die neuen Symmedien Computer und Internet

Auf diese Weise erfolgt eine spielerische Überprüfung, inwieweit Walt Disneys Zeichentrickfilm tatsächlich die wesentlichen Inhalte von Goethes Vorlage verarbeitet hat und wo es mediale Besonderheiten gibt.

Auf dieser Grundlage sollte nun Goethes Ballade selbst in stärkerem Maße in den Fokus des unterrichtlichen Geschehens rücken. Hier könnten sich stimmliche Erkundungen des Balladentextes ebenso anbieten wie theatrale Erschließungen. Beide Formen eröffnen auf spielerische Art und Weise Raum für eine kreative Textaneignung. Jeweils ließen sich dabei durch die Einbeziehung des Computers als Symmedium die Verarbeitungsmöglichkeiten deutlich erweitern.

So bietet es sich im Zusammenhang mit den **hörästhetischen Zugängen** zum Balladentext im Anschluss an die ersten stimmlichen Erkundungen an, die Schüler(innen) in einem nächsten Schritt mit den vielfältigen professionellen auditiven Aneignungen vertraut zu machen. Dabei zeigt sich der mediale Mehrwert computerbasierter Arrangements in großer Deutlichkeit. Statt in konventioneller Weise einen Hörtext nach dem anderen per CD der Klasse im Ganzen vorzuspielen und die Schüler(innen) dann ihre Rezeptionseindrücke im Heft oder auf einem vorbereiteten Arbeitsblatt notieren zu lassen, besitzt der Computer insbesondere unter Nutzung von Formen des multimedialen Erfahrungs- und Handlungsraumes drei markante Vorzüge (vgl. Abb. 68):

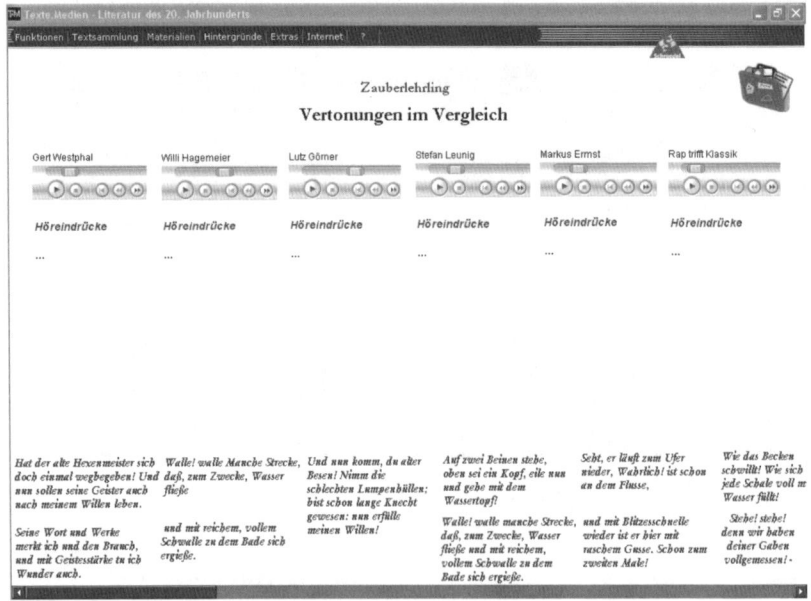

Abb. 68: *Verschiedene Vertonungen des „Zauberlehrlings" auf einer Arbeitsoberfläche*

9.4 Praktische Beispiele

1. Alle Hörtexte können auf einer Ebene mit einer digitalen Variante des Printextes nebeneinander platziert und dort rezipiert werden.
2. Jede(r) Schüler(in) kann jeden Hörtext individuell rezipieren und zwar so oft, wie er bzw. sie dies möchte.
3. In unmittelbarer lokaler Nähe zu den Hörtexten und den digitalisierten Printtexten können die Schüler(innen) Eindrücke unmittelbar schriftlich festhalten.

Damit wird im Zusammenhang mit Film- bzw. Hörtexten im Computer als synästhetischem Medium endlich möglich, was beim Buch Standard ist: individuelle Rezeptions- und Verarbeitungsmöglichkeiten auf ein- und derselben medialen Handlungsebene.

Während sich die ersten drei Hörfassungen von Gert Westphal (1995), Willi Hagemeier (2001) und Lutz Görner (2001) primär auf die stimmliche Interpretation beschränken und nur sehr dosiert zusätzliche auditive Elemente (Hintergrundgeräusche, Musik zur Einstimmung etc.) verwenden, stellen die Hörtexte der Gruppe Leunig (2000), von Markus Ernst (1999) und den ‚Jungen Dichtern und Denkern' (2006) Hip-Hop bzw. Rap-Versionen dar, die stark auf eine musikalische Verarbeitung des Sujets ausgerichtet sind.[16] Der Vergleich der damit verbundenen hörästhetischen Wirkungen im Klassengespräch macht auf unterschiedliche Intentionen und Gestaltungsprinzipien der Hörtexte aufmerksam und schafft so gleichzeitig eine Voraussetzung für eigenaktive Aneignungen. Die Anregung, vor dem Hintergrund der rezipierten Hörtexte nun eine eigene Hörfassung zu erstellen, eröffnet den Schüler(inne)n einen Weg von der Rezeption zur Produktion. Auch hier bietet der Computer als Speicher-, Kompositions- und Präsentationsmedium besondere Möglichkeiten. Auf der CD-Rom ‚Rap trifft Klassik' (2006) stehen dafür bereits mögliche Hintergrundmusik-Varianten zur Verfügung.

Eine Alternative zur hörästhetischen Rezeption und produktiven Weiterverarbeitung stellen **theatrale Formen** – Standbilder, Handlungssequenzen, Puppenspiel etc. – dar. Auch diese lassen sich durch technische Zusatzmittel der Vergänglichkeit des Augenblicks entreißen, indem sie digital gespeichert und so im Computer weiterverarbeitet werden können. Für die Schüler(innen) ist es so relativ problemlos möglich, szenische Darstelllungen per Camcorder aufzuzeichnen und mit einem geeigneten Software-Tool weiterzuverarbeiten. Aber auch Puppenspiel-Varianten bieten sich an. Eine besonders gelungene Erarbeitung einer vierten Grundschulklasse, ein Stop-Motion-Film zum „Zauberlehrling", ist im Netz frei zugänglich und kann als Inspirationsquelle dienen (vgl. Friedrich/Schulz-Voigt/Totzke/ Klasse 4b der Steinwald-Schule 2005).

---

[16] Hinzugezogen werden könnten überdies Vertonungen z.B. von Dukas (1897), Kinski (1990), Esche (2001), Hazen/Beck (2002), Albrecht/Dsob (2006) und Rahn (2007).

9. Die neuen Symmedien Computer und Internet

Zusammenfassung

Die neuen Symmedien Computer und Internet integrieren alle medialen Optionen (Text, Bild, Ton, Film etc.) in digitaler Form und sind aus deutschdidaktischer Sicht besonders wertvoll, weil sie durch ihre interaktiven und synästhetischen Qualitäten Lese- und Schreib- und Kommunikationsprozesse signifikant verändern. Der Chat ermöglicht z.b. erstmals synchrone Interaktion im Medium der Schrift und führt zur Ausbildung oraliteraler Kommunikationsformen, die Elemente der Schriftlichkeit und Mündlichkeit vereinen. Die anonymisierende Wirkung computervermittelter Kommunikationsprozesse eröffnet neue Möglichkeiten zum Spiel mit Identität(en) und eröffnet aus didaktischer Sicht spezifische Möglichkeiten einer virtuellen Theatralik. Nichtlineare Hypertexte, die digitale Dokumente unterschiedlichen Typs vernetzen und in denen sich ein Leser wie ein aktiver Spieler bewegt, lassen sich nicht mehr mit buchorientierten Kategorien (wie z.b. dem Text- oder Werkbegriff) erfassen und untergraben das klassische Verhältnis von Autor, Text und Leser nachhaltig. Das zeigt sich insbesondere, wenn man kooperative und partizipative Formen des Schreibens im Netz sowie kollaborative und kommunikative Formen vernetzten Schreibens analysiert. Die Vielfalt fachspezifischer Einsatzmöglichkeiten von Computer und Internet als Lern-, Schreib-, Information-, Kommunikations-, Kooperations- und synästhetische Handlungsmedien wird in den sechs Unterrichtsbeispielen deutlich.

Weiterführende Literatur: Aarseth, Espen (1997): Cybertext. Perspectives on Ergodic Literature. Baltimore, London. **Döring, Nicola (2003):** Sozialpsychologie des Internet. Die Bedeutung des Internet für Kommunikationsprozesse, Identitäten, soziale Beziehungen und Gruppen. 2., vollständig überarbeitete und erweiterte Auflage. Göttingen. **Frederking, Volker/Krommer, Axel (2003):** Von der ‚Persona' zum ‚Personascript': Virtuelle Theatralik im multimedialen Deutschunterricht am Beispiel von Ludwig Fels' ‚Soliman'. In: Deutschunterricht 56, H. 4, S. 34–43. **Frederking, Volker (2006):** Symmedialität und Synästhetik. Begriffliche Schneisen im medialen Paradigmenwechsel und ihre filmdidaktischen Implikationen am Beispiel von Erich Kästners ‚Emil und die Detektive'. In: Frederking, Volker (Hrsg.): Filmdidaktik – Filmästhetik Jahrbuch Medien im Deutschunterricht 2005. Band 4. München, S. 204–229. **Heibach, Christiane (2003):** Literatur im elektronischen Raum. Frankfurt/Main (=stw 1605).

Literaturverzeichnis

Aarseth, Espen (1997): Cybertext. Perspectives on Ergodic Literature. Baltimore, London.
Abraham, Ulf (1994): Lesarten – Schreibarten. Formen der Wiedergabe und Besprechung literarischer Texte. Stuttgart.
Abraham, Ulf (2000): Übergänge. Wie Heranwachsende zu kompetenten LeserInnen werden. In: ide – informationen zur deutschdidaktik 24, H. 2, S. 20-34.
Abraham, Ulf (2002a): Soll Deutsch ein Medienfach werden? Kulturhistorische, didaktische und bildungspolitische Streitfragen. Streitgespräch mit Elisabeth K. Paefgen (http://www.uni-jena.de/~x9krmi/SDD2002/, 01.12.2007).
Abraham, Ulf (2002b): Kino im Klassenzimmer. Klassische Filme für Kinder und Jugendliche im Deutschunterricht. In: Praxis Deutsch 29, H. 175, S. 6-18.
Abraham, Ulf (2006): Mehr als nur „Theater mit Videos". Theatralität in einem medienintegrativen Deutschunterricht und szenische Verfahren im Umgang mit Film und Fernsehen. In: Frederking, Volker (Hrsg.): Filmdidaktik – Filmästhetik. München (= Jahrbuch Medien im Deutschunterricht 2005, Bd. 4), S. 130-144.
Abraham, Ulf/Kepser, Matthis (2000): living books zwischen Computermedien und Buchliteratur: medientheoretische und fachdidaktische Überlegungen. In: Der Deutschunterricht 52, H. 1, S. 45-53.
Abraham, Ulf/Kepser, Matthis (2005): Literaturdidaktik Deutsch. Eine Einführung. Berlin.
Altrogge, Michael/Amann, Rolf (1991): Videoclips – die geheimen Verführer der Jugend? Berlin.
Alvermann, Donna E. (Hrsg.) (2002): Adolescents and Literacies in a Digital World. New York u.a.
Anders, Petra (2004): Poetry Slam. Live-Poeten in Dichterschlachten. Ein Arbeitsbuch. Mühlheim an der Ruhr.
Anders, Petra/Krommer, Axel (2007): Live Literatur als Lyrik des Augenblicks. Deutschunterricht 60, H. 6, S. 46-51
Androutsopoulos, Jannis (2007): Neue Medien – neue Schriftlichkeit. In: Mitteilungen des Deutschen Germanistenverbandes 1, S. 72-97.
Anz, Thomas (1998): Literatur und Lust. Glück und Unglück beim Lesen. München.
Arnheim, Rudolf (1933/2001): Rundfunk als Hörkunst (1933). Frankfurt/Main.
Artelt, Cordula/Stanat, Petra/Schneider, Wolfgang/Schiefele, Ulrich (2001): Lesekompetenz: Testkonzeption und Ergebnisse. In: Baumert, Jürgen et al. (Hrsg.): PISA 2000. Basiskompetenzen von Schülerinnen und Schülern im internationalen Vergleich. Opladen, S. 69-137.
Auer, Johannes (2000): 7 Thesen zur Netzliteratur (http://www.netzliteratur.net/thesen.htm, 16.08.2007).
Aufenanger, Stefan (1999): Lernen mit neuen Medien. Was bringt es wirklich? In: medien praktisch 23, H. 4, S. 4-8.
Baacke, Dieter (1973): Kommunikation und Kompetenz. Grundlegung einer Didaktik der Kommunikation und ihrer Medien. München.
Baacke, Dieter (1996): „Medienkompetenz als Netzwerk. Reichweite und Fokussierung eines Begriffes, der Konjunktur hat". In: medien praktisch 20,H. 2, S. 4-10.
Baacke, Dieter (1997): Medienpädagogik. Tübingen.

Literaturverzeichnis

Baacke, Dieter (1999): Medienkompetenz als zentrales Operationsfeld von Projekten. In: Baacke, Dieter/Kornblum, Susanne/Lauffer, Jürgen/Mikos, Lothar/Thiele, Günther (Hrsg.): Handbuch Medien: Medienkompetenz; Modelle und Projekte. Bonn, S. 31-35.

Baacke, Dieter/Frank, Günter/Radde, Martin (1989): Jugendliche im Sog der Medien. Medienwelten Jugendlicher und Gesellschaft. Opladen.

Baacke, Dieter/Sander, Uwe/Vollbrecht, Ralf (1990): Lebenswelten Jugendlicher. Bd. 1: Lebenswelten sind Medienwelten; Bd. 2: Lebensgeschichten sind Mediengeschichten. Opladen.

Barsch, Achim (2006): Mediendidaktik Deutsch. Paderborn (= UTB 2808).

Barthes, Roland (1968/2000): Der Tod des Autors. In: Jannidis, Fotis/Lauer, Gerhard/Martinez, Matias/Winko, Simone (Hrsg.): Texte zur Theorie der Autorschaft. Stuttgart, S. 185-193.

Barthes, Roland (1957/1981): Mythen des Alltags. Frankfurt/Main.

Bartsch, Paul Detlev (1996): Slow Motion contra Streß und Hektik. Fernsehwelten zum Feierabend. In: Praxis Deutsch 23, H. 140, S. 35-43.

Baum, Michael (2004): Die furchtsame Stimme. Zur Hörbuch-Bearbeitung von Klaus Manns Erzählung ‚Speed' (1940). In: Deutschunterricht 57, H. 4, S. 39-49.

Baumgartner, Peter/Payr, Sabine (1999): Lernen mit Software (2. Aufl.). Innsbruck/Wien.

Beisbart, Ortwin (2006): Bezugswissenschaften. In: Kliewer, Heinz-Jürgen/Pohl, Inge (Hrsg.): Lexikon Deutschdidaktik (Bd. 1). Baltmannsweiler, S. 47-54.

Beisbart, Ortwin/Maiwald, Klaus (2001): Von der Lesewut zur Wut über das verlorene Lesen. Historische und aktuelle Aspekte der Nutzung des Mediums Buch. In: Maiwald, Klaus/Rosner, Peter (Hrsg.): Lust am Lesen. Bielefeld (= Schrift und Bild in Bewegung 2), S. 99-129.

Beisbart, Ortwin/Marenbach, Dieter (1997): Einführung in die Didaktik der deutschen Sprache und Literatur (7. Aufl.). Donauwörth.

Beißwenger, Michael (Hrsg.) (2002): Chat-Kommunikation. Sprache, Interaktion, Sozialität & Identität in synchroner computervermittelter Kommunikation. Perspektiven auf ein interdisziplinäres Forschungsfeld. Studienausgabe in zwei Bänden. Stuttgart.

Bekes, Peter/Frederking, Volker (2001): Texte.Medien. Literatur des 20. Jahrhunderts. Hannover [CD-ROM].

Belgrad, Jürgen (Hrsg.) (1997): Theaterspiel: Ästhetik des Schul- und Amateurtheaters. Baltmannsweiler.

Belgrad, Jürgen/Niesyto, Horst (Hrsg.) (2001): Symbol. Verstehen und Produktion in pädagogischen Kontexten. Baltmannsweiler.

Benjamin, Walter (1936/1970): Das Kunstwerk im Zeitalter seiner technischen Reproduzierbarkeit. In: Ders. (Hrsg.): Das Kunstwerk im Zeitalter seiner technischen Reproduzierbarkeit. Drei Studien zur Kunstsoziologie (4. Aufl.). Frankfurt/Main (= edition suhrkamp 28), S. 7-64.

Benjamin, Walter (1938/1987): Das Telefon. In: Benjamin, Walter: Berliner Kindheit um Neunzehnhundert. Fassung letzter Hand. Frankfurt/Main, S. 18-19.

Benning, Maria (1998): KauderWebsch. Die rabiateste Rechtschreibreform findet fast unbemerkt statt – im Internet. In: c't Nr. 10, S. 98-99.

Berendt, Joachim-Ernst (1985): Nada Brahma. Die Welt ist Klang. Frankfurt/Main.

Berger, Norbert (2000): Wer soll „Butti" kaufen? Schüler machen Schokoladenwerbung. In: Praxis Deutsch 27, H. 163, S. 38-41.

Berghoff, Matthias (1997): Hypermedia als weitere Chance für den Deutschunterricht? Skizze eines interaktiven Assoziations- und Interpretationsraums im Internet zu

Literaturverzeichnis

Ernst Jandls „wien: heldenplatz". In: Osnabrücker Beiträge zur Sprachtheorie 55, S. 172–185.

Berghoff, Matthias (1998): „Wenn ich die Lehrer für eine Sache nicht kriege, kann ich Schule nicht ändern ...". Pädagogisch sinnvolle Nutzung der Neuen Medien setzt Schulentwicklung voraus. In: Frederking, Volker (Hrsg.): Verbessern heißt verändern. Neue Wege, Inhalte und Ziele der Ausbildung von Deutschlehrer(inne)n in Studium und Referendariat. Baltmannsweiler, S. 279-301.

Berghoff, Matthias/Frederking Volker (1999a): „Auf dem Weg zum virtuellen Klassenzimmer. Computervermittelte Kooperation zwischen Lerngruppen auf der Basis von E-Mail, DCR-Chat, BSCW, Netmeeting und Video-Konferenz". In: ide-informationen zur deutschdidaktik 23, H. 1, 121-133.

Berghoff, Matthias/Frederking, Volker (1999b): Virtuelle Rollenspiele. In: Deutschunterricht 52, H. 2, S. 100–108.

Berghoff, Matthias/Frederking, Volker (2001): Umgang mit dem Fremden in Sprache und Literatur. Internet-Kooperationsseminar und Unterrichts-Modell für die Sekundarstufe. In: Wermke, Jutta (Hrsg.): HÖREN und SEHEN. Beiträge zu Medien- und Ästhetischer Erziehung. München, S. 169–189.

Berghoff, Matthias/Frederking, Volker (2002): Multimediale Erfahrungs- und Handlungsräume – neue Möglichkeiten für den Einsatz des Computers im Deutschunterricht. In: Kugler, Hartmut (Hrsg): Vorträge des Erlanger Germanistentags (Bd. 2). Bielefeld, S. 807–816.

Bergk, Johann Adam (1799): Die Kunst, Bücher zu lesen. Nebst Bemerkungen über Schriften und Schriftsteller (1799). Jena.

Bergmann, Wolfgang (1996): Computerkids: die neue Generation verstehen lernen. Zürich.

Berndt, Elin-Birgit (1997): Der Deutschunterricht als Ort der informationstechnischen Grundbildung und der Medienerziehung. In Berndt, Elin-Birgit/Schmitz, Ulrich (Hrsg.): Deutschunterricht und Neue Medien. Osnabrücker Beiträge zur Sprachtheorie (OBST) 55. Oldenburg, S. 9-17.

Bertschi-Kaufmann, Andrea/Kassis, Wassilis/Sieber, Peter (Hrsg.) (2004): Mediennutzung und Schriftlernen. Analysen und Ergebnisse zur literalen und medialen Sozialisation. München u.a.

Bertschi-Kaufmann, Andrea/Schneider, Hansjakob (2004): Neue Medien. In: Bertschi-Kaufmann, Andrea/Kassis, Wassilis/Sieber, Peter (Hrsg.): Mediennutzung und Schriftlernen. Analysen und Ergebnisse zur literalen und medialen Sozialisation. München u.a., S. 11–22.

Beth, Hanno/Pross, Harry (1976): Einführung in die Kommunikationswissenschaft. Stuttgart.

Blatt, Inge (1996): Der Computer im Deutschunterricht. Eine Bestandsaufnahme. In: Deutschunterricht 49, H. 12, S. 601–606.

Blatt, Inge/Hartmann, Wilfried (Hrsg.) (2004): Schreibprozesse im medialen Wandel. Ein Studienbuch. Baltmannsweiler.

Blatt, Inge/Hartmann, Wilfried/Voss, Andreas (2001): Neue Schriftmedien im Lehramtsstudium Deutsch. Berlin u.a. (= Beiträge zur Geschichte des Deutschunterrichts, Bd. 47).

Blei-Hoch, Claudia (2006a): Bilder im Deutschunterricht. In: Kliewer, Heinz-Jürgen/Pohl, Inge (Hrsg.): Lexikon Deutschdidaktik (Bd. 1). Baltmannsweiler, S. 54–56.

Blei-Hoch, Claudia (2006b): Bilderbuch. In: Kliewer, Heinz-Jürgen/Pohl, Inge (Hrsg.): Lexikon Deutschdidaktik (Bd. 1). Baltmannsweiler, S. 56–58.

Literaturverzeichnis

Böhn, Gottfried (1994): Die Wiederkehr der Bilder. In: Ders. (Hrsg.): Was ist ein Bild? München, S. 11–38.

Bollmann, Stefan (2005): Frauen, die lesen, sind gefährlich. Mit einem Nachwort von Elke Heidenreich. München.

Bolter, Jay D. (1997): Das Internet in der Geschichte der Technologien des Schreibens. In: Münker, Stefan/Roesler, Alexander (Hrsg.): Mythos Internet. Frankfurt/Main (= edition suhrkamp 2010), S. 37–55.

Bolz, Norbert (1993): Am Ende der Gutenberg-Galaxis. Die neuen Kommunikationsverhältnisse. München.

Bönnighausen, Marion (2004): Intermediale Kompetenz. In: Rösch, Heidi (Hrsg.): Kompetenzen im Deutschunterricht. Frankfurt/Main, S. 51–70.

Bönnighausen, Marion (2006): An den Schnittstellen der Künste. Vorschläge für einen intermedialen Deutschunterricht. In: Frederking, Volker (Hrsg.): Filmdidaktik – Filmästhetik. München (= Jahrbuch Medien im Deutschunterricht 2005, Bd. 4), S. 191–203.

Bönnighausen, Marion/Rösch, Heidi (2004): Einleitung. In: Bönnighausen, Marion/Rösch, Heidi (Hrsg.): Intermedialität im Deutschunterricht. Baltmannsweiler (= Diskussionsforum Deutsch 15), S. 2–6.

Börder, Mette (2001): Die Kinderhörkassette im Deutschunterricht der Primarstufe. In: Wermke, Jutta (Hrsg.): Hören und Sehen: Beiträge zu Medien- und Ästhetischer Erziehung. München, S. 59–72.

Börder, Mette (2004): Hörästhetik und auditive Medien im Deutschunterricht. Eine Bibliografie. Teil II. In: Frederking, Volker (Hrsg.): Lesen und Symbolverstehen. München (= Jahrbuch Medien im Deutschunterricht 2003, Bd. 2), S. 332–336.

Börder, Mette/Ehrnsberger, Jörg (2003): Hörästhetik und auditive Medien im Deutschunterricht. Eine Bibliografie. Teil I. In: Wermke, Jutta (Hrsg.): Literatur und Medien. München (= Jahrbuch Medien im Deutschunterricht 2002, Bd. 1), S. 283–300.

Brand, Thomas/Lödige, Hartwig/Möbius, Thomas (1999): Bildbeschreibung, Charakteristik, Referat. 7.–10. Jahrgangsstufe. Hollfeld (= kurz & bündig, Bd. 3).

Brecht, Bertolt (1932/1990): Radiotheorie. In: Brecht, Bertolt: Schriften zur Literatur und Kunst. Gesammelte Werke. (Bd. 18). Frankfurt/Main, S. 119–134.

Breilmann, Sybille/Schopen, Michael (1999): Vom virtuellen in den realen Raum. Szenische Darstellung eines Chatgesprächs. In: Praxis Deutsch 26, H. 158, S. 48–54.

Bremerich-Vos, Albert (1983): Neue Medien, Kommunikationspolitik und Deutschunterricht. In: Der Deutschunterricht 35, H. 4, S. 76–92.

Brinker, Klaus (1988): Linguistische Textanalyse (2. Aufl.). Berlin.

Brügelmann, Hans (1984): Schrifterwerb mit Computerhilfe: Verführung, Herausforderung oder Spiegelbild der Grundschuldidaktik. In: IRA/D-Beiträge 2, S. 21–51.

Brügelmann, Hans (2003): Immer schlechtere Leistungen in der Rechtschreibung? Die Geschichte einer Klage. In: Barsch, Achim/Behnken, Imbke/Hurrelmann, Bettina/Rosebrock, Cornelia/Sander, Ekkehard (Hrsg.): Lesen + Schreiben. Seelze (= Jahresheft Schüler 2003), S. 72–73.

Brussig, Thomas (1999): Ein Termin beim Notar. (http://www.zeit.de/1999/31/199931.roman.xml, 01.03.2008).

Buddemeier, Heinz (1993): Leben in künstlichen Welten. Cyberspace, Videoclips und das tägliche Fernsehen. Stuttgart.

Bullerjahn, Claudia/Röhlig, Kerstin (1998): „I want my MTV!". Analyse eines selbstreferentiellen Musikvideos in einem Oberstufenkurs. In: Musik und Unterricht. Zeitschrift für Musikpädagogik 9, H. 51, S. 36–41.

Literaturverzeichnis

Burdorf, Dieter (1995): Einführung in die Gedichtanalyse. Stuttgart u.a.
Bush, Vannevar (1945/2003): As we may think. In: Wardrip-Fruin, Noah/Montfort, Nick (Hrsg.): The New Media Reader. Cambridge/Massachusetts u.a., S. 37–47.
Busse, Tanja (1996): Mythos in Musikvideos. Weltbilder und Inhalte von MTV und Viva. Münster (= Kommunikationsökologie 3).
Bütow, Wilfried (2002): Science-Fiction-Filme – Diskussionsangebote über Lebensfragen. Truffauts „Fahrenheit 451" und Spielbergs „E.T." im Unterricht der 6. und 8. Klasse. In: Deutschunterricht 55, H. 6, S. 30–37.
Bütow, Wilfried/Wetekam, Burkhard (2005): Hören, sehen, lesen – Brücken zu Schillers Balladen. In: Deutschunterricht 58, H. 2, S. 18–30.
Cavallo, Guglielmo (1995): Vom Volumen zum Kodex: Lesen in der römischen Welt. In: Chartier, Roger/Cavallo, Guglielmo (Hrsg.): Die Welt des Lesens. Von der Schriftrolle zum Bildschirm. New York u.a., S. 97–133.
Charlton, Michael (1997): Medienrezeption und Lebensbewältigung. In: Der Deutschunterricht 49, H. 3, S. 10–17.
Charlton, Michael/Neumann-Braun, Klaus (1992): Medienkindheit – Medienjugend. Eine Einführung in die aktuelle kommunikationswissenschaftliche Forschung. München.
Chartier, Roger/Cavallo, Guglielmo (1995): Einleitung. In: Chartier, Roger/Cavallo, Guglielmo (Hrsg.): Die Welt des Lesens. Von der Schriftrolle zum Bildschirm. New York, S. 9–57.
Chomsky, Noam (1974): Thesen zur Theorie der generativen Grammatik. Frankfurt/Main.
Coy, Wolfgang (1994): Aus der Vorgeschichte des Mediums Computer. In: Bolz, Norbert/Kittler, Friedrich/Tholen, Christoph (Hrsg.): Computer als Medium. München, S. 19–37.
Crystal, David (2001): Language and the Internet. Cambridge.
Danet, Brenda/Wachenhauser, Tsameret/Bechar-Israeli, Haya/Cividalli, Amos/Rosenbaum-Tamari, Yehudit (1993): Curtain Time 20:00 GMT: Experiments with Virtual Theatre on Internet Relay Chat. (http://jcmc.indiana.edu/vol1/issue2/contents.html, 01.10.2007).
Dehn, Mechthild/Hoffmann, Thomas/Lüth, Oliver/Peters, Maria (2004): Zwischen Text und Bild. Schreiben und Gestalten mit neuen Medien. Freiburg.
Denk, Rudolf (1977): Erziehung zum Umgang mit Medien. Freiburg.
Denk, Rudolf (2003): Hörfunk und Fernsehen. In: Lange, Günter/Neumann, Karl/Ziesenis, Werner (Hrsg.): Taschenbuch des Deutschunterrichts (Bd. 1) (8. Aufl.). Baltmannsweiler, S. 431–448.
Doelker, Christian (1997): Ein Bild ist mehr als ein Bild. Visuelle Kompetenz in der Multi-Mediagesellschaft. Stuttgart.
Dohmen, Günther/Peters, Otto (Hrsg.) (1971): Hochschulunterricht im Medienverbund. Teil 1: Probleme, Projekte, Pläne. Teil 2: Didaktische Aspekte (= lehren und lernen im medienverbund. Bd. 3). Königstein u.a.
Dolle-Weinkauff, Bernd (2002): Comics für Kinder und Jugendliche. In: Lange, Günter (Hrsg.): Taschenbuch der Kinder- und Jugendliteratur (Bd. 1) (3. Aufl.). Baltmannsweiler, S. 495–525.
Dolle-Weinkauff, Bernd (2005): Manga – eine Literatur der Globalisierung? In: Kinder- und Jugendliteraturforschung 2004/2005. Frankfurt/Main, S. 99–109.
Döring, Nicola (1997a): Kommunikation im Internet: Neun theoretische Ansätze. In: Batinic, Bernad (Hrsg.): Internet für Psychologen. Göttingen, S. 267–298.
Döring, Nicola (1997b): Identitäten, Beziehungen und Gemeinschaften im Internet. In: Batinic, Bernad (Hrsg.): Internet für Psychologen. Göttingen, S. 299–336.

Literaturverzeichnis

Döring, Nicola (1997c): Identitäten, soziale Beziehungen und Gemeinschaften im Netz. In: Batinic, Bernad (Hrsg.): Internet für Psychologen. Göttingen, S. 379–415.
Döring, Nicola (2003): Sozialpsychologie des Internet. Die Bedeutung des Internet für Kommunikationsprozesse, Identitäten, soziale Beziehungen und Gruppen (2., vollständig überarbeitete und erweiterte Aufl.). Göttingen.
Drummer, Almut/Maiwald, Klaus (2007): „Walle! Walle / Manche Strecke". Grundschulkinder nähern sich einer klassischen Ballade. In: Die Grundschulzeitschrift 21, H. 204, S. 18-21.
Dürscheid, Christa (2002): SMS-Schreiben als Gegenstand der Sprachreflexion. In: Networx Nr. 28 (2002). (http://www.mediensprache.net/networx/networx-28.pdf, 10.11.2007).
Dürscheid, Christa (2003): Medienkommunikation im Kontinuum von Mündlichkeit und Schriftlichkeit. Theoretische und empirische Probleme. In: Zeitschrift für Angewandte Linguistik, H. 38, S. 35–54.
Dürscheid, Christa (2004): Netzsprache – ein neuer Mythos. In: Beißwenger, Michael/Hoffmann, Ludger/Storrer, Angelika (Hrsg.): Internetbasierte Kommunikation. Osnabrücker Beiträge zur Sprachtheorie (OBST) 68. Oldenburg, S. 141–157.
Dürscheid, Christa (2005): Neue Medien – neue Kommunikationsformen. Ein Thema für den integrativen Deutschunterricht. In: Jonas, Hartmut/Josting, Petra (Hrsg.): Medien: Kritik und Sprache. München (= Jahrbuch Medien im Deutschunterricht 2004, Bd. 3), S. 103–116.
Eco, Umberto(1990): Die Grenzen der Interpretation. München.
Eggerer, Wilhelm/Winter, Alex (1984): Die Bildbeschreibung. Sekundarstufe. München.
Eggert, Hartmut/Garbe, Christine (1995): Literarische Sozialisation. Stuttgart (= SM 287).
Ehmer, Hermann K. (1971): Zur Metasprache der Werbung – Analyse einer DOORNKAAT-Reklame. In: Ders. (Hrsg.): Visuelle Kommunikation. Beiträge zur Kritik der Bewußtseinsindustrie. Köln, S. 162–178.
Ehmer, Hermann K. (Hrsg.) (1971): Visuelle Kommunikation. Beiträge zur Kritik der Bewußtseinsindustrie. Köln.
Elsner, Monika/Gumbrecht, Hans Ulrich/Müller, Thomas/Spangenberg, Peter M. (1994): Zur Kulturgeschichte der Medien. In: Merten, Klaus/Schmidt, Siegfried J./Weischenberg, Siegfried (Hrsg.): Die Wirklichkeit der Medien. Eine Einführung in die Kommunikationswissenschaft. Opladen, S. 163–187.
Eichendorff, Joseph von (1837/1982): Mondnacht. In: Echtermeyer, Theodor/von Wiese, Benno (Hrsg.): Deutsche Gedichte. Auswahl für Schulen (17. Aufl.). Düsseldorf, S. 379.
Elsner, Monika/Müller, Thomas (1988): Der angewachsene Fernseher. In: Gumbrecht, Hans Ulrich/Pfeiffer, K. Ludwig (Hrsg.): Materialität der Kommunikation. Frankfurt/Main (= stw 750), S. 392–415.
Ende, Michael (1973): Momo. München 1996.
Enzensberger, Hans Magnus (1970/1997): Baukasten zu einer Theorie der Medien. In: Glotz, Peter (Hrsg.): Baukasten zu einer Theorie der Medien. Kritische Diskurse zur Pressefreiheit. München.
Erlinger, Hans Dieter (2002): Kinderfernsehen. In: Lange, Günter (Hrsg.): Taschenbuch der Kinder- und Jugendliteratur (Bd. 2) (3. Aufl.). Baltmannsweiler, S. 620–636.
Erlinger, Hans Dieter (2004): Kanonfragen für die Medienerziehung im Deutschunterricht. In: Erlinger, Hans Dieter/Lecke, Bodo (Hrsg.): Kanonbildung bei audiovisuellen Medien im Deutschunterricht? München, S. 23–40.
Erlinger, Hans Dieter/Lecke, Bodo (Hrsg.) (2004): Kanonbildung bei audiovisuellen Medien im Deutschunterricht? München.

Literaturverzeichnis

Ertelt, Jürgen (2007): Das Handy – Das Schweizer Messer in der Mediennutzung Jugendlicher. In: merz 51, H. 3, S. 14–19.
Everlink, Rudolf (1988): Ein Hörspielproduzieren (1977). Frankfurt/Main.
Ewers, Hans-Heino (2000): Literatur für Kinder und Jugendliche. Eine Einführung. München.
Ewers, Hans-Heino (2002): Einleitung: Kinder- und Jugendliteratur, Neue Medien und Pop-Kultur; kinder- und jugendliterarischer Wandel an der Wende zum 21. Jahrhundert. In: Ewers, Hans-Heino (Hrsg.): Lesen zwischen Neuen Medien und Pop-Kultur. Kinder- und Jugendliteratur im Zeitalter multimedialen Entertainments. Weinheim u.a. (= Jugendliteratur – Theorie und Praxis), S. 11–30.
Faßler, Manfred (1997): Was ist Kommunikation? (2. Aufl.). München (= UTB 1960).
Faulstich, Werner (1996): Die Geschichte der Medien. Bd. 2: Medien und Öffentlichkeiten im Mittelalter (800-1400). Göttingen.
Faulstich, Werner (1997): Die Geschichte der Medien. Bd. 1.: Das Medium als Kult: von den Anfängen bis zur Spätantike (8. Jahrhundert). Göttingen.
Faulstich, Werner (2002a): Einführung in die Medienwissenschaft. Probleme-Methoden-Domänen. München (= UTB 2407).
Faulstich, Werner (2002b): Die Geschichte der Medien. Bd. 4: Die bürgerliche Mediengesellschaft (1700-1830). Göttingen.
Faulstich, Werner (2004a): Die Geschichte der Medien. Bd. 5: Medienwandel im Industrie- und Massenzeitalter (1830-1900). Göttingen.
Faulstich, Werner (Hrsg.) (2004b): Grundwissen Medien (5., vollständig überarbeitete und erheblich erweiterte Aufl.). München (= UTB 8169).
Faulstich, Werner (2005): Filmgeschichte. Paderborn (= UTB basics 2638).
Fehr, Wolfgang (2001): Filmästhetik und Bildrhetorik im Erfolgskino: James Camerons „Titanic" (USA 1997). In: Der Deutschunterricht 53, H. 4, S. 79–84.
Feierabend, Sabine/Rathgeb, Thomas (2006a): KIM-Studie 2006. Kinder und Medien, Computer und Internet. Basisuntersuchung zum Medienumgang 6- bis 13-Jähriger in Deutschland. Hrsg. vom Medienpädagogischen Forschungsverbund Südwest. Stuttgart.
Feierabend, Sabine/Rathgeb, Thomas (2006b): KIM 2006. Jugend, Information, (Multi-)Media. Basisstudie zum Medienumgang 12- bis 19-Jähriger in Deutschland. Hrsg. vom Medienpädagogischen Forschungsverbund Südwest. Stuttgart.
Fey, Antje (2003): Das Buch fürs Ohr wird populär. Hörbuch – Definition, Marktentwicklung und Marktstrategien. In: media perspektiven 5, S. 231–237.
Fey, Antje (2004): Geschichte des Hörbuchs in Deutschland. Definition, Marktentwicklung und Marketingstrategie. In: Der Deutschunterricht 57, H. 4, S. 7–16.
Filk, Christian (2003): Computerunterstütztes kooperatives Lehren und Lernen. In: Gölitzer, Susanne (Hrsg.): Deutschdidaktik und Neue Medien. Konstitutionsprobleme im Spannungsfeld zwischen Altlasten und Neugierde. Baltmannsweiler, S. 68-102.
Fischer-Lichte, Erika (1983): Semiotik des Theaters. Eine Einführung. Bd. 1: Das System der theatralischen Zeichen. Tübingen.
Flusser, Vilém (1974/2002): Für eine Phänomenologie des Fernsehers. In: Flusser, Vilém: Medienkultur. Hrsg. von Stefan Bollmann. Frankfurt/Main, S. 103–123.
Flusser, Vilém (1989/2002): Alphanumerische Gesellschaft. In: Flusser, Vilém: Medienkultur. Hrsg. von Stefan Bollmann. Frankfurt/Main, S. 41–60.
Flusser, Vilém (1991a/2002): Bilderstatus. In: Flusser, Vilém: Medienkultur. Hrsg. von Stefan Bollmann. Frankfurt/Main, S. 69–82.

Literaturverzeichnis

Flusser, Vilém (1991b/2002): Digitaler Schein. In: Flusser, Vilém: Medienkultur. Hrsg. von Stefan Bollmann. Frankfurt/Main, S. 202–215.

Flusser, Vilém (1991c/2002): Paradigmenwechsel. In: Flusser, Vilém: Medienkultur. Hrsg. von Stefan Bollmann. Frankfurt am Main, S. 190–201

Franz, Kurt/Lange, Günter (Hrsg.) (1999): Bilderwelten. Vom Bildzeichen zur CD-ROM. Baltmannsweiler.

Frederking Volker (2003): Lesen und Leseförderung im medialen Wandel. Symmedialer Deutschunterricht nach PISA. In: Ders. (Hrsg.): Lesen und Symbolverstehen. München (= Jahrbuch Medien im Deutschunterricht 2003, Bd. 2), S. 37–66.

Frederking Volker (2004a): Leseförderung im symmedialen Deutschunterricht. In: Literatur im Unterricht. Texte der Moderne und Postmoderne in der Schule 5, H. 3, S. 275–290.

Frederking, Volker (2000a): „Hallo, seid ihr auch im Netz?" Sich mit Fremden im Internet schreibend begegnen. In: Maria Dakowska (Hrsg.): English in the Modern World. Festschrift für Hartmut Breitkreuz on the occasion of his sixtieth birthday. Berlin u.a., S. 229–258.

Frederking, Volker/Steinig, Wolfgang (2000b): „Mit dem Computer geht's viel leichter als mit der Hand". Bericht über ein Projekt zur E-Mail- und Chat-Kommunikation im Anfangsunterricht. In: Blattmann, Ekkehard/Frederking, Volker (Hrsg.): Deutschunterricht konkret. Bd. I: Literatur und Medien. Baltmannsweiler, S. 166–205.

Frederking, Volker (2002): Auf neuen Wegen ...? Deutschdidaktik und Deutschunterricht im Zeichen der Medialisierung – eine Bestandsaufnahme. In: Wermke, Jutta (Hrsg.) Literatur und Medien. München (= Jahrbuch Medien im Deutschunterricht 2002, Bd. 1), S. 143–159.

Frederking, Volker (2002): Auf neuen Wegen ...? Deutschdidaktik und Deutschunterricht im Zeichen der Medialisierung – eine Bestandsaufnahme. In: Wermke, Jutta (Hrsg.) Literatur und Medien. München (= Jahrbuch Medien im Deutschunterricht 2002, Bd. 1), S. 143-159.

Frederking, Volker (2003): Lesen und Leseförderung im medialen Wandel. Symmedialer Deutschunterricht nach PISA. In: Frederking, Volker (Hrsg.): Lesen und Symbolverstehen. München (= Jahrbuch Medien im Deutschunterricht 2003), S. 37–66.

Frederking Volker (2004a): Leseförderung im symmedialen Deutschunterricht. In: Literatur im Unterricht. Texte der Moderne und Postmoderne in der Schule 5, H. 3, S. 275–290.

Frederking, Volker (2004b): Oralität, Literalität, Multimedialität. Von der Renaissance oralen Sprachgebrauchs und ihrer Bedeutung für Deutschdidaktik und Deutschunterricht. Theodor Diegritz gewidmet. In: Flensburger Hochschulschriften, S. 31–44.

Frederking, Volker (2004c): Identitätsorientierung, Medienintegration und ästhetische Bildung – eine theoriegeschichtliche Spurensuche. In: Hartmut Jonas/Petra Josting (Hrsg.): Medien – Deutschunterricht – Ästhetik. Jutta Wermke zum 60. Geburtstag gewidmet. München, S. 141–162.

Frederking, Volker (2005a): Symmedialität – mediendidaktisches Theorem und Entwicklungsprinzip im E-Learning-Bereich. In: Kleber, Hubert (Hrsg.): Perspektiven der Medienpädagogik in Wissenschaft und Bildungspraxis. München, S. 187–203.

Frederking, Volker (2005b): Schreiben und literarische Texte am Bildschirm. In: Abraham, Ulf/Kupfer-Schreiner, Claudia/Maiwald, Klaus (Hrsg.): Schreibförderung und Schreiberziehung. Eine Einführung für Schule und Hochschule. Donauwörth, S. 119–128.

Frederking, Volker (2005c): Deutschdidaktik und Deutschunterricht nach PISA. Eine Bestandsaufnahme nebst einigen hochschul- und bildungspolitischen Anmerkungen. In: Frederking, Volker/Heller, Helmut/Scheunpflug, Annette (Hrsg.): (2005) Nach PISA. Konsequenzen für Schule und Lehrerbildung nach zwei Studien. Wiesbaden, S. 112–142.

Literaturverzeichnis

Frederking, Volker (Hrsg.) (2006a): Filmdidaktik – Filmästhetik. München (= Jahrbuch Medien im Deutschunterricht 2005, Bd. 4).
Frederking, Volker (2006b): Symmedialität und Synästhetik. Begriffliche Schneisen im medialen Paradigmenwechsel und ihre filmdidaktischen Implikationen am Beispiel von Erich Kästners ‚Emil und die Detektive'. In: Ders. (Hrsg.): Filmdidaktik – Filmästhetik. München (= Jahrbuch Medien im Deutschunterricht 2005, Bd. 4), S. 204–229.
Frederking, Volker (2006c): Neue Medien im Deutschunterricht. In: Kliewer, Heinz Jürgen / Pohl, Inge (Hrsg.): Lexikon Deutschdidaktik (Bd. 2). Baltmannsweiler, S. 554–560.
Frederking, Volker (2006d): Synästhetik multimedialer Gesamttexte. In: Kliewer, Heinz Jürgen / Pohl, Inge (Hrsg.): Lexikon Deutschdidaktik (Bd. 2). Baltmannsweiler, S. 751.
Frederking, Volker (2006e): Hyper-, Inter- bzw. Symmedialität. In: Kliewer, Heinz Jürgen / Pohl, Inge (Hrsg.): Lexikon Deutschdidaktik (Bd. 1). Baltmannsweiler, S. 237–239.
Frederking, Volker (2007a): Literarästhetische Urteilskompetenz. Probleme und Möglichkeiten einer Operationalisierung ästhetischer Kompetenz. In: Frederking, Volker/Hu, Adelheid/Schreiber, Waltraud/Zwergel, Arnold/Methfessel, Elisabeth (Hrsg): Schwer operationalisierbare Kompetenzen. Herausforderungen empirischer Fachdidaktik. Baltmannsweiler. (im Druck).
Frederking, Volker (2007b): Lyrik symmedial, digital und interaktiv. In: Frederking, Volker/ Kepser, Matthis/Rath, Matthias (Hrsg.): Kreativer DU mit neuen Medien. München. (im Druck).
Frederking, Volker/Berghoff, Matthias/Jünger, Werner/Steinig, Wolfgang (1998): Fremde im Zug – Fremde im Netz. Ein interkulturelles Schreibprojekt. In: Zielsprache Deutsch 25, H. 1, S. 13–24.
Frederking, Volker/Berghoff, Matthias/Krommer, Axel (2000): Virtueller Deutschunterricht. ‚Umgang mit dem Fremden' – eine Internet-Kooperation zwischen zwei achten Klassen. In: Deutschunterricht 53, H. 3, S. 207–216.
Frederking, Volker/Berghoff, Matthias/Steinig, Wolfgang (1998): Altmedial contra Cybernatic Samurai. Eine Pro- und Contra-Debatte im Chat als Beispiel computervermittelter Kommunikation. In: Computer und Unterricht 31, S. 41–44.
Frederking, Volker/Josting, Petra (2004): Der Vielfalt eine Chance ... . Medienintegration und Medienverbund im Deutschunterricht. In: Frederking, Volker/Josting, Petra: (Hrsg.) Medienintegration und Medienverbund im Deutschunterricht. Baltmannsweiler, S. 4–6.
Frederking, Volker/Krommer, Axel (2003): Von der 'Persona' zum 'Personascript': Virtuelle Theatralik im multimedialen Deutschunterricht am Beispiel von Ludwig Fels' 'Soliman'. In: Deutschunterricht 56, H. 4, S. 34–43.
Frederking, Volker/Steinig, Wolfgang (2000a): Mit dem Computer geht's viel leichter als mit der Hand". Bericht über ein Projekt zur E-Mail- und Chat-Kommunikation im Anfangsunterricht. In: Blattmann, Ekkehard/Frederking, Volker (Hrsg.): Deutschunterricht konkret.Bnad 1: Literatur und Medien. Baltmannsweiler, S. 166–205.
Frederking, Volker/Steinig, Wolfgang (2000b): Früh übt sich. E-Mail- und Chat-Projekte im Deutschunterricht der Grundschule. In: Computer und Unterricht 40, S. 12–15.
Freud, Sigmund (1939/1997): Das Unbehagen in der Kultur. In: Freud, Siegmund: Das Unbehagen in der Kultur und andere kulturtheoretische Schriften. Frankfurt/Main, S. 29–108.
Freyermuth, Gundolf S. (2002): Kommunikette 2.0. E-Mail, Handy & Co. richtig einsetzen. Mit Top-Regeln für den digitalen Alltag. Heidelberg.
Fritz, Jürgen/Fehr, Wolfgang (Hrsg.) (1997): Handbuch Medien: Computerspiele. Bonn.

Literaturverzeichnis

Fritzsche, Joachim (1994a): Zur Didaktik und Methodik des Deutschunterrichts. Bd. 1: Grundlagen. Stuttgart.
Fritzsche, Joachim (1994b): Zur Didaktik und Methodik des Deutschunterrichts. Bd. 2: Schriftliches Arbeiten. Stuttgart.
Frommer, Harald (1988): Lesen im Unterricht. Von der Konkretisation zur Interpretation (Sekundarstufe I und II). Hannover.
Gast, Wolfgang (1993a): Film und Literatur. Grundbuch. Einführung in Begriffe und Methoden der Filmanalyse. Frankfurt/Main.
Gast, Wolfgang (1993b): Einführung in Begriffe und Methoden der Filmanalyse. Frankfurt/Main.
Gast, Wolfgang (1993c): Literaturverfilmung. Themen, Texte, Interpretationen. Bamberg.
Gast, Wolfgang (1994): Welche Jeans sind die besten? Mediendidaktische Analysen in den Werbeantworten von Levi´s und Diesel. In: Diskussion Deutsch 25, H. 140, S. 386–400.
Gast, Wolfgang (1996): Filmanalyse. In: Praxis Deutsch 23, H. 140, S. 14–25.
Gast, Wolfgang (2002): Rosa Lola oder: Was hat R.W. Fassbinders Film „Lola" (1981) mit H. Manns Roman „Prof. Unrat" (1905) zu tun? In: Deutschunterricht 55, H. 6, S. 20–25.
Gernhardt, Robert (1997): Inventur 96 oder Ich zeig Eich mein Reich. In: Gernhardt, Robert: Lichte Gedichte. Frankfurt/Main, S. 102.
Geserick, Rolf (1991): Vom NWDR zum NDR. Der Hörfunk und seine Programme 1948-1980. In: Wolfram Köhler (Hg.): Der NDR. Zwischen Programm und Politik. Beiträge zur seiner Geschichte. Hannover 1991, S. 149–226
Gien, Gabriele (1999): „Gelb – Rot – Blau". Differenzierte Schreibanregungen zu einem Bild von Wassily Kandinsky. In: Praxis Deutsch 26, H. 154, S. 23–25.
Giesecke, Michael (1991): Der Buchdruck in der frühen Neuzeit. Eine historische Fallstudie über die Durchsetzung neuer Informations- und Kommunikationstechnologien. Frankfurt/Main.
Giesecke, Michael (1998): Sinnenwandel, Sprachwandel, Kulturwandel. Studien zur Vorgeschichte der Informationsgesellschaft. Frankfurt/Main (= stw 997).
Giesecke, Michael (2002): Von den Mythen der Buchkultur zu den Visionen der Informationsgesellschaft. Trendforschungen zur kulturellen Medienökologie. Frankfurt/Main (= edition suhrkamp 1543).
Glogauer, Werner (1991): Kriminalisierung von Kindern und Jugendlichen durch Medien. Baden-Baden.
Glogauer Werner (1999): Die neuen Medien machen uns krank. Weinheim.
Goethe, Johann Wolfgang (1812-13/1988): Aus meinem Leben. Dichtung und Wahrheit. Dritter Teil. 11. Buch (1812/13). In: Trunz, Erich (Hrsg.): Johann Wolfgang von Goethe. Werke. Hamburger Ausgabe in 14 Bänden (Bd. 9). München, S. 449–503.
Gölitzer, Susanne (2003): Wohin? Woher? Zielperspektiven und Herkünfte einer Deutschdidaktik. In: Gölitzer, Susanne (Hrsg.): Deutschdidaktik und Neue Medien. Konstitutionsprobleme im Spannungsfeld zwischen Altlasten und Neugierde. Baltmannsweiler, S. 8–23.
Goltz, Michael (2000): Farblichtmusik. Multimedia der Sinne. (http://www.michael-goltz.de/, 1.12.2007)
Greber, Erika/Ehlich, Konrad/Müller, Jan-Dirk (Hrsg.) (2002): Materialität und Medialität der Schrift. Bielefeld.
Groeben, Norbert/Hurrelmann, Bettina (Hrsg.) (2002a): Lesekompetenz. Bedingungen, Dimensionen, Funktionen. München u.a.

Literaturverzeichnis

Groeben, Norbert/Hurrelmann, Bettina (Hrsg.) (2002b): Medienkompetenz. Voraussetzungen, Dimensionen, Funktionen. München u.a.

Grube, Gernot (2005): Autooperative Schrift – und eine Kritik der Hypertexttheorie. In: Grube, Gernot/Kogge, Werner/Krämer, Sybille (Hrsg.): Schrift. Kulturtechnik zwischen Auge, Hand und Maschine. München, S. 81–114.

Gruber, Helmut (1997): Themenentwicklung in wissenschaftlichen E-mail-Diskussionslisten. Ein Vergleich zwischen einer moderierten und einer nichtmoderierten Liste. In: Weingarten, Rüdiger (Hrsg.): Sprachwandel durch Computer. Opladen, S. 105–128.

Grundmann, Herbert (1935/1977): Religiöse Bewegungen im Mittelalter. Untersuchungen über die geschichtlichen Zusammenhänge zwischen der Ketzerei, den Bettelorden und der religiösen Frauenbewegung im 12. und 13. Jahrhundert und über die geschichtlichen Grundlagen der deutschen Mystik. Darmstadt.

Grundmann, Herbert (1958): Litteratus – illiteratus. Der Wandel einer Bildungsnorm vom Altertum zum Mittelalter. In: Archiv für Kulturgeschichte 49 (1958), S. 1-65.

Grünewald, Dietrich (1999): Zwischen banal und kongenial. Literarische Stoffe als Comic erzählt. In: Franz, Kurt/Lange, Günter (Hrsg.): Bilderwelten. Vom Bildzeichen zur CD-ROM. Baltmannsweiler, S. 90–108.

Grünewald, Dietrich (2003): Comics im Deutschunterricht. In: Lange, Günter et al. (Hrsg.): Taschenbuch des Deutschunterrichts (Bd. 2) (8. Aufl.). Baltmannsweiler, S. 825–849.

Güldner, Gerhard (1996): Vom Text zum Film. Schüler drehen Videofilme nach literarischen Vorlagen. In: Praxis Deutsch 23, H. 140, S. 62–67.

Haarmann, Hans-Georg (2002): Die türme stehn in glutt. Zur Arbeit mit Powerpoint-Präsentationen. In: Praxis Deutsch 29, H. 175, S. 52–56.

Haarmann, Harald (1990): Universalgeschichte der Schrift. Frankfurt/Main.

Haas, Gerhard (1984): Handlungs- und produktionsorientierter Literaturunterricht in der Sekundarstufe I. Hannover.

Haas, Gerhard (1991): Das Hörspiel- die vergessene Gattung? [Basisartikel zum Themenheft „Hörspiel"]. In: Praxis Deutsch 18, H. 109, S. 13–19.

Haas, Gerhard/Menzel, Wolfgang/Spinner, Kaspar H. (1994): Handlungs- und Produktionsorientierter Literaturunterricht. In: Praxis Deutsch 21, H. 123, S. 17–25.

Habermas, Jürgen (1971): Vorbereitende Bemerkungen zu einer Theorie der kommunikativen Kompetenz. In: Habermas, Jürgen/Luhmann, Niklas: Theorie der Gesellschaft oder Sozialtechnologie. Frankfurt/Main, S. 101–141.

Hachenberg, Katja (2004): ‚Hörbuch': Überlegungen zu Ästhetik und Medialität akustischer Bücher. In: Der Deutschunterricht 4, S. 29–38.

Haeckel, Ernst (1866): Generelle Morphologie. I: Allgemeine Anatomie der Organismen. II: Allgemeine Entwickelungsgeschichte der Organismen. Berlin.

Haefner, Klaus (1982): Die neue Bildungskrise. Herausforderungen der Informationstechnik in Bildung und Ausbildung. Basel.

Halbey, Hans Adolf (1997): Bilderbuch: Literatur. Weinheim.

Harrison, Paul (1997): ‚Synaestesia' (http://www.logarithmic.net/pfh/synaesthesia, 15.6.2006).

Haueis, Eduard (1999): Bildergeschichten nacherzählen – leichter gesagt als getan! In: Grundschule 31, H. 4, S. 11–13.

Haupt, Stefan (2002): Urheber- und verlagsrechtliche Aspekte bei der Hörbuchproduktion. In: Archiv für Urheber- und Medienrecht (UFI-TA) (Bd. 2). Bern.

Havelock, Eric A. (1963): Preface to Plato. Cambridge.

Havelock, Eric A. (1982/1990): Schriftlichkeit. Das griechische Alphabet als kulturelle Revolution. Weinheim.

Literaturverzeichnis

Heck, Bettina (2001): Medienvergleich als Methode. „Homo faber": Roman und Film im Deutschunterricht. In: Wermke, Jutta (Hrsg.): Hören und Sehen: Beiträge zu Medien- und Ästhetischer Erziehung. München, S. 125–143.

Heibach, Christiane (2000): Literatur im Internet. Theorie und Praxis einer kooperativen Ästhetik. Berlin.

Heibach, Christiane (2002): Schreiben im World Wide Web – eine neue literarische Praxis. In: Münker, Stefan/Roesler, Alexander (Hrsg.): Praxis Internet. Kulturtechniken der vernetzten Welt. Frankfurt/Main (= edition suhrkamp 2254), S. 182–207.

Heibach, Christiane (2003a): Literatur im elektronischen Raum. Frankfurt/Main (= stw 1605).

Heibach, Christiane (2003b): Texttransformationen: Tendenzen digitaler und vernetzter Literatur. In: Gölitzer, Susanne (Hrsg.): Deutschdidaktik und Neue Medien. Konstitutionsprobleme im Spannungsfeld zwischen Altlasten und Neugierde. Baltmannsweiler, S. 54–66.

Heidtmann, Horst (1993a): Fernsehzeit ist Serienzeit. Von der zunehmenden Notwendigkeit des Seriellen im Fernsehen. In: Praxis Deutsch 20, H. 121, S. 18–25.

Heidtmann, Horst (1993b): Fernsehserien im Unterricht. In: Praxis Deutsch 20, H. 121, S. 26–31.

Heidtmann, Horst (2000): Kinder- und Jugendliteratur im Medienverbund. Veränderungen von Lesekultur, Lesesozialisation und Leseverhalten in der Mediengesellschaft. In: Richter, Karin/Riemann, Sabine (Hrsg.): Kinder – Literatur – „neue" Medien. Baltmannsweiler, S. 20–35.

Heidtmann, Horst (2002): Krimi-Hörspielserien sind Kult. Eine Marktübersicht. In: Josting, Petra/Stenzel, Gudrun (Hrsg.): Auf heißer Spur in allen Medien: Kinder- und Jugendkrimis zum Lesen, Hören, Sehen und Klicken. Weinheim (= Beiträge Jugendliteratur und Medien, Beih. 13), S. 107–117.

Helbig, Jörg (Hrsg.) (1998): Intermedialität. Theorie und Praxis eines interdisziplinären Forschungsgebietes. Berlin.

Hellwig, Albert (1914/2002): Über die schädliche Suggestivkraft kinematographischer Vorführungen. In: Kümmel, Albert/Löffler, Petra (Hrsg.): Medientheorie 1888–1933. Texte und Kommentare. Frankfurt/Main (= stw 1604), S. 115–128.

Hengst, Heinz (1994): Der Medienverbund in der Kinderkultur: Ensembles, Erfahrungen und Resistenzen im Mediengebrauch. In: Hiegemann, Susanne/Swoboda, Wolfgang H. (Hrsg.): Handbuch der Medienpädagogik. Opladen, S. 239–254.

Hentig, Hartmut v. (1984): Das allmähliche Verschwinden der Wirklichkeit. Ein Pädagoge ermutigt zum Nachdenken über die Neuen Medien. München.

Hentig, Hartmut v. (1993): Schule neu denken. München.

Hentig, Hartmut v. (2002): Der technischen Zivilisation gewachsen bleiben. Nachdenken über die Neuen Medien und das gar nicht mehr allmähliche Verschwinden der Wirklichkeit. Weinheim u.a.

Hesse, Matthias/Krommer, Axel/Müller, Julia (2005): „Poem" – Lyrikverfilmungen als Impuls für den Deutschunterricht. In: Deutschunterricht 58, H. 3, S. 44–48.

Hesse, Matthias/Krommer, Axel (2003): Vergangenheitsbewältigung im „Krebsgang". Das Spiel mit der Fiktionalität als didaktische Strategie bei Günter Grass. In: Praxis Deutsch 30, H. 180, S. 41–46.

Hickethier, Knut (2001): Film- und Fernsehanalyse (3. Aufl.). Stuttgart und Weimar (= SM 277).

Literaturverzeichnis

Hickethier, Knut (2002): Drei Möglichkeiten zum Leben: „Lola rennt". In: Deutschunterricht 55, H. 6, S. 13–17.
Hickethier, Knut (2003): Einführung in die Medienwissenschaft. Stuttgart u.a.
Hiebel, Hans H./Hiebler, Heinz/Kogler, Karl/Walitsch, Herwig (1998): Die Medien. Logik – Leistung – Geschichte. München.
Hiebler, Heinz (1998): Akustische Medien. In: Hiebel, Hans H./Hiebler, Heinz/Kogler, Karl/Walitsch, Herwig: Die Medien. Logik – Leistung – Geschichte. München, S. 127–177.
Hiebler, Heinz/Kogler, Karl/Walitsch, Herwig (1998): Übertragungsmedien. In; Hiebel, Hans H./Hiebler, Heinz/Kogler, Karl/Walitsch, Herwig (1998): Die Medien. Logik – Leistung – Geschichte. München, S. 179–226.
Hildebrand, Jens (2006): film: ratgeber für lehrer (2. akustische Auflage). Köln.
Hoff, Dagmar v. (2003): Literaturverfilmung und Intermedialität. Mit einem Exkurs zu Michael Hanekes Film *Die Klavierspielerin* nach Elfriede Jelineks gleichnamigem Buch. In: Informationen zur Deutschdidaktik 27, H. 4, S. 53–61.
Hoff, Dagmar v. (2004): Wettstreit der Künste: „Eyes Wide Shut". Stanley Kubriks Verfilmung von Arthur Schnitzlers Traumnovelle. In: Erlinger, Hans Dieter/Lecke, Bodo (Hrsg.): Kanonbildung bei audiovisuellen Medien im Deutschunterricht? München, S. 181–190.
Holly, Werner (2004): Fernsehen. Tübingen (= Grundlagen der Medienkommunikation 15).
Holzbrecher, Alfred/Oomen-Welke, Ingelore/Schmolling, Jan (2006) (Hrsg.): Foto + Text. Handbuch für die Bildungsarbeit. Wiesbaden.
Holzmann, Christian (2003): Plädoyer für den schlechten Film. In: Informationen zur Deutschdidaktik 27, H. 4, S. 45–52.
Hörisch, Jochen (2004): Eine Geschichte der Medien. Von der Oblate zum Internet. Frankfurt/Main.
Horkheimer, Max/Adorno, Theodor W. (1944/1994): Dialektik der Aufklärung (1944). Frankfurt/Main.
Huber, Hans Dieter (1998): Die Autopoiesis der Kunsterfahrung. Erste Ansätze einer konstruktivistischen Ästhetik. In: Sachs-Hombach, Klaus/Rehkämper, Klaus (Hrsg.): Bild – Bildwahrnehmung – Bildverarbeitung. Interdisziplinäre Beiträge zur Bildwissenschaft. Wiesbaden, S. 163–171.
Huber-Thoma (1986): Computer im Deutschunterricht? Grundsätzliche Überlegungen zu einer Herausforderung des Faches Deutsch. In: Blätter für den Deutschunterricht 39, S. 97–110.
Hübner, Marlies (2000): Spielfilmrezeption und -analyse. Eine unterrichtspraktische Realisierung am Beispiel „Momo". In: Ensberg, Claus et al. (Hrsg.): Deutschunterricht: Zugang zu den Lernenden finden. Braunschweig, S. 77–88.
Hübner, Marlies (2002): Momo – die Tulpe auf dem grauen Asphalt. Eine Deutung der Poesie der Farben, des Lichts und der Töne. In: Praxis Deutsch 29, H. 175, S. 28–34.
Humboldt, Wilhelm von (1793/1964): Bildung des Menschen in Schule und Universität. Heidelberg.
Hurrelmann, Bettina (2000): Nie waren sie wertvoller als heute. In: Praxis Deutsch 27, H. 163, S. 16–25.
Hurrelmann, Bettina (2002): Zur historischen und kulturellen Relativität des „gesellschaftlich handlungsfähigen Subjekts" als normativer Rahmenidee für Medienkompetenz. In: Groeben, Norbert/Hurrelmann, Bettina (Hrsg.): Medienkompetenz. Voraussetzungen, Dimensionen, Funktionen. München u.a., S. 111–126.

Literaturverzeichnis

Hurrelmann, Bettina/Hammer, Michael/Nieß, Ferdinand (1993): Leseklima in der Familie. Eine Studie der Bertelsmann Stiftung. Gütersloh.
Idensen, Heiko (1995): Hypertext als Utopie. Entwürfe postmoderner Schreibweisen und Kulturtechniken (http://www.uni-kassel.de/interfiction/projekte/pp/utopie.htm, 01.12.2007).
Idensen, Heiko (1997): Netz/Werk/Erzählweisen. Zur Entstehung von Gedanken und Geschichten beim Netz-Werken. (http://www.netzliteratur.net/idensen/emaf97.htm# Netz/Werk/Kultur, 10.10.2007).
Ingenkamp, Karlheinz (1967): Schulleistungen – damals und heute. Weinheim.
ISB, Staatsinstitut für Schulqualität und Bildungsforschung München (2007): Lehrplan Deutsch (Jgst. 12) (http://www.isb-gym8-lehrplan.de/contentserv/3.1/g8.de/index.php?StoryID=26540, 01.10.2007).
Iser, Wolfgang (1975): Die Appellstruktur der Texte. In: Warning, Rainer (Hrsg.): Rezeptionsästhetik: Theorie und Praxis (4., unveränderte Aufl.). München (= UTB 303), S. 228–252.
Issing, Ludwig J./Klimsa, Paul (1995): Multimedia – Eine Chance für Information und Lernen. In: Issing, Ludwig J./Klimsa Paul (Hrsg.): Information und Lernen mit Multimedia. Weinheim, S. 1–4.
Janich, Nina (2003): Werbesprache (3. Aufl.). Tübingen.
Jank, Werner/Meyer, Hilbert (1994): Didaktische Modelle (3. Aufl.). Berlin.
Jannidis, Fotis/Lauer, Gerhard/Martinez, Matias/Winko, Simone (Hrsg.) (1999): Die Rückkehr des Autors. Zur Erneuerung eines umstrittenen Begriffs. Tübingen.
Johnson, Steven (1997): Interface Culture. Wie neue Technologien Kreativität und Kommunikation verändern. Stuttgart.
Johnson, Steven (2006): Neue Intelligenz. Warum wir durch Computerspiele und TV klüger werden. Köln.
Jonas, Hartmut (1998): Per Mausklick zur Literatur? Elektronische Literatur aus didaktischer Sicht. In: Didaktik Deutsch. Halbjahresschrift für die Didaktik der deutschen Sprache und Literatur. Mitteilungsorgan des Symposions Deutschdidaktik 4 (1998), S. 4–16.
Jonas, Hartmut (2006): Lernsoftware für den Sprachunterricht. In: Kliewer, Heinz-Jürgen/ Pohl, Inge (Hrsg.): Lexikon Deutschdidaktik (Bd. 1). Baltmannsweiler, S. 402.
Jonas, Hartmut/Rose, Kurt (2002): Computerunterstützter Deutschunterricht. Berlin u.a.
Jost, Roland (2000): „Schule ist kein Kino für die Kinder" – Gedanken zum Thema Bildungsplan und Medienarbeit im Fach Deutsch der Grundschule. In: Blattmann, Ekkehard/ Frederking, Volker (Hrsg.): Literatur und Medien. Baltmannsweiler (= Deutschunterricht konkret 1), S. 136–165.
Josting, Petra (1997): „Ich will sehen, was ich geschrieben habe": Astrid Lindgren zum 90. Geburtstag. In: Praxis Deutsch 146, S. 11–21.
Josting, Petra (2001a): Detektivgeschichten auf CD-ROM. In: JuLit 53, H. 3, S. 31–36.
Josting, Petra (2001b): Medienverbund, Deutschunterricht und Medienkompetenz. In: Beiträge Jugendliteratur und Medien 53, H. 3, S. 174–185.
Josting, Petra (2004a): Kinder und narrative Bildschirmspiele. Eine Produkt- und Rezeptionsstudie am Beispiel einer Detektivgeschichte auf CD-ROM. München (= Medien im Deutschunterricht, Beiträge zur Forschung 1).
Josting, Petra (2004b): Medienkompetenz im Literaturunterricht. In: Rösch, Heidi (Hrsg.): Kompetenzen im Deutschunterricht. Frankfurt/Main, S. 71–90.

Literaturverzeichnis

Josting, Petra/Maiwald, Klaus (Hrsg.) (2007): Kinder- und Jugendliteratur im Medienverbund. München (= kjl&m 07.extra).
Joyeux, Annett (2004): Integrierte Medienerziehung im Deutschunterricht am Beispiel des ersten deutschen Tonfilms „Der blaue Engel" von Joseph von Sternberg im Vergleich zur literarischen Vorlage „Professor Unrat" von Heinrich Mann – eine Unterrichtssequenz in Klasse 11. In: Erlinger, Hans Dieter/Lecke, Bodo (Hrsg.): Kanonbildung bei audiovisuellen Medien im Deutschunterricht? München, S. 191–214.
Kaléko, Mascha (1933/1999): Großstadtliebe. Aus: Dies.: Das lyrische Stenogramm. Kleines Lesebuch für Große. Hamburg, S. 20.
Kant, Immanuel (1787/1971): Kritik der reinen Vernunft. Hamburg.
Karg, Ina (1999): Erleben und Erzählen. Ein Schulaufsatz im Kreuzverhör. In: Literatur und Sprache didaktisch. Bamberg (= LUSD) 12, S. 114–147.
Kaspar, Michael (1996): Serienmusik im Unterricht. In: Praxis Deutsch 23, H. 140, S. 44–49.
Kästner, Erich (1928/1998): Sachliche Romanze. In: Erich Kästner: Werke (Bd. I). München, S. 65
Kästner, Erich (1929/2004): Emil und die Detektive. Ein Roman für Kinder. Illustrationen von Walter Trier. Zürich.
Kästner, Erich (1934/2004): Emil und die drei Zwillinge. Die zweite Geschichte von Emil und den Detektiven. Jubiläumsausgabe. Mit Illustrationen von Walter Trier. Zürich.
Keller, Rudi (2003): Sprachwandel. Von der unsichtbaren Hand in der Sprache (3., durchgesehene Aufl.). Tübingen (=UTB 1567).
Kepser, Matthis (1999): Massenmedium Computer. Ein Handbuch für Theorie und Praxis des Deutschunterrichts. Bad Krozingen.
Kepser, Matthis (2000): „Internetliteratur im Deutschunterricht". Computer im Deutschunterricht der Sekundarstufe. Hrsg. von Günther und Dorothea Thomé. Braunschweig, S. 107–125.
Kepser, Matthis (2002): Auf den Spuren eines Zeit-Spiel-Films. Anregungen zu *Lola rennt*. In: Praxis Deutsch 29, H. 175, S. 44–50.
Kepser, Matthis (2004): Visuelle Poesie im medialen Wandel. Gattungsgeschichtliche Untersuchung und didaktische Konsequenzen. In: Frederking, Volker/Josting, Petra (Hrsg): Medienintegration und Medienverbund im Deutschunterricht. Baltmannsweiler, S. 163–190.
Kepser, Matthis (2006): Internetliteratur. In: Kliewer, Heinz-Jürgen/Pohl, Inge (Hrsg.): Lexikon Deutschdidaktik (Bd. 1). Baltmannsweiler, S. 269.
Kepser, Matthis (2007): Kritzel kritzel und Tap tap. Schreiben zu Comics. In: Abraham, Ulf/Kupfer-Schreiner, Claudia (Hrsg.): Schreibaufgaben. Für die Klassen 1 bis 4. Berlin, S. 75–86.
Kepser, Matthis/Nickel-Bacon, Irmgard (Hrsg.) (2004): Medienkritik im Deutschunterricht. Baltmannsweiler (= Diskussionsforum Deutsch 14).
Kerlen, Dietrich (2005): Jugend und Medien in Deutschland. Eine kulturhistorische Studie. Weinheim und Basel.
Kern, Peter Christoph (2002): Film. In: Bogdal, Klaus-Michael/Korte, Hermann (Hrsg.): Grundzüge der Literaturdidaktik. München, S. 217–230.
Kern, Peter Christoph (2006): Die Emotionsschleuder. Affektpotenzial und Affektfunktion im Erzählfilm. In: Frederking, Volker (Hrsg.): Filmdidaktik – Filmästhetik. München (= Jahrbuch Medien im Deutschunterricht 2005, Bd. 4), S. 19–45.
Kittler, Friedrich A. (1985): Grammophon. Film. Typewriter. Berlin.
Kittler, Friedrich A. (1995): Aufschreibesysteme 1800. 1900 (3. Aufl.). München.

Literaturverzeichnis

Kittler, Friedrich A. (2002): Optische Medien. Berliner Vorlesung 1999. Berlin.
Kleist, Heinrich von (1801/1987): Brief an Wilhelmine von Zenge vom 22.03.1801. In: Barth, Ilse Marie/Müller-Salget, Klaus/Müller-Seidel, Walter/Seeba,Hinrich C. (Hrsg.): Heinrich von Kleists sämtliche Werke und Briefe in vier Bänden. Band 4. Frankfurt am Main, S. 205.
Klieme, Eckhard/Avenarius, Hermann/Blum, Werner/Döbrich, Peter/Gruber, Hans/Prenzel, Manfred/Reiss, Kristina/Riquarts, Kurt/Rost, Jürgen/Tenorth, Heinz-Elmar/Vollmer, Helmut J. (2003): Bildungsreform (Bd. 1). Expertise. Zur Entwicklung nationaler Bildungsstandards. Hrsg. vom Bundesministerium für Bildung und Forschung (BMBF). Berlin, S. 72.
Klimsa, Paul (1995): Multimedia aus psychologischer und didaktischer Sicht. In: Issing, Ludwig J./Klimsa Paul (Hrsg.): Informationen und Lernen mit Multimedial Weinheim, S. 7–24.
Kloepfer, Rolf/Landbeck, Hanne (1991): Ästhetik der Werbung. Der Fernsehspot in Europa als Symptom neuer Macht. Frankfurt/Main.
Koch, Peter/Oesterreicher, Wulf (1985): Sprache der Nähe – Sprache der Distanz. Mündlichkeit und Schriftlichkeit im Spannungsfeld von Sprachtheorie und Sprachgeschichte. In: Romanistisches Jahrbuch 36, S. 15–43.
Koch, Peter/Oesterreicher, Wulf (1994): Schriftlichkeit und Sprache. In: Günther, Hartmut/ Ludwig, Otto (Hrsg.): Schrift und Schriftlichkeit. Berlin u.a., S. 587–604.
Köck, Wolfram K. (2000): Kognition-Semantik-Kommunikation. In: Schmidt, Siegfried J. (Hrsg.): Der Diskurs des Radikalen Konstruktivismus. Frankfurt/Main (= stw 636), S. 340–374.
Kogler, Karl (1998): Schrift, Druck, Post. In: Hiebel, Hans H./Hiebler, Heinz/Kogler, Karl/ Walitsch, Herwig: Die Medien. Logik – Leistung – Geschichte. München, S. 31–74.
Köppert, Christine (1997): Entfalten und Entdecken. Zur Verbindung von Imagination und Explikation im Literaturunterricht. München (= Schriften der Philosophischen Fakultäten der Universität Augsburg 52).
Köppert, Christine (2001): „Ich hab´ auf dich gewartet, ´ne halbe Ewigkeit." Filmzeit, verfilmte Zeit. Ein Dechiffrierangebot in der Ausgangsstory von „Lola rennt". In: Köppert, Christine/Metzger, Klaus (Hrsg.): „Entfaltung innerer Kräfte". Blickpunkte der Deutschdidaktik. Seelze, S. 247–260.
Köppert, Christine/Spinner, Kaspar H. (2003): Filmdidaktik: Imaginationsorientierte Verfahren zu bewegten Bildern. In: Deubel, Volker/Kiefer, Klaus H. (Hrsg.): MedienBildung im Umbruch. Lehren und Lernen im Kontext der neuen Medien. Bielefeld (= Schrift und Bild in Bewegung 6), S. 59–73.
Krallmann, Dieter/Ziemann, Andreas (2001): Grundkurs Kommunikationswissenschaft. Mit einem Hypertext-Vertiefungsprogramm im Internet. München (= UTB 2249).
Krämer, Felix (2006): Spiel*Film*Spiel. Szenisches Interpretieren von Film im Rahmen von Literaturdidaktik und Medienerziehung. München (= Medien im Deutschunterricht, Beiträge zur Forschung 4).
Krämer, Sybille (1998): Zentralperspektive, Kalkül, Virtuelle Realität. Sieben Thesen über die Weltbildimplikationen symbolischer Formen. In: Vattimo, Gianni/Welsch, Wolfgang (Hrsg.): Medien-Welten Wirklichkeiten. München, S. 27-37.
Krämer, Sybille (2000): Das Medium als Spur und Apparat. In: Krämer, Sybille (Hrsg): Medien-Computer-Realität. Wirklichkeitsvorstellungen und Neue Medien. 2. Auflage. Frankfurt am Main (=stw 1379). S. 73–94.

Literaturverzeichnis

Kreft, Jürgen (1977): Grundprobleme der Literaturdidaktik. Eine Fachdidaktik im Konzept sozialer und individueller Entwicklung und Geschichte (1982). Heidelberg.
Kreuzer, Stefanie (2005): Fotografie:Text. Die frühen visuell poetischen Arbeiten von Jochen Gerz. In: Der Deutschunterricht 57, H. 4, S. 25–37.
Kriechbaum, Gerhard (2003): Kurzgeschichte und Kurzfilm. Eine Unterrichtsskizze zu *Reusenheben* von Wolfdietrich Schnurre und Henrik Schlottmann, Federico da Cescos *Spaghetti für zwei* und Pepe Danquarts *Schwarzfahrer*. In: Informationen zur Deutschdidaktik 27, H. 4, S. 92–99.
Krommer, Axel (2003): Chatten mit dem lyrischen Ich. Ein literatur- und mediendidaktisches Experiment. In: Wermke, Jutta (Hrsg.): Literatur und Medien. Jahrbuch Medien im Deutschunterricht 2002. München, S. 87–103.
Krommer, Axel (2004a): /join #Gruppenarbeitsraum04. Der IRC im Deutschunterricht der Sekundarstufe II. In: Computer+Unterricht 53, S. 30–32.
Krommer, Axel (2004b): Von den sympathetischen Nadeln zur ubiquitären Mobilkommunikation. Medientheoretisches zu mag(net)ischer Technik. In: Ästhetik & Kommunikation 35. H. 127, S. 73–80.
Krommer, Axel (2005): Handy und SMS. Medientheoretische Analyse der deutschdidaktischen Potenziale neuer Kommunikationsformen. In: Frederking, Volker/Josting, Petra (Hrsg): Medienintegration und Medienverbund im Deutschunterricht. Baltmannsweiler, S. 226–242.
Krommer, Axel (2006a): Chat. In: Kliewer, Heinz-Jürgen/Pohl, Inge (Hrsg.): Lexikon Deutschdidaktik (Bd. 1). Baltmannsweiler, S. 59–60.
Krommer, Axel (2006b): Emoticon. In: Kliewer, Heinz-Jürgen/Pohl, Inge (Hrsg.): Lexikon Deutschdidaktik (Bd. 1). Baltmannsweiler, S. 97–98.
Krommer, Axel (2006c): MUD. In: Kliewer, Heinz-Jürgen/Pohl, Inge (Hrsg.): Lexikon Deutschdidaktik (Bd. 2). Baltmannsweiler, S. 522–523.
Krommer, Axel (2006d): Suchmaschinen. In: Kliewer, Heinz Jürgen/ Pohl, Inge (Hrsg.): Lexikon Deutschdidaktik. 2 Bände. Baltmannsweiler: Schneider Verlag Hohengehren 2006. Band 2, S. 749-750.
Kron, Friedrich W./Sofos, Alivisos (2003): Mediendidaktik. Neue Medien in Lehr- und Lernprozessen. München.
Krug, Hans-Jürgen (2003): Kleine Geschichte des Hörspiels. Konstanz.
Kubik, Johannes: Religiöse Botschaften in Videoclips – Bericht über einen Unterrichtsentwurf. Loccum (http://www.rpi-loccum.de/kuvideo.html, 16.08.2007).
Kübler, Hans-Dieter (1981): Deutschunterricht und Medienpädagogik. Positionen und Perspektiven. In: Kübler, Hans-Dieter (Hrsg.): Massenmedien im Deutschunterricht. Lernbereiche und didaktische Positionen. Frankfurt am Main, S. 13–43.
Kuhn, Thomas S. (1962/1976): Die Struktur wissenschaftlicher Revolutionen. Zweite revidierte und um das Postskriptum von 1969 ergänzte Auflage. Frankfurt/Main.
Kultusministerkonferenz (Hrsg.) (2003): Beschlüsse der Kultusministerkonferenz. Bildungsstandards im Fach Deutsch für den Mittleren Schulabschluss. Beschluss vom 4.12.2003. München.
Kümmel, Albert (1997): Mathematische Medientheorie. In: Spahr, Angela/Kloock, Daniela: Medientheorien. Eine Einführung. München (= UTB 1986), S. 205–236.
Kümmel, Albert (2004): Ein Zug fährt ein – Anmerkungen zur Kinodebatte. In: Kümmel, Albert/Scholz, Leander/Schumacher, Eckhard (Hrsg.): Einführung in die Geschichte der Medien. München (= UTB 2488), S. 151–174.

Literaturverzeichnis

Kümmel, Albert/Scholz, Leander/Schumacher, Eckhard (2004): Vorwort: In: Kümmel, Albert/Scholz, Leander/Schumacher, Eckhard (Hrsg.): Einführung in die Geschichte der Medien. Paderborn.
Kunz, Marcel (1997): Spieltext und Textspiel. Szenische Verfahren im Literaturunterricht der Sekundarstufe II. Seelze.
Kurzrock, Tanja (2003): Neue Medien und Deutschdidaktik. Eine empirische Studie zu Mündlichkeit und Schriftlichkeit. Tübingen.
Kurzweil, Ray (1999): Homo s@piens. Leben im 21. Jahrhundert – Was bleibt vom Menschen? Köln.
Lange, Günther (1992): Die Bilder zum Sprechen bringen. Über kulturelle Praxis im Deutschunterricht. In: Praxis Deutsch 19, H. 113, S. 49–56.
Lange, Günter (1999): Kinder- und Jugendliteratur und ihre Verfilmungen am Beispiel von Charlotte Kerners Jugendbuch „Geboren 1999". In: Franz, Kurt/Lange, Günther (Hrsg.): Bilderwelten. Vom Bildzeichen zur CD-Rom. Baltmannsweiler, S. 131–165.
Lange, Günter (2002): Zeitgeschichtliche Kinder- und Jugendliteratur. In: Ders. (Hrsg.): Taschenbuch der Kinder- und Jugendliteratur (Bd. 1) (3. Aufl.). Baltmannsweiler, S. 462–494.
Lange, Günter (2003): Film und Fernsehspiel im Unterricht. In: Lange, Günter/Neumann, Karl/Ziesenis, Werner (Hrsg.): Taschenbuch des Deutschunterrichts (Bd. 2) (8. Aufl.). Baltmannsweiler, S. 695–720.
Lanius, Gerhard (1972): Zur Spezifik und Situation des Lehrfilms. in: Rother, Ewald Fr. (Hrsg.): Audio-visuelle Mittel im Unterricht. Stuttgart, S. 16–35.
Lauer, Herbert (1994): Da geht die elektronische Post ab. In: Praxis Deutsch 21, H. 128, S. 58–62.
Laurel, Brenda (1991): Computers as Theatre. Boston.
Lázló, Alexander (1925): Farblichtmusik. Leipzig.
Lecke, Bodo (2002): Medienpädagogik und Bildungstheorie. In: Gansel, Carsten/Enslin, Anna-Pia (Hrsg.): Literatur-Kultur-Medien: Facetten der Informationsgesellschaft. Festschrift für Wolfgang Gast zum 60. Geburtstag. Berlin, S. 431–445.
Lecke, Bodo (2004): Zwischen Medienpädagogik und Literaturdidaktik. TV-Serien im Deutschunterricht. In: Erlinger, Hans Dieter/Lecke, Bodo (Hrsg.): Kanonbildung bei audiovisuellen Medien im Deutschunterricht? München, S. 89–134.
Leitner, Anton G. (2002): SMS-Lyrik. 160 Zeichen Poesie. München: dtv
Leschke, Rainer (2003): Einführung in die Medientheorie. München (= UTB 2386).
Leubner, Martin/Saupe, Anja (2006): Erzählungen in Literatur und Medien und ihre Didaktik. Baltmannsweiler.
Leuffen, Stefan/Tulodziecki, Gerhard (1996): Lehrplandiskussion. In: Bertelsmannstiftung, Heinz Nixdorf Stiftung (Hrsg.): Neue Medien in den Schulen. Projekte-Konzepte-Kompetenzen. Eine Bestandsaufnahme. Gütersloh, S. 125–142.
Lieberum, Rolf (2003): Gebrauchstexte im Unterricht. In: Lange, Günter/Neumann, Karl/Ziesenis, Werner (Hrsg.): Taschenbuch des Deutschunterrichts (Bd. 2) (8. Aufl.). Baltmannsweiler, S. 853–864.
Liesegang, Raphael Eduard(1891): Beiträge zum Problem des elektrischen Fernsehens. Düsseldorf.
Luhmann, Niklas (1996): Die Realität der Massenmedien (2. Aufl.). Opladen.
Lunenfeld, Peter (2000): Snap to Grid. A User's Guide to Digital Arts, Media, and Cultures. Cambridge/Massachusetts u.a.

Literaturverzeichnis

Lyons, Martyn (1995): Die neuen Leser im 19. Jahrhundert: Frauen, Kinder, Arbeiter. In: Chartier, Roger/Cavallo, Guglielmo (Hrsg.): Die Welt des Lesens. Von der Schriftrolle zum Bildschirm. Frankfurt/Main u.a., S. 455–498.
Mädler, Ute/Plath, Monika (2000): Zeitschriftenpräferenzen von Grundschülern – ausgewählte Ergebnisse einer Befragung. In: Richter, Karin/Riemann, Sabine (Hrsg.): Kinder – Literatur – „neue" Medien. Baltmannsweiler, S. 169–177.
Maiwald, Klaus (1994): Produktionsorientierter Umgang mit Balladen (7./8. Klasse). In: RA-Abits Deutsch/Literatur. Impulse und Materialien für die kreative Unterrichtsgestaltung. 5. Ergänzungslieferung. Heidelberg.
Maiwald, Klaus (1999a): Literarisierung als Aneignung von Alterität. Theorie und Praxis einer literaturdidaktischen Konzeption zur Leseförderung im Sekundarbereich. Frankfurt/Main.
Maiwald, Klaus (1999b): Werbung zwischen Kapital und Kult. Anmerkungen zur Veränderung eines Lerngegenstands. In: Literatur und Sprache – didaktisch (LUSD) 14, S. 7–22.
Maiwald, Klaus (2001): Hypertext unter medialen, kulturellen und deutschdidaktischen Aspekten. In: Didaktik Deutsch 11, S. 38–55.
Maiwald, Klaus (2004a): Geschichte(n) schreiben in einem integrativen Unterricht. In: Grundschulunterricht 51, H. 9, S. 46–51.
Maiwald, Klaus (2004b): Was hat die Eminem Show in PISA verloren? Überlegungen zum Zusammenhang von Lesen und Mediatisierung. In: Frederking, Volker (Hrsg.): Lesen und Symbolverstehen. München (= Jahrbuch Medien im Deutschunterricht 2003, Bd. 2), S. 67-82.
Maiwald, Klaus (2004c): „'... und mit einem Mal wird alles ganz ungewöhnlich ...' – Grundschüler schreiben ein Hyperabenteuer." In: Frederking, Volker/Josting Petra (Hrsg.): Medienintegration und Medienverbund im Deutschunterricht. Baltmannsweiler, S. 150–167.
Maiwald, Klaus (2005a): Wahrnehmung – Sprache – Beobachtung. Eine Deutschdidaktik bilddominierter Medienangebote. München (= Medien im Deutschunterricht, Beiträge zur Forschung 2).
Maiwald, Klaus (2005b): Was kann Schule machen? Medienerprobungen mit angehenden DeutschlehrerInnen. Bamberg (= Literatur und Sprache – didaktisch 18).
Maiwald, Klaus (2006a): Fotografie und Deutschunterricht. In: Holzbrecher, Alfred/Oomen-Welke, Ingelore/Schmolling, Jan (Hrsg.): Fotografie + Text. Handbuch für die Bildungsarbeit. Wiesbaden, S. 115–125.
Maiwald, Klaus (2006b): Geschlechterrollen und andere Katastrophen. Zur Re- und Dekonstruktion von Zeichenhaftigkeiten eines Hollywood-Films. In: Frederking, Volker (Hrsg.): Filmdidaktik – Filmästhetik. München (= Jahrbuch Medien im Deutschunterricht 2005, Bd. 4), S. 116–129.
Maiwald, Klaus/Drummer, Almut (2007): Medienverbund als Unterrichtsprodukt – Grundschüler(innen) begegnen dem Zauberlehrling. In: Josting, Petra / Maiwald, Klaus (Hrsg.): Kinder- und Jugendliteratur im Medienverbund. Grundlagen, Beispiele und Ansätze für den Deutschunterricht. kjl&m 07.extra. München: kopaed, S.155-169.
Malaka, Bernward (1996): Bücher auf der Überholspur. Verlegerische Arbeit mit Fernsehtiteln. In: JuLit 1, S. 15–20.
Mandl, Heinz/Gruber, Hans/Renkl, Alexander (1997): Situiertes Lernen in multimedialen Lernumgebungen. In: Issing, Ludwig J./Klimsa, Paul (Hrsg.): Information und Lernen mit Multimedia (2. überarbeitete Aufl.). Weinheim, 167–178.

Literaturverzeichnis

Mann, Thomas (1990): Deutsche Hörer. Fünfundfünfzig Radiosendungen nach Deutschland (1940-45). In: Mann, Thomas: Reden und Aufsätze 3. Gesammelte Werke in dreizehn Bänden (Bd. XI). Frankfurt/Main, S. 983–1123.

Manovich, Lev (2001): The Language of New Media. Cambridge/Massachusetts u.a.

Marchal, Peter (2004): Kultur- und Programmgeschichte des öffentlich-rechtlichen Hörfunks in der Bundesrepublik Deutschland. Ein Handbuch Bd. I: Grundlegung und Vorgeschichte; Bd. II: Von den 60er Jahren bis zur Gegenwart. München.

Marci-Boehncke, Gudrun (1996): Wie Schüler „Schlafes Bruder sehen". Keinen Bogen um Fragebögen: die „kleine Empirie" im Unterricht. In: Praxis Deutsch 23, H. 140, S. 50–55.

Marci-Boehncke, Gudrun (2006): Werbung. In: Kliewer, Heinz-Jürgen/Pohl, Inge (Hrsg.): Lexikon Deutschdidaktik (Bd. 2). Baltmannsweiler, S. 805–808.

Marci-Boehncke, Gudrun (2007): *global kickers: Die Wilden Fußballkerle* als Weltmarke. In: Josting, Petra/Maiwald, Klaus (Hrsg.): Kinder- und Jugendliteratur im Medienverbund. München (= kjl&m 07.extra), S. 132–143.

Marci-Boehnke, Gudrun/Rath, Matthias (Hrsg.) (2006): Medien zwischen Ikonographie und Textbegriff. München.

Matthias, Dieter (1992): Schreibe, wie du siehst. Zur Prägung einer Beschreibung durch Wahrnehmungsmuster. In: Praxis Deutsch 19, H. 113, S. 41-48.

Matthias, Dieter (1993): Typen, Rollen, Schemata. Die Simpsons als Spiegel menschlichen Verhaltens. In: Praxis Deutsch 20, H. 121, S. 57–61.

Matthias, Dieter (1995): Vom Gedankenlesen zum erlesenen [sic] Gedanken. Ein Film-Buch-Vergleich am Beispiel von Ronja Räubertochter. In: Praxis Deutsch (Sonderheft: Kinder- und Jugendliteratur im Unterricht), S. 79–86.

Matthias, Dieter (1996): „Pingus Sprache sieht man doch!" Übersetzung der Körpersprache eines Trickfilms als Einstieg in die Filmanalyse. In: Praxis Deutsch 23, H. 140, S. 29–34.

Matthias, Dieter (1999): Assoziationstraining mit Videoclips im Sprachunterricht. In: Praxis Deutsch 26, H. 153, S. 29–34.

Maxlmoser, Wolfgang/Söllinger, Peter (1993): Textverarbeitung kreativ. PC im Deutschunterricht. Stuttgart.

McLuhan, Herbert Marshall (1962/1995): Die Gutenberg-Galaxis: Das Ende des Buchzeitalters. Bonn.

McLuhan, Herbert Marshall (1964/1995): Die magischen Kanäle. Understanding Media (2. erweiterte Aufl.). Basel.

McLuhan, Marshall/Powers, Bruce R. (1982-89/1995): The Global Village. Der Weg der Mediengesellschaft in das 21. Jahrhundert. Paderborn.

Meder, Norbert (1995): Multimedia oder McLuhan in neuem Licht. In: GMK Rundbrief Nr. 37, 38. Juni 1995. Tagungsdokumentation „Multimedia als medienpädagogische Herausforderung – Grundlagen, Analysen, Anwendungen", S. 8–18.

Merten, Klaus (1994): Evolution der Kommunikation. In: Merten, Klaus/Schmidt, Siegfried J./Weischenberg, Siegfried (Hrsg.): Die Wirklichkeit der Medien. Eine Einführung in die Kommunikationswissenschaft. Opladen, S. 141–162.

Metz, Bertold/Pfeiffer, Joachim/Staiger, Michael/Wichert, Adalbert (2004): Lesen, Schreiben und Kommunizieren im Internet. Theorie und Praxis teilvirtueller Hochschullehre. Herbolzheim.

Metzger, Klaus (2000): „Die Mutter wird schimpfen, weil sie so streng schaut". In: Praxis Deutsch 27, H. 160, S. 23–25.

Metzger, Klaus (2002): Goof! Fehler in Filmen als Bausteine für eine Schule des Film-Sehens. In: Praxis Deutsch 29, H. 175, S. 19–21.

Literaturverzeichnis

Meyrowitz, Joshua (1985): Die Fernsehgesellschaft. Wirklichkeit und Identität im Medienzeitalter. Aus dem Amerikanischen übersetzt von Michaela Huber. Weinheim u.a.
Mikos, Lothar (1994): Fernsehen im Erleben der Zuschauer. Vom lustvollen Umgang mit einem populären Medium. Berlin und München.
Mikos, Lothar (1996): Film- und Fernsehkompetenz zwischen Anspruch und Realität. In: Rein, Antje v. (Hrsg.): Medienkompetenz als Schlüsselbegriff. Bad Heilbrunn, S. 70–83.
Mikos, Lothar (2001): „Deppengeschwätz"? Film- und Fernsehsymboliken im Alltag. In: Belgrad, Jürgen/Niesyto, Horst (Hrsg.): Symbol. Verstehen und Produktion in pädagogischen Kontexten. Baltmannsweiler, S. 94–103.
Mikos, Lothar/Wiedemann, Dieter (2000): Aufwachsen in der ‚Mediengesellschaft' und die Notwendigkeit der Förderung von Medienkompetenz. In: Richter, Karin/Riemann, Sabine (Hrsg.): Kinder – Literatur – „neue" Medien. Baltmannsweiler, S. 8–20.
Mitchell, William J.T. (1992): The Pictorial Turn. In: Art Forum. March, S. 89–95.
Möbius, Thomas (2004): Zum didaktischen „Mehrwert" virtueller Lehr-/Lernplattformen. Ein Kooperationsprojekt und seine literatur- und mediendidaktischen Implikationen. In: Frederking, Volker/Josting, Petra (Hrsg): Medienintegration und Medienverbund im Deutschunterricht. Baltmannsweiler, S. 213–225.
Monaco, James: (1980/2002): Film verstehen. Kunst, Technik, Sprache, Geschichte und Theorie des Films und der Medien. Mit einer Einführung in Multimedia. Reinbek bei Hamburg: Rowohlt.
Moser, Doris (1995): Nicht von dieser Welt ... Einige theoretische Unterstellungen in Sachen Radio. In: ide 4, S. 30–42.
Moser, Heinz (1995): Einführung in die Medienpädagogik. Aufwachsen im Medienzeitalter. Opladen.
Müller, Karla (2004): Literatur hören und hörbar machen. Unterrichtspraxis. In: Praxis Deutsch 31, H. 185, S. 6–13.
Münker, Stephan/Roesler, Alexander (Hrsg.) (1997): Mythos Internet. Frankfurt/Main (= edition suhrkamp 2010).
Münker, Stefan/Roesler, Alexander (2001): Vom Mythos zur Praxis. In: Münker, Stefan/Roesler, Alexander (Hrsg.): Praxis Internet. Kulturtechniken der vernetzten Welt. Frankfurt/Main (= edition suhrkam 2254), S. 11–24.
Murray, Janet (1997): Hamlet on the Holodeck. The Future of Narrative in Cyberspace. New York.
Musil, Robert(1930/1990): Der Mann ohne Eigenschaften. Reinbek b. Hamburg.
Nelson , Theodor (1981/2003): Proposal for a Universal Electronic Publishing System and Archive. In: Wardrip-Fruin, Noah/Montfort, Nick (Hrsg.): The New Media Reader. Cambridge/Massachusetts u.a., S. 443–461.
Nelson, Theodor N. (1965/2003): A File Structure for the Complex, the Changing, and the Indeterminate (1965). In: Wardrip-Fruin, Noah/Montfort, Nick (Hrsg.): The New Media Reader. Cambridge/Massachusetts u.a., S. 134–145.
Neuß, Norbert (1998): „Spatzenkappen ab" – Medien – Sinnlichkeit und Identität. In: medien impulse 25, S. 77-83.
Novalis (1798-1800/1981): Die Lehrlinge zu Sais (1798). In: Novalis. Reinbek, S. 9–34.
Oellerich, Jutta (2002): Schreiben zu Bildern von Keith Haring. Vorschläge von der Grundschule bis zum Lehramtsstudium. In: Deutschunterricht 55, H. 2, S. 28–33.
Olbrich, Paul (1985): Rechtschreibprobleme und Möglichkeiten ihrer Bewältigung. Dargestellt im besonderen Bezug zur Hauptschule. In: PW 10, S. 466–471.
Ong, Walter J. (1982): Oralität und Literalität. Die Technologisierung des Wortes. Opladen .

Literaturverzeichnis

Opaschowski, Horst W. (1999): Generation @ – Die Medienrevolution entlässt ihre Kinder. Hamburg.
Opresnik, Miriam Christina (2004): Daily Soaps im Deutschunterricht. Ein Jugendmythos zwischen Kunst, Kult und Kitsch. In: Erlinger, Hans Dieter/Lecke, Bodo (Hrsg.): Kanonbildung bei audiovisuellen Medien im Deutschunterricht? München, S. 135–144.
Orgass, Stefan (1998): Paradigma tanzbezogener Popmusik. Michael Jacksons Musikvideo „Thriller" im Unterricht. In: Musik und Bildung 30, H. 4, S. 38–43.
Ortmann, Sabrina/Peter, Enno E. (2001): tage-bau.de Ein literarisches Online-Tagebuch. Mein Pixel-Ich. Berlin.
Ossowski, Herbert (1999): Sachbilderbücher: Von Bildern, die Wissen schaffen. In: Franz, Kurt/Lange, Günter (Hrsg.): Bilderwelten. Vom Bildzeichen zur CD-ROM. Baltmannsweiler, S. 51–68.
Packard, Edward (1996): Die Insel der 1000 Gefahren (12. Aufl.). Ravensburg.
Paech, Joachim (1997): Literatur und Film (2. Aufl.). Stuttgart (= SM 235).
Paefgen, Elisabeth K. (1999): Einführung in die Literaturdidaktik. Stuttgart u.a.
Pansegrau, Petra (1997): Dialogizität und Degrammatikalisierung in E-Mails. In: Weingarten, Rüdiger (Hrsg.): Sprachwandel durch Computer. Opladen, S. 86–104.
Pethes, Nicolas (2002): Intermedialitätsphilologie? Lichtenbergs Textmodell und der implizite Mediendiskurs der Literatur. In: DVjS 76, H. 1, S. 86–104.
Piaget, Jean (1988): Einführung in die genetische Erkenntnistheorie (4. Aufl.). Frankfurt/Main (= stw 6).
Platon (ca. 370 v. Chr./1980): Politeia. In: Platon: Sämtliche Werke (Bd. 3). Nach der Übersetzung von Friedrich Schleiermacher. Hamburg, S. 67-310.
Platon (ca. 370-360 v. Chr./1980): Phaidros. In: Platon: Sämtliche Werke (Bd. 4). Nach der Übersetzung von Friedrich Schleiermacher. Hamburg, S. 7-60.
Platon (ca. 395-390 v. Chr./1980): Apologie. In: Platon: Sämtliche Werke. (Bd. 1). Nach der Übersetzung von Friedrich Schleiermacher. Hamburg, S. 8-31.
Postman, Neil (1982): Das Verschwinden der Kindheit. Frankfurt/Main.
Preckwitz, Boris (2005): Kleine Schriften zur Interaktionsästhetik. Wien.
Pross, Harry (1972): Medienforschung. Film, Funk, Presse, Fernsehen. Darmstadt.
Pross, Harry (1987): Geschichte und Mediengeschichte. In: Bobrowsky, Manfred/Duchkowitsch, Wolfgang/Haas, Hannes (Hrsg.): Medien- und Kommunikationsgeschichte. Ein Textbuch zur Einführung. Wien, S. 8–15.
Prümm, Karl (1988): Intermedialität und Multimedialität. Eine Skizze medienwissenschaftlicher Forschungsfelder. In: Bohn, Rainer/Müller, Eggo/Ruppert, Rainer (Hrsg.): Ansichten einer künftigen Medienwissenschaft. Berlin, S. 195–200.
Quarterman, John S. (1990/1996): The Matrix: Computer Networks and Conferencing Systems Worldwide. Oxford.
Quasthoff, Uta (1997): Kommunikative Normen im Entstehen. Beobachtungen zu Kontextualisierungsprozessen in elektronischer Kommunikation. In: Weingarten, Rüdiger (Hrsg.): Sprachwandel durch Computer. Opladen, S. 23–50.
Raible, Wolfgang (2006): Medien-Kulturgeschichte. Mediatisierung als Grundlage unserer kulturellen Entwicklung. Heidelberg (= Schriften der Philosophisch-historischen Klasse der Heidelberger Akademie der Wissenschaften, Bd. 36).
Rajewsky, Irina O. (2002): Intermedialität. Tübingen u.a.
Rank, Bernhard (1999): Formen und Veränderungen des Erzählens in Bearbeitungen kinderliterarischer Szenarien auf CD-ROM. In: Franz, Kurt/Lange, Günther (Hrsg.): Bilderwelten. Vom Bildzeichen zur CD-ROM. Baltmannsweiler, S. 190–208.

Literaturverzeichnis

Rank, Bernhard (2001): Per Mausklick in den Mattiswald. Kinderliteratur auf CD-ROM: Zur Bewertung multimedial aufbereiteter Spielgeschichten. In: JuLit 53, H. 3, S. 24–30.
Reid, Elisabeth M. (1991): Electropolis: Communication and Community on Internet Relay Chat (http://cyber.eserver.org/reid.txt, 01.10.2007).
Reuen, Sascha (2005): Fotoromane im Deutschunterricht. In: Der Deutschunterricht 57, H. 4, S. 77–84.
Richard, Birgit (1993): Music Video Clips. Von der „optophonetischen Schaumaschine" Raoul Hausmanns zum Brain Dance der Techno Kultur. In: Wilhelm Lehmbruck Museum Duisburg (Hrsg.): Frischluft. Installation – Interaktion. Duisburg, S. 116–123 (vgl. http://web.uni-frankfurt.de/fb09/kunstpaed/indexweb/publikationen/videoclipsundspiele.htm, 16.08.2007).
Richter, Karin/Riemann, Sabine (1999): Märchen, Zeichentrick und Daily Soaps – Interessen und Vorlieben von Fünftklässlern. Ergebnisse einer aktuellen empirischen Untersuchung und Folgerungen für den Literaturunterricht. In: Deutschunterricht 52, Sonderheft, S. 19–29.
Richter, Karin/Riemann, Sabine (2000): Lesen und Fernsehen im Interessenspektrum jüngerer Schulkinder. Ergebnisse einer empirischen Erhebung. In: Richter, Karin/Riemann, Sabine (Hrsg.): Kinder – Literatur – „neue" Medien. Baltmannsweiler, S. 36–59.
Ricken, Friedo (1998): Allgemeine Ethik (3., erweiterte und überarbeitete Aufl.) Berlin u.a.
Rilke-Projekts (2001): Rilke Projekt 1. Bis an alle Sterne. CD (Audio CD) von Rainer M. Rilke (Autor), Xavier Naidoo (Erzähler). BMG Wort.
Rogge, Jan-Uwe/Rogge, Regine (2004): Hörklassiker für Kinder. In: Der Deutschunterricht 4, S. 64–78.
Röhrich, Lutz (2003): Schneewittchen – Ein Beitrag zur volkskundlichen und literaturwissenschaftlichen Erzählforschung. In: Franz, Kurt (Hrsg.): Märchenwelten. Das Volksmärchen aus der Sicht verschiedener Fachdisziplinen. Baltmannsweiler (= Schriftenreihe Ringvorlesungen der Märchenstiftung Walter Kahn 1), S. 5–32.
Röll, Franz-Josef (1998): Mythen und Symbole in populären Medien. Der wahrnehmungsorientierte Ansatz in der Medienpädagogik. Frankfurt/Main.
Röll, Franz-Josef (2001): Das Konzept der aktiven Imagination als Beitrag einer symbolorientierten Medienpädagogik. In: Belgrad, Jürgen/Niesyto, Horst (Hrsg.): Symbol: Verstehen und Produktion in pädagogischen Kontexten. Baltmannsweiler, S. 74–85.
Röller, Nils (2001): SMS: Kurze Nachrichten verdichten. Ein Experiment mit den poetischen Möglichkeiten von SMS. In: telepolis. magazin der netzkultur (http://www.heise.de/tp/deutsch/inhalt/sa/9175/1.html, 01.12.2007).
Rosebrock, Cornelia (Hrsg.) (1995): Lesen im Medienzeitalter. Weinheim.
Rötzer, Florian (1999): Aufmerksamkeit als Medium der Öffentlichkeit. In: Maresch, Rudolf/Werber, Niels (Hrsg.): Kommunikation – Medien – Macht. Frankfurt/Main (= stw 1408), S. 35–58.
Rowling, Joanne K. (2003): Harry Potter und der Orden des Phönix. Hamburg.
Rudloff, Holger (2002): King Kong und Kafka. Katastrophenfilme und Franz Kafkas „Das Stadtwappen". In: Deutschunterricht 55, H. 6, S. 26–29.
Ruh, Kurt (1984): Vorbemerkungen zu einer neuen Geschichte der abendländischen Mystik im Mittelalter. In: Ders. (Hrsg): Kleine Schriften II. Scholastik und Mystik im Spätmittelalter. Berlin u.a., S. 337–363.
Runkehl, Jens/Schlobinski, Peter/Siever, Torsten (1998): Sprache und Kommunikation im Internet. Überblick und Analysen. Opladen u.a.

Literaturverzeichnis

Rupp, Gerhard/Heyer, Petra/Bonholt, Helge (2004): Lesen und Medienkonsum. Wie Jugendliche den Deutschunterricht verarbeiten. München u.a.
Rußegger, Arno (2003): Nulla dies sine kinema. Eine kleine Einführung in die Filmanalyse in sechs Abschnitten. In: Informationen zur Deutschdidaktik 27, H. 4, S. 17–35.
Sächsisches Staatsministerium für Kultus (Hrsg.) (2004): Lehrplan Gymnasium Deutsch. Dresden. Paginierte Online-Quelle (http://www.sachsen-macht-schule.de/apps/lehrplandb/downloads/lehrplaene/lp_gy_deutsch.pdf, 01.11.2007).
Sack, Tilman (2000): Theater und Internet. Überlegungen zu einem Konzept „Chattheater". (www.dichtung-digital.de/Interscene/Sack, 01.11.2007).
Sahr, Michael (2002): Kinderfilm. In: Lange, Günter (Hrsg.): Taschenbuch der Kinder- und Jugendliteratur (Bd. 2) (3. Aufl.). Baltmannsweiler, S. 608–619.
Sandbothe, Mike (1996): Interaktive Netze in Schule und Universität. Philosophische und didaktische Aspekte. In: Bollmann, Stefan/Heibach, Christiane (Hrsg.): Kursbuch Internet. Anschlüsse an Wirtschaft und Politik, Wissenschaft und Kultur. Mannheim, S. 424–433.
Sandbothe, Mike (1997a): Interaktivität – Hypertextualität – Transversalität. Eine medienphilosophische Analyse des Internet In: Münker, Stefan/Rösler, Alexander (Hrsg.): Mythos Internet. Frankfurt/Main (= edition suhrkamp 2010), S. 56–82.
Sandbothe, Mike (1997b): Digitale Verflechtungen. Eine medienphilosophische Analyse von Bild, Sprache und Schrift im Internet. In: Beck, Klaus/Vowe, Gerhard (Hrsg.): Computernetze – ein Medium öffentlicher Kommunikation. Berlin, S. 125–137.
Sandbothe, Mike (1998): Theatrale Aspekte des Internet. Prolegomena zu einer zeichentheoretischen Analyse theatraler Textualität. In: Göttlich, Udo/Nieland, Jörg-Uwe/Schatz, Heribert (Hrsg.): Kommunikation im Wandel. Zur Theatralität der Medien. Köln, S. 209–227.
Savigny, Eike von (1973): Grundkurs im wissenschaftlichen Definieren (3. Aufl.). München.
Saxer, Ulrich (1997): Konstituenten einer Medienwissenschaft. In: Schanze, Helmut/Ludes, Peter (Hrsg.): Qualitative Perspektiven des Medienwandels. Opladen, S. 15–26.
Schanze, Helmut (1983): Von Riesen, Geistern und Zwergen. Überlegungen zum Einfluß der elektronischen Datenverarbeitung auf Lesen und Schreiben. In: Der Deutschunterricht 35, S. 5–14.
Scheller, Ingo: (1996): Szenische Interpretation. In: Praxis Deutsch 23, H. 136, S. 22–32.
Scheller, Ingo (1997): Szenisches Spiel. Berlin.
Schelling, Friedrich Wilhelm Joseph von (1800/1992): System des transzendentalen Idealismus. Hamburg.
Schelling, Friedrich Wilhelm Joseph von (1807/1983): Über das Verhältnis der bildenden Künste zu der Natur. Hamburg.
Schiesser, Jaco (1996): Video killed the radio star. Musikvideos – Kunst der Gehirnwäsche oder Schule der Ästhetik? (vgl. http://www.xcult.ch/texte/schiesser/video.html, 16.08.2007).
Schilcher, Anita (2004): ‚Der Zauberlehrling' – fünfmal gehört. In: Praxis Deutsch 31, H. 185, S. 27–34.
Schill, Wolfgang/Baacke, Dieter (Hrsg.) (1996a): Kinder und Radio. Zur medienpädagogischen Theorie und Praxis der auditiven Medien. Frankfurt/Main (= Beiträge zur Medienpädagogik Bd. 2).
Schill, Wolfgang/Baacke, Dieter (1996b): Zwei ‚radio-biographische Spotlights'. Einleitung. In: Schill, Wolfgang/Baacke, Dieter (Hrsg.): Kinder und Radio. Zur medienpädagogi-

Literaturverzeichnis

schen Theorie und Praxis der auditiven Medien. Frankfurt/Main: Landesbildstelle Berlin (= Beiträge zur Medienpädagogik, Bd. 2), S. 9–15.

Schlegel, Friedrich (1798/1978): Athenäums-Fragmente. In: Schlegel, Friedrich: Kritische und theoretische Schriften. Stuttgart.

Schmidt, Siegfried J. (1993): Kommunikationskonzepte für eine systemorientierte Literaturwissenschaft. In: Schmidt, Siegfried J. (Hrsg.): Literaturwissenschaft und Systemtheorie. Positionen, Kontroversen, Perspektiven. Opladen, S. 241–268.

Schmidt, Siegfried J. (1994): Kognitive Autonomie und soziale Orientierung. Konstruktivistische Bemerkungen zum Zusammenhang von Kognition, Kommunikation, Medien und Kultur. Frankfurt/Main.

Schmidt, Siegfried J. (2000): Technik – Medien – Politik. Die Erwartbarkeit des Unerwartbaren. In: Maresch, Rudolf/Werber, Niels (Hrsg.): Kommunikation – Medien – Macht (2. Aufl.). Frankfurt/Main (= stw 1408), S. 108–132.

Schmidt, Siegfried J. (2002): Was heißt „Wirklichkeitskonstruktion"? In: Baum, Achim/ Schmidt, Siegfried J. (Hrsg.): Fakten und Fiktionen. Über den Umgang mit Medienwirklichkeiten. Konstanz (= Schriftenreihe der Deutschen Gesellschaft für Publizistik- und Kommunikationswissenschaften, Bd. 29), S. 17–30.

Schmidt, Siegfried J. (2003): Medienkulturwissenschaft. In: Nünning, Ansgar/Nünning, Vera (Hrsg.): Konzepte der Kulturwissenschaften. Theoretische Grundlagen – Ansätze – Perspektiven. Stuttgart, S. 351–369.

Schmitz, Ulrich (2003): Text-Bild-Metamorphosen in Medien um 2000. In: Schmitz, Ulrich/ Wenzel, Horst (Hrsg.): Wissen und neue Medien. Bilder und Zeichen von 800 bis 2000. Berlin, S. 241–263.

Schmitz, Ulrich (2006): Schriftbildschirme. Tertiäre Wirklichkeit im World Wide Web. In: Androutsopoulos, Jannis/Runkehl, Jens/Schlobinski, Peter/Siever, Thorsten (Hrsg.): Neuere Entwicklungen in der linguistischen Internetforschung. Themenheft Germanistische Linguistik. Hildesheim, S. 184–208.

Schneider, Olaf/Berghoff, Matthias (2000): Texte in digitalen Erfahrungsräumen. Zur Konzeption einer eigenaktiven, konstruktiven und kommunikativen Lernumgebung im Internet. In: Computer und Unterricht 39, S. 54–57.

Schnell, Ralf (2000): Medienästhetik. Zu Geschichte und Theorie visueller Wahrnehmungsformen. Stuttgart.

Schön, Erich (1993): Der Verlust der Sinnlichkeit oder die Verwandlungen des Lesers. Mentalitätswandel um 1800. Stuttgart.

Schön, Erich (2001): Geschichte des Lesens. In: Franzmann, Bodo/Hasemann, Klaus/Löffler. Dietrich/Schön, Erich (Hrsg.): Handbuch Lesen. Im Auftrag der Stiftung Lesen und der Deutschen Literaturkonferenz. Baltmannsweiler, S. 1–85.

Schönert, Jörg (1999): Empirischer Autor, Impliziter Autor und Lyrisches Ich. In: Jannidis, Fotis/Lauer, Gerhard/Martinez, Matias/Winko, Simone (Hrsg.): Die Rückkehr des Autors. Zur Erneuerung eines umstrittenen Begriffs. Tübingen, S. 289–294.

Schönleber, Matthias (2006): „Es gibt Tiefen genug, sie klaffen zwischen den Bildern." Ästhetische Kompetenz an den Schnittstellen von Kurzfilm und Kurzgeschichte. In: Frederking, Volker (Hrsg.): Filmdidaktik – Filmästhetik. München (= Jahrbuch Medien im Deutschunterricht 2005, Bd. 4), S. 62–77.

Schorb, Bernd (1995): Medienalltag und Handeln. Opladen.

Schörkhuber, Wolfgang (2003): Film im Deutschunterricht – Literaturtransporteur, Filmanalyse oder was? In: Informationen zur Deutschdidaktik 27, H. 4, S. 8–16.

Schreiber, Mathias (2006): Deutsch for sale. In: *DER SPIEGEL* Nr. 40 v. 02.10.2006, S. 182–198.

Literaturverzeichnis

Schülein, Frieder/Zimmermann, Michael (1998): Theater in der Deutschlehrerausbildung. In: Frederking, Volker (Hrsg.): Verbessern heißt verändern. Neue Wege, Inhalte und Ziele der Ausbildung von Deutschlehrer(inne)n in Studium und Referendariat. Baltmannsweiler, S. 105–124.
Schumm, Thorsten (2005): Synästhetik (http://www.synaesthetik.de/de/index_de.html, 01.12.2007).
Schuster, Karl (1994): Das Spiel und die dramatischen Formen im Deutschunterricht. Baltmannsweiler.
Schuster, Karl (1997): Das personal-kreative Schreiben im Deutschunterricht (2. Aufl.). Baltmannsweiler.
Schwitters, Kurt (1919/2004): Anna Blume. In: Anna Blume und ich. Die gesammelten Anna Blume-Texte. Zürich: Arche Verlag.
Senkbeil, Martin/Barbara Drechsel (2004): Vertrautheit mit dem Computer. In: PISA-Konsortium Deutschland (Hrsg.): PISA 2003. Der Bildungsstandard der Jugendlichen in Deutschland – Ergebnisse des zweiten internationalen Vergleichs. Münster u.a., S. 177–190.
Shannon, Claude E./Weaver, Warren (1949/1998): The Mathematical Theory of Communication. Chicago u.a.
Sichtermann, Barbara (1994): Fernsehen. Berlin.
Siedler, Kai (1994): Computerfreaks like 2 party. Relay Parties zwischen Virtualität und Realität. (http:/duplox.wz-berlin.de/texte/rps, 01.10.2007)
Siegwart, Gero (1997): Explikation. Ein methodologischer Versuch. In: Löffler, Winfried/Runggaldier, Edmund (Hrsg.): Dialog und System. Sankt Augustin, S. 15–45.
Simanowski, Roberto (2002): Interfictions. Vom Schreiben im Netz. Frankfurt/Main (= edition suhrkamp 2247).
Spanhel, Dieter (2004): Aufgaben der Medienpädagogik unter anthropologischem Aspekt. In: Jonas, Hartmut/Josting, Petra (Hrsg.): Medien – Deutschunterricht – Ästhetik. München, S. 127–140.
Spinner, Kaspar H. (1980): Identität und Deutschunterricht. Göttingen.
Spinner, Kaspar H. (1993): Von der Notwendigkeit produktiver Verfahren im Literaturunterricht. In: Diskussion Deutsch 133; S. 1–6.
Spinner, Kaspar H. (1999): Ein Geschichten-Schrank. Kreatives Schreiben zu einem Bilderbuch. In: Praxis Deutsch 26, H. 154, S. 26–27.
Spinner, Kaspar H. (2001): Kreatives Schreiben. In: Ders.: Kreativer Deutschunterricht. Seelze, S. 108–125.
Spinner, Kaspar H. (2002): Handlungs- und produktionsorientierter Literaturunterricht. In: Bogdal, Klaus-Michael/Korte, Hermann (Hrsg.): Grundzüge der Literaturdidaktik. München, S. 247–257.
Spinner, Kaspar H. (2004): „Ästhetische Bildung multimedial". In: Bönnighausen, Marion/Heidi Rösch (Hrsg.): Intermedialität im Deutschunterricht. Baltmannsweiler, S. 31–39.
Spinner, Kaspar H. (2005): Kreatives Schreiben zu literarischen Texten. In: Abraham, Ulf/Kupfer-Schreiner, Claudia/Maiwald, Klaus (Hrsg.): Schreibförderung und Schreiberziehung. Ein Handbuch für Schule und Hochschule. Donauwörth, S. 109–119.
Spitzer, Manfred (2006): Vorsicht Bildschirm! Elektronische Medien, Gehirnentwicklung, Gesundheit und Gesellschaft. Stuttgart.
Stach, Reinhard (1999): Fabeln, Märchen und Geschichten als Bilder für Schule und Haus. In: Franz, Kurt/Lange, Günter (Hrsg.): Bilderwelten. Vom Bildzeichen zur CD-ROM. Baltmannsweiler, S. 30–50.

Literaturverzeichnis

Staiger, Michael (2007): Medienbegriffe, Mediendiskurse, Medienkonzepte. Bausteine einer Deutschdidaktik als Medienkulturdidaktik. Baltmannsweiler.
Staiger, Michael/Wichert, Adalbert (2004): Medienbegriff-Medienkompetenz-Mediendidaktik. Perspektiven des Mediendiskurses. In: Metz, Bertold/Pfeiffer, Joachim/Staiger, Michael/Wichert, Adalbert (2004): Lesen, Schreiben und Kommunizieren im Internet. Theorie und Praxis teilvirtueller Hochschullehre. Herbolzheim, S. 19–42.
Steinig, Wolfgang (2006): Als die Wörter tanzen lernten. Ursprung und Gegenwart von Sprache. Heidelberg.
Steinig, Wolfgang/Jünger, Werner/Berghoff, Matthias/Frederking, Volker (2000): „Hallo, seid ihr auch im Netz?" Sich mit Fremden im Internet schreibend begegnen. In: English in the Modern World. Festschrift für Hartmut Breitkreuz on the occasion of his sixtieth birthday. Frankfurt am Main/Berlin/Bern: Lang 2000. S. 229-258.
Steinig, Wolfgang/Huneke, Hans-Werner (2004): Sprachdidaktik Deutsch. Eine Einführung (2. Aufl.). Berlin.
Steinle, Andreas/Wippermann, Peter (2003): Die neue Moral der Netzwerkkinder. Trendbuch Generationen. München.
Storrer, Angelika (2002): Sprachliche Besonderheiten getippter Gespräche: Sprecherwechsel und sprachliches Zeigen in der Chat-Kommunikation. In: Beißwenger, Michael (Hrsg.): Chat-Kommunikation. Sprache, Interaktion, Sozialität & Identität in synchroner computervermittelter Kommunikation. Perspektiven auf ein interdisziplinäres Forschungsfeld. Studienausgabe in zwei Bänden (Bd. 1). Stuttgart., S. 3–24.
Strauss, Botho (1981): Der Einsamkeits-Kasper. In: Paare, Passanten. München u.a., S. 155.
Svenbro, Jesper 1995: Archaisches und klassisches Griechenland: Die Erfindung des stillen Lesens. In: Chartier, Roger/Cavallo, Guglielmo (Hrsg.): Die Welt des Lesens. Von der Schriftrolle zum Bildschirm. Frankfurt/Main u.a., S. 59–96.
Svenbro, Jesper 2002: Stilles Lesen und die Internalisierung der Stimme im alten Griechenland. In: Kittler, Friedrich/Macho, Thomas/Weigel, Sigrid (Hrsg.): Zwischen Rauschen und Offenbarung. Zur Kultur- und Mediengeschichte der Stimme. Berlin, S. 55–71.
Temsch, Jochen (2006): Kinderwahnsinn im Kino. Von Zwölfjährigen geliebt, von manchen Erwachsenen misstrauisch beäugt: „Die Wilden Kerle" sind an die Spitze der Filmcharts gestürmt. In: *Süddeutsche Zeitung* v. 17.03.2006, S. 11.
Tetens, Holm (2006): Kants „Kritik der reinen Vernunft". Ein systematischer Kommentar. Stuttgart.
Tetling, Klaus (2007): Formt die Grammatik den Gedanken? Mit kooperativen Verfahren das Verständnis anspruchsvoller Sachtexte erleichtern. In: Praxis Deutsch 34, H. 205, S. 50–60.
Theunert, Helga (1996): Perspektiven der Medienpädagogik in der Multimedia-Welt. In: Rein, Antje v. (Hrsg.): Medienkompetenz als Schlüsselbegriff. Bad Heilbrunn, S. 60–69.
Thiel, Hans Peter/Würmli, Marcus (Übs. u. Bearb.) (1995): Wie die Bilder laufen lernten. Ein Spaziergang durch die Geschichte der Traumfabrik: Hundert Jahre Kino. Mannheim (= Meyers Jugendbibliothek).
Thiele, Jens (1996): Das Bilderbuch in der Medienwelt des Kindes. In: Grundschule 28, H. 9, S. 14–19.
Thiele, Jens (2000): Das Bilderbuch. Ästhetik – Theorie – Analyse – Didaktik – Rezeption. Oldenburg.
Thiele, Jens (2002): Das Bilderbuch. In: Lange, Günter (Hrsg.): Taschenbuch der Kinder- und Jugendliteratur (Bd. 1) (3. Aufl.). Baltmannsweiler, S. 228–245.

Literaturverzeichnis

Trabant, Jürgen (1971): Superman – Das Image eines Comic-Helden. In: Ehmer, Hermann K. (Hrsg.): Visuelle Kommunikation. Beiträge zur Kritik der Bewußtseinsindustrie. Köln, S. 251–276.
Tucholsky, Kurt (1930/1975): Akustischer Kostümball. In: Gerold-Tucholsky, Mary/, Fritz J. Raddatz (Hrsg.): Kurt Tucholsky: Gesammelte Werke (Bd. 8). Reinbek, S. 295–296.
Tulodziecki, Gerhard (1997): Medien in Erziehung und Bildung (3. Aufl.). Bad Heilbrunn.
Tulodziecki, Gerhard (2003): Schrift und Bild als Darstellungsform – mediendidaktisch und medienerzieherisch betrachtet. In: Deubel, Volker/Kiefer, Klaus H. (Hrsg.): MedienBildung im Umbruch. Lehren und Lernen im Kontext der neuen Medien. Bielefeld (= Schrift und Bild in Bewegung 6), S. 119–127.
Turing, Alan (1936/37): ‚On Computable Numbers, with an application to the Entscheidungsproblem'. Proceedings of the London Mathematical Society, ser. 2. vol. 42, pp. 230–265 (1936-7); corrections, Ibid, vol 43 (1937) pp. 544-546.
Turkle, Sherry (1984): Die Wunschmaschine. Vom Entstehen der Computerkultur. Reinbek: Rowohlt.
Turkle, Sherry (1998): Leben im Netz. Identität in Zeiten des Internet. Reinbek/Hamburg.
Ueding, Gert (2004): Rettung der Literatur durch lebendige Rede. Rhetorische Aspekte des Hörbuchs. In: Der Deutschunterricht 4, S. 17–28.
Uka, Walter (2004): Theater. In: Faulstich, Werner (Hrsg.): Grundwissen Medien (5., vollständig überarbeitete und erheblich erweiterte Aufl.) München, S. 358–384.
Vach, Karin (1999): Lilipuz – Radio für Kinder. In: Praxis Deutsch 28, H. 153, S. 22–24.
Vollbrecht, Ralf (2001): Einführung in die Medienpädagogik. Basel u.a.
Wagner, Richard (1850/1983): Das Kunstwerk der Zukunft. In: Borchmeyer, Dieter (Hrsg.): Dichtungen und Schriften, Bd. 6, Reformschriften 1849–1852. Frankfurt/Main.
Wagner, Wolf-Rüdiger (1994): Kreatives Schreiben mit dem Computer. Tübingen.
Wagner, Wolf-Rüdiger (2004): Medienkompetenz revisited. Medien als Werkzeuge der Weltaneignung: ein pädagogisches Programm. München.
Waldmann, Günter (1984): Grundzüge von Theorie und Praxis eines produktionsorientierten Literaturunterrichts. In: Hopster, Norbert (Hrsg.): Handbuch 'Deutsch' für Schule und Hochschule Sekundarstufe I. München u.a., S. 98–141.
Waldmann, Günter (1999): Produktiver Umgang mit Literatur im Unterricht (2. Aufl.). Baltmannsweiler.
Waldmann, Günther (1996): Produktiver Umgang mit dem Drama. Baltmannsweiler.
Walitsch, Herwig (1998a): Computer. In: Hiebel, Hans H./Hiebler, Heinz/Kogler, Karl/Walitsch, Herwig: Die Medien. Logik – Leistung – Geschichte. München, S. 227–253.
Walitsch, Herwig (1998b): Optische Medien. In: Hiebel, Hans H./Hiebler, Heinz/Kogler, Karl/Walitsch, Herwig: Die Medien. Logik – Leistung – Geschichte. München, S. 75-106.
Walkhoff, Gesa (1999): „Bilderbücher machen" – ein Weg zum eigenen Buch. In: Franz, Kurt/Lange, Günter (Hrsg.): Bilderwelten. Vom Bildzeichen zur CD-ROM. Baltmannsweiler, S. 69–89.
Watzlawick, P./Beavin, J./Jackson, D. (1985): Menschliche Kommunikation. Formen, Störungen, Paradoxien. (7. Aufl.). Stuttgart u.a.
Weber, Stefan (2007): Das Google-Copy-Paste-Syndrom. Wie Netzplagiate Ausbildung und Wissen gefährden. Hannover.
Weinert, Franz E. (2001): Vergleichende Leistungsmessung an Schulen – eine umstrittene Selbstverständlichkeit. In Weinert, F. E. (Hrsg.): Leistungsmessungen in Schulen. Weinheim u.a., S. 17–31.

Literaturverzeichnis

Weingarten, Rüdiger (Hrsg.) (1997): Sprachwandel durch Computer. Opladen.
Wells, Herbert George (1898): The War of the Worlds. o.O. (dt.: Krieg der Welten 1901).
Welsch, Wolfgang (1993): Auf dem Weg zu einer Kultur des Hörens? In: Paradigma 2, S. 87–103.
Wenzel, Horst (1995): Hören und Sehen, Schrift und Bild: Kultur und Gedächtnis im Mittelalter. München.
Wenzel, Horst (2000): Die Schrift und das Heilige. In: Wenzel, Horst/Seipel, Wilfried/Wunberg, Gotthart (Hrsg.): Die Verschriftlichung der Welt. Bild, Text und Zahl in der Kultur des Mittelalters und der Frühen Neuzeit. Wien, S. 15–57.
Wenzel, Horst/Seipel, Wilfried/Wunberg, Gotthart (Hrsg.) (2000): Die Verschriftlichung der Welt. Bild, Text und Zahl in der Kultur des Mittelalters und der Frühen Neuzeit. Wien.
Wenzel, Horst/Seipel, Wilfried/Wunberg, Gotthart (Hrsg.) (2001): Audiovisualität vor und nach Gutenberg. Zur Kulturgeschichte der medialen Umbrüche. Wien.
Wermke, Jutta (1989): Die Bildbeschreibung – eine Frage des Standpunkts. Frankfurt/Main (= Forschungen zur Literatur- und Kulturgeschichte 20).
Wermke, Jutta (1992): betrachten – beschreiben – verdichten – sehen. Eine 10. Hauptschulklasse und die „Vorahnung des Bürgerkrieges" von Dali. In: Praxis Deutsch 19, H. 113, S. 35–40.
Wermke, Jutta (1995a): Hören – Horchen – Lauschen. Zur Hörästhetik als Aufgabenbereich des Deutschunterrichts unter besonderer Beachtung der Umweltwahrnehmung. In: Spinner, Kaspar H. (Hrsg.): Imaginative und emotionale Lernprozesse im Deutschunterricht. Berlin u.a., S. 193–215.
Wermke, Jutta (1995b): O-Töne hören. Vom Klang der Welt im Klassenzimmer. Ide-informationen zur deutschdidaktik 4, S. 17–29.
Wermke, Jutta (1997): Integrierte Medienerziehung im Fachunterricht. Schwerpunkt: Deutsch. München.
Wermke, Jutta (2000): Ästhetische Perspektiven der Medienerziehung. In: Kleber, Hubert (Hrsg.): Spannungsfeld Medien und Erziehung: medienpädagogische Perspektiven. Dieter Spanhel zum 60. Geburtstag gewidmet. München, S. 197–226.
Wermke, Jutta (Hrsg.) (2001a): Hören und Sehen: Beiträge zu Medien- und Ästhetischer Erziehung. München.
Wermke, Jutta (2001b): Zuhören als Gewaltprävention? Ein Beitrag ästhetischer Erziehung zur sozialen Kompetenz. In Wermke, Jutta (Hrsg.): Hören und Sehen: Beiträge zu Medien- und Ästhetischer Erziehung. München. S. 41–58.
Wermke, Jutta (2003): Ein Wassermärchen-Hörspiel-Projekt. Zum didaktischen Nutzen von Transformationsprozessen. 5./6. Klassenstufe. In: Deutschunterricht 56, H. 3, S. 19–25.
Wermke, Jutta (2004): Das Hörbuch im Rahmen einer Hördidaktik. In: Der Deutschunterricht 57, H. 4, S. 50–63.
Wichert, Adalbert (1988): Computer und Deutschunterricht – Annäherungsversuche. In: BUS 15, S. 11–19.
Wichert, Adalbert (1992): Computer im Text – Text im Computer. Perspektiven des Deutschunterrichts. In: Diskussion Deutsch 23, H. 128, S. 593–602.
Wieler, Petra (1989): Sprachliches Handeln im Literaturunterricht als Problem. Bern.
Wieler, Petra (1997): Vorlesen in der Familie. Weinheim.
Wieler, Petra (2003): Varianten des Literacy-Konzepts und ihre Bedeutung für die Deutschdidaktik. In: Abraham, Ulf/Bremerich-Vos, Albert/Frederking, Volker/Wieler, Petra (Hrsg.): Deutschunterricht und Deutschdidaktik nach PISA. Freiburg, S. 47–68.

Literaturverzeichnis

Wirth, Uwe (1997): Literatur im Internet. Oder: Wen kümmert's, wer liest? In: Münker, Stefan/Roesler, Alexander (Hrsg.): Mythos Internet. Frankfurt/Main (= edition suhrkamp 2010), S. 319-337.
Wirth, Uwe (2002): Schwatzhafter Schriftverkehr. Chatten in den Zeiten des Modemfiebers. In: Münker, Stefan/ Roesler, Alexander (Hrsg.): Praxis Internet. Kulturtechniken der vernetzten Welt. Frankfurt/Main, S. 208-231.
Wirth, Joachim/Klieme, Eckhard (2003): Computernutzung. In: Jürgen Baumert/Artelt, Cordula/Klieme, Eckhard/Neubrand, Michael/Prenzel, Manfred/Schiefele, Ulrich/Schneider, Wolfgang/Tillmann, Klaus-Jürgen/Weiß, Manfred (Hrsg.): PISA 2000 – Ein differenzierter Blick auf die Länder der Bundesrepublik Deutschland. Opladen, S. 195-209.
Wirth, Uwe (1997): Literatur im Internet. Oder: Wen kümmert's, wer liest? In: Münker, Stefan/Roesler, Alexander (Hrsg.): Mythos Internet. Frankfurt/Main (= edition suhrkamp 2010), S. 319-337.
Wittmann, Reinhard (1995): Gibt es eine Leserevolution am Ende des 18. Jahrhunderts? In: Chartier, Roger/Cavallo, Guglielmo (Hrsg.): Die Welt des Lesens. Von der Schriftrolle zum Bildschirm. Frankfurt/Main, S. 419-454.
Wygotski, Lew Semjonowitsch (1934/1964): Denken und Sprechen. Berlin.
Youngblood, Gene (1991): Metadesign. Die neue Allianz und die Avantgarde. In: Rötzer, Florian (Hrsg.): Digitaler Schein. Ästhetik der elektronischen Medien. Frankfurt/Main, S. 305-322.
Zabka, Thomas (2001): Zum Symbolverstehen von Videoclips. Didaktische Reflexionen und Ratschläge. In: Wermke, Jutta (Hrsg.): Hören und Sehen: Beiträge zu Medien- und Ästhetischer Erziehung. München, S. 109-124.
Zeitlinger, Eva (2003): Unterhaltungsfilme im Unterricht? Versuch einer Begründung in Theorie und Praxis. In: Informationen zur Deutschdidaktik 27, H. 4, S. 78-85.
Ziehe, Thomas (1994): Der Gehalt des Symbols und die kulturelle Modernisierung von Jugend. In: AV-Information. Heft 1-2, S. 16-23.
Zschokke, Heinrich (1821): Die Lesesucht. In: Stunden der Andacht zur Beförderung wahren Christenthums und häuslicher Gottesverehrung. Aarau.

Sachregister

Abkürzungen 205, 206, 252
accustic turn 108
Agitation 103
Akronym 78
Akustikmedium 100
akustisch-auditive Medien 99, 100, 106, 108, 109, 114
akustisch-auditives literarisches Genre 106
akustische Wahrnehmung 115
akustische Features 121
akustische Speichermedien 105
akustischer Kostümball 105
akustische Kunst 121
alta voce 76, 96, 113, 116, 201
analytisch-diskursiv 117
analytisches Verstehen 121
analytisch-intermedial 109, 113
Anfangsunterricht 238
Anonymität 214, 249
Antike 201, 215, 237
Archivaufnahmen 106
Ästhetik 109, 202, 223, 225, 226, 251
ästhetische Analyse 111
ästhetische Codes 88
ästhetische Kompetenz 90
asynchrone Nutzungen 100
Audio-Book 99, 106, 107
Audio-Dokument 100, 108
Audio-Files 107
Audioformat 112, 114
AudioHyperspace 121
audiovisuell 76
audiovisuelle mediale Gestaltungen 119
audiovisuelle Medien 142, 184, 190
auditiv 76, 105
auditiv-akkustischen Dimensionen 116
auditiv-akustische Medien 113, 121

auditiv-akustisch 109, 113, 117
auditiv-akustisches Medium 116
auditive Textaneignung 117
auditive Aneignungen 107
auditive Wahrnehmung 115
Augenkultur 115
Äußerungsform 209
Autor 217, 219, 223, 224, 225, 227, 228, 237, 238, 249, 250, 259
  konzeptuelle Autorschaft 227
  procedural authorship 227
  Tod des Autors 227
Autorschaft 237, 249
AV-Medien 66, 81, 141, 142, 143, 169, 173, 182, 184, 185, 187, 188, 189, 190, 191, 194

Barockzeit 118
Beat 101, 104
Begleitbuch 79
Benutzeroberfläche 215
Bewusstheit
  phonologische 235
Bewusstseinsindustrie 101
Biene Maja 79
Bild 17, 19, 21, 96
Bildbeschreibung 133, 134, 139
Bilderbuch 79, 80, 126, 127, 128, 131, 134, 137, 138
Bildgeschichten 125, 126, 129, 131, 132, 133, 138, 140
Bildmaterial 79
Bildschirmgedichte 224
Bildungsgrad 83
Bildungssoftware 235
Bildungsstandard 88, 91, 190
biogenetisches Grundgesetz 80
Biologe 11
Blog (Web-Log) 222

299

Sachregister

Braun'sche Röhre 141, 166
Brief 16, 17, 19
Browser 206, 218
   Firefox 218
   Internet Explorer 218
BSCW 78, 205, 234, 239, 245, 246, 247, 248
Buch 11, 17, 22, 80, 83
   als Zweitmedium 226
buchbasierter Deutschunterricht 85
Buchdruck 228
Buchfassung 79
Buchkultur 93, 225, 226, 227
Buchorientierung 76, 77
Buchwelt 76, 105
Buddy List 207, 208
   Übungssoftware 234

Cassette 116
CD 79, 81, 99, 100, 106, 116, 117, 203, 216, 223, 224, 234, 235, 237, 240, 266, 267
Chat 15, 18, 20, 63, 65, 67, 77, 84, 87, 205, 206, 207, 208, 209, 210, 211, 212, 213, 214, 215, 216, 227, 228, 234, 239, 243, 244, 245, 246, 249, 250, 251, 252, 253
Collage 106
Comic 69, 73, 79, 125, 126, 127, 128, 129, 130, 131, 133, 137, 138, 142, 155, 163, 172, 195, 196
Computer 11, 15, 18, 77, 81, 84, 96, 99, 100, 201, 202, 203, 205, 215, 216, 218, 219, 220, 228, 232, 233, 234, 237, 238, 239, 240, 241, 242, 243, 247, 258, 260, 261, 262, 266, 267
   schulische Nutzung 229
Computernutzung 94
Computerspiel 85, 87, 107
computerunterstützter Deutschunterricht 93, 94
crossmedial 80, 90
Crosspromotion 107

DCR (Didaktischer Chat Raum) 239, 243, 244, 245, 246
Definition 11, 12, 16
Deutschdidaktik 109, 201, 203, 214, 228, 229, 245
deutschdidaktisch 100, 115
Deutsche Grammophon' 107
Deutscher Hörbuchpreis 107
Deutsche Blindenhörbücherei 107
Deutschunterricht 13, 18, 19, 20, 76, 77, 106, 109, 110, 113, 115, 116, 119, 121
   computerunterstützt 92
   integrativer 22
   intermedial 92
   medienintegrativ 92
   symmedial 92
Deutschunterricht und medialer Wandel 92
Didaktischer Chat Raum (DCR) 207
die Andere und ich 104
Die Ohrenreise 120
Die Welt ist Klang 115
Die wilden Fußballkerle 79
digital gespeichert 116, 117
digitale Medien 125
digitale Speichermedien 106
digitale Speichermöglichkeiten 110
Digitalmedien 202, 216, 232, 233, 234, 243, 262
Diskette 203, 224
Dispositiv
   technisches 21
Distribution 101, 102, 110
Distributionsapparat 102
Distributionsmedium 102
Downloadportale 106
Drameninszenierungen 112
DVD 77, 79, 99, 106, 203

E-Book 216, 237
Einsamkeits-Kasper 110, 114
Ein-Weg-Distribution 101
Ein-Weg-Kommunikation 102
elektronisch 76

Sachregister

E-Mail 77, 83, 84, 204, 207, 226, 234, 238, 239, 243, 244, 254
Emil und die Detektive 79, 109
Emoticon 78, 205, 211, 226, 239
Empfänger 101, 204
Enthemmung 214, 250
Entwicklungspsychologie 19
Erfindung der Schrift 25, 76, 100
Erfindung des Buchdrucks 25
Ergänzungshypothese 83
Erich-Kästner-Museum 79
Erkenntnistheorie
    genetische 19
expertenunterstütztes Lernen 94

fachübergreifend 115, 121
fallbasiertes Lernen 94
familiäre Kontexte 82
Faust-Inszenierungen 112
Feature 106, 121
Feierabend 81
Fernsehanstalten 101
Fernsehen 11, 17, 18, 19, 21, 64, 65, 68, 76, 77, 80, 82, 83, 85, 101, 103, 104, 109, 141, 142, 143, 144, 151, 153, 165, 166, 167, 168, 169, 170, 180, 183, 188, 196
    öffentlich-rechtliche Anstalten 103
Fernseher 81
Fernsehfilm 79
Fernsehkrimis 104
Fernsehserie 79, 143, 169, 182, 185, 186, 191, 197, 198
Fernsehspiel 104
Fernseh-Sprache 77
Festplatte 110, 203, 206
Fiktion 87
Film 17, 21, 78, 79, 80, 85, 87, 93, 96, 107, 142, 144, 145, 146, 147, 148, 149, 150, 155, 158, 160, 165, 167, 168, 173, 175, 176, 177, 178, 179, 180, 181, 182, 183, 184, 186, 188, 189, 194, 195, 199

Filmanalyse
    symmedial 240
Film-Sprache 77
Fünf Freunde 79
Folgeprodukt 79
Folk 119
Fotobuch 79
Fotografie 124, 125, 126, 136, 138, 140, 144, 145, 178

Gammophon 105
geankertes Lernen 94
Gedichtlesung 112, 116
Gedichtlesungen 116
Gedichtverfilmung 119
Gemeinschaft
    soziale 15
Generation @ 212
Geräuschkassette 120
Gesamttext
    synästhetisch-multimedial 77
Gesang 116
Geschichte des Lesens 76
geschlechtsspezifisch 117
geschlechtsspezifische Mediennutzung 85
Gesichtsmaske 215
Gesänge der Buckelwale 120
Gesprächsstruktur 210, 211
gesprochenes Wort 99, 106, 112
Gestik 17, 210
Google 204, 238, 255
Google-Copy-Paste-Syndrom 255, 256
Grammatik 19, 234
gramme 105
Grammophon 99, 105
graphostilistische Mittel 211
Grooming 206
Großstadtliebe 110, 114, 117
Grundschule 112
Gruppenkommunikation 204, 206
Gute Zeiten, Schlechte Zeiten 79
Gutenberg-Galaxis 233

301

Sachregister

Haltung 115
handelnd-produktiv 109, 113, 114, 115, 117, 118, 120
handlungsorientiert 69, 70, 72, 73, 119, 193, 198
Handschrift 15
Handy 11, 17, 66, 99, 109, 162, 205, 207, 253
Harry Potter 79, 82, 110
heißes Medium 101
Hintergrundgeräusch 114
Hip Hop 119
Hollywood 141, 145, 146, 150, 180, 188, 190
Homepage 203, 222, 236, 241
Hörästhetik 111, 113, 114, 117, 118, 119, 121
Hörbuch 79, 87, 105, 106, 107, 108, 109, 111, 112, 113, 114, 116
Hörbuchrezipient 107
Hör-CD 85, 107
Horchen 115
Hördidaktik 110
Hördokumente 120
Hören 99, 100, 102, 104, 105, 112, 113, 114, 115, 119, 120, 121
Hörerfahrung 118
Hörerzählungen 104
Hörerziehung 108, 112, 114, 115, 119, 121
Hörfunk 103, 104
Hörkassette 79, 80
Hörcollage 114
Hörkules 107
Hörkultur 108
Hörkunst 102, 103
Hörmedien 109, 114, 116
Hörschulung 121
Hörspiel 79, 104, 106, 109, 110, 111, 112, 114, 120, 121
Hörspielfassung 106
Hörtext 93, 106, 107, 108, 110, 111, 112, 113, 114, 117, 118, 119
Hörbuchproduktion 107

Hör-Kassetten 107
Hörmedien 109
Hör-Portale 107
Hörästhetik 108, 115
hörästhetische Dimension 120
hörästhetische Facetten 117
hörästhetische Konzeption 120
hörästhetischer Moment 112
Hörtext 79, 105, 110, 112, 116, 119
HTML 203, 218
Hühner 121
Human-Computer-Interface (HCI) 220
Hyperfiction 224
Hyperlink 203, 218, 219, 221, 222, 237
Hypermedia 218, 261
hypermedial 79
Hypermedialität 218
Hypertext 93, 203, 216, 217, 218, 219, 220, 221, 223, 224, 225, 236, 258, 260, 261
Rezeption von 219
Hypertextualität 217

ICQ 207, 211
Identität 15, 67, 70, 87, 133
des Einzelnen 15
Online 88
virtuelle 15
Identitätsorientierung 86
Individualkommunikation 204
Inflektiv 211
Informationsmedien 99, 100, 237
Informationstechnische Bildung (ITB) 228
Informationstechnische Grundbildung (ITG) 229
Infotainmentangebote 110
Input-Orientierung 88
Instant Messaging 207, 208
Instant Messenger 205, 207, 211
Institutionalisierung
sozialsystemische 21
Instrumentalmusikbegleitung 118
Integration von Medien 91

Sachregister

Interaktion
   und Hypertexte 219
   zwischen Text und Leser 222
interaktiv 202, 220, 221, 222, 236, 240
Interaktivität 102, 202, 219, 220, 221, 244
intermediale Analyse 110
intermediale Erschließung 114
intermedialer Vergleich 109, 111
intermediale Vernetzung 95
intermedialer Deutschunterricht 95
Intermedialität 95
Internet 64, 65, 77, 79, 84, 96, 102, 107, 119, 121, 125, 138, 143, 151, 189, 191, 193, 194, 195, 196, 198, 201, 202, 203, 204, 206, 207, 208, 213, 214, 215, 216, 218, 222, 223, 226, 227, 228, 229, 232, 233, 234, 235, 236, 237, 238, 239, 240, 241, 242, 243, 244, 245, 247, 250, 254, 255, 256, 257, 258, 260
Internetarchiv 223
Internetkooperation 243, 247
Internetliteratur 77, 216, 223
Internetnutzung 82, 84
Internetseite 84
Intertextualität
intertextuell 131, 132, 187, 191, 198,
Intertextualität 218, 222
Intonation 118
Inventur 96 oder Ich zeig Eich mein Reich 110
Inversion 211
IRC 206, 207, 208, 211, 239, 247, 248

Jazz 104
JIM-Studie 81, 82, 85, 207, 208
Jungen 81, 85

Kanon 167, 184, 185, 186
Kassette 99, 100, 110, 117
KIM-Studie 85
KIM-Studie 2006 81

Kinder- bzw. Jugendliteratur 78, 79, 80, 86
Kinder- und Jugendliteratur im Medienverbund 80
Kinder zwischen 6 und 13 Jahren 81
Kinderhörkassetten 111
Kinderradio 105
Kindheit und Jugend 80
kindliche Mediensozialisation 80
Kino 14, 65, 143, 144, 145, 146, 151, 167, 183, 188, 191, 212
Klang 99, 102, 112, 115, 119, 120, 121
klangliche Dimension 117
Klangraum 108
Klangwahrnehmung 121
Klassiker der Kinder- und Jugendliteratur 79
künstlerisches Medium 102
Kommunikation 13, 14, 15, 16, 18, 99, 100, 102, 110
   ästhetische 11
   asynchrone 204, 205, 206
   computergestützte 204
   computervermittelte 20
   E-Mail-gestützt 238
   face-to-face 214
   mündliche 20, 209, 210
   netzbasierte 213
   orale Kommunikation 99
   schriftliche 20
   schriftsprachliche 238
   synchrone 204, 206, 208, 242
   virtuelle 205
Kommunikationsapparat 101, 102
Kommunikationskanal 11, 12, 13
Kommunikationsmedien
   asynchron 77
   synchron 77
   technische Kommunikationsmedien 99, 109
Kommunikationsmedium 101, 204, 238
   asynchrones 204
   synchrones 206
kommunikationsorientiert 25

Sachregister

Kommunikationssystem
  semiotisches 21
Kommunikationstheorie
  mathematische 13
Kompaktdisketten 105
Kompetenzorientierung 88
Konnotation 130, 158, 159, 175, 176, 190, 191, 195
konnotieren 161, 175
Kooperation
  virtuelle 244
Kooperationsmedium 239
kopernikanische Wende 18, 19
Körperlichkeit 214
kreative Formen 113
kreatives Schreiben 133, 134
Kriminalhörspiele 107
kritische Didaktik 130
Kultur des Hörens 108
kulturelle Bildung 80
kulturhistorisch 25
Kulturprogramm 20
Kulturtechnik 203, 227
Kultusministerkonferenz 91
Kunst 11
Kunstform 212, 251

Landesrundfunkanstalten 121
Langspielplatte 107
Lauschen 115
Lautsprecher 102
Lebenswelt 63, 64, 65, 67, 70, 72, 73, 185, 186, 213
Lehr-Lern-Arrangements 114
Leitmedium 65, 66, 78, 82, 93, 100, 103, 104, 112, 113, 143, 185, 199
Lernen
  situiertes 245
Lernmedium 233, 234
Lernplattform
  virtuelle 243
Lernsoftware 94, 234
Lesart der Künste 95
Lese- und Schreibförderung 86

Lese- und Schreibprozess 92
Leseerziehung 110, 112
Leseförderung 108
Leseinteresse 86
Lesekompetenz 86, 90
Lesemotivation 80, 86, 112
Lesemotivationsförderung 112
Lesen 82, 83, 87, 202, 213, 216, 224, 235, 237, 261
  multimedial 83
Leseprobe 79
Leseprozess 202, 233
Leser 202, 219, 221, 222, 223, 224, 225, 227, 243, 249, 259, 260
Lesung 106, 107, 110, 111, 112, 113, 114, 116, 117, 119
Link 202, 218, 219, 221, 224, 226, 256, 257
literacy 64, 72, 129, 131, 132, 137
literal 104, 113
literalen Zeitalters 100
Literalität 76, 209
literarästhetisch 111
literarisch 110
literarische Kompetenz 90
literarisches Lernen 129, 131
Literatur 11, 95, 203, 216, 220, 223, 224, 225, 227, 232, 233, 235, 237, 240, 262
  als Live-Literatur 18
Literatur im Internet 77
Literatur im Netz 94, 223
Literatur-CD-ROM 77
Literaturdidaktik 76
Literaturlesungen 107
Literaturtheorie 224, 227
Literaturunterricht 77, 109, 110, 119, 228, 234, 235, 237, 238
Literaturverfilmung 77, 93
Literaturvermittlung 108
Literaturvertonung 107
Literaturwissenschaft 109, 223, 227
Live-Vortrag 106
LoNet 78, 205, 234
Lyra 116

Sachregister

Lyrik 110, 116, 117, 119
Lyriklesung 116
lyrikos 116
lyrische Liedform 118
lyrisch-epische Verserzählung 118

Mädchen 81, 85
Magazin 79
magnetische Aufzeichnungsverfahren 105
Mailingliste 204, 234
Malerei 95
Maske 214, 215
Mathematiker 11
Mauskurve 260
mechanische Aufzeichnungstechnik 105
mediale Adaptation 79
mediale Paradigmen 25
mediale Prägung 80
medialer Transfer 114, 116, 118
medialer Wandlungsprozess 99
mediales Paradigma 26
Medialisierung 63, 67, 70, 84, 87
Medialisierungsschub 76
Medialität 75, 89
Medialität von Sprache und Literatur 76
Medien 75
    akustisch-auditive Medien 99, 100, 109
    als Übertragungskanal 16
    audiovisuell 79, 81, 84, 99
    auditiv 81, 84
    digital 75, 76
    elektronisch 75, 76, 84
    literal 75
Medien, auditiv-akustische 109, 113, 114, 120
    optisch-visuelle 99
    oral 75
    synästhetische 84
    visuell 84
Medien im Deutschunterricht 88

Medienanalyse 90
Medienangebot 21, 63, 65, 69, 70, 71, 72, 73, 123, 129, 130, 132, 141, 169, 180, 184, 185, 188, 189, 190, 191, 193, 199
Medienästhetik 93
medienästhetisch 93, 106
Medienbegriff 25
    integrativer 22
Mediendidaktik 75, 109
Mediendidaktik Deutsch 75, 76, 77, 78, 84, 86, 88, 89
Mediendiskurs 25
Medienerziehung 63, 72, 73, 89, 190
    integrierte 242
Medienerziehung integrativ 75
Medienformat 93
Mediengeschichte 18, 25, 76
mediengeschichtliche Spurensuche 118
Mediengeschichtsschreibung 26
Mediengestaltung 90
Medienintegration 96
Medienkompetenz 69, 71, 89, 91, 130, 188, 245, 247
Medienkompetenz im Deutschunterricht 89
Medienkritik 68, 69, 71, 72, 89, 90, 129, 130, 137
medienkritisch 67, 70, 135, 167
Medienkultur 78, 92, 95
Medienkulturgeschichte 25, 80
medienkulturgeschichtlich 99, 101, 102, 103, 105, 116, 119
Medienkunde 75, 89
Mediennutzung 75, 76, 80, 90
Medienpädagogik 63, 67, 68, 69, 70, 71, 72, 73, 75
Medienparadigmen 25
manipulationsresistent 88
Medienrezeptionsform 82
Mediensozialisation 80, 83, 84
medienspezifisch 109, 118
medienspezifische Formen der Textaneignung 118

305

Sachregister

medienspezifische Ästhetik 109
Medientechnikgeschichte 25
Medientechnologien 21
medientheoretisch 113
medientheoretische Bilanz 102
Medientypologie 16, 17, 18, 19
Medienunterricht 76
Medienverbund 22, 65, 78, 79, 80, 128, 138, 155, 172, 189
Medienverbundangebot 107
Medien-Wechsel 95
Medienwechsel 95
Medienwelt 213
Medienwissenschaft 11, 12
Meditations- und Atemübung 121
Medium 11, 12, 13, 14, 15, 16, 17, 18, 20
   als Botschaft 14, 15, 21
   als Brille 16
   als Form 15, 16
   als Kommunikationsmittel 16
   als Kompaktbegriff 21
   als Organergänzung 14
   elektronisches 214
   im engen Sinn 18, 19, 20, 208
   im engsten Sinn 18, 20, 208
   im weiten Sinn 18, 19, 20, 21
   Informationsmedium 234
   Kommunikationsmedium 234
   Kooperationsmedium 234
   neues 201, 227, 229
   primäres 17, 18, 214
   quartäres 18
   Schreibmedium 234
   sekundäres 17, 18
   synchrones 204
   synsthetisches Handlungsmedium 234
   tertiäres 17, 18
Memex 217, 218
Militärsender 104
Mimik 17
mIRC 206
Mittelalter 201, 219
Mündlichkeit

konzeptionelle 205, 209
Mobilfunktechnologie 17
Momo 121
Mondnacht 121
Morse-Alphabet 17
Morsezeichen 205
Motivation 84
motivgeschichtlich 117
MP3 99, 106, 110, 116, 117
MPEG-Datei 99
MUD 208, 227
Multicodierung 118
Multimedia 201, 205, 216, 240
multimedial 76
Multimedien 88
Mündlichkeit 77
   mediale 209
Musik 11, 95, 103, 104, 105, 111, 113
Musikfernsehen 143, 154, 162, 187, 189
Musikvideo 73, 162, 163, 165, 182, 186, 191, 193

Nachrichtensendung 103
Narrationsmuster 77, 80
nationalsozialistische Machtergreifung 100
Nebenbei-Medium 105
Netspeak 213
Netzliteratur 216, 237
Netzsprache 213
Netzversion 79
Neue Sachlichkeit 118
Newsgroups 204
Nichtlinearität 219, 221

Offline-Modus 203, 204, 233
Ohr 99, 117
Online-Format 110
Online-Gemeinschaften 15
Online-Identität 214
Online-Modus 203, 204, 233, 236, 237
Online-Rollenspiel 208
Ontogenese 27, 80
oral 121

Sachregister

Oralen 105
orale Rede 27
orale Tradition 76, 118
orales Paradigma 26, 118
oralisiertes Lesen 116
Oralität 76, 100, 209
  sekundär 76
Oraliteralität 209
Oralität 100
  primär 76
Originallesung 117
O-Töne 113, 114, 116, 119, 120, 121
Output-Orientierung 88
Oxymoron 117, 118

Pädagogik 19
Paradigma 26, 76
  audiovisuelles 202
  literal 75
  literales 202, 251, 252
  literales Paradigma 99
  medial 26, 76
  multimediales 251
  oral 26, 75, 202
Paradigmenwechsel 201
Paradigmenwechsel, mediale 108
Persona 215
Personascript 215
Phänomenologie des Hörens 115
Phase tertiärer Oralität 100
phone 99, 105, 108
Phonograph 99, 105
Phylogenese 26, 27, 80
Physiker 11
Pippi Langstrumpf 79
PISA 91, 229
Platte 105
Pluridimensionalität 108
Podcasting 106, 110, 121
Poetry-Slam 113
Pop 119
Populärkultur 80
Portugal 118
Potter, Harry 22, 107

Prädiktor 86
Primärerfahrung 21
Primärmedium 66, 80, 143
Printliteratur 80, 220, 222, 224, 226
printmediale Präsentationsform 107
printmediale Textausgaben 107
private Sender 104, 105
produktiv-auditive Aneignung 114
produktiv-handelnde Aneignung 113
produktiv-handelndes Element 111
produktiv-kreativ 113
Projekte
  kollaborative 226, 227
  kommunikative 227
  kooperative 225
  partizipative 225
Propaganda 100, 101, 103
Propagandainstrument 100
Prothesengott 14
Protokoll 210, 211, 254
Pseudonym 211

Radio 11, 14, 18, 19, 77, 99, 100, 101, 102, 103, 104, 105, 106, 109, 110
  Transistorradio 101
Radio Luxemburg 104
Radio Veronica 104
Radioapparat 100
Radio-Berichterstattung 103
Radio-Drama 104
Radiofeatures 114
Radiogerät 102
Radionutzung 101
radiophone Hörtexte 112
Radioreihe 115
Radios 101, 102, 103, 104, 105, 110
Radio-Sprache 77
Radiostationen 100
Radiotheorie 101
Raum
  als Anschauungsform 18, 19, 20
Recherche 237, 242
Rechtschreibleistung 212, 213, 234, 235

Sachregister

Renaissance der alta-voce-Tradition 116
Renaissance oralen Sprachgebrauchs 99
Rezension 79
Rezeptionsästhetik 221, 249
Rezitation 108, 113, 116
Rhetorik 108
Rilke-Projekt 107, 111
Robinson Crusoe 79
Rock 119
Rockn'Roll 101
Röhrenradios 104
Rollenspiel
    virtuelles 215, 247
Romanze 118
Ronja Räubertochter 79
roter Faden 219
Rundfunk 76, 100, 101, 102, 103, 104, 105, 114
    öffentlich-rechtlicher Rundfunk 101, 105
Rundfunkanstalten 100, 103, 104, 107, 120
    öffentlich-rechtlicher Rundfunkanstalten 103
Rundfunksendung 100
Rundfunkstationen
    US-amerikanische 104

Sabeth 104
Sachliche Romanze 111, 116, 117, 119
Sailor Moon 79
Sams 79
Schallplatte 17, 78, 99
Schein-Internetliteratur 223
Schreiben 205, 207, 213, 217, 223, 225, 226, 233, 235, 237, 246, 249, 251, 252, 253, 254, 261
    im Netz 225, 237
    vernetztes 225, 227, 237
Schreibgespräche
    computervermittelte 244
Schreibmedium 236, 260, 261

Schreibprozess 15, 202, 203, 233, 236, 242, 264
    kreativ-ästhetisch 236
Schrift 11, 17, 19, 20, 21, 22, 208, 209, 213, 244, 249
Schriftlichkeit 77, 209, 233, 261
    des Chats 210
    konzeptionelle 209
    mediale 205, 209, 210, 244
    sekundäre 209
scientific community 11
scripta manent 99
Sekundärerfahrung 21
Selbst- und Weltbild 87
Selbst- und Weltverhältnis 86, 88
Sender 101, 102, 105, 204
Sender-Empfänger-Modell 13
Sender Freies Berlin 121
Signal 13, 14
Signalübertragung 13, 14
simsen 205
Sinnesschulung 119
situiertes Lernen 94
skriptographisch 76
Skype 205
SMS 15, 63, 65, 78, 110, 205, 211, 239, 250, 251, 252, 253, 254
snail-mail 204
Software-Tools 113
Soundscapes 121
Soundtrack 106
sozialer Kompetenz 116
Spanien 118
Speichermedien 99, 100, 105, 106
    elektronische Speichermedien 99
    akustischen Speichermedium 99, 106
Spielfilm 65, 141, 142, 143, 154, 155, 172, 180, 181, 182, 184, 185, 188, 191, 194, 199
SpokenWord-Poeten 113
Sprachbewusstsein 253, 254
Sprachdidaktik 76

Sachregister

Sprache 11, 16, 18, 19, 20, 21, 26, 201, 203, 205, 208, 209, 210, 211, 212, 213, 232, 233, 235, 250, 253, 254, 264
   Beziehungsaspekt 210
   gesprochen 20, 26
   Inhaltsaspekt 210
Sprachgebrauch
   oraler Sprachgebrauch 99
Sprachkunst 223
Sprachlernsoftware 234
Sprachreflexion 21, 250, 251, 254
Sprachunterricht 77, 228, 234, 235, 236, 238
Sprachverfall 211
Sprachwissenschaft 223
Sprechen 99
Sprecher-Hörer-Gemeinschaft 99
Sprechgesang 118
Stereotonsysteme 105
   ästhetische Erziehung 119
   ästhetische Funktion 116
   ästhetische Qualität 111
   ästhetischer Bildung 115
Stille 105, 120, 121
Stimme 18, 26, 99, 104, 105, 106, 108, 112
Stimme als Primärmedium 27
stimmlich-akustische Interpretationen 111, 117, 118
Struktur
   kognitive 19
Suchmaschine 237, 238, 255
Südwestfunk 115
Swing 104
Symbolisierungsform
   audiovisuelle 88
   literale 88
   multimediale 88
   piktorale 88
symmediale 110, 116
symmediale Wurzeln 116
symmediale Literaturunterricht 110
symmedialer Deutschunterricht 96
symmedialer Verbund 96
Symmedialität 96, 201, 202

Symmedium 96, 201, 202, 203, 216, 232, 233, 235, 236, 240, 242, 261, 262, 266
   Funktionen 233
Synästhetik 96, 202, 203, 208, 216, 217, 240, 241, 261, 265
System
   institutionalisiertes 11

T9 205
Technikbegeisterung 232
technikgeschichtlich 25
Technikskepsis 229
technisch-elektronisch 100
Techno 101, 119
Telefon 16, 17, 99, 102, 109, 113, 204, 250, 251
Telegrafie 14, 17, 99
Teletubbies 79
tertiäre Oralität 100
Text 96
   audiovisuell 77
   auditiv 77
   literal 77
   multimedial 77
   visuell 77
Textbegriff
   linguistischer 223
Text-Bild-Verbindung 96
Textverarbeitung 94, 203
The War of the Worlds 104
Theater 11, 17, 108, 214, 215
   virtuelles 20, 215
theatraler Interpretationsprozess 112
Theatralik
   virtuelle 214, 227, 247
Tie-ins 79
Tiger und Bär 79
TKKG 79
Ton 96
Tonband 99, 110
Tondokument 106
Tonerzeugungsmedium 102
Tonfilm 96
Tonstudio 107

309

Sachregister

Tonträger 106, 112
Transistorradio 104
Transportmetapher 16
Träume 104
typographisch 76

Übertragungskanal 13, 14, 15
ubiqitäre Nutzung 100
Übungssoftware 234, 235
Unterrichtskonzept 203
URL 203, 257
USENET Siehe Newsgroups 204
user generated content 222
uses and gratifications 67

verba manent 99
verba volant 99, 210
Verdrängungshypothese 83
Verfilmung 79
Verfügbarkeit von elektronischen Medien 82
Verlusthypothese 76
Vermarktungskonzept 79
Verschwinden der Wirklichkeit 21
Verstehen
    ästhetisches 108
    literarisches 108
Vertonung 79, 111, 118, 119, 121
Video 77, 79, 80, 107, 112
Videoclip 70, 72, 77, 87, 143, 163, 185, 189, 191, 193
Videokassette 79
Video-Konferenz 17, 206, 207, 208, 234, 240, 243, 245, 246
virtuelle Arbeitsplattform 204
visuell 76
visuelle Medien 123, 124, 125, 130, 133, 137, 138, 140, 141, 189
Voices of The Rainforest 120

vokaler Interpretationsansatz 117
Volksempfänger 100

Wahrnehmung 114, 115, 118, 119
Wahrnehmungsbildung 119
Wahrnehmungsprozess 119
Wahrnehmungsschulung 115, 116, 120
Wandel der sprachlichen und literarischen Präsentations- und Rezeptionsformen 76
Web 2.0 222
Weimarer Republik 100
Weiß du eigentlich, wie lieb ich dich hab 111
Welthören 120
Werbung 63, 68, 70, 72, 125, 130, 135, 143, 150, 151, 152, 153, 154, 155, 157, 159, 161, 162, 167, 169, 173, 175, 182, 185, 186, 187, 188, 189, 190, 191, 192, 195, 196, 197, 199
Werkbegriff 225, 226
    klassischer 223
Wikipedia 222
Wirklichkeitskonstruktion 21
Wirklichkeitsmodell 20
Wissensgesellschaft 254
World Wide Web 203, 204, 218, 223, 224, 236, 237
Wort
    gesprochenes 14, 209, 228
Worttonträger 107
wreader (writer/reader) 219

Zeilenpuzzle 117
Zeit
    als Anschauungsform 18, 19, 20
Zeitschrift 79
Zeitung 11, 17, 19

Verzeichnis der verwendeten auditiven, audiovisuellen und multimedialen Texte

Verzeichnis der auditiven Texte

Albrecht, Gerd/ Dsob (2006): Der Zauberlehrling / Till Eulens. Audio-CD. Koch Schwa Universal 2006.
Beck, Rufus (2002): Joanne K. Rowling. Harry Potter und der Stein der Weisen. Audio-CD. München.
Dukas, Paul (1897/2002): L' apprenti sorcier. In: Heinz Rögner/ Rundfunk-Sinfonie-Orchester Berlin: Orchesterwerke von Dukas, Saint-Saens, Milhaud, Enescu, de Falla. Audio CD. Berlin Cla.
Eichinger, Georg (1988): Die Ohrenreise. MC. Düsseldorf.
Ernst, Markus (1999): Der Zauberlehrling. In: http://www.derernst.ch/Musik/index.html [Letzte Prüfung: 1.1.2008]
Esche, Eberhard (2001): Der Zauberlehrling. Balladen und Gedichte von Johann W. von Goethe, Friedrich von Schiller, Heinrich Heine. Audio-CD. Eulenspiegel.
Görner, Lutz (2001): Balladen von Johann W. von Goethe, Friedrich von Schiller, Heinrich Heine. Audio-CD. Naxos.
Hagemeier, Willi (2001): Der Zauberlehrling. In: Lembcke, Marjaleena/ Baltscheit, Martin: ZauberLehrlinge. Audio-CD. Uccello 2001.
Hazen, Barbara/Beck, Rufus (2002): Der Zauberlehrling von Johann W. von Goethe. Audio-CD. Hörverlag 2002.
Junge Dichter und Denker (2006): Rap trifft Klassiker. Balladen einmal ganz anders. 2 Audio-CDs. Schroedel.
Kästner, Erich (1961): Sachliche Romanze (Originallesung). In: Erich Kästner: Sachliche Romanze. Gedichte & Chansons. Gesprochen von Erich Kästner. Audio-CD. Hamburg.
Kinski, Klaus (1990): Ich Bin So Wild. Audio CD. Amadeo Universal
Leunig, Stefan (2000): Der Zauberlehrling. In: http://www.leunigmusic.de/ [Letzte Prüfung: 1.1.2008]
Lindenberg, Udo (1988): Sachliche Romanze. In: Udo Lindenberg: Hermine. Udo Lindenberg singt Lieder von 1929 bis 1988. Audio-CD. Hamburg.
Lippe, Jürgen von der (1999): Die Andere Seite. Audio-CD. München.
Mann, Thomas (1940-45/2007): Deutsche Hörer. Fünfundfünfzig Radiosendungen nach Deutschland. Musikkassette. DHV Hörverlag.
Münzer, Holger (1976): Sachliche Romanze. Aus: "Was nicht in Euren Lesebüchern steht". Chanson-Zyklus nach Texten von Erich Kästner, Entstehungsjahr: 1967-74, Begleitung durch die Rockband "1848". Audio-CD. Adition AETAS.
Payne, R.S. (o.J.): "Gesänge der Buckelwale". Unterwasseraufnahmen. Audio-CD. Frankfurt am Main.
Rahn, Lutz (2007): O schaurig ist's übers Moor zu gehen. 2 CDs . Deutsche Balladen. Audio-CD. Lagato 2007.
Schmidthenner, Hansjörg (1990): "Welthören" Hessischer Rundfunk. 3 Audio-CDs. Network.

Verzeichnis der verwendeten auditiven, audiovisuellen und multimedialen Texte

Schneyder, Werner (1983/1999): Sachliche Romanze. Aus: Zeitgenossen, haufenweise: Das war der Krieg, Der Humor, Liebe zum Theater, Hamlets Geist, Und wo bleibt das Positive, Sachliche Romanze u.a. Audio-CD. Wien.
Veen, Herman van (1985): Sachliche Romanze von Erich Kästner. In: Herman van Veen: Und er geht und er singt. Audio-CD. Hamburg.
Voices of The Rainforest (1991): A Day In The Life Of The Kaluli People Salem. Audio-CD. USA
Welles, Orson (1938): The War of the Worlds. A Halloween special on October 30, 1938 and aired over the CBS Radio network. In: http://www.archive.org/details/WAROFTHEWORLDS2 [Letzte Prüfung: 1.1.2008]
Westphal, Gert (1995): Der König in Thule. Gedichte und Balladen von Johann W. von Goethe. Audio-CD. Litraton.
Will, Eric (1993/2004): Sachliche Romanze. Video. Deutsche Welle TV.

Verzeichnis der audiovisuellen Texte

Filme

1984 (UK 1984). Regie: Micheal Radford. Drehbuch: Micheal Radford George Orwell (Romanvorlage). Studio: MGM Home Entertainment GmbH (dt.).
2001: A Space Odyssey (dt.: 2001: Odyssee im Weltraum) (UK/USA 1968). Regie: Stanley Kubrick. Drehbuch: Stanley Kubrick, Arthur C. Clarke. Studio: Warner Home Video – DVD.
Alles über meine Mutter (orig.: Todo sobre mi madre) (Spanien 1999). Regie und Drehbuch: Pedro Almodovars. Studio: Kinowelt Home Entertainment/DVD.
Amadeus (USA 1984). Regie: Milos Forman. Drehbuch: Peter Shaffer. Studio: Warner Home Video - DVD.
American Beauty (USA 1999): Regie: Sam Mendes . Drehbuch: Alan Ball. Studio: Universal/ DVD.
Ankunft eines Zuges in La Giotat (Frankreich 1895/o.J.). Regie und Drehbuch: Auguste und Louis Lumière (1896). In: 3 Sat Kino Europa: Die Kunst der bewegten Bilder. Die Geburt einer Kunst. Karin Browlow und David Gill.
Annie Hall (dt.: Der Stadtneurotiker) (USA 1977). Regie: Woody Allen. Drehbuch: Woody Allen, Marshall Brickman. Studio: MGM Home Entertainment GmbH (dt.).
Arbeiter verlassen die Lumière-Werke (Frankreich 1895/o.J.): Regie und Drehbuch: Auguste und Louis Lumière (1896). In: 3 Sat Kino Europa: Die Kunst der bewegten Bilder. Die Geburt einer Kunst. Karin Browlow und David Gill.
Aschenbrödel (Frankreich 1899): Regie: Georges Méliès.
Basic Instinct (USA 1992). Regie: Paul Verhoeven. Studio: VCL.
Birth of a Nation (USA 1915). Regie: David.W. Griffith. Drehbuch: T.F. Dixon, Jr., Frank E. Woods, David.W. Griffith. Studio: Eureka Entertainment.
Blade Runner (USA 1981). Regie: Ridley Scott. Drehbuch: Hampton Fancher, David Webb Peoples. Studio: Warner Home Video – DVD.
Blueprint.Blaupause (Deutschland 2004). Regie: Rolf Schübel. Drehbuch: Claus Cornelius Fischer. Studio: Universal/DVD.
Brokeback Mountain (USA 2005). Regie: Ang Lee. Drebuch: Larry McMurtry, Diana Ossana, nach einer Kurzgeschichte von Annie Proulx. Studio: Ufa/DVD.
Citizen Kane (USA 1941). Regie: Orson Welles. Drehbuch: Herman J. Mankiewicz, Orson Welles. Studio: Kinowelt Home Entertainment/DVD.

Verzeichnis der verwendeten auditiven, audiovisuellen und multimedialen Texte

Das Boot (Deutschland 1981). Regie und Drehbuch: Wolfgang Petersen. Studio: Euro Video.
Das Mädchen mit den Schwefelhölzchen (Deutschland 1925). Nach dem Märchen von Hans Christian Andersen. Regie: Guido Bagier. Studio: Ufa
Das Parfum – Die Geschichte eines Mörders (orig.: Le Parfum – Histoire d'un meurtrier) (Deutschland, Frankreich, Spanien 2006). Regie: Tom Tykwers. Studio: Highlight.
Der große Diktator (orig.: The Great Dictator) (USA 1940): Regie und Drehbuch: Sir Charlie Chaplin. Studio: Warner Home Video-DVD.
Der Herr der Diebe (orig.: The Thief Lord) (Deutschland, Luxemburg, UK 2005). Regie : Richard Claus. Drehbuch: Richard Claus, Daniel Musgrave. Studio: Warner Home Video – DVD.
Der Tod in Venedig (Italien 1971). Regie: Luchino Visconti. Drehbuch: Luchino Visconti, Nicola Badalucco. Studio: Warner Home Video – DVD.
Der Wixxer (Deutschland 2004). Regie: Tobi Baumann. Drehbuch: Oliver Kalkofe, Oliver Welke, Bastian Pastewka. Studio: Ufa/DVD.
Die Brücke (Deutschland 1959). Regie: Bernhard Wicki. Drehbuch: Bernhard Wicki, Michael Mansfeld, Karl-Wilhelm Vivier. Studio: Kinowelt Home Entertainment/DVD.
Die Ehe der Maria Braun (Deutschland 1979). Regie: Rainer Werner Fassbinder. Drehbuch: Peter Märthesheimer, Pea Fröhlich. Studio: CMS Complete Media Services GmbH.
Die Firma (USA 1993). Regie: Sydney Pollack. Drehbuch: David Rabe, David Rayfiel, Robert Towne. Studio: Paramount Home Entertainment.
Die Reise zum Mond (Frankreich 1902). Regie und Drehbuch: George Méliès.
Die verlorene Ehre der Katharina Blum (Deutschland 1975). Regie: Volker Schlöndorff, Margarethe von Trotta. Drehbuch: Heinrich Böll, Volker Schlöndorff, Margarethe von Trotta.
Die wilden Fußballkerle (Deutschland 2003): Regie und Drehbuch: Joachim Masannek. Studio: Concorde Video
Die Wolke (Deutschland 2005). Regie: Gregor Schnitzler. Drehbuch: Jane Ainscough, Marco Kreuzpaintner. Studio: Concorde Video.
Effi Briest (Deutschland 1974). Regie und Drehbuch: Rainer Werner Fassbinder. DEFA-Produktion. Studio: Kinowelt Home Entertainment/DVD.
Eine sachliche Romanze. Eine Verfilmung des Gedichts von Erich Kästner (Deutschland o.J.). Hermann Böse Gymnasium: Ken, Frederick, Sadig, Nick und Marco (11. Jhg. Hermann Böse Gymnasium). Don Juan (USA 1926): Regie: Alan Crosland. In: http://www.makepodcast.de/index.php?page_id=4&file=212 [Letzte Prüfung: 1.1.2008].
Emil und die Detektive (Deutschland 1931). Nach dem Buch von Erich Kästner. Regie: Gerhard Lamprecht. Drehbuch: Billie Wilder/Erich Kästner. Studio: Ufa
Emil und die Detektive (Deutschland 1954). Nach dem Buch von Erich Kästner. Regie und Drehbuch: Robert A. Stemmle. Studio: Berolina.
Emil und die Detektive (Deutschland 2001). Nach dem Buch von Erich Kästner. Regie und Drehbuch: Franziska Buch. Studio: Bavaria.
Endstation Sehnsucht (orig.: A Streetcar Named Desire) (USA 1947). Regie: Elia Kazan. Drehbuch: Oscar Saul, Tennessee Williams. Studio: Warner Home Video – DVD.
Eyes Wide Shut (dt.: Traumnovelle) (UK, USA 1999). Regie: Stanley Kubrick. Drehbuch: Stanley Kubrick, Frederic Raphael. Studio: Warner Home Video – DVD.
Fantasia (USA 1940-41/2000): Regie: James Algar, Samuel Armstrong. Drehbuch: Lee Blair, Elmer Plummer. Studio: Walt Disney.
Forrest Gump (USA 1994). Regie: Robert Zemeckis. Drehbuch: Eric Roth. Studio: Paramount Home Entertainment.

Verzeichnis der verwendeten auditiven, audiovisuellen und multimedialen Texte

Gone with the Wind (dt.: Vom Winde verweht) (USA 1939). Regie: Victor Fleming, George Cukor, Sam Wood, Charles MacArthur. Drehbuch: Sidney Howard, Ben Hecht. Studio: Warner Home Video.
Harry Potter und der Stein der Weisen (orig.: Harry Potter and the Philosopher's Stone) (USA, UK 2001): Regie: Chris Columbus. Drehbuch: Steve Kloves, Joanne K. Rowling. Studio: Warner Home Video – DVD.
Homo faber (Deutschland 1991). Regie: Volker Schlöndorff. Drehbuch: Rudy Wurlitzer. Studio: Kinowelt Home Entertainment/DVD.
Jurassic Park (USA 1993). Regie: Steven Spielberg. Drehbuch: Michael Crichton. Studio: Universal Studios.
Lights of New York (USA 1928). Regie: Bryan Foy. Studio: Warner Bros. Pictures.
Lola rennt (Deutschland 1998): Regie und Drehbuch: Tom Tykwer. Studio: Laser Paradise.
Matrix (1) (USA 1999): Regie und Drehbuch: Andy Wachowski, Larry Wachowski. Studio: Warner Bros. Homevideo.
Metropolis (Deutschland 1927). Regie: Fritz Lang. Drehbuch: Fritz Lang, Thea von Harbou. Studio: UfA.
Mission Impossible I (USA 1996). Regie: Brian de Palma. Drehbuch: David Koepp, Steven Zaillian, Robert Towne. Studio: Paramount Home Entertainment.
Mullholland Drive (USA 2001). Regie und Drehbuch: David Lynch. Concorde Video.
Mystery Train (USA, Japan 1989). Regie und Drehbuch: Jim Jarmusch. Studio: Kinowelt Home Entertainment/DVD.
Night On Earth (USA, Frankreich, Großbritannien, Deutschland, Japan 1991). Regie und Drehbuch: Jim Jarmusch. Studio: Kinowelt Home Entertainment/ DVD.
Nosferatu - Eine Symphonie des Grauens (Deutschland 1922). Regie: Friedrich Wilhelm Murnau. Drehbuch: Henrik Galeen. Studio: Ufa/DVD.
Open Water (USA 2003). Regie und Drehbuch: Chris Kentis. Studio: Ufa/DVD.
Panzerkreuzer Potemkin (Sowjetunion 1925). Regie: Sergej Eisensteins. Drehbuch: Nina Agadschanowa. Studio: Icestorm Entertainment GmbH.
Pulp Fiction (USA 1994). Regie: Quentin Tarantino. Drehbuch: Quentin Tarantino, Roger Avary. Studio: AVU.
Ronja Räubertochter (Schweden, Norwegen 1984). Regie: Tage Danielsson. Drehbuch: Astrid Lindgren. Studio: Ufa/DVD.
Schimmelreiter (Deutschland 1933/34). Regie: Hans Deppe, Curt Oertel. UfA-Produktion.
Schimmelreiter (BRD 1977/78). Regie: Alfred Weidenmann. Produktion: Albis Film (Hamburg), Studio-Film (Bendestorf) und Zweites Deutsches Fernsehen
Spider-Man (USA 2002). Regie: Sam Raimi. Drehbuch: David Koepp; Comic: Stan Lee, Steve Ditko. Studio: Sony Pictures Home Entertainment.
The Black Pirate (dt.: Der schwarze Pirat (USA 1926): Regie: Albert Parker. Studio: Jef Films.
The Blair Witch Project (dt.: Blair Witch Project) (USA 1999). Regie und Drehbuch: Daniel Myrick, Eduardo Sanchez.
The Graduate (dt.: Die Reifeprüfung) (USA 1967). Regie: Mike Nichols. Drehbuch: Calder Willingham, Buck Henry. Studio: CMS Complete Media Services GmbH.
The Jazz Singers (dt.: Der Jazzsänger) (USA 1927): Regie: Alan Crosland. Drehbuch: Jack Jarmuth, Alfred A. Cohn und Samson Raphaelson (Theaterstück). Studio: Warner Brothers.
The Seven Year Itch (dt.: Das verflixte 7. Jahr) (USA 1955). Regie: Billy Wilder. Drehbuch: Billy Wilder, George Axelrod. Studio: Twentieth Century Fox Home Entert.

Verzeichnis der verwendeten auditiven, audiovisuellen und multimedialen Texte

The Shining (UK 1977). Regie: Stanley Kubrick. Drehbuch: Stanley Kubrick, Diane Johnson. Studio: Warner Home Video – DVD.
Thriller (Musikvideo von Michael Jacksons) (USA 1983). Regie: John Landis. Drehbuch: John Landis, Michael Jackson.
Titanic (USA 1997). Regie und Drehbuch: James Cameron. Studio: 20th Century Fox Home Entertainment.
Triumph des Willens (Deutschland 1935). Regie: Leni Riefenstahl. Drehbuch: Leni Riefenstahl, Walter Ruttmann. Studio: Leni Riefenstahl-Produktion.
Twister (USA 1996). Regie: Jan de Bont. Drehbuch: Michael Crichton, Anne-Marie Martin. Studio: Universal/DVD.
Vanilla Sky (USA 2001). Regie: Cameron Crowe. Drehbuch: Cameron Crowe, Alejandro Amenábar, Mateo Gil. Studio: CIC Video/Paramount Home Ent.

Fernsehserien

Acht Stunden sind kein Tag (Deutschland 1972/73). Regie und Drehbuch: Rainer Werner Fassbinder.
Der Polizeibericht meldet (Deutschland 1953ff.). Regie: Udo Langhoff. ARD
Die Schölermanns (Deutschland 1954ff.). Regie: Ruprecht Essberger. NWDR
Die Simpsons (USA 1989ff.). Idee: Matt Groening. Studio: Twentieth Century Fox Home Entert.
Ein Herz und eine Seele (Deutschland 1973ff.). Idee: Wolfgang Menge (nach einer britischen Vorlage). WDR.
Janoschs Traumstunde (Deutschland 1986ff.). Idee: Die Bücher von Janosch. ARD.
Pumuckl (Deutschland 1982ff.). Idee: Ellis Kaut. BR 3/ARD.
Twin Peaks (USA 1990f.): Idee: David Lynch, Mark Frost. Studio: CIC Video/Paramount Home Ent.

Verzeichnis der multimedialen Texte

CD-ROMs

KLEX (Version 11) (2007). CD-Rom. Damp: Legasthenie Software.
Literatur des 20. Jahrhunderts (2001). CD-Rom. Hrsg. von Peter Bekes/ Volker Frederking. Hannover: Schroedel.
Lollipop und die Schlaumäuse. Kinder entdecken die Sprache (2006). CD-ROM. Berlin: Cornelsen Verlag.
Romantik. Panorama der deutschen Literatur (2001). CD-ROM. Berlin: Cornelsen.
Texte-Themen-Strukturen-Interaktiv - Literatur und Gattungen (2004) CD-Rom. Fachdidaktische Konzeption: Klaus Eilert/ Ute Fenske/ Cordual Grunow mit der Fachredaktion Deutsch. Berlin: Cornelsen.
Texte, Themen und Strukturen – Sprache und Kommunikation/Medien. 2006. CD-ROM. Fachdidaktische Konzeption: Klaus Eilert/ Ute Fenske/ Cordual Grunow mit der Fachredaktion Deutsch. Berlin: Cornelsen Verlag.
TIM 7 und der Gesandte der UNO (2001). CD-Rom. Stuttgart: Heureka-Klett

Verzeichnis der verwendeten auditiven, audiovisuellen und multimedialen Texte

Ausgewählte Internet-Links [Letzte Prüfung: 1.3.2008]

Beim Bäcker. Internet-Literatur	http://claudia-klinger.de/archiv/baecker/index.htm
BSCW	http://bscw.gmd.de
Der Dschungel der 1000 Gefahren	http://www.vs-gaustadt.bnv-bamberg.de/projekt/geschichte.html
Didaktischer Chat-Raum (DCR)	www.medid.de
Elektrischer, Reporter	www.elektrischer-reporter.de
Erich-Kästner-Museum	www.erich-kaestner-museum.de
Friedrich, Marianne/Schulz-Voigt, Christine/Totzke, Heidrun/Klasse 4b der Steinwald-Schule 2005: Der Zauberlehrling: Goethes Ballade als Stop-Motion-Film. Eine fächerübergreifende Unterrichtseinheit für eine Jahrgangsstufe 4	http://netzspannung.org/learning/kids-arts-media/sorcerer/
Homepage-Generator für die Grundschule	www.primolo.de
ICQ	www.mirabilis.com
Lehrer-online. Unterrichten mit digitalen Medien	www.lehrer-online.de
Literaturprojekt ‚Tage-Bau'	http://www.tage-bau.de/
LoNet	http://www.lo-net.de
mIRC	www.mirc.com
Online-Enzyklopädie Wikipedia	http://de.wikipedia.org
Projekt Gutenberg	http://gutenberg.spiegel.de/
Rilke-Projekt	http://www.rilke-projekt.de/
Sensation!	http://sensation.tagesspiegel.de
Schulspiegel	http://www.spiegel.de/schulspiegel/0,1518,238539-2,00.html
Symmedialer Kreativraum (SKR)	www.medid.de
World's First Collaborative Sentence	http://artport.whitney.org/collection/davis/writesentence.html

Verzeichnis der Abbildungen

S. 13, Abb. 1: *Schematische Darstellung eines Kommunikationssystems.* In: Claude E. Shannon/Warren Weaver: The Mathematical Theory of Communication. S. 34, © 1949, 1998 by Board of Trustees of the University of Illinois. Used with permission of the author and the University of Illinois Press.

S. 33, Abb. 2: *Zwei Schreiber im Skriptorium von Echternach.* In: Ralf M. W. Stammberger: Scriptor und Scriptorium. Das Buch im Spiegel mittelalterlicher Handschriften. Graz 2003. S. 47, © Dr. Ludwig Reichert Verlag Wiesbaden

S. 34, Abb. 3: *Der hl. Augustinus in lehrhafter Szene mit Buch (8. Jh.).* In: Horst Schiffler/Rolf Winkeler (Hg.): Tausend Jahre Schule. Eine Kulturgeschichte des Lernens in Bilder. Stuttgart/Zürich 1998. S. 15, © SLUB Dresden/Deutsche Fotothek, Döring

S. 35, Abb. 4: *Gutenberg-Bibel (1452-1455).* In: Marion Janzin/Joachim Güntner: Das Buch vom Buch. 5000 Jahre Buchgeschichte. Hannover 1997. S. 111-113

S. 36, Abb. 5: *Das Autorbild des Guillaume Peyraut (1372) in 'De eruditione principium'.* In: Jacques Dalarun: Das leuchtende Mittelalter. Darmstadt 2006. S. 162

S. 39, Abb. 6: *Ramon Casas y Carbo: Après le bal, 1895.* Museo dela Abadia, Montserrat, Katalonien, © AKG-Images

S. 40, Abb. 7: *Humoristische Darstellung des Zeitschriften-Booms in Wien.* In: Chronik des 19. Jahrhunderts, hg. von Imanuel Geiss. Chronik Verlag, Augsburg 1997. S. 340, © Wissen Media Verlag GmbH

S. 42, Abb. 8: *Ganz Deutschland hört den Führer mit dem Volksempfänger (1936).* In: Wolfgang Raible: Medienkulturgeschichte. Mediatisierung als Grundlage unserer kulturellen Entwicklung. Heidelberg 2006. S. 248

S. 43, Abb. 9: *Emil Berliner mit seinem ersten Grammophon, das die Schallplatte von innen nach außen abtastete.* In: Chronik des 19. Jahrhunderts, hg. von Imanuel Geiss. Chronik Verlag, Augsburg 1997. S. 742, © SV-Bilderdienst

S. 44, Abb. 10: *Henry W.F. Talbot 1845: Fotografen bei der Arbeit in der englischen Stadt Reading.* In: Chronik des 19. Jahrhunderts, hg. von Imanuel Geiss. Chronik Verlag, Augsburg 1997. S. 311, © Wissen Media Verlag GmbH

S. 46, Abb. 11: *Zwei Filmstreifen aus dem Programm der Brüder Skladanowsky.* In: Chronik des 19. Jahrhunderts, hg. von Imanuel Geiss. Chronik Verlag, Augsburg 1997. S. 819, © SV-Bilderdienst

S. 47, Abb. 12: *Auguste und Louis Lumière 1895: „Ankunft eines Zuges".* Screenshot

S. 49, Abb. 13: *Leni Riefenstahl 1935: „Triumph des Willens".* Screenshot

S. 50, Abb. 14: *Charlie Chaplin 1940: „Der große Diktator".* Screenshot

S. 51, Abb. 15: *Walt Disney 1940/41: „Fantasia".* Screenshot

S. 54, Abb. 16: *Alan Turing 1936-38: Prinzip der Turing-Maschine mit der 01-Codierung.* In: Alan Turing: On Computable Numbers, with an application to the Ent-

Verzeichnis der Abbildungen

scheidungsproblem". Proceedings of the London Mathematical Society, ser. 2 vol. 42, pp. 230-265 (1936-37); corrections. Ibid, vol. 43 (1937) pp. 544-546.

S. 55, Abb. 17: *Konrad Zuse (1936-38) : Zuses in der elterlichen Wohnung entwickelter „Z 1",* © Dr. Horst Zuse, Berlin

S. 56, Abb. 18: *PC IBM.* Internet

S. 58, Abb. 19: *Prinzip Internet.* Internet

S. 60, Abb. 20: *Hypermedia.* Internet

S. 81, Abb. 21: *Gerätebesitz der Kinder 2006.* JIM-Studie 2006

S. 82, Abb. 22: *Gerätebesitz Jugendlicher 2006.* KIM-Studie 2006

S. 83, Abb. 23: *Medienbindung 2006.* KIM-Studie 2006

S. 84, Abb. 24: *Geschätzte Nutzungsdauer verschiedener Medien bei Kindern.* KIM-Studie 2006

S. 85, Abb. 25: *Internet-Tätigkeiten 2006.* KIM-Studie 2006

S. 86, Abb. 26: *Themeninteressen 2006. (Teil 1)* KIM-Studie 2006

S. 87, Abb. 27: *Medienbeschäftigung in der Freizeit 2006.* JIM-Studie 2006

S. 123, Abb. 28: *Schrifttext und Bildtexte.* Eigene Darstellung

S. 135, Abb. 29: *Werbeanzeige „Hogan" als Sprech- und Schreibanlass*

S. 136, Abb. 30: *Urlauberwelle als Karawane – Fotografie als Kontext eines lyrischen Textes.* In: Peter Bekes/Volker Frederking: Texte.Medien. Literatur des 20. Jahrhunderts. Eine Textsammlung für den Deutschunterricht in der Oberstufe. 2001, © Bildagentur Huber

S. 140, Abb. 31: *Fotografien in der Netzdokumentation von Geschichte(n) schreiben.* Screenshot

S. 149, Abb. 32: *„The Graduate": Ben auf einem weiten Weg.* Screenshot aus dem Film „The Graduate"

S. 149, Abb. 33: *„The Graduate": Ben als Erlöser.* Screenshot aus dem Film „The Graduate"

S. 149, Abb. 34: *„The Graduate": Ben als „christlicher" Streiter.* Screenshot aus dem Film „The Graduate"

S. 150, Abb. 35: *„The Graduate": Charakterisierung der Gegenspieler qua Mienenspiel (Mutter).* Screenshot aus dem Film „The Graduate"

S. 150, Abb. 36: *„The Graduate": Charakterisierung der Gegenspieler qua Mienenspiel (Bräutigam).* Screenshot aus dem Film „The Graduate"

S. 150, Abb. 37: *„The Graduate": Symbolik in der Schlusseinstellung.* Screenshot aus dem Film „The Graduate"

S. 151, Abb. 38: *„The Graduate" als Prä-Text für einen Werbespot (2005).* Screenshot aus dem Film „The Graduate"

S. 152, Abb. 39: *Werbemittel (Plakat) und Werbeträger (Pop-up).* Screenshot der Tchibo-Werbung

S. 153, Abb. 40: *Werbung als „poetischer Text"*

S. 154, Abb. 41: *„Schneewittchen" im Werbespot*

S. 157, Abb. 42: *Werbespot Yogurette*

S. 157, Abb. 43: *Werbespot Yogurette*

S. 157, Abb. 44: *Werbespot Yogurette*

Verzeichnis der Abbildungen

S. 157, Abb. 45: *Werbespot Yogurette*
S. 159, Abb. 46: *Werbespot Mercedes*
S. 159, Abb. 47: *Werbespot Mercedes*
S. 159, Abb. 48: *Werbespot Mercedes*
S. 160, Abb. 49: *Werbespot Mercedes*
S. 164, Abb. 50: *Entgrenzung und Wiederherstellung des Raumes im Videoclip „Dieser Weg"*. Screenshot aus dem Videoclip „Dieser Weg"
S. 164, Abb. 51: *Entgrenzung und Wiederherstellung des Raumes im Videoclip „Dieser Weg"*. Screenshot aus dem Videoclip „Dieser Weg"
S. 165, Abb. 52: *Surrealistische Bildelemente im Videoclip „Dieser Weg"*. Screenshot aus dem Videoclip „Dieser Weg"
S. 165, Abb. 53: *Surrealistische Bildelemente im Videoclip „Dieser Weg"*. Screenshot aus dem Videoclip „Dieser Weg"
S. 165, Abb. 54: *Surrealistische Bildelemente im Videoclip „Dieser Weg"*. Screenshot aus dem Videoclip „Dieser Weg"
S. 172, Abb. 55: *Die Band U2 „In the Name of Love mit Homer Simpson"*. Screenshot
S. 181, Abb. 56: *Plotmuster des Mainstream-Films*. Jens Hildebrand: film: ratgeber für lehrer. 2. aktualisierte Auflage 2006, S. 245, © Aulis Verlag Deubner, Köln
S. 196, Abb. 57: *Internetseite über eine Unterrichtssequenz zu Fernsehwerbung*. Screenshot
S. 214, Abb. 58: *„On the Internet, nobody knows you're a dog"*. Peter Steiners Internet Cartoon. The New Yorker, July 5, 1993, © Peter Steiner/Cartoonbank.com
S. 217, Abb. 59: *Vannevar Bushs „Memex" in Form eines Schreibtisches*. Bush 1945/2003. S. 44
S. 230, Abb. 60: *Verfügbarkeit von Computern*. Eigene Darstellung
S. 231, Abb. 61: *Nutzung von Computern*. Eigene Darstellung
S. 232, Abb. 62: *Nutzung von Computern im Fachunterricht*. Eigene Darstellung
S. 241, Abb. 63: *Symmediale Filmanalyse*
S. 259, Abb. 64: *Startseite des Hypertext-Abenteuers*
S. 263, Abb. 65: *Screenshots der Walt-Disney-Version des „Zauberlehrlings" ordnen*
S. 264, Abb. 66: *Mit den Screenshots produktiv arbeiten*
S. 265, Abb. 67: *Screenshots und Goethe-Text verbinden*
S. 266, Abb. 68: *Verschiedene Vertonungen des „Zauberlehrlings" auf einer Arbeitsoberfläche*